Basiswissen Grundschule

Band 31

Natascha Korff

Inklusiver Mathematikunterricht in der Primarstufe

Erfahrungen, Perspektiven und Herausforderungen

Schneider Verlag Hohengehren GmbH

Basiswissen Grundschule

Herausgegeben von:

Band 1 bis 18: Jürgen Bennack

Ab Band 19: Astrid Kaiser

Die Reihe „Basiswissen Grundschule" ist einem schüler- und handlungsorientierten, offenen Unterricht verpflichtet, der auf die Stärkung einer selbstständigen, sozial verantwortlichen Schülerpersönlichkeit zielt.

Titelbild: J. van Kempen

Lektorat: Hanna-Katharina Meyer

Satz: N. Korff. und H. Künemund

Diese Veröffentlichung lag dem Promotionsausschuss Dr. phil. der Universität Bremen unter dem Titel 'Belief-Systeme von Grundschullehrkräften und Lehrkräften für Sonderpädagogik zu inklusivem Mathematikunterricht in der Primarstufe' als Dissertation vor. Gutachterinnen: Prof. Dr. Simone Seitz und Prof. Dr. Dagmar Bönig. Das Kolloquium fand am 5.9.2013 statt.

Gedruckt auf umweltfreundlichem Papier (chlor- und säurefrei hergestellt).

Bibliografische Information der Deutschen Nationalbibliothek

Die Deutsche Nationalbibliothek verzeichnet diese Publikation in der Deutschen Nationalbibliografie; detaillierte bibliografische Daten sind im Internet über ›http://dnb.d-nb.de‹ abrufbar.

ISBN 978-3-8340-1443-6 **2. Auflage**

Schneider Verlag Hohengehren, Wilhelmstr. 13, 73666 Baltmannsweiler

Homepage: www.paedagogik.de

Inhalt

Inklusiver Mathematikunterricht aus dem Erfahrungsschatz gehoben

Vorwort der Herausgeberin der Reihe

In der Praxis steckt oft mehr Wissen, als die Forschung annimmt: Lehrerinnen und Lehrer entwickeln aus der Situation heraus Wege, wie sie ihre Schülerinnen und Schüler am besten zum Lernen anregen können. Sie verbinden dabei theoretische Kenntnisse mit den durch ihre (Berufs-)Erfahrung entwickelten Vorstellungen.

Dieses Praxiswissen durch Forschung aufzudecken, hat sich Natascha Korff zur Aufgabe gemacht. Sie widmet sich dabei dem in der Inklusionsdebatte seit Jahrzehnten bestehenden Defizit einer Didaktikentwicklung: Zwar ist der konstruktive Umgang mit unterschiedlichen Lernvoraussetzungen in der Grundschulpädagogik in Forschung und Praxis längst ein zentrales Thema. Dennoch fehlen bisher insbesondere fachdidaktische Modelle für einen inklusiven Unterricht.

Dieser Lücke stellt sich die Autorin, indem sie als Basis zur Entwicklung einer inklusiven Fachdidaktik sehr sorgfältig das Wissen über inklusiven Unterricht zusammenträgt und erläutert, inwiefern diese Erkenntnisse an die fachdidaktischen Entwicklungen im Lernbereich Mathematik anschlussfähig sind. Sie liefert einen Überblick über Erkenntnisse zum inklusiven Unterricht, welcher sich durch seine Fülle an Information und gute Lesbarkeit auszeichnet. Dies beinhaltet eine besonders klare Zusammenschau bisheriger didaktischer Konzepte inklusiven Unterrichts. Deutlich wird dabei unter anderem, dass Kennzeichen eines gelingenden inklusiven Unterrichts weitgehend mit den grundlegenden Merkmalen eines guten, lernförderlichen Unterrichts übereinstimmen, wie sie aus der empirischen Lehr-/Lernforschung bekannt sind. Die Autorin konkretisiert dies schließlich für den Lernbereich Mathematik. Hier arbeitet sie heraus, welche inklusionsrelevanten Aspekte im guten Mathematikunterricht zu finden sind und widmet sich der Präzisierung noch bestehender Herausforderungen. Allein diese Überblicke lohnen die Lektüre des Buches.

Die Autorin geht aber noch weiter: In ausführlichen Interviews versucht sie, die Perspektive von Lehrpersonen mit Lehramt Grundschule und mit Lehramt Sonderpädagogik auszuloten. Die Ermittlung dessen, was diese über inklusiven Mathematikunterricht wissen, wie sie ihn praktizieren und wie sie darüber denken, ist das Ziel ihrer Untersuchung. Und sie wird fündig: Ihr sorgfältiges methodisches Vorgehen zeigt erstaunliche Ergebnisse. Unabhängig von ihrer Ausbildung und ihrem schulischen Arbeitsfeld beschreiben die Befragten ähnliche ‚Sternstunden' ihres Unterrichts und auch in Bezug auf den Umgang mit der Heterogenität der Lerngruppe sind sie sich erstaunlich einig. So verwundert es sehr, wie unterschiedlich dennoch die Einschätzungen der Lehrkräfte zu den Möglichkeiten eines inklusiven Mathematikunterrichts sind. Aus diesen Widersprüchen wiederum gelingt es der Autorin, hilfreiche Hinweise für die (Weiter-)Entwicklung eines inklusiven Mathematikunterrichts zu erarbeiten.

Für Studierende, Referendarinnen und Referendare wie auch für gestandene Lehrpersonen ist dieses Buch eine wahre Schatzgrube, um machbare Wege hin zu einem inklusiven Mathematikunterricht beschreiten zu können. Von Fallsteckbriefen über Schilderungen gelingender inklusiver Lernsituationen bis hin zu konkreten exemplarischen Analysen des Denkens einzelner Lehrkräfte werden die Erkenntnisse unmittelbar aus der Praxis veranschaulicht und durch zahlreiche Zitate aus den Interviews lebendig gemacht. Diese kleinen Schatzkästchen werden immer wieder geöffnet, sodass man beispielsweise genau sehen kann, was das Besondere an der Sternstunde von Lehrerin I ist oder wie Lehrer K Gemeinsamkeit im Unterricht umsetzt. Dabei ist auch Raum für die Beschreibung der Hürden, die den Lehrkräften im Alltag begegnen, und in denen die Lesenden vielleicht eigene Schwierigkeiten und Zweifel wiederentdecken. Die genaue Analyse des Denkens und der Deutungen der Lehrkräfte bietet den Leserinnen und Lesern wiederum die Chance, ihre eigene Perspektive kritisch zu hinterfragen.

Das Buch belässt es jedoch nicht beim Erfahrungswissen einzelner Lehrpersonen, sondern verbindet diese gewinnbringend mit dem zuvor geleisteten Überblick über Konzeptionen und Forschungsergebnisse. Schließlich widmet sich die Autorin noch einmal explizit den Bedingungen des Gelingens inklusiven Unterrichts und der Überwindung vorhandener Herausforderungen. Sie formuliert hierzu abschließend praxisorientierte Ausgangspunkte für die Entwicklung eines inklusiven Mathematikunterrichts.

Selten hat Forschung so viele konkrete Impulse für die Praxis hervorgebracht wie dieser Band. Bei diesem Buch kann mit Fug und Recht gesagt werden, es ist Forschung in der Praxis, die der Verbesserung der Praxis dient. Natascha Korff liefert nicht nur konkrete Eckpunkte einer inklusiven Mathematikdidaktik, sondern vor allem auch Anregungen, die eigenen Routinen und Vorstellungen zu reflektieren und davon ausgehend den Unterricht weiterzuentwickeln.

Allen Lehrpersonen an verschiedenen Schulformen ist unbedingt anzuraten, sich mit diesem Buch auseinanderzusetzen und es ist zu hoffen, dass es auch für Ausbildende (in erster oder zweiter Phase) von Interesse ist und stark nachgefragt wird.

Oldenburg im November 2014
Astrid Kaiser

Zur Entstehung dieses Buches – eine persönliche Einleitung[1]

Egal ob im Fachgespräch oder im privaten Rahmen: Wird das Fach Mathematik im Zusammenhang mit Inklusion erwähnt, folgen nicht selten skeptische Blicke. Schnell ist eine Erzählung über persönliche Schwierigkeiten im Mathematikunterricht im Gange – sei es als Schüler_in, in Bezug auf die eigenen Kinder oder im Berufsalltag als Lehrer_in. Vielfach heißt es dann, in allen anderen Fächern sei es ‚einfach einfacher': Einfacher, ein wirkliches Verständnis für den Inhalt zu entwickeln, einfacher, Inhalte auf eigenen Wegen zu entdecken, einfacher, einen Austausch anzuregen. Nicht zuletzt scheint es in anderen Lernbereichen einfacher, Begeisterung bei denen zu wecken, denen das Fach nicht von vorneherein ‚leicht fällt'. Im Verlauf solcher Gespräche wird jedoch ebenso häufig festgestellt, dass Mathematikunterricht nicht so sein müsse und viele spannende Momente ermöglichen könne. Selbst dann bleibt allerdings die Skepsis gegenüber *inklusivem* Mathematikunterricht fast immer bestehen.

Was aber, fragte ich mich, macht ‚es' in anderen Fächern einfacher? Ich machte mich auf den Weg diese Frage zu beantworten, zunächst anhand der bereits vorhandenen Literatur. Dies war zwar aufschlussreich, jedoch in Bezug auf den Kern einer möglichen ‚Besonderheit' des Lernbereichs insgesamt nicht befriedigend. So begegnete mir beispielsweise folgende Feststellung:

> Im Lernbereich Deutsch [gehörten] Vorlesen und Schreibaufträge in altersgemischten Gruppen [...] zum Unterrichtsalltag. Im Lernbereich Mathematik dagegen griffen die Lehrerinnen überwiegend auf individualisierte Lerngänge zurück, die sich in Arbeitsheften äußerten. [...] Hier konnten wir kaum Situationen des gemeinsamen Lernens unterschiedlicher Altersgruppen [...] beobachten. Offenbar fehlen den Lehrkräften hier noch fachdidaktische Konzepte für heterogene Lerngruppen. (Kucharz/Wagener 2007, 156)

Ich fand also die Vermutung bestätigt, *dass* Mathematikunterricht in heterogenen Lerngruppen eine besondere Herausforderung für Lehrkräfte darstellt, und zwar spezifisch dann, wenn es um die Gemeinsamkeit der Lernenden geht. Insgesamt blieb allerdings unklar, inwiefern für die in Literatur und Praxis benannten Schwierigkeiten tatsäch-

---

[1] Die erste Fußnote dieses Buches sei meinem Dank gewidmet. Ich danke: Meinen Interviewpartner_innen für ihre Offenheit und die Einblicke in ihr Denken und Arbeiten. Simone Seitz für die Begleitung aller Schritte, die vielen hilfreichen Hinweise, die persönliche Unterstützung sowie fachliche Diskussion meiner Ideen und die Toleranz gegenüber meinen allerersten Textentwürfen. Dagmar Bönig für die präzisen Nachfragen und die Bereitschaft, sich auf die nicht immer mathematikdidaktischen Antworten einzulassen. Meinen Mit-Doktorandinnen und Kolleg_innen für die zahlreichen persönlichen, elektronischen oder papierbasierten Anregungen. Hanna-Katharina Meyer für ihr gründliches, flexibles und inhaltlich wie formal absolut versiertes Lektorat. Ohne sie wären meine Argumentationen sicher weniger verständlich ausgefallen. Und last but not least für die Unterstützung, ohne die diese Arbeit nicht möglich gewesen wäre: Allen, die wissen was dat [sic!] Schlimmste ist.

lich fehlende fachdidaktische Konzepte oder eine fehlende Kenntnis dieser Konzepte verantwortlich gemacht werden können. Trotz eines zu vermutenden ‚Praxisschatzes' ließen sich zudem keine Dokumentationen zum Denken und Handeln solcher Lehrkräfte finden, die seit langem inklusiven oder integrativen Mathematikunterricht gestalten. Meine Frage war also nur unzureichend beantwortet und es blieb grundlegend zu klären: Was brauchen Lehrkräfte, um einen inklusiven Mathematikunterricht zu entwickeln und was haben Lehrkräfte, die diesen bereits praktizieren, für ‚Werkzeuge' dafür? Das Ergebnis der Auseinandersetzung mit diesen Fragen ist Inhalt dieses Buches, welches sich auf mindestens zwei verschiedene Arten lesen lässt:

Sie können dem Verlauf meiner Forschung folgen, indem Sie das Buch ganz einfach von Anfang bis Ende lesen. So nähern Sie sich in Teil A zunächst aus einer theoretischen Perspektive der Frage, ob und wie guter inklusiver Mathematikunterricht möglich ist. Mit diesen Kenntnissen zu Ausgangspunkten und Herausforderungen einer inklusiven Mathematikdidaktik im Hinterkopf geht es in Teil B dann darum, die vorhandene Expertise und existierenden Schwierigkeiten der Lehrkräfte genauer zu (er)fassen. In diesem empirischen Abschnitt wird die Perspektive der interviewten Lehrkräfte zu den verschiedenen Themenbereichen dargestellt und sich ergebende Fragen und Widersprüche genauer in Augenschein genommen. Dieser Einblick in das Denken der Lehrkräfte wird in Teil C schließlich mit den Erkenntnissen aus der Literatur zusammengebracht. Damit werden Schlussfolgerungen entwickelt, die für die Professionalisierung von Lehrkräften ebenso wie für die Unterrichtsentwicklung Anregungen bieten können.

Sie können aber auch selektiver vorgehen und nur einzelne Teile lesen. Zu Beginn von Teil A, B und C finden Sie hierfür jeweils einen Überblick über die Inhalte der zugehörigen Kapitel. Möchten Sie zuerst in die Praxisexpertise der von mir befragten Lehrkräfte eintauchen, erschließt sich diese am unmittelbarsten anhand der in Schaukästen hervorgehobenen Zitate und Fallbeispiele in Teil B. Oder Sie beginnen mit der Lektüre der Zusammenfassungen zu dem Teil, der Sie besonders interessiert – seien es die Anknüpfungspunkte und Herausforderungen einer inklusiven Mathematikdidaktik in der Literatur (Kap. 5.1), die zusammenfassende Beschreibung des Mathematikunterrichts der Lehrkräfte (Kap 7.4), das Ergebnis der vertieften Analyse der damit verbundenen Widersprüchlichkeiten (Kap. 8.4) oder die abschließend formulierten Konsequenzen zur Entwicklung eines inklusiven Mathematikunterrichts in der Praxis (Kap. 11). Diese Resümees sind jeweils eigenständig lesbar.

Vielleicht finden Sie aber auch eine ganz andere, eigene Lesart. Auf welchem Weg auch immer – ich hoffe, Sie finden in und mit diesem Buch, so wie ich in meiner Arbeit daran, sowohl Anregungen und Lösungen als auch neue Fragen, die Sie auf die weitere Entwicklung eines inklusiven Mathematikunterrichts neugierig machen.

1 Einführung: Inklusiver Mathematikunterricht – Herausforderung oder Chance?

1.1 Problemaufriss und Forschungsinteresse

Inklusiver Unterricht verfolgt das Ziel, die optimale ‚Förderung' jedes einzelnen Kindes zu gewährleisten und dabei die Vielfalt der Lerngruppe zu wertschätzen, wobei diese zugleich als Ressource für das Lernen der_des Einzelnen genutzt werden soll. Die komplexen professions- und teambezogenen Entwicklungsprozesse, die mit diesem Ziel einhergehen, bieten eine Chance für die Weiterentwicklung von Unterricht und Kompetenzen von Lehrer_innen. Zugleich bedürfen sie der Unterstützung durch Qualifizierungs- und Reflexionsmaßnahmen. Deren Gelingen, und damit der ‚produktive' Umgang mit der Heterogenität der Lerngruppe, wird vermehrt als generelles Qualitätsmerkmal von Schule und Unterricht diskutiert. Dies gilt sowohl für den erziehungswissenschaftlichen Diskurs als auch für die empirische Lehr-/Lernforschung sowie für bildungspolitische Diskussionen im Nachgang der internationalen Leistungsvergleichsstudien. In diesem Zusammenhang wird auch gänzlich unabhängig von Fragen der Beschulung von Kindern mit sog. sonderpädagogischem Förderbedarf die selektive Praxis des deutschen Schulsystems einer kritischen Betrachtung unter dem Schlagwort der ‚Bildungsgerechtigkeit' unterzogen.

Zugleich ist mit der Verpflichtung zur Etablierung eines ‚Inklusiven Bildungssystems auf allen Ebenen' im Zuge der Umsetzung der UN-Behindertenrechtskonvention (im Folgenden UN BRK, vgl. United Nations 2006) in den letzten Jahren bildungspolitisch und in der öffentlichen Diskussion eine neue Aktualität der Idee einer ‚Schule für alle' zu verzeichnen, welche sich explizit auf die Auflösung des Förderschulsystems bezieht. Damit verbunden ist allerdings auch eine Verengung der Diskussion auf den ‚gemeinsamen Unterricht behinderter und nicht-behinderter Kinder'. Diese gilt in der Fachdiskussion allerdings spätestens mit der Fokussierung des Inklusionsbegriffes als überwunden.[1] Hier werden seit den 1990er Jahren verstärkt Fragen von Bildungsgerechtigkeit jenseits einer dichotomen Einteilung von ‚behindert – nichtbehindert' in

[1] Selbst in einem Bundesland wie Bremen, das mit seiner Schulreform auch die Aufhebung der selektiven Dreigliedrigkeit des deutschen Bildungssystems in den Blick nimmt, wird die Diskussion um ‚Inklusion' auf Kinder mit sonderpädagogischem Förderbedarf begrenzt und weitgehend von den weiteren Überlegungen getrennt geführt.

den Blick genommen und auf die Vielfalt und Intersektionalität von Heterogenitätsdimensionen verwiesen.

Trotz des Grundkonsenses zum Umgang mit Heterogenität als zentralem Faktor guten Unterrichts und insgesamt positiver Ergebnisse zur Wirkung inklusiven Unterrichts gibt es (in Deutschland) hinsichtlich der Umsetzung und Weiterentwicklung einer inklusiven Schule weiter ungeklärte Fragen. Deren Bearbeitung wäre für eine qualitative Absicherung gerade auch im Zuge der aktuellen Bestrebungen zur Umsetzung der UN BRK notwendig. Dies betrifft auf der einen Seite die Überwindung der Verengung des Inklusionsbegriffs auf die Integration von Schüler_innen mit SPF (vgl. Seitz et al. 2012). Auf der anderen Seite geht es um eine konsequente Umsetzung von Lernzieldifferenz ohne die Zuweisung einer Sonderrolle für einige Schüler_innen und damit schließlich den Einbezug bisher wenig berücksichtigter Lernzugänge.

Zu klären sind strukturelle Fragen wie die deutlichen regionalen Unterschiede und die bisherige Beibehaltung einer weitgehenden Doppelstruktur von ‚inklusiver' und ‚Sonderbeschulung' (vgl. Klemm 2013). Außerdem muss eine Auseinandersetzung mit der existierenden Beliebigkeit der Begriffsverwendung stattfinden und schließlich sind konzeptionelle Herausforderungen für die pädagogisch-didaktische Praxis zu bearbeiten (vgl. Hinz 2013). Dieses Buch widmet sich von diesen verschiedenen Ebenen der inklusiven Schulentwicklung explizit der Frage des Unterrichts, und zwar aus fachdidaktischer Sicht. Hier lässt sich nämlich ein deutliches Desiderat feststellen und diesbezügliche Erkenntnisse, ebenso wie die offenen Fragen der Integrations- und späterhin Inklusionsforschung haben sich in ihrer inzwischen fast 40-jährigen Praxis- und Forschungsgeschichte kaum verändert (vgl. Kap. 2). Sie sind zugleich anschlussfähig an aktuelle Entwicklungen der (Fach-)Didaktiken sowie der Lehr-/Lernforschung. Obwohl die entsprechenden Diskurse bisher nur in Teilen miteinander verschränkt sind, wie in Kapitel 3 beispielhaft für den Lernbereich Mathematik gezeigt, besteht inhaltlich ein Konsens in dem Anspruch, die einzelnen Lernenden optimal in ihren individuellen Lern- und Entwicklungsprozessen zu unterstützen und das Potenzial der heterogenen Lerngruppe gerade für diese Prozesse zu nutzen. So wird in fachdidaktischen Veröffentlichungen zum Lernbereich Mathematik ein mit- und voneinander Lernen grundsätzlich als gewinnbringend für das Lernen der_des Einzelnen herausgestellt. Guter Mathematikunterricht zielt in diesem Sinne auf eine gemeinsame Tätigkeit individuell unterschiedlich Lernender und bietet für alle Schüler_innen die Möglichkeit, sich gemäß ihres aktuellen Lernstandes und Interesses die Mathematik zu erschließen. Ausgangspunkt ist die Zielsetzung, dass Mathematik verständnisvoll gelernt werden soll. Dies bezieht sich auf zwei Ebenen:

- Die Anregung eines *verständnisvollen Lernprozesses* ausgehend von sozialkonstruktivistischen Lehr-/Lerntheorien: Mathematiklernen ist ein aktiver, individueller Aneignungsprozess, der zugleich sozial situiert ist.
- Die Entwicklung eines vertieften *Verständnisses des Lerninhalts* ausgehend von der Auffassung des Faches als Wissenschaft der Muster: Mathematik ist ein flexibles Wissensnetz, in dessen Strukturen und Zusammenhänge die Schüler_innen Einsicht gewinnen sollen.

Aus diesen beiden Grundannahmen ergeben sich Anforderungen an mathematische Lehr-/Lernprozesse, die hier einleitend mit einem inhaltlich treffenden und viel zitierten Klassiker auf den Punkt gebracht werden können:

> Mathematik ist keine Menge von Wissen, Mathematik ist eine Tätigkeit, eine Verhaltensweise, eine Geistesverfassung. [...] Eine Geisteshaltung lernt man aber nicht, indem einer einem schnell erzählt, wie man sich zu benehmen hat. Man lernt sie im Tätigsein, indem man Probleme löst, alleine oder in der Gruppe – Probleme, in denen Mathematik steckt. (Freudenthal 1982, 140; 142)

Obwohl dies, ebenso wie die daran anschließende Konzeption der ‚natürlichen Differenzierung' (vgl. Kap. 3.2.2), den Grundideen einer inklusiven Pädagogik und Didaktik entspricht, zeigen sich bisher Begrenzungen in Bezug auf das Einbeziehen aller Lernenden sowie einer konsequenten Zieldifferenz. Bevor ein *guter* Mathematikunterricht für die Praxis eines inklusiven Unterrichts sein volles Potenzial entfalten kann, bedarf es entsprechend einer Weiterentwicklung der bisherigen fachdidaktischen Konzeptionen. Aber auch Potenziale der vorliegenden fachdidaktischen Entwicklungen scheinen in der Praxis bisher nicht immer genutzt zu werden. So wird etwa für den jahrgangsgemischten Unterricht im Zuge der Schuleingangsphase spezifisch für den Lernbereich Mathematik konstatiert,

> dass eine produktive Nutzung der Heterogenität im didaktischen Unterrichtsalltag eher schwer fällt. In der Regel findet eine modifizierte Form des Abteilungsunterrichts statt [...]. Gemeinsames Lernen aller Kinder der gemischten Gruppe findet dann lediglich in Gesprächskreisen wie Morgenkreis oder Klassenrat statt. (Kucharz/Baireuther 2010, 195)

Weitere Ergebnisse weisen ebenfalls in die Richtung, dass Mathematikunterricht eine Herausforderung für Lehrkräfte im Umgang mit einer heterogenen Lerngruppe darstellt (vgl. Kucharz/Wagener 2007, Hahn 2010).

Unterschiede zu anderen Lernbereichen zeigen sich dabei bereits im jahrgangsgemischten Unterricht. Besonders deutlich werden sie aber dort, wo Lehrkräfte die Möglichkeit haben, für verschiedene Fächer zwischen strukturell unterschiedlichen

Organisationsformen im Umgang mit der Heterogenität ihrer Lerngruppe zu wählen. Dies ist im sogenannten Kooperations-Modell der Fall. Während in Integrationsklassen Schüler_innen mit und ohne sonderpädagogischen Förderbedarf eine Klasse besuchen, werden im Kooperations-Modell zwei Schulklassen als Partnerklassen bestimmt, von denen eine einer Regelschule und die andere einer Förderschule angehört, die sich aber im gleichen Schulgebäude befinden. Üblich ist diese Organisationsform insbesondere als ‚Alternative' zu einer integrativen/inklusiven Beschulung im Förderschwerpunkt Geistige Entwicklung (im Folgenden FöS GE). Den Klassen stehen i. d. R. aneinander angrenzende Klassenräume – häufig mit einem zusätzlichen Differenzierungsraum – zur Verfügung. Die konkrete Zusammenarbeit wird sodann von den Lehrkräften (jede der Klassen hat eine eigene Klassenleitung) eigenständig organisiert. Der Umfang der gemeinsam unterrichteten Stunden, der sog. Kooperationsstunden, ist entsprechend unterschiedlich.

In einer Erhebung in 15 Kooperationsklassen gaben die befragten Lehrkräfte durchschnittlich einen Umfang von ca. 10–12 Kooperationsstunden pro Woche an.[2] Zur Verteilung dieser Stunden auf die Fächer ist das Ergebnis eindeutig: Mathematik und Deutsch werden mit Abstand am seltensten gemeinsam unterrichtet.[3] Dieses Ergebnis deckt sich mit den genannten Erkenntnissen zum jahrgangsgemischten Unterricht und lässt folgende zwei miteinander verknüpfte Thesen zu:

- Inklusiver Unterricht in der Praxis schöpft bisher das Potenzial nicht aus, das die heterogene Lerngruppe für das Lernen des_der Einzelnen bieten könnte.
- Mathematik wird von Lehrer_innen in diesem Zusammenhang als eine besondere Herausforderung wahrgenommen.

Diese Thesen bildeten den Ausgangspunkt einer Pilotstudie[4], die das Ziel verfolgte, sich den von den Lehrkräften wahrgenommenen Barrieren für einen inklusiven Mathematikunterricht weiter zu nähern. Hierfür wurden zwei Sonderpädagogik-Lehrkräfte und eine Grundschullehrkraft aus kooperativen Klassen interviewt, in denen Mathematik im Gegensatz zu anderen Fächern bisher nicht (regelmäßig) gemeinsam unterrichtet wird. Zudem wurde ein Interview mit einer im jahrgangsgemischten Unterricht erfahrenen

[2] Die Daten wurden im Zuge eines universitären Forschungsseminars unter Leitung der Autorin im WiSe 2007–2008 von Studierenden anhand eines Lehrkraft- sowie Elternfragebogens mit ergänzenden mündlichen Befragungen in 15 Bremer Primarstufen-Koop-Klassen erhoben. Mit einbezogen in die ermittelten Kooperationsstunden sind auch Aktivitäten wie Morgen- oder Abschlusskreise.

[3] Mathematik wird lediglich in drei und Deutsch in vier der 15 Klassen und mit jeweils 1–2 Stunden in der Woche gemeinsam unterrichtet. Alle anderen Fächer werden bei mindestens 11 der 15 befragten Klassen gemeinsam unterrichtet und dies vielfach auch im vollständigen Umfang der Fächer in der Fächertafel.

[4] Im Rahmen der Pilotstudie wurden insgesamt fünf Interviews geführt, die der Prüfung und Überarbeitung des Interviewleitfadens für die in diesem Buch vorgestellte Studie dienen und einen ersten Einblick ins Feld geben sollte (vgl. Korff 2011a; Korff/Scheidt 2011).

Grundschullehrkraft geführt, um zu überprüfen, inwiefern innerhalb dieses Settings eine besondere Herausforderung für den Lernbereich Mathematik wahrgenommen wurde.
Im Ergebnis hat sich zunächst bestätigt, dass die Lehrkräfte es als spezifische Herausforderung empfinden, Mathematik in einer heterogenen Gruppe zu unterrichten. Weiterhin lassen sich folgende Tendenzen festhalten (vgl. Korff/Scheidt 2011 und Korff 2011a):

- Gemeinsamer Unterricht (mit der Koop-Partnerklasse bzw. der jahrgangsgemischten Gruppe) gelingt nach Einschätzung der Lehrkräfte vorrangig über Handlungs- und Materialorientierung. Diese ist aus Sicht der Lehrkräfte in Mathematik schwieriger umzusetzen als in anderen Fächern, was insbesondere für den Inhaltsbereich Arithmetik gilt. Letzterer scheint zugleich die Vorstellungen davon, was Mathematik(-Unterricht) ist, zu dominieren.
- Der Heterogenität der Lerner_innen begegnen die Lehrkräfte (daher) in Mathematik überwiegend mit dem Einsatz individualisierter Arbeitsmaterialien in Stationen- oder Wochenplanarbeit. Gemeinsame Arbeitsphasen in der Klassengruppe werden selten und i. d. R. in Ergänzung zur inhaltlichen Arbeit eingesetzt.
- Trotz dieser Praxis und den beschriebenen Herausforderungen betonen alle Befragten das Potenzial des mit- und voneinander Lernens und wünschen sich, dieses im Unterricht mehr zu aktivieren. Die Ergebnisse der Pilotstudie bestätigen damit zunächst die eben genannte (zweite) Ausgangsthese.

Ein neuer Aspekt ergab sich mit dem abschließend zur Pilotphase geführten Interview mit einer Lehrkraft, die (seit vielen Jahren) alle Lernbereiche in einer heterogenen Gruppe einschließlich Kindern mit sog. sonderpädagogischem Förderbedarf gemeinsam unterrichtet. Für sie stellt Mathematik hierbei nämlich keine besondere Schwierigkeit im Vergleich zu anderen Lernbereichen dar. Sie deutet zwar ähnliche Besonderheiten des Mathematikunterrichts an wie die anderen befragten Lehrkräfte der Pilotphase, wie beispielsweise die Hierarchisierung des Stoffes oder die begrenzte Möglichkeit zu materialbasierten Lernsituationen im arithmetischen Inhaltsbereich. Aus ihrer Sicht sind dies aber offenbar keinerlei Hinderungsgründe für inklusives Arbeiten. Auch schlussfolgert die Lehrkraft an keiner Stelle, dass mit dem Lernbereich Mathematik eine (besondere) Herausforderung für inklusiven Unterricht verbunden sei. Allerdings ergibt sich zur Frage nach den Möglichkeiten des gemeinsamen Lernens eine Irritation. Die Befragte führt dazu aus:

> Miteinander lernen ist ja ganz unterschiedlich. Ich lerne mit jemanden, weil er mir sympathisch ist, ich lerne mit jemanden, weil ich ein Helfer bin, ich lerne mit einem, weil der gerade das Material hat oder den Gegenstand, den ich auch

> haben möchte, oder ich lerne mit einem, weil ich ehrgeizig bin und dem zeigen will, dass ich besser bin als der. Also es gibt ganz verschiedene Interessenlagen und all das passiert. (Pilotinterview 5, Abs. 56)

Obwohl diese Differenzierung und weitere Nachfragen der Interviewten durchaus hilfreiche Hinweise zur begrifflichen Präzisierung lieferten,[5] entstand bei der Auswertung des konkreten Interviews zugleich der Eindruck, dass die Integrationslehrkraft kaum genauere Aussagen zu spezifischen Möglichkeiten (und Barrieren) zu inhaltsbezogenem mit- und voneinander Lernen in Mathematik machte bzw. die diesbezüglichen Unterrichtsbeschreibungen sehr allgemein bleiben.

Die Auswertungen zum letzten Interview der Pilotstudie lassen damit den Schluss zu, dass die individuelle Erfahrung im ‚gemeinsamen (Mathematik-)Unterricht' die wahrgenommenen Möglichkeiten eines solchen Unterrichts positiv beeinflusst.
Offen bleibt zunächst, welche Rolle (nicht) verfügbare fachdidaktische Entwicklungen im Vergleich zu (fehlender) Erfahrung und Routine im Umgang mit den Herausforderungen eines inklusiven Mathematikunterricht spielen, aber auch, ob die befragte I-Lehrkraft für die von den anderen Lehrkräften benannten Schwierigkeiten Lösungen entwickelt hat (vgl. Korff 2011a). Daraus ergibt sich das Forschungsinteresse der in diesem Buch vorgestellten Untersuchung: Es gilt, genauer zu klären, was es Lehrkräften erschwert bzw. ermöglicht, Mathematik in einer heterogenen Lerngruppe zu unterrichten. Zudem soll untersucht werden, welche Zusammenhänge zur jeweiligen Unterrichtserfahrung bestehen. Auf diese Weise können schließlich Schlussfolgerungen für notwendige Professionsentwicklungen für einen inklusiven Mathematikunterricht erarbeitet werden.

1.2 Erste Klärung zum Forschungsgegenstand Belief-Systeme und der Untersuchungskonzeption

Mit dem soeben dargelegten Forschungsinteresse richtet sich der Blick also auf die Sicht von Lehrkräften auf ihren Unterricht und die (fach-)didaktischen Möglichkeiten des Umgangs mit Heterogenität der Lerngruppe im Mathematikunterricht. Hieraus sollen wiederum Schlussfolgerungen für die Entwicklung eines inklusiven Mathematikunterrichts abgeleitet werden. Die leitende Forschungsfrage lautet damit:

---

[5] Im Vorgriff auf die Erläuterung des methodischen Vorgehens in Kapitel 6 kann hier darauf verwiesen werden, dass der Leitfaden bezüglich der Frage nach dem ‚gemeinsamen Lernen' angepasst wurde und u. a. Zitate aus der Pilotstudie als Anregung zur Elaboration aufgenommen wurden.

Was denken Lehrkräfte der Primarstufe über (ihren) Mathematikunterricht in heterogenen Lerngruppen und welche professionsbezogenen Konsequenzen für die Entwicklung eines inklusiven Mathematikunterrichts ergeben sich daraus?

Das ‚Denken der Lehrkräfte' wird in dieser Untersuchung mit dem Begriff *Belief-Systeme* als zentralem Forschungsgegenstand gefasst. Eine erste Definition von Beliefs und Belief-Systemen lautet:

> Mathematical beliefs are the compound of [the] subjective (experience-based) implicit knowledge (and feelings) concerning mathematics and its teaching/learning. (Pehkonen/Törner 1996, 102)

Maßgeblich für die Entscheidung, sich mit Belief-Systemen zu befassen, war die Tatsache, dass diese – wie im Zitat deutlich wird – auf Basis von Erfahrungen entwickelt werden. Damit können durch die Untersuchung von Belief-Systemen auch Rückschlüsse gezogen werden auf eben jene Erfahrungen und ihre Auswirkungen auf die professionelle Entwicklung. So werden schließlich Schlussfolgerungen aus Professionalisierungsperspektive möglich, das heißt zur Frage, was Lehrkräfte ‚brauchen', um einen guten inklusiven Mathematikunterricht zu gestalten.

Die Untersuchung schließt an aktuelle Forschungen zur Entwicklung von Unterrichtsqualität an, die insbesondere zum mathematischen und naturwissenschaftlichen Bereich zahlreich vorliegen. Während die die Unterrichtsqualität bestimmenden Merkmale als weitgehend konsensual und empirisch belegt betrachtet werden können (vgl. Kap. 2.2.2 und 3.1), ist die Frage, was eine ‚gute Lehrkraft' ausmacht und wie man eine werden kann, bislang weniger eindeutig beantwortet worden. Dies ist nicht zuletzt in der Komplexität dessen begründet, was professionelles Handeln im Klassenraum ausmacht. Baumert und Kunter bemerken dazu:

> Erhebliche Schwierigkeiten ergeben sich aber immer dann, wenn *Kombinationen von Wissen und praktischem Können* erfasst werden sollen, wie dies bei der Unterrichtsführung und Orchestrierung von Lerngelegenheiten der Fall ist. (2006: 486, Hervorh. N. K.)

Damit ist als Herausforderung für die Erfassung der professionellen Kompetenz von Lehrkräften benannt, was diese zugleich konstituiert: Die Expertise von Lehrkräften lässt sich nicht alleine anhand von Professionswissen i. S. v. „theoretisch-formalem Wissen" (Baumert/Kunter 2006, 483) beschreiben, erfassen oder auch ausbilden. Vielmehr spielen situative und handlungsbezogene Kompetenzen eine entscheidende Rolle, die als *knowledge in action* im Sinne von Können mit impliziten Wissensbeständen und Fallwissen verknüpft sind (vgl. ebd. und Koch-Priewe 2002). Diese weiteren Faktoren und ihr Verhältnis zum Professionswissen rücken in der empirischen Unterrichtsforschung in den letzten Jahren im Kontext der (Entwicklung und Bewertung der) Expertise von Lehrer_innen in den Fokus. Beliefs resp. ‚Belief-Systeme' wurden dabei als eine zentrale Komponente der professionellen Handlungskompetenz von Lehrkräften identifiziert. Mit ihnen wird die enge Vernetzung von Professionswissen und Erfahrungen der Lehrkräfte bezeichnet, die nicht zuletzt in deren ‚Fallwissen' und Handlungsroutinen zum Ausdruck kommt:

> Beliefs are mental constructs that represent the codification of people´s experiences and understandings. (Schönfeld 1998, 23)

Konstitutiv für Beliefs sind in Abgrenzung zum Professionswissen affektive und erfahrungsbasierte Anteile. Mit der begrifflichen Fassung als Belief-*Systeme* wird daneben auch das Vorhandensein von (eher kognitiven) Argumentationsstrukturen vorausgesetzt und Professions*wissen* wird als Teil der Belief-Systeme betrachtet. Es wird zudem davon ausgegangen, dass Belief-Systeme zwar individuell konstruiert, aber zugleich gerade aufgrund ihrer Erfahrungsbasierung eng mit dem sozialen Raum verknüpft sind. Damit ist die Beschreibung von Belief-Systemen jedoch bei Weitem nicht erschöpft. Im angesprochenen Forschungsfeld kursiert außerdem eine Vielzahl von Begrifflichkeiten, wie beispielsweise Einstellungen, Vorstellungen, Überzeugungen oder auch subjektive Theorien, die teils als Übersetzungen von Beliefs, teils als eigenständige Begrifflichkeiten verwendet werden. In Kapitel 4 wird daher das Verständnis von Belief-Systemen als Forschungsgegenstand im Rahmen der Professionsforschung genauer expliziert.

Das Ziel der vorgestellten Untersuchung liegt – nach entsprechender terminologischer Verortung von Beliefs und Belief-Systemen – in der *inhaltlichen* Analyse der Belief-Systeme der befragten Lehrkräfte zum inklusiven Mathematikunterricht. Im Ergebnis lassen sich sodann Ableitungen zu (notwendigen) Professionalisierungsprozessen und damit verbundene (fach-)didaktische Entwicklungen für einen inklusiven Mathematikunterricht formulieren.[6]

Im Feld der zahlreichen Forschungen zu Lehrkraftkompetenzen und Unterrichtsqualität ist ein deutliches Desiderat zu Fragen des Umgangs mit Heterogenität zu verzeichnen. Außerdem liegt der Fokus auf dem Sekundarstufenbereich sowie auf quantitativen Erhebungen. Im Diskurs zum inklusiven Unterricht ist wiederum ein deutlicher Mangel sowohl an professionalisierungsbezogener als auch an lernbereichsspezifischer Literatur zu konstatieren.

Die vorgestellte Untersuchung greift diese Lücken auf und liefert einen Beitrag zur Beantwortung der Frage, wie Professionalisierungsprozesse angelegt sein sollten,

---

[6] Es ist damit nicht das Ziel, ein Modell zur genaueren Verortung von Beliefs oder Belief-Systemen im Rahmen professioneller Handlungskompetenz zu entwickeln oder ihre Struktur, bezogen beispielsweise auf die Verknüpfungen von ‚Wissen' und ‚Erfahrungen', genauer zu erschließen. Die entsprechenden Erläuterungen in Kapitel 4 dienen lediglich der Klärung des Forschungsgegenstandes.

um die Entwicklung und Umsetzung einer inklusiven Mathematikdidaktik zu unterstützen. Im Rahmen der qualitativ angelegten Studie werden Sonderpädagogik- und Grundschullehrkräfte jeweils aus Kooperations- und Integrationsklassen befragt. Als Erhebungsmethode dienen episodische Interviews, die durch einen hohen Anteil an Erzählungen in Verknüpfung mit Argumentationen differenzierte Erkenntnisse über das planungs- und handlungsrelevante, erfahrungsbasierte (Fall-)Wissen der Lehrkräfte ermöglichen. Von besonderem Interesse ist dabei, was den Lehrkräften zufolge die potenzielle Besonderheit des Lernbereichs Mathematik für das Lernen in heterogenen Lerngruppen ausmacht. Im Rahmen der Auswertung werden die Aussagen der Lehrkräfte zunächst anhand zusammenfassender Kategorien vom Material ausgehend themenbezogen aufgearbeitet. Die so fallübergreifend hervortretenden zentralen Aspekte werden anschließend vertiefend analysiert, wofür ein komparatives, von einzelnen Interviewpassagen ausgehendes Vorgehen in Anlehnung an die dokumentarische Methode gewählt wurde (vgl. Kap. 6). Dabei gilt es zu analysieren, in welcher Form die Lehrkräfte mit den Herausforderungen umgehen, welche Lösungen sie entwickelt haben und ob sich hier die verschiedenen Professionen und schulischen Organisationsformen niederschlagen. Abschließend werden diese Ergebnisse zu den Belief-Systemen der Lehrkräfte in Bezug auf die fachlichen Perspektiven einer inklusiven Pädagogik sowie Mathematikdidaktik eingeordnet, um Schlussfolgerungen für die Professionalisierung zu entwickeln.

Um den Hintergrund für die empirische Bearbeitung zu schaffen, ist es somit notwendig den Stand der (fach-)didaktischen Entwicklungen zum Mathematikunterricht im Kontext heterogener Lerngruppen aufzuarbeiten. Die Ergebnisse dieser theoretischen Analysen finden sich in Teil A dieses Buches. Im Zentrum steht anschließend die Untersuchung zu Barrieren und Potenzialen der Entwicklung eines inklusiven Mathematikunterrichts aus der und in der Perspektive der Lehrkräfte. Die hierzu durchgeführte Interviewstudie und ihre Ergebnisse werden in den empirischen Teilen B und C dargestellt. Die Darstellung der Ergebnisse folgt der Systematik der Untersuchung: Mit der Erhebungs- ebenso wie mit der Auswertungsmethode wird zunächst darauf abgezielt, möglichst unterrichtsnahe Belief-Systeme zu erfassen und sie bezüglich ihrer Zusammenhänge und Hintergründe differenziert zu untersuchen. Diese werden in Teil B dargestellt. Erst im Anschluss geht es darum, hieraus Ableitungen für Professionalisierungsfragen und fachdidaktische Entwicklungen zu ermitteln, was in Teil C erfolgt.

1.3 Anmerkungen zum inklusionsbezogenen Anspruch der Arbeit

In dieser Arbeit bilden Erkenntnisse aus der Lehr-/Lernforschung, der Fachdidaktik sowie der Professionalisierungsforschung zunächst ohne spezifischen Bezug auf ‚Kinder mit Beeinträchtigungen' (vgl. Kap. 3 und 4) die theoretischen und konzeptionellen Ausgangspunkte. Auch in der Zielsetzung geht es explizit um die Entwicklung eines guten Mathematikunterrichts für alle Kinder unter Berücksichtigung der Heterogenität der Lerngruppe und nicht etwa um einen *besonderen* Mathematikunterricht, welcher aufgrund der Anwesenheit ‚besonderer' Schüler_innen notwendig wäre (vgl. Kap. 5).

Der Hintergrund und die Ausrichtung der Forschungsfrage dieser Untersuchung können somit als inklusiv verstanden werden. Die Sichtweise auf Heterogenität folgt dabei einem Verständnis von Differenz und Gleichheit als perspektivengebundene Aspekte (vgl. Kap. 2). Es besteht allerdings ein Widerspruch zwischen bestimmten Faktoren des gewählten Forschungsdesigns dieser Untersuchung und der Theorie einer inklusiven Pädagogik, in deren Paradigma die Untersuchung zu verorten ist. Auf diesen soll hier einleitend eingegangen werden.

Während der Inklusionsbegriff sein Potenzial gerade aus der Auflösung der Idee einer ‚Integration von Menschen mit Beeinträchtigungen' in einen größeren Kontext schöpft, wird hier dennoch an zentralen Stellen ein spezieller Fokus auf die Dimension ‚Behinderung/Befähigung' gelegt. Eine solche Verwendung von Kategorien zur Bezeichnung von Personengruppen kann durchaus sinnvoll sein, um auf Ausgrenzungsprozesse innerhalb der Gesellschaft resp. des Erziehungs- und Bildungssystems aufmerksam zu machen – wenn eben genau entlang dieser Kategorien Ungleichheiten (re)produziert werden und institutionelle Diskriminierung erfolgt.

Sinnvoll erscheint eine Unterscheidung zwischen der Möglichkeit der *Teilnahme*, d. h. dem (barrierefreien) Zugang (*access*, vgl. UN BRK, Artikel 9) und der gleichberechtigten *Teilhabe* an der Gesellschaft, d. h. der Mitbestimmungs- und Gestaltungsmöglichkeit (*participation,* vgl. u. a. UN BRK, Artikel 2 und 3), wobei die beiden Aspekte in enger Verbindung miteinander stehen. Booth (2005, o. S.) verweist darauf, dass gruppenbezogene Aussagen im Kontext von gesellschaftlicher Ausgrenzung und Marginalisierungsprozessen notwendig und damit Kategorien hilfreiche Analyseinstrumente auf der Ebene der **Teilnahme** darstellen können: „Ensuring that people are present within education settings [access, N. K.] is a prerequisite for fostering their participation" (Booth 2005, o. S.). In diesem Sinne ist die Verwendung der Kategorie ‚Kinder mit dem Förderbedarf geistige Entwicklung' angemessen, um auf entsprechende Ausgrenzungs- und Marginalisierungstendenzen aufmerksam zu machen[7]. Die aufgezeigte Problematik löst sich allerdings nicht alleine durch ein einfach konsequent inklusiv organisiertes Schulsystem. Vielmehr muss die konkrete Unterrichtspraxis bezüglich möglicher Barrieren für bestimmte Lernzugänge in den Blick genommen werden – und damit die Komplexität der sozialen und dinglichen Umwelt allen Schüler_innen zugänglich gemacht werden. Angesprochen sind hiermit Möglichkeiten der konkreten individuell gewinnbringenden **Teilhabe** an Bildungsprozessen jenseits einer schlichten Anwesenheit in den Bildungsinstitutionen. Bisher wird auf konzeptioneller Ebene häufig von gewissen Mindestanforderungen an die Kompetenzen der Schüler_innen ausgegangen und bislang werden einige Lernzugänge und -bedürfnisse nicht einbezogen. Für die Mathematikdidaktik werden diese Desiderate in Kapitel 3 genauer erörtert, entsprechende Lücken gelten aber auch für den Schriftspracherwerb (vgl. u. a. Platte 2007, Hennies/Ritter 2013) und die Bearbeitung didaktischer Fragen einer inklusiven Unterrichtspraxis insgesamt (vgl. Seitz 2008, 227).

Für die Entwicklung einer inklusiven Pädagogik ist es sowohl auf Ebene der Teilnahme als auch der Teilhabe unerlässlich, genauer zu betrachten, was ‚alle' (hinsichtlich des eingangs formulierten Anspruchs einer Schule für alle) strukturell und bezogen auf die konkreten pädagogisch-didaktischen Konzeptionen bedeutet. Vor diesem Hintergrund wird – wiederum ohne hier eine dichotome Einteilung von Personen(-Gruppen) für angemessen zu halten – an verschiedenen Stellen auf Kategorien wie etwa komplexe Unterstützungsbedarfe, grundlegende Lerninhalte/mathematische Basiskompetenzen und basale Lernzugänge Bezug genommen. Dabei kann davon ausgegangen werden, dass sich aufgrund der schulischen Selektionsmechanismen in eben den bisher strukturell marginalisierten Gruppen auch vermehrt die Schüler_innen mit den inhaltlich in (fach-)didaktischen Entwicklungen bislang wenig beachteten Lernbedürfnissen finden. Aus diesem Grund erfolgt ein Bezug auf die Kategorie SPF im FöS GE.

Die Nutzung dieser Kategorie im Rahmen des Forschungsprozesses bedeutet aber keineswegs, dass davon ausgegangen wird, hiermit könne eine in sich homogene Gruppe benannt werden oder diese Kategorie sei für konkrete pädagogisch-didaktische Entscheidungen tauglich. Vielmehr ist zum einen von einer großen Varianz an Lernständen und Entwicklungsbedürfnissen auch gerade innerhalb der Gruppe von Kindern auszugehen, denen der SPF im FöS GE zugewiesen wurde. Zum anderen ist darauf zu verweisen, dass für gelungene Lern- und Entwicklungsprozesse alle Kinder – unabhängig von ihrem aktuellen Lern-/Entwicklungsstand – grundlegend der gleichen

[7] So wird zum aktuellen „Status Quo und Herausforderungen inklusiver Bildung in Deutschland" (Klemm 2013) trotz einer insgesamt steigenden Inklusionsquote dokumentiert: „In den drei verbleibenden Bereichen Geistige Entwicklung (3,3 Prozent), Förderschwerpunkte übergreifende Gruppierung (2,6 Prozent) und Kranke (1,4 Prozent) hat inklusiver Unterricht praktisch keine Bedeutung" (ebd., 18).

Bedingungen bedürfen und eine allgemeine (inklusive) Pädagogik dieser Erkenntnis Rechnung zu tragen hat.

Auch die Trennung zwischen einer ‚allgemeinen' und einer ‚inklusiven' Didaktik ist demnach artifiziell (vgl. Kap. 2). Entsprechend der aktuell weiter vorhandenen Schulstrukturen wird dennoch in dieser Arbeit der Zusatz ‚regelschulbezogen' genutzt, um auf die bisher weitgehend unverbundenen Diskurslinien inklusiver Pädagogik und – eben regelschulbezogener – Grundschulforschung und Fachdidaktik zu verweisen (vgl. exemplarisch die Ausführungen zur Mathematikdidaktik in Kapitel 3). Isoliert voneinander sind allerdings wohlgemerkt lediglich die Diskurslinien. Die inhaltlichen Entwicklungen sind aneinander anschlussfähig und die schulische Realität und Praxis ist bereits von Überschneidungen geprägt.

Der spezifische Blick auf Kinder mit – an den schulischen Anforderungen gemessen – umfassenderen Beeinträchtigungen und die entsprechende Auswahl von Interviewpartner_innen sowie der inhaltliche Fokus auf basale Lernzugänge und grundlegende Inhalte folgt in dieser Arbeit den Zielsetzungen einer inklusiven Pädagogik und Didaktik: Im Sinne einer Schule für alle ist sicherzustellen, dass weder eine bestimmte Gruppe von Kindern von der Teilnahme ausgeschlossen wird, noch Kindern aufgrund ihrer konkreten Lernbedürfnisse und -zugänge eine volle und gleichberechtigte Teilhabe verwehrt bleibt.

In einem Forschungsfeld, das aktuell noch entlang der erwähnten Kategorien strukturiert ist, bietet es sich nicht zuletzt aus pragmatischen Gründen an, für die Zusammenstellung des Samples auf diese Kategorien zurückzugreifen. Die Konzentration auf die Heterogenitätsdimension Behinderung/Befähigung schlägt sich damit im forschungsmethodischen Vorgehen sowohl bei der Auswahl der Interviewpartner_innen als auch im Rahmen eines Teils der Interviewfragen mit spezifischem Bezug auf die Kategorie des ‚Förderbedarfs Geistige Entwicklung' nieder (vgl. Kap. 6).

Damit ist auf die Gefahr einer Reifizierung verwiesen, da „spezifische Unterscheidungspraxen jegliche Differenzen erst hervorbringen und mit Bedeutung versehen" (Finnern/Thim 2013, 159 mit Bezug auf Budde 2012). Die damit verbundene Ambivalenz zeigt sich im Übrigen auch in den eingangs erwähnten Auswirkungen der UN BRK. Zum einen scheint eine ‚gesonderte Menschenrechtserklärung' notwendig, um die Teilnahme und Teilhabe von bisher aus gesellschaftlichen Prozessen und dem Bildungssystem ausgegrenzten Gruppen zu gewährleisten. Zum anderen ist aber an vielen Stellen der öffentlichen und fachlichen Diskussion mit dem Bezug auf die UN BRK eine Verengung des Begriffs der ‚Inklusion' auf die ‚Einbindung von Behinderten in das allgemeine Bildungssystem' zu beobachten. Die UN BRK befördert damit zwar eine Entwicklung hin zu einem inklusiven Bildungssystem beispielsweise in der deutschen Bildungspolitik. Der Bezug auf sie verstärkt aber zugleich eine für ein inklusives Schulsystem zu überwindende dichotome Perspektive auf die Vielfalt menschlicher Entwicklung.

Im Forschungsprozess ist der genannten Problematik durch eine umfassende Reflexion des eigenen Vorgehens zu begegnen. An dieser Stelle wurde grundlegend dargelegt, weshalb in der vorliegenden Untersuchung trotz des inklusionspädagogischen Hintergrundes zum Teil spezifischen auf die Kategorie ‚sonderpädagogischer Förderschwerpunkt Geistige Entwicklung' Bezug genommen wird. Dass ein entsprechender Fokus immer auch eine Verengung des Blicks bedeutet, zeigt sich in dieser Untersuchung u. a. im Rahmen der Überlegungen zu einer inklusiven Mathematikdidaktik. Dort wird beispielsweise nicht auf Anforderungen eingegangen, die sich aus Mehrsprachigkeit oder unterschiedlichen sozio-ökonomischen Hintergründen ergeben. Eine Thematisierung von Fragen zu non-verbaler Kommunikation und einer Einbindung von Lerninhalten wie grundlegendem Mengenverständnis findet hingegen statt. Vor dem Hintergrund einer inklusiven Pädagogik wird der gewählte Fokus im Forschungsprozess jedoch durchgängig kritisch reflektiert. Im Verlauf der Untersuchung wird an verschiedenen Stellen genauer erörtert, wie der mit diesem Fokus verbundenen Reifizierungsproblematik entgegengewirkt werden kann. Auf diese Weise soll verhindert werden Ergebnisse zu produzieren, die sich auf die Kategorisierung als pädagogische Kategorien beziehen. Auch unabhängig von der Frage des ‚inklusiven Anspruchs' kann ein solcher reflexiver Umgang mit den Entscheidungen und Vorannahmen im Forschungsprozess und ihren potenziellen Auswirkungen als ein zentrales Gütekriterium qualitativer Forschung beschrieben werden (vgl. z.B. Steinke 2009, Meinefeld 2009).[8]

[8] So ist beispielsweise auch die Frage nach den potenziellen Besonderheiten des Faches Mathematik aus Sicht der Lehrkräfte bereits auf eine Vorannahme gestützt und kann – unreflektiert – zu einer Reproduktion dieser Annahme durch entsprechende Lenkung in den Interviews und Auswertungskategorien führen. Es wurde daher darauf geachtet, zwischen den spontanen Relevanzsetzungen der Lehrkräfte und ihren Antworten auf spezifische Nachfragen (d. h. Relevanzsetzungen durch die Forscherin) zu unterscheiden sowie die Setzungen der Forscherin im Prozess des Zusammenfassens der Interviewaussagen transparent zu gestalten (vgl. die jeweiligen Einordnungen in Kap. 7).

TEIL A

Perspektiven aus der Forschung

Hintergründe und Ausgangspunkte

Und aus dieser Not will ich eine Tugend machen, jedoch mit dem Unterschied, dass die Schüler[_innen] nicht neben- sondern miteinander am gleichen Gegenstand auf verschiedenen Stufen tätig sind [...].

Freudenthal 1974

Die folgende Aufarbeitung des Forschungs- bzw. Konzeptionsstandes zu einem inklusiven Mathematikunterricht ermöglicht es, sowohl mathematik- und inklusionsdidaktische Anforderungen an einen solchen Unterricht zu formulieren als auch Desiderate und konzeptionell ungeklärte Fragen herauszuarbeiten. Dies dient einer Annäherung an die Entwicklung einer inklusiven Mathematikdidaktik und bildet zugleich den theoretischen Rahmen für die spätere Analyse der Interviews mit den Lehrkräften.

In Kapitel 2 werden nach einer einleitenden Einordnung zum Verständnis inklusiver Pädagogik (Kap. 2.1.) empirische Ergebnisse zum inklusiven Unterricht dargelegt und zu den in der empirischen Lehr-/Lernforschung entwickelten Kriterien von Unterrichtsqualität in Bezug gesetzt (Kap. 2.2). Die Entwicklungen einer geeigneten Didaktik für inklusiven Unterricht gehen zum Teil auf diese Ergebnisse zurück und werden in ihren Entwicklungslinien von der integrativen zur inklusiven Didaktik dargelegt (Kap. 2.3). Als zentraler Aspekt zeigt sich das Verhältnis von Individualisierung und Gemeinsamkeit, wozu zunächst die bisher im Diskurs verhandelten Positionen genauer dargelegt werden (Kap. 2.4). In der das Kapitel abschließenden Zusammenfassung erfolgt dann eine inhaltliche Positionierung zur Bedeutung der Gemeinsamkeit und eine damit verbundene begriffliche Differenzierung (Kap. 2.5).

In Kapitel 3 wird der zweite theoretisch-konzeptionelle Ausgangspunkt – die Mathematikdidaktik – in den Blick genommen. In diesem Kontext soll erörtert werden, was aus fachdidaktischer Perspektive unter qualitativ gutem Mathematikunterricht zu verstehen ist (Kap. 3.1), wie in diesem mit Heterogenität umgegangen wird und welche Bedeutung die Konzeption der ‚natürlichen Differenzierung‘ im Mathematikunterricht sowie die Material- und Handlungsorientierung für einen inklusiven Mathematikunterricht haben (Kap. 3.2). Nach der Darstellung dieser inhaltlichen Potenziale guten Mathematikunterrichts für den Unterricht in heterogenen Lerngruppen wird abschließend die Frage geklärt, inwiefern sich ein solcher für eine Übertragung auf einen Unterricht mit allen Schüler_innen eignet (Kap. 3.3) und resümiert, welche Desiderate hierfür bisher noch zu formulieren sind (Kap. 3.4).

In Kapitel 4 erfolgt eine terminologisch wie inhaltlich genauere Verortung der hier vorgestellten Untersuchung im Feld der Professionsforschung (Kap. 4.1). Anschließend wird das Verständnis des Untersuchungsgegenstandes Belief-Systeme genauer beleuchtet (Kap. 4.2) und ein Einblick in den Forschungsstand gegeben (Kap. 4.3).

Dieser erste Teil des Buches schließt in Kapitel 5 mit einer zusammenfassenden Darstellung der Konsequenzen, die sich aus den theoretischen Hintergründen für die Entwicklung einer inklusiven Mathematikdidaktik ergeben (Kap. 5.1) sowie einem Ausblick auf die Schlussfolgerungen für die eigene Untersuchung (Kap. 5.2).

2 Guter Unterricht inklusive? Inklusiver Unterricht und seine Didaktik

Die Ausführungen zum inklusiven Unterricht und seiner Didaktik werden eingeleitet mit der Erläuterung grundlegender Begriffe der unterschiedlichen Heterogenitätsdiskurse im schulischen Kontext, ohne diese allerdings vertieft zu diskutieren (Kap. 2.1.1). Relevant ist insbesondere die Problematik, die sich aus der fehlenden Verbindung der Diskurse ergibt. Sie zeigt sich unter anderem an der Sonderrolle der kooperativen Beschulung für Schüler_innen, die dem FöS GE zugeordnet werden (Kap. 2.1.2).

Für die Gestaltung eines inklusiven Unterrichts, die in Kapitel 2.1 in den Blick genommen wird, zeichnet sich nicht nur in der Praxisumsetzung, sondern auch in der empirischen Forschung und auf konzeptioneller Ebene ein deutliches Desiderat ab. Zugleich liegen relativ eindeutige Ergebnisse zu grundlegenden Merkmalen gelingender inklusiver Unterrichtsgestaltung vor (Kap. 2.2.1), die auch an weitere Diskurse zur Unterrichtsqualität anschlussfähig sind (Kap. 2.2.2).

Zur Erarbeitung der zentralen Merkmale einer inklusiven Didaktik in Kapitel 2.3 erfolgt zunächst eine allgemeine Klärung des Verständnisses von Didaktik (Kap. 2.3.1). Anschließend werden grundlegende Prinzipien einer integrativen bzw. späterhin inklusiven Didaktik formuliert (Kap. 2.3.2) und die beiden einzigen vorliegenden Arbeiten zur einer didaktischen Gesamtkonzeption von Feuser (Kap. 2.3.3) und Seitz (Kap. 2.3.4) vorgestellt.

Kommunikation/Kooperation der Kinder untereinander kann in Verbindung mit der Akzeptanz der Vielfalt der Lernenden als zentrales Qualitätskriterium inklusiven Unterrichts ausgemacht werden und wird daher in Kapitel 2.4 genauer betrachtet. Die Reichweite dieser Anforderungen und die Möglichkeiten ihrer konkreten Umsetzung werden jedoch kontrovers verhandelt. Daher sind die beiden konträren Standpunkte zu diskutieren, die inhaltliche Gemeinsamkeit in den Fokus zu setzen (Kap. 2.4.1) oder zugunsten der Individualisierung auf gemeinsame Inhalte zu verzichten (Kap. 2.4.2).

Abschließend wird das Verständnis guten inklusiven Unterrichts und der damit verbundenen Anforderungen an eine inklusive Didaktik resümiert (Kap. 2.5.1), was auch eine Differenzierung des Verständnisses von Gemeinsamkeit notwendig macht. Es wird eine Unterscheidung zwischen ‚gemeinsamem‘, ‚individuellem‘ sowie ‚mit- und voneinander Lernen‘ formuliert (Kap. 2.5.2).

2.1 Grundlagen und Ausgangspunkte inklusiven Unterrichts

Für die Entwicklung einer inklusiven Pädagogik ist die Annahme zentral, dass sich die Anerkennung von Vielfalt, individuelle Lernunterstützung und Gemeinsamkeit in einer Lerngruppe nicht ausschließen, sondern Hand in Hand gehen. Nicht nur anhand der Forschungsergebnisse der Integrationsforschung der 1980er und 90er Jahre zur ‚gemeinsamen Beschulung von behinderten und nichtbehinderten Schüler_innen'[1] sondern auch weitergehend kann festgehalten werden, dass

> [...] die lange Zeit vorherrschende Auffassung nicht aufrecht erhalten werden kann, wonach nur über die Herstellung vermeintlich leistungshomogener Lernmilieus durch frühe äußere Differenzierung ein hohes Leistungsniveau erreichbar sei. (Arbeitsgruppe Internationale Vergleichsstudie 2007, 257)

Im internationalen (Länder-)Vergleich scheinen zudem inklusiv orientierte Bildungssysteme erfolgreicher als das selektive deutsche Schulsystem, wobei hiermit vor allem auf den Verzicht auf ein mehrgliedriges Schulsystem verwiesen ist.[2]

Allerdings gibt es aktuell zwei voneinander relativ unabhängige Heterogenitätsdiskurse, deren Grundlagen im Folgenden in einem kurzen Überblick dargestellt werden. Zum einen fokussiert die aus der Integrationsforschung entwickelte Inklusionsdebatte zumindest in der konkret unterrichtsbezogenen Literatur (weiterhin) vorrangig auf Fragen von ‚Behinderung/Befähigung'. Mit und in diesem Diskurs ist zwar die grundlegende Überwindung dichotomer Zuschreibungen von ‚Behinderung' angelegt, andere Heterogenitätsdimensionen werden aber nur begrenzt beachtet. Außerdem werden Entwicklungen der fachdidaktischen oder erziehungswissenschaftlichen Forschungen hier inhaltlich nur zögerlich aufgenommen. Zum anderen existiert allgemein erziehungswissenschaftlich und fachdidaktisch basierte Literatur. Hier werden zwar unterschiedliche Heterogenitätsdimensionen berücksichtigt, durch eine (mindestens implizite) Lernzielgleichheit wird aber weiterhin nur ein Teil der Schüler_innen einbezogen.

---

1 Neben positiven Ergebnissen zu akademischen Leistungen (überprüft insbesondere für die ‚nichtbehinderten Schüler_innen') und einer gelingenden sozialen Teilhabe (überprüft insbesondere für die ‚behinderten Schüler_innen') konnte die damalige Schulbegleitforschung auch eine hohe Zufriedenheit bei Eltern und Lehrkräften dokumentieren (vgl. im Überblick Preuss-Lausitz 2002; Hinz 2008). Eine Metaanalyse englischsprachiger Studien (Kalambouka et al. 2007) kommt zu ähnlichen Ergebnissen. Im Unterschied zur deutschsprachigen Forschung beziehen sich die analysierten Wirksamkeitsstudien im englischsprachigen Raum aber vor allem auf die Leistung der Schüler_innen mit „Special Educational Needs (SEN)" (ebd., 377).

2 Die betreffenden Länder haben aber auch deutlich höhere Integrationsquoten bzw. klassifizieren einen Teil der Kinder, denen in Deutschland ein SPF (Lernen oder emotional-soziale Entwicklung) zugeschrieben wird, gar nicht gesondert. Die Einbindung dieser Schüler_innen scheint somit zumindest nicht ‚hinderlich' für die Schulleistungen in den betreffenden Ländern zu sein.

2.1.1 Inklusion, Behinderung und Heterogenität

Ein Grundgedanke inklusiver Pädagogik ist es, die Verschiedenheit aller Menschen auf Basis des Gleichheitsgedankens zu achten: „Denn Gleichheit ohne Offenheit für die Vielfalt würde eine das Andere ausgrenzende Angleichung bedeuten und Vielfalt ohne Gleichheit eine das Andere unterordnende Hierarchisierung des Verschiedenen" (Prengel 2007, 52). Mit dieser Idee der „egalitären Differenz" (Prengel 2001) verbunden ist eine Überwindung dichotomer Einteilungen in ‚behindert – nicht behindert'. Dies bedeutet eine grundlegende Kritik an der (schulorganisatorischen) Kategorie des sonderpädagogischen Förderbedarfs (im Folgenden SPF), welche über die Problematisierung der Zuweisung zu Förderschulen hinausgeht und sich beispielsweise auch auf die Kritik an einer sogenannte Zwei-Gruppen-Theorie im Zuge einer ‚gemeinsamen Beschulung von behinderten und nichtbehinderten Kindern' bezieht (vgl. Hinz 2002). Denn der Zuschreibung von SPF liegen keine pädagogisch basierten oder auch nur diagnostisch klar unterscheidbaren Kriterien zugrunde, sondern hier wirken Schulstrukturen, soziale Ungleichheiten und institutionelle Diskriminierung zusammen[3]. Die Zuweisung von SPF erfüllt vorrangig eine Entlastungsfunktion im Schulsystem – sei es durch Förderschulzuweisung oder als Bedingung für die Ressourcenzuweisung in integrativen Systemen. Ein pädagogischer Nutzen ist schon aufgrund der Tatsache unwahrscheinlich, dass gruppenbezogene Kategorisierungen zwangsläufig von den spezifischen Entwicklungsbedingungen der_des Einzelnen abstrahieren müssen.[4] Hingegen ist „für pädagogisches Handeln [...] *vor allen anderen* die Ebene des Individuums relevant" (Prengel 2007, 59, Hervorh. N. K.).

Kritisch zu betrachten ist aber nicht nur die Zuweisung von SPF im Schulkontext. Grundsätzlich ist ein *personen*bezogener Behinderungsbegriff, der diese als ‚Eigenschaft der Person' deutet, abzulehnen und Behinderung vielmehr als eine *soziale* Konstruktion zu identifizieren. Dies bezieht sich sowohl auf eine gesellschaftliche Ebene als auch auf individuelle Entwicklungsprozesse. Das heißt, zum einen ist die Feststellung von ‚Abweichungen' stets von (gesellschaftlichen) Normalitätskonstrukten abhängig und somit ‚Behinderung' in ihrer Komplexität nur in „ihrem Verhältnis zu Nicht-Behinderung" (Schneider/Waldschmidt 2012, 129) zu erfassen. Fragen von Behinderung bewegen sich also auf der einen (gesellschaftlichen) Seite stets im Kontext von Zuschreibungen, Ausgrenzung, Diskriminierung und (De-)Kategorisierung, wie sie

---

3 Dies zeigt sich etwa in der engen Verknüpfung der Zuweisung von SPF mit sozio-ökonomischen Faktoren, bei der Umsetzung der Zuweisungsverfahren (vgl. Kottmann 2007) und nicht zuletzt an den schwankenden und zwischen den Bundesländern differierenden Zahlen von Schüler_innen mit SPF (vgl. Klemm 2013).

4 Dies betrifft auch und gerade die Unterscheidung *zwischen* den verschiedenen Förderschwerpunkten, bei denen sich stets die Frage stellt, welches der sich im Individuum überschneidenden Merkmale ausschlaggebend für die entsprechende Zuordnung ist.

z. B. in den Disability Studies kritisch diskutiert werden (vgl. Schneider/Waldschmidt 2012). Auf der anderen (individuellen) Seite ist darauf zu verweisen, dass sich die (individuelle) Entwicklung stets zwischen den Personen und ihrer Umwelt abspielt und daher Barrieren für diese Entwicklung nicht (als Defizit) in der Person verortet werden können, sondern als sozial konstruiert zu verstehen sind. Auch und gerade Entwicklungen, die als ‚behindert' klassifiziert werden, sind subjektiv sinnhaft, entwicklungslogisch und das Ergebnis der ‚normalen' Wechselwirkungsprozesse zwischen individuellen Ausgangslagen und dem sozialen sowie dem dinglichen Umfeld. ‚Behinderungen' sind in ihrer Entwicklung damit wie jede menschliche Entwicklung als sozial zu verstehen.[5] Diese Perspektive ermöglicht ergänzend zur Thematisierung von gesellschaftlichen Zuschreibungen und ihrer Auswirkungen die De-Konstruktion der Annahme, es gebe Personen, die grundlegend ‚veränderte' Entwicklungsprozesse durchlaufen oder ‚andere' (Entwicklungs-)Bedürfnisse hätten. Im Sinne eines bio-psycho-sozialen Modells werden damit nicht die Ebene der „Körperfunktionen und -strukturen" (DIMIDI 2005, 17f.) oder Differenzen in der menschlichen Entwicklung negiert. Stattdessen wird betont, dass alle personalen Faktoren erst in und durch soziale Situationen zu Entwicklungsbedingungen werden. Diese Überwindung eines personenzentrierten Behinderungsbegriffes und die Kritik an entsprechenden Kategorisierungen in der *inklusiven* Pädagogik schließen durchaus an die Theorie- und Konzeptansätze der *Integrations*forschung der 1980er und 90er Jahre an (vgl. Sander 2002). Mit der *Vielfalt* von Heterogenitätsdimensionen wird aber aktuell ein Aspekt fokussiert, der in der frühen Literatur kaum präsent war oder reflektiert wurde. Dies impliziert für eine inklusive Pädagogik neben der Überwindung der dichotomen Einteilung Behinderung – Nichtbehinderung einen erweiterten Blick auf vielfältige, perspektivenabhängige und sich intersektional überschneidende Heterogenitätsdimensionen (vgl. u. a. Prengel 2007).

Diese Sichtweise auf Heterogenität wird in der Grundschulforschung und Fachdidaktik auch außerhalb des Integrations- bzw. späterhin Inklusionsdiskurses seit langem als theoretische Grundlinie verfolgt (vgl. z. B. Heinzel/Prengel 2002). Die Schriften zur Pädagogik der Vielfalt von Prengel (1995; 1999) sind in diesem Kontext wegweisend sowohl bezüglich der Ausarbeitung der theoretischen Hintergründe als auch für die Zusammenführung der Integrationsforschung und mit den Diskursen zu anderen Heterogenitätsdimensionen. Das von Prengel ausgearbeitete differenzierte Verständnis von Gleichheit und Differenz hat auch die weiter unten vorgestellten Entwicklungen

[5] Dies wurde insb. in der materialistischen Behindertenpädagogik herausgearbeitet und Behinderung als ‚normale' Entwicklung unter Bedingungen der Isolation charakterisiert (vgl. Jantzen 1987, Prosetzky 2009). Ein vergleichbares Modell liegt auch der aktuellen International Classification of Functioning, Disability and Health zugrunde (WHO 2001 und DIMIDI 2005, 23).

einer inklusiven Didaktik von Seitz maßgeblich beeinflusst. Auch im fachdidaktischen Diskurs wird hervorgehoben, dass jede Lerngruppe heterogen ist und die Lernenden von dieser Vielfalt profitieren können, womit strukturell selektierende Maßnahmen überflüssig werden – wie exemplarisch für den Lernbereich Mathematik in Kapitel 3 dargelegt wird.

Letztlich fehlt es aber – außerhalb des Integrations-/Inklusionsdiskurses – bisher sowohl in der strukturellen Praxis als auch in der pädagogisch-didaktischen Entwicklung an einer konsequenten Überwindung einheitlicher Lernziele. Diese werden vielmehr trotz der Anerkennung verschiedener (und unterschiedlich langer) Lernwege kaum hinterfragt. So kann selbst beim expliziten Einbezug von Kindern, denen ein SPF zugeordnet wurde, von einem kompensatorischen Paradigma[6] ausgegangen werden, und es wird von vorneherein nur eine bestimmte ‚Bandbreite' an Leistungsheterogenität einbezogen – „[v]on lernbehindert bis hochbegabt" (Graumann 2002). Das erklärt unter anderem auch die einleitend (Kap. 1.3) und im Kontext der Kooperationsklassen (Kap. 2.1.2) dargelegte Marginalisierung von Kindern, die dem FöS GE zugeordnet werden. Exemplarisch lässt sich diese Problematik am Konzept des offenen Unterrichts demonstrieren, wie Peschel es ausgearbeitet hat (vgl. 2006b, c). Ein zentraler Aspekt ist hier, dass *alle* Kinder lernen, was (wann und wie) sie wollen (vgl. Peschel 2008, vgl. auch 2006a, b). Peschel beschäftigt sich dabei explizit mit der Frage nach „Behinderung durch Unterricht" (2003) und in der von ihm wissenschaftlich begleiteten Lerngruppe sind unter anderem Kinder, denen ein SPF zugewiesen wurde (vgl. 2006a). Der Anspruch, einen Unterricht für *alle* Kinder zu gestalten, ist somit ausdrücklich Teil des Konzepts und es finden sich aus pädagogisch-didaktischer Sicht auch zahlreiche Anknüpfungspunkte für eine inklusive Pädagogik. Allerdings lassen sich keine Anhaltspunkte für eine Einbindung von Kindern ausmachen, bei denen ein deutlicher Unterstützungsbedarf bei etwa der eigenständigen Auswahl von Tätigkeiten vermutet werden kann. Zudem scheint insgesamt von einer langfristigen Lernzielgleichheit ausgegangen zu werden. Dies wird beispielsweise deutlich, wenn der Erfolg des Unterrichts durch Leistungsmessungen mit standardisierten Tests nachgewiesen wird. Wird festgehalten, „[d]ie Erfüllung des Lehrplanes spiegelt immer nur einen verwindend kleinen Teilbereich des Lernerfolges wieder" (Peschel 2006b, 162), so wird zugleich klar, dass das Erreichen dieses ‚Teilbereichs' selbstverständlich vorausgesetzt wird. Es ist nicht etwa so, dass eine Beteiligung von Kindern, die dies vielleicht nicht erreichen, explizit ausgeschlossen wird, aber ihre Teilnahme ist zunächst schlicht kein Thema

[6] Vgl. zur Diskussion um die unterschiedlichen Zielsetzungen der Beschulung einer heterogenen Lerngruppe vor dem Hintergrund eines kompensatorischen oder inklusionsorientierten Paradigmas die Diskussion zu den Ergebnissen des Schulversuches zu integrativen Regelklassen in Hamburg in Hinz et al. 1998, 71ff.

in der konzeptionellen Entwicklung. Es werden bestimmte Kompetenzen (wie Verbalsprache) vorausgesetzt sowie der Erwerb eines notwendigen „Minimums an Stoff“ (Peschel 2006b, 163), etwa das Beherrschen der Kulturtechniken, als selbstverständliches Ziel verhandelt. Vergleichbar den Ausführungen von Peschel ergeben sich im grundschulbezogenen Diskurs zum Umgang mit Heterogenität durch die Annahme einer weitgehenden Lernzielgleichheit (bei Lernwegs- und Lerntempodifferenz) inhaltlich ‚blinde Flecken‘. Diese werden in Kapitel 3.4 für den Lernbereich Mathematik genauer ausgeführt.

Um dem von verschiedenen Seiten formulierten Anspruch einer „Schule ohne Auslese“ (Grundschulverband 2009, 2) in strukturellen und in konzeptionellen Entwicklungen tatsächlich gerecht zu werden, ist insgesamt eine engere Verknüpfung des Grundschul- mit dem Inklusionspädagogischen Diskurs anzustreben, und zwar insbesondere unter Einbezug der fachdidaktischen Perspektive. Das vorliegende Buch versteht sich in diesem Sinne auch als ein Beitrag zur Verbindung dieser inhaltlich hoch anschlussfähigen Forschungslinien.

2.1.2 Grenzen der Inklusion? – Kooperative Beschulung

Die spezifische Bedeutung, die in der vorgestellten Untersuchung dem ‚Förderschwerpunkt geistige Entwicklung‘ und der kooperativen Beschulung beigemessen wird, begründet sich – wie in Kapitel 1.3 bereits ausgeführt – zum einen aus der bisher nicht vollständigen *Teilnahme* der so etikettierten Schüler_innen am Bildungssystem. Zum anderen liegt sie in der weiterhin in konzeptionellen Entwicklungen existierenden Lücke in Bezug auf eine gelingende Unterstützung bei der *Teilhabe* begründet.

Der Ausschluss einiger Förderschwerpunkte von den Veränderungen im Schulsystem im Zuge der Umsetzung der UN BRK wird in der öffentlichen Diskussion aber kaum als (strukturelle und/oder konzeptionelle) Entwicklungsaufgabe aufgegriffen. Aus der Verbindung einer (unausgesprochenen) Lernzielgleichheit mit der Vernachlässigung bestimmter Lerninhalte und -zugänge in fachdidaktischen Konzeptionen ergibt sich hingegen die Gefahr, dass die sich ergebenden Barrieren zu einem individuellen Problem der davon betroffenen Kinder umgedeutet werden. So wird beispielsweise angesichts der geringen ‚Integrationsquoten‘ von Schüler_innen, denen der FöS GE zugewiesen wurde, nicht etwa auf einen Entwicklungsbedarf der Schulen/des Schulsystems geschlossen, sondern geschlussfolgert:

> Natürlich ist manches mehrfach behinderte Kind besser aufgehoben in der Kleingruppe einer Sonderschule. Die Mehrheit der jetzigen Sonderschüler ließe sich aber in der Regelschule unterrichten. Die sollten wir schrittweise dort integrieren.[7]

Die *strukturelle* Differenzlinie zwischen denjenigen Lernbedürfnissen, denen innerhalb der ,normalen Schule für alle' entsprochen wird und denen, die – trotz aller Wertschätzung von Heterogenität – von dieser weiterhin ausgeschlossen werden, wird damit als vermeintliches Bedürfnis der marginalisierten Schüler_innen nach einer ,speziellen Förderung außerhalb der Schule für alle (anderen)' interpretiert.[8]

Die vermeintliche ,Besonderheit' der Schüler_innen, denen der FöS GE zugewiesen wird, spiegelt sich im deutschen Schulsystem auch in einer strukturellen Besonderheit: Die ,Kooperation' von ,Partnerklassen' einer Förder- und einer Regelschule wird als ein ,Sonderfall' integrativer oder gar inklusiver Beschulung behandelt. Ackermann fragt vor diesem Hintergrund:

> Handelt es sich also bei Schülern mit geistiger Behinderung um eine Gruppe, für die eine integrative Unterrichtung eher ungeeignet ist, so dass für sie die Kooperation als eine besondere Form des Gemeinsamen Unterrichts nahegelegt wird? (2003, 46)

Er analysiert die Fachdiskussion dahin gehend, dass die Vertreter_innen der inklusiven Pädagogik[9] die kooperative Beschulungsform kritisch betrachten, während die Vertreter_innen der Geistigbehindertenpädagogik in der Kooperation eine „wegweisende Perspektive für einen Gemeinsamen Unterricht nichtbehinderter und geistig behinderter Kinder und Jugendlicher“ (Theunissen 1999, 458 zit. nach Ackermann 2003, 45) sehen. Ackermann selbst nimmt eine Differenzierung vor, in der er dem kooperativen System einen ,Bildungseffekt' zuspricht und dem gemeinsamen Unterricht vorrangig einen ,Teilhabeeffekt'. Daher müsse „eine Sonderpädagogik, die an der Bildung der Subjekte orientiert und interessiert ist“ (Ackermann 2003, 56), die Kooperation bevorzugen. Er

[7] J. Dräger, Vorsitzender der Bertelsmann Stiftung im Interview mit Spiegel online vom 20.3.2013 auf die Frage danach, ob nun „alle Sonderschulen geschlossen werden“ sollen (online unter: http://www.spiegel.de/schulspiegel/wissen/inklusion-joerg-draeger-erklaert-was-sich-in-schulen-aendern-muss-a-889496.html). Anlass des Interviews war die bereits in der Einleitung zitierte Studie im Auftrag der Bertelsmann Stiftung (Klemm 2013), die steigende, aber je nach FöS sehr unterschiedliche Integrationsquoten' dokumentiert.

[8] Feuser (vgl. z. B. 1989) und Jantzen benennen in diesem Zusammenhang die Gefahr, dass ein sog. „harter Kern“ von Kindern verbleiben kann, die als ,nicht-integrierbar' gelten. Diese inhaltliche Analyse wird hier geteilt. Es soll aber herausgestellt werden, dass dies keineswegs bedeutet, es werde von einer Gruppe *spezieller* Menschen ausgegangen, die ,besonders schwer' zu integrieren seien. Vielmehr bedeutet es, dass die aktuellen Strukturen und auch fachlichen Entwicklungen die Gefahr bergen, dass einigen Schüler_innen weiterhin Barrieren begegnen.

[9] Ackermann führt exemplarisch Hinz an. Zu nennen wäre u. a. noch Feuser, der Kooperation als die „Sollbruchstelle der Integration“ bezeichnet (1995, 203).

geht also davon aus, dass das Lernen in der sozialen Eingebundenheit einer heterogenen Lerngruppe (zumindest für einige Kinder) lediglich auf Kosten ihrer Bildungs- und Entwicklungsmöglichkeiten umsetzbar ist. Damit wird ein Dualismus geschaffen zwischen dem individuellen Bedürfnis und Recht auf entwicklungsförderliche Bedingungen auf der einen und der sozialen Einbindung in eine inklusive Lerngruppe auf der anderen Seite. Eine solche Differenzierung unterstellt, dass es Kinder gibt, die aufgrund bestimmter – im Individuum liegender und über die Kategorie des SPF im FöS GE erfassbarer – Eigenschaften nicht von den Anregungen einer heterogenen Lerngruppe profitieren würden. Eine solche grundsätzliche Unterscheidung kann nicht nur vor dem Hintergrund sozialer Eingebundenheit menschlichen Lernens zurückgewiesen werden, sondern auch als empirisch widerlegt gelten (vgl. im Überblick Forschungsergebnisse Maikowski/Podlesch 2002).

Unbenommen von dieser grundsätzlichen Feststellung, dass inklusiver Unterricht für *alle* Schüler_innen auf Ebene der sozialen wie kognitiven Entwicklung gewinnbringend sein *kann*, ist eine kritische Auseinandersetzung mit der schulischen Praxis entlang der Frage notwendig, ob dort für alle Schüler_innen förderliche Lern- und Entwicklungsbedingungen geschaffen werden. Eine solche Prüfung wäre im Übrigen ebenso für die Praxis eines kooperativ oder im Förderschulsystem organisierten Unterrichts kritisch vorzunehmen (vgl. Preuss-Lausitz 2006). Diese konkrete Betrachtung möglicher Barrieren für das Lernen der_des Einzelnen lässt sich allerdings kaum entlang der Kategorie FöS GE bewerkstelligen, sondern muss sich auf konkrete Lernzugänge und -inhalte beziehen. Dies wurde beispielsweise in Kapitel 3.3 und 3.4 auf konzeptioneller Ebene für die Mathematikdidaktik versucht. Die dortigen Ausführungen verweisen zugleich darauf, dass alleine das Vorhandensein einer ‚besonderen' Pädagogik keineswegs die Entwicklung von angemessenen (fach-)didaktischen Konzepten für die Bedarfe der Schüler_innen sicherstellt. Eher noch steht eine solche ‚Verbesonderung' des Diskurses einer derartigen Entwicklung entgegen, da sie die Gefahr fehlender Vernetzung mit aktuellen lehr-/lerntheoretischen und fachdidaktischen Entwicklungen birgt.

Zugleich ist davon auszugehen, dass die Erfüllung des Menschenrechts auf Teilhabe durch eine inklusive Beschulung keineswegs grundsätzlich mit dem Anspruch auf optimale Entwicklungsbedingungen konfligiert. Unterricht in heterogenen Lerngruppen birgt durch die Anforderung der Individualisierung vielmehr Chancen für Unterrichtsentwicklungsprozesse, die aber natürlich nicht immer gleich genutzt werden. In diesem Sinne ist auch zu konstatieren, dass weder die Anwesenheit von Schüler_innen in einer Lerngruppe automatisch ihre volle Teilhabe bedeutet, noch dass „Heterogenität in Lerngruppen [...] automatisch eine Qualitätsverbesserung des Unterrichts mit sich [bringt]" (Werning 2010, 289).[10]

Dass für einen gelingenden inklusiven Unterricht noch einige konzeptionelle, schulstrukturelle und professionsbezogene Herausforderungen zu bewältigen sind, zeigen unter anderem auch die Ergebnisse der hier vorgestellten Untersuchung. Zugleich zeigen sich strukturelle Barrieren für eine entsprechende Unterrichtsentwicklung, die mit dem Modell der Kooperation verbunden sind. Nicht zuletzt deuten sich aber auch fachdidaktische Entwicklungspotenziale an, die die Umsetzung einer (lernzieldifferenten) inklusiven Beschulung mit sich bringen (vgl. Kap. 5.1). Wo also die Teilhabe von einigen Kindern in inklusiven Schulen rein ‚räumlich' bleibt und keine Bildungseffekte zu verzeichnen sind, ist nicht erneut Segregation zu fordern. Vielmehr ist nach den Barrieren zu fragen, die dem Lernen, der Entwicklung und der Bildung aller Kinder in der inklusiven Klasse entgegenstehen, um diese zu überwinden. Außerdem sind die Chancen in den Blick zu nehmen, die eine solche Überwindung für die Lerngelegenheiten der gesamten Gruppe bietet.

2.2 Inklusiver Unterricht – Forschungsstand

Das Gelingen einer inklusiven Schule, die eine optimale ‚Förderung' jedes einzelnen Kindes vor dem Hintergrund der Wertschätzung der Vielfalt der Lerngruppe gewährleistet, steht und fällt letztlich damit, wie im Unterricht mit der Heterogenität der Lerner_innen umgegangen wird. Dies stellt zugleich ein grundsätzliches Merkmal guten Unterrichts dar. Auf Basis bisheriger Forschungsergebnisse und Entwicklungen in der Praxis lassen sich Grundprinzipien eines gelingenden inklusiven Unterrichts ausmachen, die in Kapitel 2.2.1 präsentiert werden. Bereits im frühen integrationspädagogischen Diskurs wurde dabei konstatiert, dass der ‚gemeinsame Unterricht behinderter und nichtbehinderter Kinder' letztlich keines neuen oder ‚anderen', sondern eines konsequent umgesetzten individualisierten und differenzierten Unterrichts bedürfe. So lässt sich auch eine Anschlussfähigkeit an aktuelle Diskurse zum guten Unterricht aus Sicht der (empirischen) Lehr-/Lernforschung dokumentieren – trotz-

[10] So wird in einer der wenigen unterrichtsbezogenen Forschungen zu den Modellversuchen integrativer Beschulung in den 1980er und 90er Jahren zwar festgehalten, dass sich in den meisten integrativen Klassen ein stärker schüler_innenorientierter Unterricht entwickelt hat, was zugleich als grundlegendes Merkmal guten Unterrichts gelten kann (vgl. Kap. 2.2.2). Allerdings wird auch konstatiert, dass sich deutliche Unterschiede zwischen den einzelnen Klassen zeigen, die wiederum mit Teamentwicklungs- und Professionalisierungsfragen zusammenhängen (vgl. Dumke et al. 1991; Hinz et al. 1998, 70; Krawitz/Theis-Scholz 1999, 117). Ähnliche Differenzen zeigen sich auch in aktuelleren Studien, und deutlich wird, dass zwar „dieser Unterschied größer ist als zwischen den Systemen" (Ratz/Stumpf 2009, 149) der sonderpädagogischen oder integrierten Beschulung aber auch erneut generell die Wirksamkeit i.S. der Leistungsentwicklung der Schüler_innen nachgewiesen werden konnte (vgl. ebd.).

dem auch auf vorhandene Differenzen insbesondere bezüglich der Frage geöffneter Unterrichtsformen aufmerksam gemacht werden muss (Kap. 2.2.2).

2.2.1 Guter integrativer/inklusiver Unterricht – empirische Ergebnisse

Eine Inhaltsanalyse der Tagungsprogramme und Veröffentlichungen von Integrations-/Inklusionsforscher_innen der Jahre 1986 bis 2006 zeigt, dass didaktische Fragestellungen hier von Anfang an und über die Jahre hinweg kaum berücksichtigt, aber stetig als Desiderat beklagt wurden (vgl. Schumann 2006). Zugleich existiert ein weitgehender Konsens über die grundsätzliche Ausrichtung eines integrativen und späterhin inklusiven Unterrichts. Einigkeit besteht darin, dass sowohl eine räumlich getrennte Sonderförderung bestimmter Kinder/Gruppen als auch eine alleinige Zuständigkeit sonderpädagogischer Lehrkräfte für Differenzierungsmaßnahmen für bestimmte Schüler_innen vermieden werden sollen. Vielmehr soll auf der Basis von Team-Teaching und Kompetenztransfer zwischen verschiedenen Professionen eine innere Differenzierung innerhalb der nicht ausgelesenen Lerngruppe gewährleistet werden. Der Unterricht erfordert sodann

- zieldifferentes Lernen und eine individualisierte Leistungsbewertung, meist gekoppelt mit der Forderung des Verzichts auf Ziffernzensuren.
- Binnendifferenzierung/innere Differenzierung und Individualisierung, wobei zulässige Formen kontrovers diskutiert wurden (vgl. Kap. 2.4).
- offene und handlungsorientierte Unterrichtsformen sowie, insbesondere in aktuellerer Literatur, Formen kooperativen Lernens.[11]

Die genannten Prinzipien sind in der deutschsprachigen Integrationsforschung seit den 1980er Jahren – mit Ausnahme des vorletzten Punktes, der unten genauer diskutiert wird – unstrittig, aber auch unverändert.[12] Eine Zusammenstellung von Merkmalen gelingenden integrativen/inklusiven Unterrichts über den nationalen Diskurs hinaus

[11] Die Zusammenstellung ist eine stark verkürzte Darstellung der integrationspädagogischen Forschungen und Entwicklungen insb. der 1980er und 90er Jahre, auf die in Teilen unten noch genauer rekurriert wird. Einen Überblick über die dort verankerten Prinzipien integrativen Unterrichts findet sich bei Heyer 1998; Meier/Heyer 1999, ein Überblick zum Forschungsstand bei Heimlich 2003 sowie, aus der Perspektive der historischen Entwicklung, bei Schnell 2003. Feyerer 2003 betrachtet die bisherigen Entwicklungen mit Blick auf anstehende Herausforderungen. Erzmann 2003 stellt die konzeptionellen Überlegungen (der 1980er und 90er Jahre) ausführlich unter Bezug auf die Hintergründe der jeweiligen Forscher_innen resp. Forschungsprojekte vor, und einen Überblick zu den verschiedenen zugrunde liegenden Theorien bieten Moser/Sasse 2008. Bei Wilhelm et al. 2002 sowie Wocken 2011 finden sich praxisbezogene Darstellungen zu einer möglichen methodischen Ausgestaltung.

[12] Es existieren zwar in den meisten Fällen neuere Veröffentlichungen, auf die hier auch zurückgegriffen wird. Allerdings sind gegenüber den früheren Veröffentlichungen kaum wesentliche Veränderungen oder Ergänzungen zu erkennen.

liefert die Europäische Agentur für Entwicklungen in der sonderpädagogischen Förderung (vgl. Meijer 2001; Meijer 2003).[13] Anhand einer internationalen Literaturanalyse in Verbindung mit 15 europäischen Länderberichten, denen jeweils eine nationale Literaturanalyse und zwei Fallstudien sowie ein Expert_innenaustausch zugrunde liegt, wird ein Überblick über den Forschungsstand zur ‚Integrativen Schulbildung und Unterrichtspraxis' gegeben. Zunächst wird auch hier festgestellt, dass insgesamt gute Erfahrungen mit integrativem/inklusivem Unterricht vorliegen. Es werden dann fünf Faktoren herausgearbeitet, die „für den integrativen Unterricht effektiv zu sein scheinen" und von denen „Schüler (mit oder ohne sonderpädagogische[m] Förderbedarf) sowie Lehrer profitieren" (Meijer 2003, 23). Diese umfassen:

- *Zusammenarbeit der Lehrkräfte und Einbindung der Schüler_innen in Problemlösungen*: Benannt werden hier die zwei Faktoren „Kooperativer Unterricht" (ebd., 23) und „kooperative Problembewältigung" (ebd., 26), wobei letztere sich auf den Umgang mit problematischen Verhaltensweisen bezieht und auf klare Verhaltensnormen abzielt, an deren Um- bzw. Durchsetzung auch (kooperativ) andere Schüler_innen einbezogen werden.
- *Gegenseitige Unterstützung der Schüler_innen*: Dieser Faktor wird als dritter Punkt betitelt mit „Kooperatives Lernen" (ebd., 25), bzw. im englischen Original „peer tutoring" (vgl. ebd. und Meijer 2001, 31).
- *Bildung heterogener (Klein-)Gruppen im binnendifferenzierten Unterricht*: Innerhalb der Klasse (für Gruppen- oder Partnerarbeiten) werden „Heterogene Gruppierungen" (Meijer 2003, 29) gebildet, in denen das kooperative Lernen möglich ist. In den weiteren Beschreibungen zu diesem Faktor geht es stets darum, dass die Schüler_innen mit sonderpädagogischem Förderbedarf in heterogene Gruppen eingebunden werden, da sie davon profitieren und andere Schüler_innen ihnen helfen (und sie akzeptieren). Diese Orientierung an den ‚zwei Gruppen' passt zum beschriebenen *peer tutoring*, bei dem die Regelschüler_innen ebenfalls als Helfer_innen verstanden werden. Darüber hinaus werden in einigen Ländern, Finnland beispielsweise, für die Kernfächer leistungshomogene Kleingruppen bevorzugt (ebd., 30–31).

  Insgesamt wird aber deutlich darauf verwiesen, dass effektiver integrativer Unterricht auf die Zusammenstellung (alters- und leistungs-)heterogener Gruppen und auf die Vermeidung äußerer Differenzierung angewiesen ist.
- *Allgemeine Faktoren für „Wirksamen Unterricht" (ebd., 32)*: Mit Bezug auf die empirische Lehr-/Lernforschung zu Qualitätskriterien guten Unterrichts wird festgehalten,

[13] Einschränkend im Sinne des Hintergrundes dieser Arbeit muss angemerkt werden, dass das Hauptaugenmerk der Zusammenstellung der Europäischen Agentur auf der ‚Integration von Kindern mit SPF' liegt.

> dass „die Ergebnisse von wirksamen Schulen und Literatur zu wirksamem Unterricht [...] auf integrativen Unterricht übertragen werden [können]: Zielsetzungen, Unterricht basierend auf individueller Lernstandserfassung und Evaluation, hohen Erwartungen, direktem Unterricht und Feedback“ (ebd.). Ergänzt wird die Notwendigkeit einer Anbindung (von Förderplänen) an Lehrpläne/Standards.

In der Zusammenstellung finden sich erstaunlich wenige bzw. unkonkrete Ausführungen zu spezifischen didaktischen oder unterrichtsmethodischen Aspekten. Vielmehr werden organisatorische bzw. strukturelle Aspekte (Zusammenarbeit der Lehrkräfte etc.) und allgemeine Wirkfaktoren für guten Unterricht zusammengetragen. Abschließend wird resümiert: „Klare Ziele, alternative Lehrmethoden, flexibler Unterricht und unterschiedliche Lerngruppierungen fördern den gemeinsamen Unterricht“ (Meijer 2003, 29).

Diese Feststellung spiegelt inhaltlich mit dem Verweis auf ‚alternative Lehrmethoden‘ ebenso wie in ihrer Vagheit insgesamt auch den deutschsprachigen Diskurs wider. Es ergeben sich allerdings auch Differenzen zwischen der deutschen Integrationsforschung und den Ergebnissen der europäischen Metaanalyse. So verweist letztere auf Wirksamkeitsmerkmale, die guten Unterricht im Kern als effektive Klassenführung durch die Lehrkraft erscheinen lassen (vgl. Faktor Wirksamer Unterricht, Meijer 2001). In der deutschsprachigen Literatur der Integrationsforschung werden hingegen offene und selbstbestimmte Arbeitsformen favorisiert, in denen die Lehrkraft eher eine begleitende Rolle einnimmt. Außerdem führt die europäische Zusammenstellung die Orientierung an Curriculums-Normen an, die sich nicht ohne Weiteres mit dem Credo der Zieldifferenz im deutschsprachigen Diskurs verbinden lässt. Diese zuletzt genannte Differenz verweist auf ein grundlegendes, noch ungelöstes Problem eines konsequent inklusiv organisierten Bildungssystems: Im Sinne einer entschiedenen Umsetzung des zieldifferenten Lernens sind Qualitätsmaßstäbe und auch Möglichkeiten ihrer Überprüfung zu entwickeln, die darauf abzielen, dass jedes Kind im Rahmen seiner Möglichkeiten wirklich das Maximale gelernt hat. Aufgrund der individuellen Bezugsnormen wären die bisher in der empirischen Lehr-/Lernforschung genutzten standardisierten Messinstrumente ungeeignet. Vielmehr wäre

> eine negative Abweichung der Messwerte von der sozialen Bezugsnorm nur dann als (negatives) Qualitätskriterium zur Einschätzung des Unterrichtserfolgs zu werten [..], wenn sie nachweislich auf die mangelnde Ausschöpfung der individuellen Ressourcen der Lernenden durch den Unterricht zurückzuführen ist. (Hennies/Ritter 2013, o. S.)

Wie dies aber wiederum zu prüfen wäre, welche Parameter also für einen individuell optimalen Lernerfolg jenseits von Mindest- oder Durchschnittstandards anzulegen wären, ist bislang ungeklärt.[14]

Für die Frage, was einen *guten* inklusiven Unterricht ausmacht, ist dieser Aspekt der Standardisierung bzw. Messung des *learning-outcome* allerdings nur indirekt relevant. Zentral sind hingegen die in den Faktor „Wirksamkeit“ der europäischen Synopse eingeflossenen *Ergebnisse* zu Unterrichtsqualitätskriterien aus der empirischen Lehr-/Lernforschung.

Ein genaueres Augenmerk ist damit auf die Anschlussfähigkeit des genannten Konsenses der Integrationsforschung an aktuelle Entwicklungen der empirischen Unterrichtsforschung zu legen. Die oben erwähnten geeigneten Handlungs- und Sozialformen sind zwar im Zuge der Schulbegleitforschungen der 1980er und 90er Jahre entwickelt worden und können somit weitgehend als empirisch *basiert* gelten. Sie sind allerdings – zumindest nach Maßstäben der heutigen empirischen Lehr-/Lernforschung – nicht im engeren Sinne empirisch *belegt*. D. h. der Vorzug bestimmter Unterrichtsarrangements gegenüber anderen wurde nicht im Vergleich nachgewiesen, sondern lediglich ihre positiven Auswirkungen auf Schüler_innenleistungen und soziale Eingebundenheit dokumentiert. Im Weiteren hat die Integrationsforschung dann nicht oder zumindest nur sehr zögerlich auf Erkenntnisse aus der empirischen Lehr-/Lernforschung reagiert, sodass eine Verknüpfung auch dieser Diskurse bisher aussteht.

Bevor also in den weiteren Ausführungen die auf den Ergebnissen der deutschsprachigen Integrationsforschung basierenden didaktischen Konzepte für einen guten inklusiven Unterricht detaillierter vorgestellt werden, soll zunächst genauer diskutiert werden, inwiefern diese zu den aktuellen empirisch entwickelten Kriterien passen.

2.2.2 Anschlussfähigkeit zum Diskurs über Qualitätsmerkmale guten Unterrichts

Helmke liefert auf umfassender empirischer Basis einen Überblick über „fachübergreifende unterrichtsrelevante Qualitätsbereiche“ (2009, 168) und fasst damit die zentralen Erkenntnisse der empirischen Lehr-/Lernforschung der letzten Jahrzehnte zusammen. Ein zentrales Kriterium ist dabei die *Klassenführung*. Die weiteren Merkmale unterteilt Helmke nach der Perspektive, auf die sie sich jeweils beziehen. Zunächst betreffen *Klarheit und Strukturiertheit*, *Konsolidierung und Sicherung* sowie *Aktivierung* der Schüler_innen die unmittelbare Gestaltung der Lernsituationen. Sie sind „direkt auf

[14] Vgl. u. a. Seitz 2006a, Seitz/Platte 2006. Bisher wird hierzu vielfach auf den Index für Inklusion (Booth/Ainscow 2002) verwiesen, mit dem aber nicht die Entwicklung der Schüler_innen in den Blick genommen wird.

die Förderung der Informationsverarbeitung“ (ebd., 169) bezogen. Auf Bedingungen bzw. Voraussetzungen dieses Lernprozesses, nämlich die ‚Lernbereitschaft‘, bezieht Helmke die *Motivierung, lernförderliches Klima* und *Schülerorientierung*. Schließlich nennt er mit Perspektive auf die (Bildungs-)Ziele dieses Prozesses *Kompetenzorientierung, Umgang mit Heterogenität* und *Angebotsvariation*.

Von diesen Merkmalen guten Unterrichts, über die „aus wissenschaftlicher oder bildungspolitischer Perspektive wenig Zweifel besteh[en]“ (ebd., 170), sind einige augenscheinlich anschlussfähig an die oben benannten Ziele eines inklusiven Unterrichts. Insbesondere gilt dies für die Schülerorientierung und den Umgang mit Heterogenität sowie Kompetenzorientierung und Angebotsvariation. Weniger spezifisch, aber dennoch ebenso unmittelbar einleuchtend, passen diejenigen Merkmale zu gutem *inklusivem* Unterricht, die auf generelle Bedingungen für gelingende Lehr-/Lernprozesse verweisen, nämlich (kognitive) Aktivierung, Motivierung und lernförderliches Klima.

Hinter zunächst ähnlichen Schlagworten bei Helmke in seinem Überblick zur empirischen Bildungsforschung und in der inklusiven Pädagogik verbergen sich allerdings teilweise unterschiedliche Schwerpunktsetzungen. Exemplarisch seien die Ausführungen zum Umgang mit Heterogenität herangezogen. Hier finden sich zwar verschiedene Aspekte, die auch für inklusiven Unterricht zweifelsfrei als angemessene Qualitätskriterien gelten können. Dazu gehören etwa Binnendifferenzierung, Anpassung der Lernmethoden an die Schüler_innen, Beachtung von Vorwissen und das Ziel, den Kindern auch und gerade durch selbstständige Lernformen, soweit möglich, ein Lernen in der jeweiligen ‚Zone der nächsten Entwicklung‘ zu ermöglichen. Zugleich wird aber auch deutlich, dass sich Helmkes Ausführungen auf eine Schule beziehen, in der die „für alle Schülerinnen und Schüler geltenden Kompetenzerwartungen (Bildungsstandards)“ (ebd., 253) nicht infrage gestellt werden. Letztlich sieht er lediglich entweder einen „ursachenbezogenen Ausgleich“ im „Fördermodell“ oder eine Kompensation von „defizitären individuellen Lern- und Leistungsvoraussetzungen“ resp. einen Ausgleich durch besonders passende Methoden entsprechend der persönlichen Präferenzen vor (vgl. Helmke 2009, 247-248 mit Bezug auf Leutner).

So muss zunächst festgehalten werden, dass sich Helmke – auch entsprechend der empirischen Grundlage, auf die er Bezug nimmt – auf Lerngruppen mit gleichem Lernziel bezieht. Der entscheidendere Unterschied hinsichtlich der inhaltlichen Ausrichtung der Qualitätsmerkmale ist allerdings, dass die Ausführungen von Helmke klar auf einen durch eine lenkende und leitende Lehrkraft gesteuerten Unterricht ausgerichtet sind. Deutlich wird dies beispielsweise, wenn er im Abschnitt zur Heterogenität der Lerngruppe auf die Zone der nächsten Entwicklung verweist, aber lediglich festhält, dass in dieser „mit Unterstützung der Lehrkraft neues Wissen erworben wird“ (ebd.,

245). Es wird damit auf die soziale Situiertheit des Lernprozesses verwiesen, aber gerade ohne das Potenzial der heterogenen Lerngruppe – das mit- und voneinander Lernen – zu thematisieren. Vielmehr geht es auch hier erneut um einen Lernprozess, der von der Lehrkraft gelenkt und bestimmt wird (vgl. ebd.).

Besonders augenscheinlich wird die sich hier abzeichnende Differenz zu den in der Inklusionsforschung favorisierten geöffneten und schüler_innenorientierten Unterrichtsformen im Schlüsselmerkmal einer effizienten Klassenführung, die die „aktive Lernzeit steuert" (ebd., 174) und für die Herstellung von Störungsfreiheit verantwortlich ist.

Die Diskrepanzen lassen sich insgesamt auf divergente Ausrichtungen von Integrationsforschung gegenüber den aktuellen Leistungsvergleichsstudien bzw. den daran anschließenden von Seiten der pädagogischen Psychologie vorgelegten Studien zur Unterrichtsqualität zurückführen. Letztere basieren überwiegend auf quantitativen Erhebungen, die Merkmale des Unterrichts mit Schüler_innenleistungen in Bezug setzen, die damit als Indikator für die Wirksamkeitsmerkmale fungieren. Hierzu ist auf die treffende Kritik von Peschel (2008) zu verweisen: „Werden vornehmlich lehrerzentrierte und nicht offen unterrichtende Klassen untersucht, so werden auch nur Kriterien für einen guten bzw. effektiven lehrerzentrierten Unterricht erhalten" (2008, 54).

Im Kontrast dazu zeigt die deutschsprachige Integrationsforschung anhand qualitativer Erhebungen zur Unterrichtsgestaltung eine (notwendige) Veränderung hin zu stärker schülerorientierten Unterrichtsformen auf. Die empirische Basis der Integrationsforschung beruht hier zwar nicht auf vergleichenden Untersuchungen zur Wirksamkeit, es wurde aber durchaus anhand standardisierter Erhebungen eine positive Leistungsentwicklung aller Schüler_innen vor dem Hintergrund der veränderten/geöffneten Lernsettings dokumentiert. Vergleichbare Ergebnisse liefert auch Peschel (2006a). Er konnte für seinen vollständig geöffneten Unterricht die Wirksamkeit im Sinne der Indikatoren, die auch die empirische Bildungsforschung anlegt, normbezogen ebenfalls eine positive Leistungsentwicklung nachweisen (vgl. 2003; 2006a). Die grundsätzliche Eignung geöffneter Unterrichtsformen für guten Unterricht, auch unter der Perspektive eines (standardisierten) *learning-outcome*, ist also durchaus empirisch belegt.

Gleichwohl ist Helmke zuzustimmen, wenn er schließt, dass die bloße Tatsache der Individualisierung oder organisatorischen Öffnung des Unterrichts noch kein Qualitätskriterium an sich ausmacht (vgl. 2009, 259). Und es kann zudem konstatiert werden, dass die von ihm zusammengetragenen Merkmale, wie eine klare Struktur oder ein hoher Anteil an inhaltlicher Lernzeit, für einen an geöffneten Unterrichtsformen orientierten inklusiven Unterricht ebenso Geltung haben. Sie werden hier in der Unterrichtsituation lediglich weniger eng an ein lenkend-instruktives Handeln der

Lehrkraft gebunden. Eine Zusammenstellung empirischer Erkenntnisse zur Unterrichtsqualität der Bund-Länder-Kommission für Bildungsplanung und Forschungsförderung verweist entsprechend darauf, dass eben jene Aspekte der Vorstrukturierung und Gestaltung der Lernumgebungen entscheidend für „akademische Lernerfolge in offenen und geöffneten Lernumgebungen" sind (BLK 1997, 21). Gelingt es, diese Anforderungen zu bewältigen, kann wiederum festgehalten werden, dass die Wirksamkeit dieser Lernumgebungen ebenfalls empirisch belegt ist (vgl. ebd., 22). Ein lehrkraftzentrierter Unterrichtet entlastet die Schüler_innen zwar und nimmt ihnen die Verantwortung für die Selbstregulation des eigenen Lernprozesses, was gerade für schwächere Schüler_innen zunächst unterstützend wirken kann und im Übrigen auch für die Lehrkraft einfacher zu strukturieren ist. Letztlich lässt sich aber die Qualität des Unterrichts nicht an der Sozialform festmachen, sondern entscheidend für „verständnisvolle Lernprozesse sind die individuelle mentale Aktivität und die individuelle kognitive Konstruktionsleistung" (BLK 1997, 22). Hierfür bieten gelungene, fachlich und organisatorisch gerahmte geöffnete Unterrichtssituationen umfassende Möglichkeiten.

> Gleichzeitig zeigen die deutschen Videoaufnahmen die Problematik einer übermäßigen Engführung des Frontalunterrichts im kurzschrittigen Fragen entwickelnden Unterricht [...]. Umgekehrt eröffnet kooperativer Unterricht in komplexen Problemsituationen zwar einen großen kognitiven Operationsraum, der jedoch allein den Lernerfolg nicht gewährleistet. Vielmehr sind es hier die Strukturierungshilfen, die befriedigende Lernprozesse erst möglich machen. (ebd., 23)

Somit besteht offenbar nur ein „scheinbare[r] Widerspruch" (BLK 1997, 22) zwischen den (inklusionspädagogisch favorisierten) geöffneten Unterrichtsformen und (u. a. Helmkes dokumentierten) Ergebnissen zu wirksamem Unterricht aus dem Kontext empirischer Lehr-/Lernforschung. Vielmehr kann insgesamt eine Übereinstimmung konstatiert werden, insbesondere in Hinblick auf die Grundanliegen der Anknüpfung an die Lernausgangslagen der Schüler_innen wie auch auf die eigenaktive Konstruktion von Wissen.

Allerdings steht eine Konkretisierung im Sinne einer – empirisch fundierten – Übertragung zumindest eines Teils der Kriterien allgemeiner Unterrichtsqualität für geöffnete Unterrichtssituationen noch aus. Noch werden

> [...] Prinzipien wie Strukturiertheit, Transparenz, Zielgerichtetheit etc. [...] immer nur einseitig aus der Sichtweise des Lehrenden betrachtet, der gar keinen direkten Einfluss auf den Lernprozess hat. Viel näher liegt es, diese Begriffe von demjenigen aus zu definieren, der als einziger den aktiven Part des Lernens vollziehen kann: vom Lernenden aus. (Peschel 2008, 55)

Eine derartige Orientierung am (aktiv) Lernenden ist wiederum nicht zuletzt im Rahmen einer konsequenten Zieldifferenz eine notwendige Bedingung inklusiven Unterrichts. Damit ist auf eine Strukturierungsleistung verwiesen, die nicht instruktiv von der Lehrkraft an die Schüler_innen gerichtet sein kann – und für die dennoch die Lehrkraft Verantwortung übernehmen muss. Aspekte wie Struktur oder ein lernförderliches Klima müssen vielmehr durch eine entsprechende fachliche und organisatorische Rahmung für die eigenaktiven und individuell unterschiedlichen Lernwege der Schüler_innen zur Verfügung gestellt werden. Eine Konkretisierung dieser Idee wurde im Kontext der Mathematikdidaktik mit der ‚Offenheit vom Fach aus' entwickelt und wird in Kapitel 3 erörtert.

2.3 Didaktik für inklusiven Unterricht – Entwicklungslinien und Konzepte

Im Folgenden soll im Anschluss an eine einführende Klärung des dieser Untersuchung zugrunde liegenden Didaktikbegriffs (Kap. 2.3.1) der relativ breite Konsens der Integrations- und späterhin Inklusionsforschung in Bezug auf die als geeignet betrachteten Handlungs- und Sozialformen genauer dargelegt werden (Kap 2.3.2). Dieser geht allerdings kaum „[...] grundlegend über die aktuell vorliegenden allgemeinpädagogischen und -didaktischen Konzepte hinaus[]" (Seitz 2008, 226). Insbesondere mit Blick auf das hier vertretene Verständnis von Didaktik sind die beiden einzigen vorliegenden didaktischen Konzeptionen, Feusers Entwicklungslogische Didaktik und Seitz' Inklusive Didaktik, von besonderem Interesse (Kap. 2.3.3. und 2.3.4). Ihre Darstellung liefert die Basis für eine vertiefte Diskussion zur Frage der Balance von Gemeinsamkeit in der Vielfalt, die im Anschluss in Kapitel 2.4 erfolgt.

2.3.1 Didaktik – eine Begriffsklärung

Didaktik als (unterrichtsbezogene) Wissenschaft vom Lehren und Lernen befasst sich mit dem „klassische[n] Problembündel (Was soll warum von wem wie zu welchem Zweck gelernt werden?)" (Terhart 2005, 8). Es geht bei Planungs- und Analyseprozessen von Unterricht also sowohl um Inhalte und deren Auswahl als auch um die Frage, wie diese gelehrt und gelernt werden können.

Unterricht umfasst verschiedene Strukturmomente, die in einem wechselseitigen Verhältnis zueinander stehen und voneinander abhängen. Seitz (2005, 171) fasst diese in Anlehnung an Jank/Meyer (vgl. 2005, 63) zu drei Teilbereichen zusammen:

1. Inhalt und Perspektiven (Ziele)
2. Handlungsmuster und Beziehungen
3. Raum und Zeit (Prozessstruktur)

Der erste Bereich wird in den folgenden Ausführungen als *didaktische* Kernfrage(n) betrachtet (wer was warum wozu lernt), während die anderen beiden Bereiche als *methodische* Fragen verstanden werden (wann, mit wem, wo, wie, womit), die aber ebenfalls Teil der Didaktik und nur eng verbunden mit den anderen Aspekten zu denken sind.

Damit wird im Kern eine bildungstheoretische Auffassung[15] von Allgemeiner Didaktik im Sinne der Betonung der inhaltlichen Frage(n) vertreten – auch wenn keine im engeren Sinne bildungstheoretische Fragestellung verfolgt wird. Eine zweite zentrale Position, die zur Betrachtung von Unterricht und Didaktik herangezogen wird, ist eine sozialkonstruktivistische Auffassung von Lehr-/Lernprozessen: Die Lehrkraft bietet Anregungen und einen fachlichen Rahmen für den individuellen, aktiven und ko-konstruktiven[16] Prozess des Lernens, auf den sie damit nur mittelbaren Einfluss hat. Diese Aspekte wurden besonders explizit in die konstruktivistische Didaktik[17] aufgenommen, bilden aber auch die Grundlage aller weiteren aktuellen (fach-)didaktischen Überlegungen, wie in Kapitel 3 für den Mathematikunterricht dargelegt wird. Ein entsprechendes Verständnis von Lernen und Entwicklung hat dabei nicht nur Auswirkungen auf methodische Entscheidungen. Auch die Entscheidung, welche Inhalte angeboten werden, kann als didaktischer Entschluss nicht unabhängig von den konkreten Lerner_innen sein. Damit wird die Position einer bildungstheoretischen Didaktik nicht verlassen, sondern die auch in ihr bereits angelegte Schüler_innenorientierung und Schüler_innenbeteiligung an didaktischen Entscheidungen verstärkt.[18] So führt Klafki selbst in Bezug auf die Lernenden aus, dass „der Zusammenhang von Lernen und Lehren als Interaktionsprozess

[15] Die Bildungstheoretische Didaktik geht auf Klafki zurück, der die ‚im eigentlichen Sinne' didaktische Frage nach dem ‚Was (warum & wozu)' gelernt werden soll, klar von methodischen, d. h. verfahrensbezogenen Entscheidungen abgrenzt. Dies ist allerdings als eine analytische Unterscheidung zu verstehen. Es erfolgt also keine Trennung dieser beiden Bereiche im Planungsprozess oder der zeitlichen Nachrangigkeit der Methoden- zu den Inhaltsentscheidungen während der Planung von Unterricht. Das Primat der ‚Didaktik im eigentlichen Sinne' zielt vor allem auf die inhaltliche Abhängigkeit methodischer Entscheidungen von der didaktischen Analyse (von Inhalt und Zielen) ab (vgl. Jank/Meyer 2005, 227).

[16] Der Begriff der Ko-Konstruktion wurde aus den elementarpädagogischen Konzeptionen von Fthenakis 2007 übernommen (vgl. auch Seitz et al. 2012, 11f.) und verweist auf die soziale Situiertheit der individuellen Konstruktionsleistungen, wie sie in dem Konzept der Zone der nächsten Entwicklung bei Vygotskij erörtert wird (vgl. Oerter 2002, 80ff.).

[17] Einen Überblick und zugleich eine kritische Einordnung liefern Terhart 1999 sowie Jank/Meyer 2005. Die grundlegenden Prinzipien finden sich in späteren Ausführungen etwa in der Darstellung zur inklusiven Didaktik (insb. nach Seitz) wieder sowie fachdidaktisch konkretisiert in den Ausführungen zu gutem Mathematikunterricht.

[18] Auch nach Klafki lässt sich das Fundamentale, Elementare und Exemplarische nur auf die Lernenden bezogen und keineswegs rein fachwissenschaftlich bestimmen (vgl. Jank/Meyer 2005, 219-220 und

verstanden" werden müsse, Lernen ein „in seinem Kern sinnhaftes, entdeckendes bzw. nachentdeckendes Lernen" sei und „im Lehr-Lern-Prozess [...] das Selbst- und Mitbestimmungsprinzip [...] verwirklicht werden" soll (1997, 15–16). Koch-Priewe (2007) arbeitet genauer heraus, dass sich zwischen der bildungstheoretischen Didaktik und den in der Lehr-/Lernforschung entwickelten Prinzipien zu Lernen als sozial-konstruktiver Aneignungsprozess zahlreiche Bezüge herstellen lassen. Zwar werden gerade zur sozialen Situiertheit in der bildungstheoretischen Position deren gesellschaftsbezogene Schwerpunktsetzungen deutlich, die sich nur bedingt auf den individuellen Lernprozess beziehen – beispielsweise wenn „Unterricht als sozialer Prozess" vorrangig im Sinne einer „demokratische[n] Sozialerziehung" in den Blick genommen wird (vgl. Klafki 1997, 16). Insgesamt ist aber ein sozial-konstruktivistisches Lernverständnis eine anschlussfähige und sinnvolle Ergänzung für eine bildungstheoretische Auffassung von Didaktik. Didaktische Entscheidungen sind vor diesem Hintergrund als eine Verbindung (und kein gerichtetes Verhältnis) zwischen den Lernenden und den als relevant erachteten Inhalten bzw. Inhaltsbereichen und angestrebten Kompetenzen zu betrachten.

Hinsichtlich einer inklusiven Unterrichtsgestaltung wird in der hier dargestellten Studie neben grundlegenden allgemeindidaktischen Aspekten insbesondere auf spezifisch fachdidaktische Fragen Bezug genommen. Letztere stellen in der Integrations-/Inklusionsforschung allerdings ein nahezu unbearbeitetes Feld dar (vgl. Seitz 2004) – obwohl sie im weiteren Diskurs zur Unterrichtsentwicklung eine zentrale Rolle einnehmen. So wird dort gar „die Idee einer Substitution der Allgemeinen Didaktik durch eine Aufsummierung fachdidaktischer Ergebnisse der Lehr-Lern-Forschung" (Terhart 2005, 9) diskutiert. Diesbezüglich soll wiederum mit Terhart darauf verwiesen werden, dass über fachdidaktische Entwicklungen und Kompetenzen hinaus, auch allgemeine, fächerübergreifende Elemente des Unterrichts und „[schul]kontextuelle[] Bedingungen" (ebd.) zu beachten sind. Fragen einer inklusiven Pädagogik gehören zu eben diesen übergreifenden und damit allgemeindidaktischen Aspekten, auch wenn die auf dieser Ebene entwickelten Grundsätze natürlich einer fachdidaktischen Konkretisierung bedürfen.

Vorwegnehmend kann hier bereits präzisiert werden: Eine inklusiv orientierte Allgemeine Didaktik hat sich insbesondere mit den Fragen zu beschäftigen, wie unterstützt werden kann, dass alle Lernenden alles für sie an dem jeweiligen Gegenstand Wichtige lernen können und wie sich in diesem Kontext das Verhältnis von Gemeinsamkeit und Verschiedenheit darstellt. Dies betrifft durchaus die (methodische) Frage des ‚Wie',

225-226). Dennoch steht die planende Lehrkraft mit ihrer „Vermittlungsaufgabe" (Klafki 1997, 17) im Mittelpunkt.

aber vor allem auch das Einbeziehen von Vielfalt und Gemeinsamkeit in inhaltsbezogene didaktische Entscheidungen. Es soll vermieden werden, dass „die zentrale – zugegeben: bildungstheoretische – Frage der Didaktik, warum Schüler was lernen sollen, [...] durch eine Hypertrophie des Methodischen stillgelegt [wird]“ (Terhart 2005, 6). Die didaktischen Kernfragen (‚Was‘ und Warum‘) sind dabei eng verknüpft mit der Frage des ‚mit wem‘, die vielfach gerade in Bezug auf heterogene Lerngruppen verkürzt nur ‚methodisch‘ – i. S. von Sozialformen – behandelt wird.[19]

2.3.2 Integrative Didaktik: Konsens der Integrationsforschung

In der deutschsprachigen Fachliteratur zu integrativem/inklusivem Unterricht seit den 1980er Jahren wird konsistent das Bild eines an reformpädagogischen und offenen Konzeptionen orientierten Unterrichts gezeichnet (vgl. Kap. 2.2.1). Neben Differenzierung und Individualisierung spielen Erfahrungsaustausch und gemeinsame Lernsituationen eine wichtige Rolle. Dieser Konsens, der vielfach auch als **Balance von Gemeinsamkeit und Vielfalt** überschrieben wurde, ist zugleich hoch anschlussfähig an (aktuelle) regelschulbezogene (fach-)didaktische Konzeptionen. Bereits in der frühen Integrationsforschung wird festgehalten: „Binnendifferenzierender oder offener Unterricht wird heute auch ohne Integration zumindest für die Grundschule gefordert. [...] Kommen Kinder mit Förderbedarf hinzu ist er jedoch unabdingbar“ (Preuss-Lausitz 1993, 132). Es geht dabei auch in den frühen Veröffentlichungen – trotz Fokus auf die Heterogenitätsdimension Behinderung/Befähigung – explizit nicht um ergänzende Maßnahmen für die ‚Kinder mit Förderbedarf‘, sondern um eine generelle Veränderung des Unterrichts hin zu einer Kindzentrierung und Individualisierungsmöglichkeit für alle Schüler_innen.

Innerhalb der Literatur zum integrativen Unterricht sind Wockens (1998) ‚gemeinsame Lernsituationen‘ von besonderer Bedeutung für die weiter unten diskutierte Frage nach ‚Gemeinsamkeit und Vielfalt‘ in einer integrativen Didaktik. Darum wird an dieser Stelle auf seine Ausführungen zur ‚Didaktik der Vielfalt‘ (2011) etwas genauer eingegangen. Diese können zugleich als exemplarisch für den oben bezeichneten Konsens betrachtet werden.[20] Wocken formuliert Grundsätze einer inklusiven Schule

[19] Vor dem Hintergrund sozialer Situiertheit und ko-konstruktiver Lernprozesse ist es bemerkenswert, wie bei Jank/Meyer (2005) der Aspekt des „von wem“ ausschließlich auf die Lehrkraft bezogen wird, während in Kind-Kind-Interaktionen lediglich methodische Mittel und die anderen Schüler_innen nur Medium der eigentlich „methodisch geordnete[n] Vermittlung“ (ebd., 48) der Lehrkraft sind. Eine analoge Kritik ließe sich für ihre Ausführungen zu innerer Differenzierung sowie den Zielsetzungen der „Integration“ vornehmen (ebd., 78–80).

[20] Anzumerken ist allerdings, dass Wockens grundlegende Position in Bezug auf die Überwindung des personenzentrierten Behinderungsbegriffs und die Entwicklung des Heterogenitätsbegriffs in der inklusiven Pädagogik kritisch einzuordnen ist. Dass er Integration/Inklusion zwar als unteilbar, aber qualitativ verschieden kennzeichnet und seine unterrichtspraktischen Vorschläge einige spezifische Kompetenzen

zu den Dimensionen ,Vielfalt der Kinder', ,Vielfalt des Unterrichts' und ,Vielfalt der Pädagog_innen' [im Original Pädagogen] (vgl. 2011, 109–139). Zudem erläutert er *Methoden* eines Inklusiven Unterrichts (ebd., 140–188). Er zählt verschiedenste Formen offenen, schülerorientierten und selbstregulierten Lernens auf, die sich auch zahlreich in anderer integrationspädagogischer Literatur finden. Außerdem verweist er auf strukturierende und Gemeinschaft schaffende Rituale wie Anfangs- und Abschlusskreise (vgl. Wocken 2011, 187) sowie auf kooperative Lernformen als ein Kernelement für die Herstellung von Gemeinsamkeit. Mit der inhaltlichen Seite dieser Kooperation, also der Frage, wie Inhalte, die von verschiedenen Lerner_innen kooperativ bearbeitet, ausgewählt oder entwickelt werden können, beschäftigt sich Wocken allerdings nicht.

Mit dieser Beschränkung auf methodische Fragen vernachlässigt Wocken einen zentralen Aspekt didaktischer Überlegungen (s. auch oben). Hiermit ist allerdings auch auf eine grundsätzliche Kontroverse innerhalb der Integrationsforschung verwiesen, nämlich welcher Anspruch an Ausführungen zur Gestaltung guten integrativen bzw. inklusiven Unterrichts zu stellen wäre. So betont Heyer beispielsweise, dass es nicht Ziel sei, eine gesamte (didaktische) Konzeption vorzustellen. Vielmehr solle „nur auf einige [...] besonders wichtige Prinzipien als Bausteine einer integrativen Unterrichtspraxis hingewiesen [werden]" (1998, 90). Bei Wocken selbst findet sich diese Position – auch abseits der weiter unten dargelegten Diskussion um die Bedeutung eines gemeinsamen Lerninhaltes – da er eine *Didaktik der Vielfalt* anstrebt, die er für eine *Pädagogik der Vielfalt* für geeignet hält, und in deren Rahmen er Unterricht charakterisiert als einen „Markt der Möglichkeiten" (ebd., 123). Für diesen ,Markt' stellt er zwar didaktisch-*methodische* Anregungen zur Verfügung, allerdings weder im Rahmen einer (didaktischen) Gesamtkonzeption noch verbunden mit einer Auseinandersetzung mit der Frage *was* Schüler_innen *wie* lernen.

Einen gänzlich anderen Ansatz verfolgt Feuser mit seiner entwicklungslogischen Didaktik, die er ebenfalls im Zuge der Modellversuche der 1980er und 90er Jahre entwickelte. An seinem Fokus auf die inhaltliche Kooperation der Schüler_innen an einem gemeinsamen Gegenstand entfachte sich die zentrale Kontroverse der deutschsprachigen Integrationsforschung. Die Diskussion wird in Kapitel 2.4 aufgegriffen, nachdem hier zunächst das Konzept in seinen Grundzügen vorgestellt wird.

2.3.3 Entwicklungslogische Didaktik nach Feuser

Georg Feusers ,Allgemeine (integrative) Pädagogik und entwicklungslogische Didaktik' kann als die erste umfassende integrationsdidaktische Konzeption betrachtet

voraussetzen (z. B. Schriftsprache), kann als Widerspruch zu der von ihm selbst mit Bezug auf Muth angeführten ,Unteilbarkeit der Integration' gedeutet werden.

werden. Er nimmt sich gezielt der Frage an, wie Inhalte unter Berücksichtigung der heterogenen Lern- und Entwicklungsbedürfnisse von Lerner_innen differenziert zugänglich gemacht werden können (vgl. insb. 1995).. Auf Basis eines kulturhistorisch und systemtheoretisch geprägten Entwicklungsbegriffs entwirft Feuser hierzu seine ‚entwicklungslogische Didaktik' als Weiterentwicklung der kritisch konstruktiven Didaktik Klafkis. Eine Allgemeine (integrative) Pädagogik muss es demnach allen Kindern ermöglichen, alles lernen zu dürfen und hierfür alle notwendigen Hilfen innerhalb der sozialen Gruppe – also ohne sozialen Ausschluss – zu erhalten (vgl. ebd. 173). Als Hintergrund entfaltet Feuser entsprechend der materialistischen Behindertenpädagogik (vgl. Jantzen 1987) die Perspektive, dass Behinderung aufgrund einer fehlenden Passung von individuellen (Lern-)Bedürfnissen und Umfeldbedingungen als ein sozialer Prozess verstanden werden muss, von dem „[d]ie Grundstrukturen menschlicher Aneignungs-, Entwicklungs- und Lernprozesse [...] unberührt [bleiben]" (Feuser 1995, 132). Folglich gibt es keine richtige oder falsche Entwicklung, sondern nur „mehrere entwicklungslogische Möglichkeiten" (ebd., 117). Er geht damit für alle Schüler_innen davon aus, dass Entwicklung und Lernen auf Basis von Austausch in Form von Dialog, Interaktion und Kommunikation stattfindet und stets heterogen ist (vgl. ebd., 171). Als Zielperspektive für ‚Integration' formuliert Feuser, dass

> [...] alle Kinder und Schüler in Kooperation miteinander auf ihrem jeweiligen Entwicklungsniveau [...] an und mit einem ‚gemeinsamen Gegenstand' spielen, lernen und arbeiten. (ebd., 174, ohne Hervorh. des Originals)

Es soll also ein zieldifferentes Lernangebot für eine inhaltlich wie sozial gemeinsame Lernsituation entwickelt werden (vgl. Feuser 1999, 3). Zum Zentrum des Unterrichts wird der gemeinsame Gegenstand, der von den Kindern miteinander in Kooperation bearbeitet werden kann. Die Ausdifferenzierung dieses gemeinsamen Gegenstandes für verschiedene Lernziele und -zugänge kann mit einem Baum verbildlicht werden (vgl. Feuser 1995, 179): Der Stamm bildet den gemeinsamen Gegenstand, also das ‚Kernthema' des Unterrichts. Die Äste verkörpern die verschiedenen zu diesem Gegenstand gehörenden thematischen Stränge, wobei wiederum der Astansatz die sinnlich konkrete Auseinandersetzung und die Astspitze die abstrakt symbolischen Zugänge beispielsweise über Schrift und Formeln symbolisiert (vgl. ebd., 181).

Bezüglich der Art und Weise, wie die Differenzierung von Inhalten in einer heterogenen Lerngruppe erfolgen kann, unterscheidet Feuser zwischen individuellen Curricula und der Individualisierung eines (gemeinsamen) Curriculums (vgl. 1995, 168 und 170). In *individuellen* Curricula, die für jedes Kind (oder für bestimmte Kindergruppen) gesonderte Inhalte vorsehen, sieht er die Gefahr einer äußeren Differenzierung, also einer Auflösung der gemeinsamen Lerngruppe.[21]

Hingegen zeichnen sich *individualisierte* Curricula dadurch aus, dass allen Kindern auf ihrem jeweiligen Entwicklungs- und Handlungsniveau ein gemeinsamer Inhalt zugänglich gemacht wird. Individualisierte Curricula zu einem gemeinsam Gegenstand bilden damit die Basis der angestrebten inneren Differenzierung (vgl. auch Feuser 1999). In Feusers Bild gesprochen sollte sich also nicht jedes Kind mit einem eigenen Baum, einem von den anderen Kindern unabhängigen Inhaltsbereich, beschäftigen. Vielmehr bedeutet Individualisierung durch innere Differenzierung, dass die Kinder sich mit jeweils unterschiedlichen ‚Ästen' (Themenbereichen) und ‚Astteilen' (Abstraktionsniveaus) eines gemeinsamen ‚Baums' (Lerngegenstandes/Themas) befassen. Der gesamte ‚Baum', der gemeinsame Gegenstand in all seinen Facetten, wird somit von der gesamten Lerngruppe kooperativ erschlossen.[22] Neben der inhaltlichen Gemeinsamkeit der Lerngruppe zielt die Konzeption Feusers insbesondere auch auf die Überwindung von speziellen, *reduzierten* Curricula für bestimmte Kinder/Kindergruppen, da so deren (inhaltliche) Teilhabe eingeschränkt resp. ihre Lern- und Entwicklungsmöglichkeit begrenzt wird (vgl. auch unten Seitz Ausführungen zu einer Didaktik der Potenzialität).

Die Idee eines gemeinsamen Gegenstandes ist bis heute ein zentraler Bezugspunkt integrativer bzw. späterhin inklusiver Didaktik, sowohl in der theoretischen Diskussion als auch in der praktischen Umsetzung. Zudem liegt bis heute – von Feuser selbst – keine dezidierte Auseinandersetzung mit der bereits in den 1990ern aufgeworfenen Frage vor, inwiefern neben oder im Rahmen der Kooperation zur Erarbeitung eines gemeinsamen Gegenstandes (die den individualisierten Curricula entspricht) auch Unterrichtsanteile mit individuellen Curricula Raum haben könnten. Feuser verweist hierzu – m. E. widersprüchlich – zum einen immer wieder darauf, dass innerhalb einer Allgemeinen (integrativen) Didaktik *ausschließlich* in Kooperation an einem gemeinsamen Gegenstand gelernt werden sollte. Zum anderen betont er, die Kritik an diesem Ausschließlichkeitsanspruch, wie Wocken (1998) sie z. B. formuliert, ziehe nicht in Betracht, dass ein ‚gemeinsamer Gegenstand' ein sehr weit gefasster Begriff sei (vgl. z. B. Feuser 1998). Insgesamt verbleiben zur genaueren Füllung dieses Kernelementes

[21] Der fehlende thematische Zusammenhang der Lernprozesse führt demnach zu einer Beschränkung von Begegnungen auf die Ebene der sozialen Gemeinsamkeit, was Integration auf eine „Soziale-Touch-Ideologie" (Feuser 1995, 169) reduziert. Darüber hinaus werden die Schüler_innen entsprechend dem für sie jeweils geltenden (schulformbezogenen) Curriculum weiterhin in Gruppen eingeteilt werden und somit die segregierende Funktion des Schulsystems nicht aufgehoben wird (ebd.).

[22] Die hierfür notwendigen didaktischen Aufarbeitungen des gemeinsamen Gegenstandes entsprechend der unterschiedlichen Zugänge der Kinder zielen auf eine Verbindung von subjekt- und sachbezogenen Aspekten (vgl. die Ausführungen zur Sach-, Tätigkeits- und Handlungsstrukturanalyse bei Feuser 1995, 176ff.).

seiner Didaktik Widersprüchlichkeiten, mindestens aber Unklarheiten, die sich auf Basis der vorhandenen Schriften kaum klären lassen.[23]

Diese Problematik trifft auch die Auseinandersetzung mit der weiteren an Feusers Konzept geübte Kritik, er habe Kindorientierung zwar als ein Element angeführt, sie aber nicht ausgearbeitet und nehme eine hierarchisierende Bewertung der unterschiedlichen Lernzugänge vor. Zu letzterem Aspekt, dem entwicklungspsychologischen Bezug auf eine „vertikale Dimension" (Feuser 1995, 175) des Aneignungsprozesses, lässt sich noch relativ gut anhand der vorliegenden Literatur entgegnen, dass die notwendige Individualisierung entsprechend der „momentanen Wahrnehmungs-, Denk- und Handlungskompetenz" (ebd., 174) nicht als hierarchische bzw. wertende Strukturierung zu verstehen ist. Dies lässt sich u. a. aus Feusers Bezug auf Klafkis Konzeption des Elementaren und Fundamentalen ableiten und zudem aus der von Feuser selbst differenziert ausgearbeiteten Perspektive auf menschliche Entwicklung als „mehrere [gleichwertige, Anm. N. K.] entwicklungslogische Möglichkeiten" (ebd., 117). In Bezug auf die von Feuser zwar benannte, aber nicht weiter ausgearbeitete Kindorientierung lässt sich allerdings lediglich mutmaßen, ob diese von ihm ausschließlich auf die Beachtung der Entwicklungsbedingungen der Kinder durch eine planende Lehrkraft bezogen ist oder ebenso auf den aktiven Einbezug der Kinder.[24]

Insgesamt finden die von Kritiker_innen angemahnten Aspekte in Feusers konzeptionellen Arbeiten selbst wenig Raum. Damit fehlt sowohl auf praktischer als auch theoretischer Ebene eine weitere Auseinandersetzung mit der geäußerten Kritik oder eine Ausdifferenzierung der Konzeption unter dieser Perspektive. Auch von anderen Autor_innen wurde – mit Ausnahme der im Folgenden vorgestellten Konzeption von Seitz – bisher keine theoretische Weiterentwicklung und vor allem keine dokumentierten bzw. empirisch abgesicherten Implementationen vorgelegt.

---

[23] Es fehlen insbesondere Konkretisierungen und (dokumentierte/empirisch begleitete) Umsetzungen. Einige konkrete Praxisausarbeitungen (z. B. Wilhelm et al. 2002) nehmen zwar Bezug auf Feuser. Allerdings findet dort kaum Ausdifferenzierung oder Schärfung der Begrifflichkeiten oder konzeptionellen Grundlagen statt. Zudem lassen die Veröffentlichungen an einigen Stellen auch auf eine Umdeutung der Konzeption schließen.

[24] So äußert Feuser zwar „Fragt die Kinder, was ihnen wichtig ist, was ihre Bedürfnisse sind, was sie wissen wollen, was sie lernen wollen!" (Interview mit G. Feuser, dokumentiert in Köpfer 2008, 74). Es findet sich aber kein Äquivalent dazu in seinen Ausführungen zur Unterrichtsplanung. Einen der wenigen Ansätze zur genaueren (theoretischen) Ausdifferenzierung liefern Zimpel, Beckmann und Hoffmann (2003) in ihrer Arbeit zur Gegenstandsanalyse. Sie betonen, dass die Perspektive der Lernenden und die subjektive Bedeutung des Gegenstandes für die Lerner_innen ein zentrales Element der Gegenstandsanalyse sind. Dies impliziert u. a. eine intensive lernprozessbegleitende Diagnostik, die angelehnt ist an das Konzept der rehistorisierenden Diagnostik (vgl. Jantzen 2005). Hier zeigen sich Ähnlichkeiten zu Seitz' (2006b, s. u.) Suche nach dem Kern der Sache. Allerdings wird wie bei Feuser selbst der Aspekt der Orientierung am Kind nicht eindeutig in dem Sinne ausgeführt, dass die Kinder aktiv an der Konstruktion eines gemeinsamen Gegenstandes beteiligt werden. Ebenfalls undeutlich bleibt, in welcher Weise die Gemeinsamkeit unterschiedlicher Lerner_innen in der Gegenstandsanalyse Berücksichtigung findet.

2.3.4 Inklusive Didaktik nach Seitz

Simone Seitz (u. a. 2008) greift die didaktischen Entwicklungen der Integrationspädagogik auf, bezieht grundschulpädagogische Entwicklungen und insbesondere die Pädagogik der Vielfalt nach Prengel (1995) konsequent mit ein und rückt den bei Feuser vernachlässigten Aspekt der Kindorientierung in das Zentrum der empirisch basierten (Weiter-)Entwicklung einer inklusiven Didaktik. Im Mittelpunkt steht die Gemeinsamkeit in der Vielfalt der Lerner_innen, die Seitz als den Kern der Sache bezeichnet (vgl. 2006b). Dieser wird ausgehend von *Selbstähnlichkeiten in den individuellen Lernausgangslagen* entwickelt, wobei die *Kinderperspektiven als Zugang* zum Kern der Sache dienen. Bezeichnend für diese Orientierung ist, dass Seitz die didaktische Entwicklung auf Basis einer empirischen Untersuchung vorgenommen hat. Die von ihr späterhin theoretisch ausgearbeiteten Kategorien sind also unmittelbar aus der Befassung mit den Perspektiven der Kinder (zum exemplarischen Lernfeld Zeit) entstanden.

Die Kernelemente ihrer inklusiven Didaktik fasst Seitz (2008) in fünf Leitlinien:

Leitlinie 1: Potenziale der Kinder in den Blick nehmen.

Seitz entwickelt ihre „Didaktik der Potenzialität" zum einen in Abgrenzung zum ‚traditionellen Regelschulunterricht', in dem eine – von der Lerngruppe unabhängige – Sachanalyse im Vordergrund steht. Zum anderen ist es ein Gegenentwurf zur ‚traditionellen Sonderpädagogik', deren individualisierender Ansatz zumeist auf inhaltliche Reduzierungen und kleinschrittige Herangehensweisen zurückgreift (vgl. Seitz 2008, 227). Für einen inklusiven Unterricht besteht hingegen die Notwendigkeit, die Kinder als Didaktiker_innen ihrer eigenen Lernwege ernst zu nehmen und eine Balance zwischen Offenheit und Struktur zu finden. In ihrer Konzeption wird allerdings nur die Frage der Öffnung weiter ausgeführt, nämlich, in welcher Form die Gestaltung der Lernumgebung auf Basis lernprozessbegleitender Diagnostik als möglichst offene Angebote konzipiert sein können. Notwendigkeiten und Möglichkeiten von Strukturierung betrachtet sie nicht genauer.

Leitlinie 2: Auf Spuren von Gemeinsamkeit und Verschiedenheit achten.

Seitz verweist hier auch auf die Denkfigur der egalitären Differenz von Prengel (ebd., 229). Die individualbiografisch einzigartigen und unverwechselbaren Konstruktionen von Kindern zu einem Lernfeld sind aufgrund „gemeinsamer grundmenschlicher Erfahrungen [...] interpersonell von Ähnlichkeiten durchzogen" (ebd., 228). Diese von der Lehrkraft mit den Schüler_innen zu rekonstruierenden selbstähnlichen Muster lassen sich dabei nicht hierarchisch nach dem Einfachsten und Schwierigsten gliedern, sondern es handelt sich vielmehr um bewegliche Strukturen aus Ähnlichkeit und Verschiedenheit.

Leitlinie 3: Kinder lernen von Kindern. In Anerkennung der didaktischen Kompetenzen der Kinder und der Bedeutung von Prozessen der Ko-Konstruktion sollten Lehrer_innen kommunikative Prozesse als zentralen Teil von Lernprozessen planen (Seitz 2008, 229-230; 2009, 71). Inklusionsdidaktische Überlegungen zur sozialen Eingebundenheit dürfen sich demnach nicht auf die „Ebene der Handlungsformen beschränken" (2009, 73).

Leitlinie 4: Mit den Kindern zum Kern der Sache kommen.
Der – in selbstähnlicher Form in den individuellen Kinderperspektiven aufscheinende – Kern der Sache rekurriert auf den zentralen Aspekt des (Lern)Gegenstandes aus Sicht der Kinder, der in Anlehnung an Klafki „mit der Frage nach dem Elementaren übersetzt werden" kann (Seitz 2008, 230).
Zentral an der Konzeption ist dabei, dass der Kern der Sache durch die und mit den Kindern gemeinsam bestimmt wird und sich an den für alle/viele Kinder „ähnlich bedeutsamen, Motivation bildenden Strukturen" (Seitz 2006b, 5) orientiert.

Leitlinie 5: Beobachten, Reflektieren und Handeln verknüpfen.
Diagnostische Anteile sind zentrale Bestandteile inklusiven Unterrichts und unterliegen einer ständigen Überprüfung und Anpassung, da die Lernausgangslagen sich in der Auseinandersetzung mit einer Sache ständig verändern (vgl. ebd., 10). Dies hat u. a. Auswirkungen auf die Rolle der Lehrkraft und die Gestaltung des Planungsprozesses zum Unterricht. Die ständige Überprüfung und Anpassung der Lernumgebung werden damit zum integralen Teil der unterrichtlichen Tätigkeit (vgl. Seitz 2008, 231).

Mit diesen fünf Leitlinien knüpft Seitz' inklusive Didaktik sowohl an den innerhalb der Integrationsforschung bestehenden Konsens zu Handlungs- und Sozialformen als auch an die konzeptionellen Entwicklungen Feusers zur kooperativen Tätigkeit der Kinder an einem gemeinsamen Gegenstand an. Zugleich stellt sie die konsequente Kindorientierung und den erweiterten Blick auf Heterogenität als dynamische, perspektivengebundene Konstruktionen in den Mittelpunkt. Sie leistet damit die unmissverständliche Erweiterung von einer ‚Integration behinderter Kinder und Jugendlicher' zu einem inklusiven Unterricht, der Variationen von Entwicklungswegen ohne hierarchische Zuordnung anerkennt und die Überschneidungen innerhalb der vielfältigen Kinderperspektiven zum didaktischen Ausgangspunkt macht.

2.4 Individualisierung und gemeinsames Lernen: Kernaspekte inklusiver Didaktik

Ausgehend von den obigen Erkenntnissen zu einer inklusiven Didaktik kann geklärt werden, was die ,besondere' Qualität inklusiven Unterrichts ausmacht. Damit wird zugleich der Aspekt der ,Gemeinsamkeit in der Vielfalt' als zentrale Frage aufgeworfen, die eine inklusive Didaktik zu klären hat. Die Relevanz dieser Frage resultiert zunächst aus den zuvor präsentierten theoretischen und praktischen Entwicklungen einer integrativen resp. inklusiven Didaktik. Zudem kam den unterschiedlichen Deutungen von Gemeinsamkeit durch die befragten Lehrkräfte im Verlauf des hier dokumentierten Forschungsprozesses eine unerwartet hohe Bedeutung zu.

> Die Entwicklung inklusiven Unterrichts ist nicht damit abgeschlossen, dass jedes Kind (beispielsweise in Wochenplanarbeit) ein [fachdidaktisch hochwertiges] differenziertes Material erhält und ausreichend Personal verfügbar ist, um die Kinder in ihrem individuellen Arbeiten zu begleiten. Vielmehr müssen darüber hinaus Möglichkeiten der Begegnung, des Austausches und der Kooperation geschaffen werden, um das Potenzial der Vielfalt für das Lernen des_der Einzelnen zu nutzen. Doch wie konstituiert sich vor dem Hintergrund der notwendigen Differenzierungen unter Einbezug wirklich aller Schüler_innen die Gemeinsamkeit der Lernenden? (Korff 2012, 145)

In Rückgriff auf die zuvor vorgestellten Entwicklungen wird an dieser Stelle zunächst differenzierter dargestellt, in welcher Form bei Seitz und Feuser die inhaltliche ,Gemeinsamkeit in der Vielfalt', das heißt auch ein mit- und voneinander Lernen, im Mittelpunkt steht. Daran anschließend ist die konträre Position zu diskutieren, welche ,Vielfalt der gemeinsamen Lernsituationen' notwendig ist, welche Bedeutung also der Individualisierung auch auf Ebene der Lerninhalte und weiteren Lernformen neben dem kooperativen mit- und voneinander Lernen zukommt.

2.4.1 Der gemeinsame Inhalt im Mittelpunkt der inklusiven Didaktik

Die beiden vorgestellten didaktischen Gesamtkonzeptionen (Seitz & Feuser) zum inklusiven Unterricht haben einen klaren Fokus auf den Austausch und die Kooperation der Kinder untereinander zu einem gemeinsamen Lerninhalt:

Bei Feuser sind die individualisierten Curricula, die einer Ausdifferenzierung unterschiedlicher Lernziele an *einem* Lerninhalt entsprechen, sowie die Kooperation an/mit einem gemeinsamen Gegenstand konstitutiv für integrativen Unterricht. Letzteres wird dort gar zum „didaktischen Zentrum pädagogischer Praxis" (Feuser 1999, 9).

Eine Bestimmung dessen, was ein gemeinsamer Gegenstand konkret ist, und in welchem genauen Verhältnis dieser zum Unterrichtsthema steht, bleibt Feuser allerdings (auch aufgrund fehlender Dokumentation der praktischen Implementierung seiner Konzeption) wie oben angedeutet schuldig. Weiterhin bleibt bei Feuser wie erwähnt unklar, ob und inwiefern die Kinder aktiv an der Konstruktion des gemeinsamen Gegenstandes teilhaben bzw. in welchem Umfang dieser planerisch vorweggenommen wird.

Seitz entwickelt mit dem ‚Kern der Sache‘ hingegen nicht nur das Element der Kindorientierung konsequent weiter, sondern führt in Anlehnung an Prengel das Verhältnis von Gemeinsamkeit und Verschiedenheit sehr deutlich aus. Sie fasst diese nicht als Gegensätze, sondern als ein „dichte[s] und bewegliche[s] Geflecht unterschiedlicher Dimensionen“ (ebd., 4). Sie verweist auch darauf, dass aufgrund der eigenen Perspektivengebundenheit eine Lehrperson niemals ein vollständiges/abgeschlossenes Bild von der Lerngruppe, dem einzelnen Kind oder dem Lerngegenstand erwerben kann; das Bild verändert sich je nach gewähltem Fokus (vgl. Leitlinie 5). Auch die fachlichen Standpunkte werden sowohl als perspektivengebunden als auch variabel betrachtet (vgl. Seitz 2008, 230). Seitz findet für die nichthierarchischen Bezüge der verschiedenen Lernausgangslagen und Kinderperspektiven zueinander das Bild von selbstähnlichen (fraktalen) Mustern (Seitz 2006b, 4). Die Selbstähnlichkeit verweist auf grundlegende Gemeinsamkeiten der Lerner_innen, die wiederum auf den Kern der Sache deuten. Dieser bildet – ähnlich Feusers gemeinsamem Gegenstand – den Ausgangspunkt für die didaktischen Prozesse. Der Kern der Sache ist dabei „nicht gleichzusetzen mit Zugangsweisen auf niedrigstem Niveau“ (Seitz 2009, 73), sondern wird als grundlegend und zugleich komplex gefasst. Auch hier findet sich eine Parallele zu Feuser bzw. wird der gemeinsame Bezugspunkt zum Konzept des Elementaren bei Klafki deutlich (vgl. auch Seitz 2008, 230). Das damit verbundene „Wesentliche eines Lerninhaltes“ (Seitz 2006b, 7) wird bei Seitz explizit nicht von der Lehrkraft vorweg bestimmt, sondern anhand subjektiver Bedeutungszuweisungen der Kinder erschlossen (ebd., 5f.) und von ihnen selbst konstruiert (Seitz 2009, 71–72). Durch diese Strukturierungen des didaktischen Prozesses entlang der perspektivengebundenen Konstruktionen der Kinder gelingt Seitz – neben der Orientierung am Kind – so auch deutlich die Abkehr von einer horizontalen, hierarchisch verstandenen Differenzierung.

Austausch und Begegnung der Kinder untereinander auf Basis inhaltlicher Gemeinsamkeit stellen in beiden didaktischen Konzeptionen einen integralen Bestandteil des eigentlichen Lernprozesses dar. Inklusive Didaktik fragt demnach zuallererst nach „möglichen Ähnlichkeiten innerhalb der verschiedenen individuellen Lernausgangslagen und lernfeldbezogenen Zugangsweisen“ (Seitz 2008, 230). Allerdings ist diese Betonung gemeinsamer Lerninhalte nicht mit der Deutung gleichzusetzen, dass alle ‚immer‘ das ‚Gleiche‘ tun. Feuser etwa befasst sich sehr ausführlich mit den individuellen Lernzielen, die am gemeinsamen Gegenstand entwickelt werden sollen. Die Individualisierung der Lernziele erfolgt sowohl mit Bezug auf das Niveau der jeweiligen Auseinandersetzung (vgl. Astansatz bzw. Astspitzen in seinem Bild des Baumes) als auch hinsichtlich des *Inhalts*bereichs selbst (verschiedene Äste des Baumes). Im Rahmen des von Feuser favorisierten Projektunterrichtes sind zudem durchaus Phasen einer individuellen Bearbeitung von Teilaspekten denkbar – wenngleich auch dies von ihm nicht deutlich ausformuliert wird.

Die Konzeption von Seitz lässt noch deutlicher erkennen, dass die gemeinsame Erarbeitung des Kerns der Sache zwar eine zentrale aber nicht die einzige Form des Lernens inklusiven Unterrichts darstellt (vgl. Seitz 2005, 168). Für das mit- und voneinander Lernen macht sie wiederum mit der Figur der fraktalen Muster deutlich, dass mit dem gemeinsamen Kern der Sache keineswegs von der Lehrkraft geplante gleiche Lerninhalte oder gleiche Lernzugänge angestrebt werden. Vielmehr betont sie die individuell einzigartigen und unterschiedlichen Perspektiven der Kinder auf die Sache.

In beiden Konzeptionen wird weiterhin deutlich, dass die in dieser Arbeit als didaktische Kernfrage verstandene Frage nach dem Inhalt (Was?) nicht bedeutet, didaktische Entscheidungen würden unabhängig von den Lerner_innen getroffen. Vielmehr kann mit Feuser in Anlehnung an Klafki konstatiert werden:

> Um allen alles lehren zu können, wäre die didaktische Frage generell so zu stellen: Was bedeutet einem bestimmten Menschen ein Sachverhalt auf der Basis seiner Biographie und auf der Ebene des ihm momentan möglichen inneren Abbildniveaus im Aneignungsprozeß seiner Welt und seiner selbst – im Prozess der inneren Rekonstruktion dieser Wirklichkeit mit den Mitteln seines Systems? (Feuser 1995, 171)

Dabei bestimmt Feuser die Antwort als „wesentlich entwicklungsdiagnostisch“ (ebd.) und damit tendenziell von der Lehrkraft für den_die Schüler_in zu erarbeiten. Bei Seitz hingegen ist die Suche nach der Antwort von Beginn an als dialogischer Prozess zwischen Lernenden und Lehrkraft (sowie der Sache) angelegt. Sie nimmt damit, ebenfalls von einer bildungstheoretischen Grundlage ausgehend, sowohl ein konstruktivistisches Lernverständnis als auch die Zielsetzung der Kindorientierung konsequent in ihr Modell auf. Dies bedeutet aber eben gerade auch, dass das mit- und voneinander Lernen der Kinder in dem Sinne ernst genommen wird, dass „[...] die inhaltsbezogene Auseinandersetzung als Kern der Kommunikation von Kind zu Kind ausgemacht“ wird (Seitz 2008, 229).

2.4.2 Differenzierung von Lerninhalten als Erfordernis inklusiven Unterrichts

Entgegen dem Fokus auf einen gemeinsamen Lerngegenstand wird in der Literatur ansonsten der Schwerpunkt vorrangig auf Individualisierung gelegt (vgl. z. B. zusammenfassend Meier/Heyer 1999; Heyer 1998). Begründet wird dies mit dem Ziel, jedem Kind eine optimale Lernentwicklung zu ermöglichen (vgl. z. B. Heyer 2002, 191). Damit verbunden ist die Forderung nach Differenzierung nicht nur der Lernziele, sondern auch die der Lerngegenstände, da letztere „eine der Voraussetzungen für die Zulassung einer radikalen Individualisierung ist“ (Preuss-Lausitz 2000, 91). Eingebettet werden die zu ermöglichenden individuellen Bildungsprozesse demnach in eine „die Individualität wertschätzende Gemeinsamkeit [...]“ (ebd.). Im Zentrum steht aber die Forderung: „Ein inklusiver Unterricht ermöglicht nicht nur zieldifferentes Lernen, sondern auch inhaltsdifferentes Lernen“ (Wocken 2011, 123). Die Akzeptanz einer (Leistungs-)Heterogenität, die pädagogisch bejaht werden soll (Heyer 2002, 193), wird scheinbar mit der Schaffung individueller Lernsituationen mit getrennten Lerninhalten gleichgesetzt. Als geeignete Unterrichtsform wird zwar neben Wochenplan und ähnlichen inhaltlich differenzierenden Angeboten auch Projektarbeit angeführt (Heyer 1998, 92). Die Ausführungen zu solchen „gemeinsamen Vorhaben“ (Meier/Heyer 1999, 235) bleiben aber sehr vage. Das übergreifende Ziel eines inklusiven Unterrichts wäre hier demnach die Teilhabe an einer (sozialen) Gemeinschaft, während der Fokus der (inhaltsbezogenen) Unterrichtsgestaltung auf individuellen Lernprozessen liegt.

Bei Deppe nimmt die ‚Gemeinsamkeit‘ eine etwas zentralere Stellung ein. Sie betont zwar ebenfalls die „soziale Einheit“ (Deppe-Wolfinger 1993, 178), stellt aber auch heraus, dass es in der Integration nicht nur um ein soziales Miteinander gehen könne (vgl. ebd., 183). Zudem bescheinigt sie Feuser, die Seite der Kooperation am deutlichsten herausgearbeitet zu haben (bei sonstigem Mangel in diesem Bereich). Sie kritisiert aber auch, dass er dafür auf dem gemeinsamen Gegenstand beharre. Dem entgegen stellt sie einen gemeinsamen Bezugsrahmen, innerhalb dessen aber nicht alle das Gleiche tun oder am gleichen Gegenstand arbeiten müssten. Den Bezugsrahmen konstituierende Elemente sind Deppe zufolge übergreifende Themen, kreative Tätigkeiten und Rituale sowie Unterstützer_innennetzwerke in der Klasse (vgl. ebd., 182). Eine genauere Ausführung, wie die gemeinsamen (Lern-)Situationen und vor allem auch eine inhaltliche Kooperation gestaltet werden können, findet sich allerdings auch bei ihr nicht.

Insgesamt lässt sich festhalten, dass zwar durchaus „*auch* die Gelegenheit zu gemeinsamer Erarbeitung von Lerninhalten“ (Krawitz/Theis-Scholz 1999, 98, Hervorh.

N. K.) gefordert wird, die Erläuterungen zum mit- und voneinander Lernen sich aber auf (methodische) Hinweise zur Sozialform wie Gruppenarbeit beschränken.

Neben der Problematik des ‚Ausschließlichkeitsanspruches' des Lernens am gemeinsamen Gegenstand wird in der kritischen Auseinandersetzung mit Feusers Konzeption vielfach betont, dass für die Gestaltung der gemeinsamen Lernsituation nicht vorrangig die Lehrkräfte zuständig seien und zudem die Begegnung der Kinder untereinander nicht vom Vorhandensein gemeinsamer Inhalte abhänge. So wird im Rahmen der Theorie integrativer Prozesse von Reiser et al. anhand von Beobachtungsergebnissen darauf verwiesen, dass die gemeinsamen Themen erst in der Interaktion durch die Kinder selbst hervorgebracht werden. Gefordert wird daher: „Das Streben nach der Perfektionierung in der Planung der gemeinsamen Aktivitäten sollte unserer Ansicht nach relativiert werden durch das Zulassen und Zutrauen" (Klein et al. 1987, 24). Auch Eberwein (1999, 61) hält auf Basis von Erfahrungen und Erhebungen innerhalb der verschiedenen Schulversuche fest, dass bei ganz unterschiedlichen Aktivitäten der Schüler_innen von wechselseitiger Begegnung und Anregung auszugehen sei. Er bezieht sich dabei u. a. auf Müller (1988). Dieser ist weiterhin der Ansicht, dass der Versuch, in der integrativen Praxis permanent dem feuserschen Anspruch einer (geplanten) Kooperation am gemeinsamen Gegenstand zu entsprechen, sowohl in einer Überforderung der Lehrer_innen endet, als auch der Vielfalt der Kinder letztendlich nicht gerecht wird, da die Individualisierung so vernachlässigt wird.

Insgesamt wird in der (Praxis-)Literatur darauf hingewiesen, dass in inhaltlich differenzierten Unterrichtssituationen, in denen jeder das Seine tun kann, die Kinder schon aufgrund von „Interesse an und Neugierde für die Arbeit des anderen [...] miteinander ins Gespräch" kommen (Demmer-Dieckmann/Struck 2001, 123). Am differenziertesten wird das an diese Erkenntnisse anschließende Postulat einer ‚Vielfalt der Gemeinsamkeit' in der Unterrichtsgestaltung bei Wocken (1998) ausgeführt. Er systematisiert die vielfältigen, in der Praxis vorgefundenen Lernsituationen u. a. mit Bezug auf die Theorie der Integrativen Prozesse (Klein et al. 1987) und stellt damit das „Theorem des gemeinsamen Gegenstandes" (Wocken 1998, 37) als *alleinig* integrativ wirkenden, didaktischen Moment infrage (vgl. ebd., 40). So benennt er weitere für einen integrativen Unterricht typische und relevante Lernsituationen und beschreibt sie jeweils anhand des Verhältnisses von Beziehungs- und Inhaltsaspekten:

- *Koexistente Lernsituationen* sind durch eine „raumzeitliche[n] Gemeinsamkeit" (ebd., 42) gekennzeichnet (z. B. Wochenplan, Freiarbeit).
- *Kommunikative Lernsituationen* zeigen wiederum fast ausschließlich auf der Beziehungsebene eine Gemeinsamkeit. Obwohl „die Sache kaum noch eine Rolle"

(ebd., 43) spielt und die Pädagogik „Pause hat" (ebd., 44), sind diese Situationen bedeutsam, da sie die soziale Gemeinsamkeit konstituieren und aus ihnen im Rahmen der Interaktionen der Kinder miteinander auch gemeinsame Themen erwachsen können.

- In *subsidiären Lernsituationen* spielen sowohl die Inhalts- als auch Beziehungsebene eine Rolle. Allerdings haben diese bei den jeweils kommunizierenden Partnern eine ungleiche Gewichtung: Für denjenigen, der Unterstützung erhält, steht der Inhaltsaspekt im Vordergrund, während für das andere, helfende Kind der Beziehungsaspekt bedeutsam ist und teilweise die eigenen Lernprozesse vernachlässigt werden (ebd., 47).
- Bei *kooperativen Lernsituationen* stehen grundsätzlich Arbeitsinhalte und -prozesse verschiedener Beteiligter in einem verbindlichen Zusammenhang, der allerdings von unterschiedlicher Intensität sein kann. Wocken definiert hierzu verschiedene Unterformen: In komplementären Lernsituationen sind die Ziele zwar aufeinander bezogen, die Inhalte/der Weg zum Ziel aber nicht unmittelbar miteinander verbunden. In solidarischen Lernsituationen schließlich, der Idealform kooperativer Lernsituationen, werden gemeinsame Handlungsziele verfolgt und Inhalte entsprechend gemeinsam bearbeitet bzw. die Bearbeitungsprozesse „koordiniert und wechselseitig abgestimmt" (ebd., 50).

All diese Lernsituationen haben eine ebenbürtige Berechtigung im integrativen Unterricht, der im Gesamten „die Balance von gemeinsamen und differentiellen Lernsituationen" (Wocken 2011, 124) darstellen müsse. Solidarische Lernsituationen, die dem Lernen an einem gemeinsamen Gegenstand entsprechen, sind demnach „Sternstunden" (Wocken 1998, 50), die zwar keinesfalls als „alltägliche Minimalnorm" (ebd.) idealisiert werden sollten, deren Fehlen im integrativen Unterricht aber bedenklich wäre (vgl. ebd.). Es finden sich allerdings auch bei Wocken keine Ausführungen dazu, wie sich die – zumindest für Teile des Unterrichts anzustrebende – Kooperation der Schüler_innen auf inhaltlicher Ebene konkret umsetzen lässt.

Abseits der m. E. berechtigten Kritik am ‚Ausschließlichkeitsanspruch' gemeinsamer Inhalte vernachlässigen die methodischen Hinweise auf offene oder auch kooperative Lernformen unter dem Credo der ‚Vielfalt der Gemeinsamkeit' einen Kern der Didaktik, wie diese in diesem Buch verstanden wird, nämlich die inhaltliche Ebene. Denn unabhängig davon, in welchem *Ausmaß* eine inhaltliche Kooperation – an einem gemeinsamen Gegenstand/Kern der Sache – im Unterricht an einer inklusiven Schule stattfinden sollte, ist zu klären, wie und an welchen Inhalten die inhaltliche Kooperation der unterschiedlichen Lerner_innen gelingen kann. Welche didaktischen

Entsprechungen diese Zielsetzung hätte, ist eben auch dann von Interesse, wenn stärker individualisierte Lern- und Unterrichtsformen (wie z. B. Wochenplanarbeit) neben solchen Sternstunden als gleichberechtigte Teile des Unterrichts in heterogenen Lerngruppen begriffen werden.

2.5 Resümee und Differenzierung der Terminologie

2.5.1 Inklusive Pädagogik und inklusive Didaktik – eine Zusammenfassung

Aus dem aktuellen Stand von Forschung und Theorieentwicklung lassen sich zentrale Aspekte zur Zielsetzung einer *inklusiven Schule* und ihrer *Pädagogik* formulieren und auf einen *inklusiven Unterricht* bezogene Anforderungen an *didaktische* Entwicklungen ableiten.

Inklusive Schule zielt demnach auf:

Bildung für alle *Kinder:* Allen Kindern sollen alle (für sie relevanten) Inhalte zugänglich gemacht werden – und mit allen sind auch wirklich *alle* Kinder gemeint. So sind beispielsweise auch umfassende Unterstützungsbedarfe zu beachten und komplexe Inhalte sollten über strukturierende Hilfen zugänglich gemacht werden statt durch Reduktion der Inhalte einige Kinder von vorneherein von der Teilhabe auszuschließen. Alle Kinder einzubeziehen bedeutet aber auch, die Vielfalt der individuellen Lernausgangslagen und Heterogenitätsdimensionen ernst zu nehmen und Zusammenhänge zwischen individuellen Entwicklungsmöglichkeiten und gesellschaftlichen und institutionellen Strukturen kritisch zu analysieren. Im Zuge der notwendigen Berücksichtigung verschiedener Dimensionen von Heterogenität (wie etwa Milieu, Ethnie, Geschlecht, Familienform) ist zu beachten, dass diese in jeder Kinderbiografie in unterschiedlicher Art miteinander kombiniert sind und entsprechende Kategorien nicht voneinander getrennte Gruppen beschreiben (vgl. genauer Prengel 1999, 27).

Schule als Lern- und Lebensort: Inklusive Schulentwicklung zielt auf die Einbindung der Schule in die Lebenswelt der Kinder und umgekehrt ab. Damit sind neben Schul- und Unterrichtsstrukturen auch Fragen der sozialen Integration außerhalb der Schule sowie Kommunikationsformen mit Eltern und innerhalb der Pädagogen_innenteams angesprochen. Dies verweist darüber hinaus auf eine angestrebte „Nähe zum Stadtteil" und darauf, dass Inklusion nicht als rein schulisches Ziel zu verstehen, sondern mit einer gesellschaftlichen Vision verbunden ist. Die Verknüpfung der kindlichen Lebenswelten mit dem schulischen Kontext bedeutet zugleich, dass die Kinder sich als gesamte Personen in der Schule willkommen fühlen sollen und dass sie – und dies betrifft im engeren Sinne didaktische Fragen – mit ihren Perspektiven und Vorerfahrungen ernst genommen werden.

Lernzieldifferenz (in innerer Differenzierung): Ohne lernzieldifferentes Unterrichten ist eine Schule, die kein Kind ausschließt, nicht denkbar. Entsprechend war dies auch eine der ersten und einheitlichen Forderungen der frühen Integrationsforschungen. Damit wird nicht die Idee einer Leistungsorientierung im Sinne des ‚Forderns' hin zur Entfaltung des jeweiligen Potenzials in Frage gestellt, sondern für dieses Fordern anstelle sozialer oder normativer Maßstäbe eine individuelle Bezugsnorm eingefordert. Im Sinne der Überwindung einer sogenannten Zwei-Gruppen-Theorie wären dabei auch ‚Teilnormen' für bestimmte Teilgruppen zu vermeiden (z. B. die Schaffung getrennter Bildungsstandards für die ‚Integrationskinder'). Mit einer konsequenten Orientierung auf *individuelle* Leistungsgelegenheiten und -ziele verbunden ist auch der Fokus auf die Kompetenzen der Kinder sowie die Etablierung einer prozessorientierten Diagnostik.

Individuelle Unterstützung (innerhalb der Gemeinschaft): Diese umfasst alle für das jeweilige Kind notwendigen (personellen, sachlichen, materiellen) Unterstützungsmaßnahmen, eventuelle therapeutische Hilfen eingeschlossen (vgl. Feuser 1995, 191). Zum Erreichen dieses Ziels ist unter anderem die professionelle Zusammenarbeit von Pädagog_innen miteinander und mit anderen Berufsgruppen unabdingbar. (Interdisziplinäre) Kooperation wird daher als wichtiger Teil einer inklusiven Professionalität angesehen.

Inklusive Pädagogik verweist auf eine über die Schule hinausgehende gesamtgesellschaftliche Vision (vgl. z. B. Hinz 2002, 2007). Diese umfasst das Grundprinzip der ‚Unteilbarkeit der Integration' in Anlehnung an Muth (1991), ein Verständnis von Heterogenität als perspektivenabhängiges Konstrukt und die Idee der egalitären Differenz nach Prengel sowie letztlich auch das Verständnis von Behinderung als soziale Konstruktion.

Pädagogisch-didaktisch wird auf Basis der Grundhaltung ‚jede_r ist willkommen' und mit dem Ziel ‚allen alles zu lehren' die ‚Vielfalt in der Gemeinsamkeit' als pädagogische Chance begriffen. Neben diesen pädagogischen Grundprinzipien, die sich zugleich in strukturellen Aspekten spiegeln (beispielsweise der geforderte Verzicht auf Noten oder statusorientierte Diagnostik im Rahmen der Forderung nach Lernzieldifferenz), ergibt sich ein Konsens auch für im engeren Sinne unterrichtsbezogene Prinzipien. Diese lassen sich unmittelbar mit den Entwicklungslinien der Grundschulforschung und der Fachdidaktik sowie der Lehr-/Lernforschung in Übereinstimmung bringen. Daran anknüpfend wird teilweise auch explizit darauf verwiesen, dass Qualitätskriterien ‚wirksamen Unterrichts' auch zur Bestimmung guten integrativen Unterrichts herangezogen werden und, „dass dieselben Faktoren, die für Schüler mit sonderpädagogischem Förderbedarf gut sind, für alle Schüler gut sind" (Meijer 2003, 35).

Aus der Perspektive einer inklusiven Pädagogik und in Überwindung einer Zwei-Gruppen-Theorie lässt sich weitergehend formulieren: Generelle Prinzipien von Lehr-/Lernprozessen, wie etwa Lernen als aktive Konstruktionsleistung, sind weder durch die Zuschreibung eines Sonderpädagogischen Förderbedarfs noch durch die Wahrnehmung der in jeder Lerngruppe vorhandenen Heterogenität außer Kraft gesetzt. Diese Perspektive wird auch in den beiden didaktischen Gesamtkonzeptionen von Feuser und Seitz deutlich. Feuser bezeichnet seine entwicklungslogische Didaktik als Teil einer „Allgemeinen (integrativen) Pädagogik". Seitz weist explizit darauf hin, dass die von ihr entwickelte Konzeption in einer zukünftigen Schule für alle das „Etikett ‚inklusiv' nicht mehr benötigt" (Seitz 2006b, 11).

Inklusive Didaktik nimmt eben nicht vermeintlich spezielle Bedarfe von ‚besonderen Kindern' in den Blick, sondern diskutiert grundlegende Fragen von Lehr-/Lernprozessen unter dem Fokus, die prinzipielle Verschiedenheit der Lerner_innen anzuerkennen und für die Lernprozesse nutzbar zu machen.

Abschließend stellt sich nun die Frage, was speziell *inklusive* Unterrichtsqualität ausmacht, welche Anforderungen also an eine inklusive Didaktik gestellt werden müssen. Eine Antwort hierauf gibt die Zielsetzung einer inklusiven Schule, aus der heraus sich zwei zentrale Herausforderungen für die (Weiter-)Entwicklung inklusiver didaktischer Konzeptionen formulieren lassen (vgl. auch Korff 2012):

a) ***Alle Lerner_innen** sollen einbezogen werden.*
Neben strukturellen Fragen ist damit die Aufgabe verbunden, für verschiedenste Lernausgangslagen und -bedürfnisse fachdidaktisch angemessene Konzeptionen zu entwickeln – beispielsweise unter Einbezug basaler Lerninhalte und komplexe Unterstützungsbedarfe. Die daraus resultierenden Herausforderungen stellen sich allerdings nicht erst in einer inklusiven Lerngruppe. Vielmehr bestehen sie grundsätzlich, wenn alle Schüler_innen entsprechend aktueller (fach-)didaktischer Konzeptionen unterrichtet werden sollen (also ggf. auch innerhalb von ‚Sonderschulklassen').
b) ***Vielfalt soll als Potenzial** für das Lernen der einzelnen Kinder genutzt werden.*
Die (Be-)Achtung der Vielfalt der Kinder und ihrer Perspektiven innerhalb einer Lerngruppe bietet in Anbetracht der sozialen Situiertheit von Lernen und Entwicklung die Möglichkeit für die_den Einzelnen, den Unterrichtsgegenstand in

seiner Komplexität besser zu erfassen. In Bezug auf die Gestaltung des Unterrichts erfordert dies, dass Differenzierungsmöglichkeiten stets mit einem Raum für Kommunikation und Kooperation zu verbinden sind.

Inklusiver Unterricht setzt die Individualisierung des Lernens im Rahmen einer grundlegenden sozialen Eingebundenheit durch differenzierte Angebote innerhalb einer Lerngruppe um. Differenzierungsbedarfe betreffen Lernziele, -wege, und -geschwindigkeit sowie zu einem gewissen Grad immer auch den Lerninhalt. Selbst an einem gemeinsamen Gegenstand oder einem Kern der Sache lernen niemals alle Lernenden das Gleiche, sondern vielmehr jeweils das für sie Relevante. Zugleich zielt inklusiver Unterricht stets darauf, die soziale Eingebundenheit nicht zugunsten der Erfüllung individueller Lernbedürfnisse aufzugeben. Hieraus ergibt sich in Verbindung mit einem sozial-konstruktivistischen Lernbegriff die Präferenz für Handlungs- und Sozialformen, die auf individuelle und selbsttätige Erarbeitungen von Inhalten abzielen und zugleich Raum für eine Begegnung der unterschiedlichen Lerner_innen miteinander lassen. Mit Letzterem ist auf die Bedeutung von Austausch und Kooperation über unterschiedlichste Kommunikations- und Darstellungsweisen hinweg verwiesen. Wie diese allerdings didaktisch einzubinden sind und welche Funktion dabei gemeinsame Lerninhalte einnehmen (können), ist bisher nicht umfassend geklärt und stellt für die Praxis eine zentrale Herausforderung dar.

2.5.2 Gemeinsam, individuell und miteinander lernen – begriffliche Differenzierungen und offene Fragen

Für die weiteren Ausführungen wird ‚Gemeinsamkeit' oder ‚soziale Eingebundenheit' als unspezifischer Oberbegriff für einen Unterricht in einer inklusiven, d. h. ‚ungeteilten' Lerngruppe gewählt. In diesem kommen nun unterschiedliche Formen des Lernens in sozialer Eingebundenheit vor, die im Folgenden differenziert werden:

Gemeinsame Lernsituationen sind im Folgenden nur solche Situationen, in denen ein Kontakt der Kinder zueinander – mit zumindest losem Bezug zu den jeweiligen Lerninhalten – besteht. Die (intendierte) Bedeutung dieses Kontaktes für die individuellen Lernprozesse kann innerhalb solcher Situationen allerdings sehr unterschiedlich ausfallen. Deshalb soll mit dem Begriff des **mit- und voneinander Lernens** ferner spezifisch soziales und dialogisches Lernen bezeichnet werden, und zwar i. S. v. Ko-Konstruktionsprozessen auf Basis einer *inhaltsbezogenen Interaktion als integralem Bestandteil des Lernprozesses* (vgl. gemeinsamer Gegenstand bei Feuser, Kern der Sache bei Seitz und solidarische Lernsituationen bei Wocken). Für **individuelle Lernsituationen** schließlich spielt die Anwesenheit anderer Kinder keine (geplante) Rolle für das Lernen. Auch diese Lernsituationen können als Teil eines inklusiven Unterrichts, als individualisiertes Lernen in *sozialer* Eingebundenheit, betrachtet werden – sofern keine (dauerhaften) gruppenbezogenen Trennungen vorgenommen werden und zumindest punktuelle, wenn auch nicht lernprozessbezogene Kontakte der Kinder zueinander bestehen.

Sowohl *gemeinsame Lernsituation* als auch das *mit- und voneinander Lernen* und *individuelle Lernsituation* stehen – wenn mit ihnen eine Differenzierung verbunden ist – für Varianten einer inneren Differenzierung. Die Unterscheidungen zwischen ihnen sind letztlich artifiziell, denn im realen Unterrichtsgeschehen gehen die jeweiligen Lernsituationen fließend ineinander über und die Art der Kontakte der Schüler_innen wird bei Weitem nicht nur durch die Lehrkraft bzw. die Unterrichtssituation gesteuert. Analytisch scheint eine Differenzierung von ‚gemeinsamen Lernsituationen' und ‚individuellen Lernsituationen' sowie die spezifische Frage, wann eine Situation des ‚mit- und voneinander Lernens' besteht, aber durchaus relevant. Hierdurch wird nämlich der Frage Rechnung getragen, welches Gewicht das Lernen mit einem gemeinsamen Lerninhalt haben sollte. Diese gewinnt ihre Bedeutung sowohl anhand der zentralen Diskussionslinie zu einer inklusiven Didaktik als auch als zentraler Aspekt der Belief-Systeme der in der vorgestellten Untersuchung befragten Lehrkräfte.

Ausgehend von der genannten Differenzierung kann im Rahmen der konsensual geforderten Balance von individuellen und gemeinsamen Lernsituationen in Bezug auf eine konkrete Didaktikentwicklung ein Ungleichgewicht zugunsten der individuellen Lernsituationen konstatiert werden: Während zur Gestaltung gemeinsamer Lernsituationen kaum Hinweise vorliegen und sich insbesondere nur die zwei Konzeptionen von Feuser und Seitz konkret mit (inhaltlichen) Fragen des mit- und voneinander Lernens befassen, scheinen die Möglichkeiten, wie individuelle Lernsituationen gestaltet werden können, hingegen gut ausgearbeitet. Individualisierende und geöffnete Unterrichtsformen erscheinen als bereits weitgehend ausgearbeitete Konzeptionen, auf die eine inklusive Didaktik zugreifen kann und sollte.[25] Sie sind allerdings – auch unter Ergänzung kooperativer Lernformen wie ‚Gruppenpuzzle' etc. – keineswegs eine hinreichende Bedingung, um Kindern Situationen gemeinsamen Lernens mit der Chance auf ein mit- und voneinander Lernen zu ermöglichen. Dazu ist es vielmehr unabdingbar, die inhaltsbezogene Seite der Gemeinsamkeit bei der Planung, Durchführung und Evaluation von inklusivem Unterricht in den Fokus zu nehmen.

[25] Unbenommen davon bedürfen die angeführten – vielfach aus reformpädagogischen Kontexten entlehnten – Konzeptionen durchaus noch einer (Weiter-)Entwicklung einzelner Aspekte, z .B. für Schüler_innen mit komplexem Unterstützungsbedarf, und setzen bestimmte Rahmenbedingungen wie Teamteaching und eine durchgängig inklusiv ausgerichtete Schulstruktur voraus.

In der inklusionsdidaktischen Literatur ebenfalls wenig thematisiert, m. E. jedoch zentral zu betrachten, ist die lerntheoretische Begründung zur Notwendigkeit des (inhaltsbezogenen) Austausches: Lernen und Entwicklung finden stets im Austausch mit der Umwelt statt und sind damit von ihrer (dem jeweiligen Individuum auf seinem Entwicklungsniveau zugänglich gemachten) Komplexität abhängig. Die Anregung durch andere und deren Perspektiven ist demnach aus lerntheoretischer Sich für die kindliche Entwicklung unerlässlich. Alle Schüler_innen profitieren daher neben motivationalen Aspekten und sozialer Teilhabe auch auf kognitiver Ebene von der sozialen Eingebundenheit, wenn sie die Lernwege anderer nachvollziehen, ihre eigenen Ideen kommunizieren sowie Lösungen und Lösungswege, aber auch Probleme und Fragen gemeinsam entwickeln. Genau hier wird noch einmal das didaktische Potenzial einer heterogenen Lerngruppe erkennbar, denn diese schöpft ihr Potenzial genau aus den inhaltlichen Anregungen der unterschiedlichen Lerner_innen untereinander (vgl. genauer für den Lernbereich Mathematik Kap. 3).

Aus dieser Begründung heraus entsteht der Anspruch, die Gemeinsamkeit nicht nur auf sozialer oder räumlicher Ebene herzustellen. Anknüpfend an die Konzeption von Seitz wird die Suche nach den Übereinstimmungen und Gemeinsamkeiten in den Zugängen der Kinder zu einem Lernfeld zum Ausgangspunkt eines inklusiven Unterrichts. Eng damit verbunden ist die didaktische Aufgabe, die aktuellen kindlichen Sichtweisen mit fachlichen Sichtweisen zu verknüpfen. Dies wiederum begründet u. a. den Bedarf an *fachdidaktisch* fundierten Entwicklungen, die eben diese inhaltliche Ebene fachspezifisch bearbeiten. Dies kann zwar nur für die jeweils konkrete Lerngruppe und im Prozess mit den Kindern geschehen, die Basis bildet aber dennoch eine fachliche Analyse zu verschiedenen Lernbereichen. Entsprechende lernbereichsspezifische Konkretisierungen wären eine wichtige Grundlage für die Sicherung der Qualität inklusiven Unterrichts im Sinne der Sicherung von guten Lern- und Entwicklungsbedingungen für alle Kinder. Ohne fachdidaktische Entwicklungen fehlen nicht nur Hinweise dazu, wie gemeinsames Lernen verschiedener Lerner_innen konkret in bestimmten Inhaltsbereichen gestaltet werden kann. Sie fehlen auch dazu, wie überhaupt alle Lerninhalte in angemessener Art und Weise für Schüler_innen mit verschiedenen Lernvoraussetzungen zugänglich gemacht werden können. Es geht also nicht um die Entwicklung völlig neuer fachdidaktischer Konzeptionen, sondern „[a]uf der Grundlage einer Wertschätzung von Gemeinsamkeit und Verschiedenheit können vielmehr didaktische Konzeptionen, Methoden und Kompetenzen neu betrachtet und überprüft werden" (Platte 2008, 48). Eine solche ‚Neubetrachtung' und ‚Prüfung' wird im Folgenden für den Lernbereich Mathematik vorgenommen.

3 Mathematik inklusive! Mathematikunterricht in heterogenen Lerngruppen

Wenn im Folgenden von gutem Mathematikunterricht die Rede ist, ist stets die in diesem Kapitel dargelegte spezifisch fachdidaktische Perspektive gemeint. Diese beruht auf sozialkonstruktivistischen Grundannahmen zu Lehr-/Lernprozessen und rückt die Erarbeitung mathematischer Zusammenhänge in den Fokus des Lernprozesses (Kap. 3.1.1). Die mit dieser fachdidaktischen Sicht auf ‚guten Mathematikunterricht' verbundenen Grundsätze (Kap. 3.2.2) haben sich nicht nur im fachlichen Diskurs, sondern auch in den Bildungsstandards (KMK 2004) und Schulbüchern etabliert. Dabei zeigen sich verschiedene Anknüpfungspunkte an die zuvor erarbeiteten Anforderungen einer inklusiven Pädagogik: Die Heterogenität der Lerngruppe wird als positiv zu nutzender Normalfall verstanden (Kap. 3.2.1), dem durch ein gemeinsames Lernangebot begegnet wird, welches im Austausch miteinander bearbeitet wird (Kap. 3.2.2). Nicht zuletzt ermöglicht dabei die Einbindung von Handlungs- und Materialorientierung als zentrales Qualitätsmerkmal den Zugang zu den fundamentalen mathematischen Ideen auf unterschiedlichsten Wegen (Kap. 3.2.3).
Obwohl ein solcher Unterricht grundsätzlich für das Lernen aller Kinder geeignet ist (Kap. 3.3) zeigen sich auch konzeptionelle Lücken und blinde Flecken. Im Sinne des Forschungsinteresses dieses Buches wird hier speziell der Fokus gelegt auf komplexere Unterstützungsbedarfe, basale Lernzugänge und mathematische Basiskompetenzen. Hierfür lassen sich Begrenzungen in der bisherigen fachdidaktischen Entwicklung aufzeigen, auf die für die Entwicklung einer inklusiven Mathematikdidaktik einzugehen ist (Kap. 3.4.)

Anzumerken bleibt an dieser Stelle, dass Merkmale guten (Mathematik-)Unterrichts selbstverständlich auch auf anderen Ebenen betrachtet werden können als es in diesem Kapitel erfolgt. Zu nennen wären insbesondere die bereits in Kapitel 2.2.2 erörterten Kriterien von Unterrichtsqualität, die im Rahmen der neueren (vergleichenden) Bildungsforschung empirisch erarbeitet wurden. Diese allgemeinen Qualitätskriterien guten Unterrichts verlieren im guten inklusiven Mathematikunterricht natürlich nicht ihre Gültigkeit und sie sind inhaltlich anschlussfähig an inklusionspädagogische wie auch an die folgenden fachdidaktischen Entwicklungen. Für das Anliegen dieses Buches sind sie allerdings nachrangig, da sie im Prinzip eine fachübergreifende ‚Hintergrundfolie' eines gelingenden Unterrichts darstellen. Hier wird der Blick eben gerade spezifisch auf fachdidaktische Fragen gelenkt. Damit soll erarbeitet werden, ob sich und ggf. welche Besonderheiten sich in den Belief-Systemen der Lehrkräfte bezüglich gerade dieses Lernbereichs im inklusiven Unterricht abzeichnen.

3.1 Guter Mathematikunterricht (in der Primarstufe)

Die nachfolgenden Ausführungen beziehen sich entsprechend dem Schwerpunkt der Untersuchung auf den primarstufenbezogenen Diskurs. Über die fachdidaktischen Kriterien gibt es allerdings ebenfalls einen weitergehenden Konsens und es kann auf einer grundlegenden Ebene damit auch von einer Gültigkeit für die mathematikdidaktischen Konzeptionen der Sekundarstufe ausgegangen werden, wie hier einleitend erörtert werden soll.

Laut Leuders und Holzäpfel (2011, 224ff.) lassen sich eine Reihe didaktischer Konzeptionen – wenngleich mit jeweils unterschiedlichen Schwerpunktsetzungen – unter dem gemeinsamen Anspruch zusammenfassen, die Lernvoraussetzungen der Lernenden zu berücksichtigen und die Schüler_innen zu anspruchsvollen kognitiven Tätigkeiten anzuregen. Die beiden zentralen übergreifenden Begriffe dieses Konsenses im deutschsprachigen Diskurs sind

a) **‚(aktiv) entdeckendes Lernen‘** – vorrangig in primarstufenbezogener Literatur und insbesondere geprägt durch das Projekt ‚Mathe 2000‘ der Universität Dortmund (vgl. u. a. Müller/Wittmann 1998; Winter 1996). Auf die damit verbundenen Ausarbeitungen zur konkreten Umsetzung guten Mathematikunterrichts wird auch in den folgenden Ausführungen an verschiedenen Stellen Bezug genommen.
b) **‚kognitive Aktivierung‘** – vorrangig in sekundarstufenbezogener Literatur, u. a. solcher zur Unterrichtsqualität im Nachgang zu den internationalen Leistungsvergleichsstudien. Die entsprechenden Untersuchungen wurden im Rahmen des Forschungsstandes zu Belief-Systemen von Lehrkräften aufgegriffen (vgl. Kap. 4).

Der deutlichste Unterschied zwischen dem primar- und sekundarstufenbezogenen Diskurs in Deutschland liegt m. E. in der Funktion, die der Lehrkraft jeweils zukommt und dem (damit verbundenen) Grad der Öffnung der Unterrichtsstrukturen. Es wird zwar jeweils sowohl auf selbsttätige Lernzugänge abgezielt als auch betont, dass die Lehrkraft hierfür den (fachlichen) Rahmen liefern muss. Dennoch steht die (organisatorische) Eigenständigkeit der Schüler_innen und vor allem das offene und handlungsorientierte

Erarbeiten[1] ebenso wie die Bedeutung der Kooperation zwischen Schüler_innen in den grundschulbezogenen Konzeptionen deutlicher im Mittelpunkt. In der sekundarstufenbezogenen Literatur wird hingegen noch mehr auf die ‚kognitive Aktivierung' der Schüler_innen *durch* eine initiierende und leitende Lehrperson fokussiert (vgl. die Zusammenstellung bei Leuders/Holzäpfel 2011, 214). Trotz der hier angedeuteten Unterschiede kann generell von einem Konsens zum Verständnis eines guten Mathematikunterrichts ausgegangen werden, dessen grundlegende Prinzipien nun für die Primarstufe konkretisiert werden.

3.1.1 Grundlagen mathematischen Lernens

Die Anforderungen, die aus fachdidaktischer Sicht an guten Mathematikunterricht gestellt werden, stützen sich auf *drei zentrale Argumente.* Zwei davon sind lehr-/lernpsychologisch fundiert, das Dritte bezieht sich auf Mathematik als Fach(-Wissenschaft):

1. Lernen ist ein konstruktiver, eigentätiger und sozial situierter Prozess.

Diese sozial-konstruktivistische Auffassung von Lernen (und Entwicklung) entspricht dem aktuellen Stand der Lehr-/Lernforschung, hat zugleich eine lange Tradition und sich in der Mathematikdidaktik seit den 1960er Jahren in Deutschland durchgesetzt (vgl. z. B. Winter 1996, 7f.; Ratz 2009, 36f. und für den englischsprachigen Raum Baroody 1987, 15f.). Dem Zeitpunkt gemäß, zu dem diese ‚neue' Perspektive auf Lernen und Entwicklung in die Didaktik Einzug hielt, sind Jean Piagets genetische Entwicklungspsychologie sowie die daran anschließenden Entwicklungen von Aebli und Bruner eine zentrale lehr-/lerntheoretische Bezugsgröße – auch wenn inzwischen einige Aspekte von Piagets Entwicklungspsychologie als überholt angesehen werden müssen und auch entsprechend kritisch rezipiert werden.[2]
(Mathematik-)Lernen ist ein „individueller, sozial vermittelter Prozess der eigenen Konstruktion von Wissen, Fertigkeiten und Fähigkeiten" (Schipper 2009, 33). Die Aufgabe der Lehrkraft besteht somit nicht im ‚Vermitteln' von Wissen oder Inhalten, sondern

---

1 Der Unterschied zwischen grundschul- und sekundarstufenbezogenen Konzeptionen lässt sich m. E. zum einen strukturell durch die Nähe grundschulbezogener Forschungen und Entwicklungen zur Erziehungswissenschaft im Vergleich zur fachwissenschaftlichen Nähe der Sekundarstufendidaktiken erklären. Zum anderen scheint angenommen zu werden, dass jüngere Kinder vermehrt auf handlungs- und alltagsorientierte Zugänge angewiesen seien (vgl. zur Eignung guten Mathematikunterrichts für alle Kinder Kap. 3.3). Gerade im Rahmen einer inklusiven Schule und Didaktik ist dies durchaus kritisch zu diskutieren (vgl. z. B. Seitz 2005 und 2007a zur Bedeutsamkeit ästhetischer Zugänge für alle Lerner_innen).

2 Vgl. zur kritischen Würdigung Piagets, insbesondere unter dem Aspekt der Zahlbegriffsentwicklung, Moser Opitz 2002 sowie zur Bedeutung des von Piaget herausgearbeiteten genetischen und operativen Prinzips Krauthausen/Scherer 2007, 145ff.

darin, die „Gelegenheit und die Anregung zu eigener Entwicklung“ zu bieten (vgl. Wittmann/Müller 1990, 158). Darüber hinaus wird in der Mathematikdidaktik u. a. unter Bezug auf Vygotskijs Arbeiten zur Zone der nächsten Entwicklung betont, dass Lernen und Entwicklung stets sozial eingebunden stattfinden. Über den Austausch mit anderen wird also die eigene (Denk-)Entwicklung vorangebracht (vgl. Krauthausen/Scherer 2007, 139f.).

2. Wissen ist bereichsspezifisch und Lernen findet stets auf Grundlage der bisherigen Erfahrungen statt.

Mit der Erkenntnis über die Bereichs- bzw. Domainspezifität von Wissen (vgl. Sodian 2002) ist deutlich geworden, dass Kinder zu verschiedenen Inhalten nicht nur unterschiedliche Wissensbestände (i. S. v. Faktenwissen) haben, sondern sich ihr Denken, ihre kognitive Entwicklung, grundsätzlich bereichsspezifisch entwickelt und somit auch unterschiedlich ausgebildet sein kann.
In der Mathematikdidaktik wurde und wird dies mit Bezug auf Bauersfeld unter dem Stichwort der subjektiven Erfahrungsbereiche (SEB) diskutiert. Betont wird damit, dass es „um Erfahrung geht und nicht nur um Wissen“ (Bauersfeld 1983, 28). Die verschiedenen (mathematischen) Erfahrungsbereiche sind zudem zunächst voneinander getrennt und Kinder können beispielsweise ihre alltagsmathematischen Kompetenzen nicht ohne Weiteres in schulmathematische Bereiche überführen. Zentral für die Entwicklung ist in der Folge die Vernetzung und Verallgemeinerung der in den verschiedenen SEBs verankerten Erfahrungen und Erkenntnisse (ebd., 53). Dabei ist sowohl die Erweiterung eines SEBs als auch die Übertragung auf neue, andere Erfahrungsbereiche nur dann möglich, wenn die Schüler_innen an ihre bisherigen Erfahrungen und Kenntnisse anknüpfen können und sich von diesen ausgehend Neues erarbeiten. Betont wird auch, dass der Erwerb mathematischen Wissens nicht nur kognitiv erfolgt, sondern ebenso emotionale und soziale Aspekte innerhalb ganzheitlicher Prozesse umfasst (vgl. Nührenbörger 2002, 105). Dies bedeutet auch, dass die Lernschritte der Schüler_innen nicht im Detail vorausgeplant werden können. Vielmehr wird ihnen über die Bereitstellung von Lernumgebungen, die auf größere Sinnzusammenhänge abzielen, eine Anknüpfung und Weiterentwicklung auf Basis der je eigenen, bisherigen SEBs ermöglicht. Dabei werden die Grenzen eines Bereichs in neuen Situationen vom Kind auf aktiv entwerfende, erprobende Weise und in Aushandlungsprozessen mit anderen Personen erweitert und überschritten (ebd., 107).

Impliziert sind damit herausfordernde Lernsituationen, die vielfältige Schwierigkeitsniveaus und -zugänge ermöglichen (vgl. Winter 1996, 17; Wittmann/Müller 1990, 162). Ein solcher Unterricht bedarf einer immanenten Prozessdiagnostik, um notwendige Anpassungen für die einzelnen Lerner_innen vorzunehmen und sie auf ihren je individuellen Wegen zu unterstützen. Damit macht diese Lerngelegenheit letztlich auch die Frage obsolet, bei welchen Maßnahmen es sich um „*besondere* Förderung, bzw. Therapie“ handele (Spiess/Werner 2001, 5, Hervorh. N. K.). Hier zeigt sich bereits eine deutliche Parallele zu den Grundlinien inklusiver Didaktik.

3. Mathematik ist als Wissenschaft der Muster zu verstehen.

„Grob gesagt ist jedes Problem, das mithilfe eines Taschenrechners gelöst werden kann, *kein* mathematisches Problem“, so der Mathematiker Devlin (2006, 163, Hervorh. im Orig.). Mathematiker beschäftigen sich mit „Ordnungen, Mustern, Strukturen und logischen Beziehungen“ (ebd., 97). Dieses Verständnis des Fachs bedeutet, dass zwar Gesetzmäßigkeiten im Mittelpunkt der Mathematik stehen (eben die Ordnungen und Muster), allerdings nicht i. S. v. Regeln, die es auswendig zu beherrschen oder Verfahren, die es abzuarbeiten gilt, sondern bezogen auf Zusammenhänge, die man erforschen, fortsetzen und vor allem verstehen kann (vgl. Wittmann 2003, 26). Das übergreifende Ziel des Mathematikunterrichts ist es, das mathematische Denken der Kinder auf diese Weise zu fördern. Im Kern geht es damit im Mathematikunterricht der Primarstufe um das Verständnis von (Zahl-)Beziehungen und Gesetzmäßigkeiten. Muster und Strukturen kennzeichnen grundlegend das Fach Mathematik, durchziehen alle Inhaltsbereiche und sind eng mit den allgemeinen Lernzielen verbunden.[3]

Diese Perspektive auf Mathematik und (Mathematik-)Lernen hat unter anderem die Abkehr vom Prinzip der kleinen und kleinsten Schritte (vgl. z. B. Krauthausen/Scherer 2007, 112; Scherer 1995) sowie einen Paradigmenwechsel vom ‚Rechen-‘ zum ‚Mathematikunterricht‘ in der Primarstufe nach sich gezogen. Letzteres bedeutet aber keineswegs, dass die Rechenfertigkeiten als nachrangig betrachtet werden. Vielmehr ist von positiven Effekten eines vertieften mathematischen Verständnisses auf die Entwicklung der Rechenfertigkeiten auszugehen. Empirische Ergebnisse stützen dabei die Bedeutsamkeit des konzeptionellen Wissens, legen aber auch die Überwindung einer dichotomen Trennung zwischen konzeptionellem und prozeduralem Wissen nahe, die längere Zeit die Diskussion bestimmt hat (vgl. Mayer 2005). Insgesamt ist von

[3] Die Inhaltsbereiche werden hier mit den fachlichen/fachdidaktischen Begriffen Arithmetik, Geometrie und Sachrechnen gefasst (vgl. Krauthausen/Scherer 2007). Die Bildungsstandards (KMK 2004) fassen sie leicht anders (vgl. auch Krauthausen/Scherer 2007, 189f.). Ebenso werden die allgemeinen Lernziele jeweils leicht unterschiedlich konnotiert. Die folgenden vier Aspekte werden i d. R. als allgemeine Lernziele benannt, die inhaltlich mit den prozessbezogenen Kompetenzen der Bildungsstandards vergleichbar sind: Problemlösen und Explorieren, Mathematisieren und Modellieren, Darstellen und Formulieren, Argumentieren und Beweisen.

positiven Wechselwirkungen zwischen den verschiedenen Facetten (Faktenwissen, prozedurales und konzeptionelles Wissen) auszugehen. Der Fokus mathematikdidaktischer Überlegungen liegt aber auf der Unterstützung konzeptioneller Erkenntnisse der Lernenden und der Entwicklung des mathematischen Denkens durch (aktive/eigenständige) Konstruktion (vgl. Baroody/Dowker 2003, *xx*; Schipper 2009, 33).

3.1.2 Zentrale Prinzipien: Mathematikunterricht ist mehr als Rechnen

Den lehr-/lerntheoretischen wie fachlichen Grundlagen folgend, sollen im Unterricht die ‚schönen Muster', die Mathematik als Fachwissenschaft ausmachen, von den Schüler_innen erarbeitet werden. Daraus ergibt sich die Notwendigkeit, Schüler_innen zu mathematischen *Tätigkeiten* anzuregen und sie darin zu unterstützen *komplexe*, also vielschichtige und in Sinnzusammenhängen präsentierte Probleme, anzugehen. So können sie sich die Welt der Mathematik und die Welt mit Mathematik nach und nach erschließen, indem sie Zusammenhänge *entdecken*. Ein wichtiger Faktor ist dabei der Austausch über unterschiedliche Herangehensweisen und die Wertschätzung der Diversität von Lösungen und Lösungswegen.

Ähnlich wie im ‚didaktischen Dreieck' – von Krauthausen/Scherer (2007) in Anlehnung an Wittmann für die Mathematikdidaktik modifiziert – sollen die Prinzipien eines guten Mathematikunterrichts hier nach ihren Bezugspunkten sortiert präsentiert werden. Bei Krauthausen/Scherer (133ff.) werden die ‚Ecken des Dreiecks' als ‚epistemologische Prinzipien' (Sache, fundamentale Ideen), ‚psychologische Prinzipien' (Lernende, Orientierung am Vorwissen) und ‚soziale Prinzipien' (Lehrende, Organisation ganzheitlich (inter-)aktiven Lernens) benannt. In Anlehnung daran werden hier die *inhaltlichen mathematischen Zielsetzungen*, die Bedingungen für einen gelingenden *Lernprozess* der Schüler_innen sowie Schlussfolgerungen zu einer hierfür angemessenen, von der Lehrkraft zu verantwortenden *Lernsituation* dargestellt.[4]

Die **inhaltlichen Zielsetzungen** des Unterrichts folgen einer *Anwendungs- und Strukturorientierung*, d. h. der Unterricht bezieht sich sowohl auf die Erschließung und Anwendung mathematischer Strukturen in und durch die Lebenswelt als auch auf innermathematische Strukturen und Muster (vgl. z. B. Wittmann 2003, 27). Das Ziel, Zusammenhänge und Strukturen zu nutzen, spiegelt sich auch in der Verknüpfung *inhaltlicher und allgemeiner Lernziele* wider; gemeinsam mit konkreten fachlichen Lernzielen (z. B. die Erschließung des Zahlraums bis 20) sollen also immer auch allgemeine Ziele, insbesondere Argumentieren und Problemlösen, gefördert werden.

---

[4] Neben Krauthausen/Scherer 2007 basiert die Zusammenstellung auf Radatz et al. 1996, Schipper 2009, Selter 1997, Winter 1989, Wittmann 2003 und Wittmann o. J. sowie Baroody 1987.

Die Auswahl von Inhalten und Aufgaben erfolgt in Orientierung an den *fundamentalen Ideen* und dem *Spiralprinzip* (vgl. Krauthausen/Scherer 2007, 134ff.). So wird etwa die Zahlenreihe im ersten Schuljahr durch die ‚Zwanzigerreihe' repräsentiert und in den folgenden Schuljahren durch die ‚Hunderterreihe', den ‚Tausenderstrahl' etc. und der Unterricht zielt auf eine „ganzheitliche Behandlung von Rahmenthemen in mehreren Durchgängen" (Wittmann o. J., 162) ab.
Trotz des Fokus auf das Verständnis von mathematischen Strukturen wird nicht die Bedeutung der Kenntnis bestimmter Regeln und Verfahrensweisen vernachlässigt. Der mathematische Gehalt/Inhalt kann dabei selbst auf flexiblen Wegen erschlossen werden. Die Formalsprache der Mathematik und ihre fachlichen Konventionen sind als das zu behandeln was sie sind: Feststehende Vereinbarungen.[5]

Für den eigentlichen **Lernprozess** der Schüler_innen gilt, dass es notwendig ist, an die *kindlichen Vorerfahrungen anzuknüpfen und selbsttätiges Lernen zu ermöglichen.* Für die Kinder bereits relevante Strukturierungen und ihr informelles Wissen zu Zahlen, Mengen, Formen etc. werden aufgegriffen (vgl. Selter 1995). Von dieser sog. Alltagsmathematik ausgehend findet eine fortschreitende Schematisierung statt, bei der die Schüler_innen ihre je *eigenen Zugangswege und Strategien* finden und nutzen.[6]

Zentrale Bedeutsamkeit in der Entwicklung mathematischer Vorstellungen haben die konkrete Handlung und Wahrnehmung (vgl. Krauthausen/Scherer 2007, 142ff.; Schipper 2009, 35–38) sowie der Austausch mit anderen. In der Kommunikation werden erneutes Durchdenken, Strukturieren der eigenen Herangehensweisen und Lösungen notwendig und zugleich bieten die Rückmeldungen und Lösungswege der anderen Anregungen für die Weiterentwicklung des eigenen Denkens (vgl. z. B. Selter/Sundermann 2001, 62f.; Krauthausen 1998, 58; Spiess/Werner 2001, 5).

Die Organisation der **Lernsituationen** erfolgt in Sinnzusammenhängen, d. h. es wird ausgegangen von möglichst offenen und *komplexen Situationen*, die das Lernen auf individuellen Wegen und in Selbstverantwortung anregen und ermöglichen.[7] Unabdingbar für die Erschließung der ‚schönen Muster der Mathematik' sind zum einen

---

5 Wichtig ist in diesem Zusammenhang auch ein Bewusstsein darüber, dass es – spätestens auf Ebene der Formalsprache – in der Mathematik Aspekte gibt, die nicht von jedem neu definiert werden können, sondern bei denen es sich um schlichte Setzungen handelt. Schipper schlägt im Anschluss an diese Feststellung vor, von Lernen „zwischen Invention und Konvention" zu sprechen (Schipper 2009, 34).

6 Dies bezieht sich zum einen auf die zunehmende Kompetenz, Sachsituationen in mathematische Probleme zu übersetzen und zum anderen auf die zunehmende Kenntnis der Fachstruktur und -systematik, mit der diese Probleme bearbeitet werden (vgl. Krauthausen/Scherer 2007, 142).

7 Entsprechend der fortschreitenden Schematisierung wird – häufig von einer Sachsituation ausgehend – das „prinzipielle Verstehen des Systems (vermittelt durch einen ersten Überblick über das Ganze)" (Krauthausen/Scherer 2007, 144) an den Anfang gestellt. Über informelle Zugangsweisen wird das System nach und nach in seinen Details besser verstanden sowie durch Abstraktionen und Verallgemeinerungen konventionelle, übertragbare (‚schematischere') Verfahren zu dessen Erschließung entwickelt.

die eingesetzten Materialien, insbesondere die Arbeitsmittel des arithmetischen Anfangsunterrichts. Zum anderen ist der Austausch über unterschiedliche Lösungen und Lösungswege unerlässlich, der es den Schüler_innen ermöglicht, gemeinsam die zugrunde liegenden mathematischen Gesetzmäßigkeiten zu explorieren. Differenzierung und geöffnete Unterrichtssituationen sollen dabei nicht als methodisch-organisatorische Aufbereitung verstanden werden, sondern inhalts- und vor allem prozessbezogen ausgerichtet sein (vgl. Schipper 2009, 39ff.). Damit wird sowohl betont, auf eine tatsächliche, inhaltliche Öffnung zu achten, als auch diese durch eine fachliche Rahmung durch die Lehrkraft zu begleiten. Aus fachdidaktischer Perspektive werden daher herausfordernde Lernanlässe favorisiert, die eine „Offenheit vom Fach" aus (Wittmann 1996) bzw. eine „Offenheit mit Zielorientierung" (Schipper 2009, 39) aufweisen – und weniger solche Öffnungen, die auch die Inhalte vollständig freigeben. So wird dem Kernanliegen Rechnung getragen, Mathematik als Wissenschaft der (flexiblen) Muster zu begreifen und weder als ein starres, undurchschaubares Regelwerk zu initiieren noch der Beliebigkeit preiszugeben (vgl. u. a. Wittmann 2003, 26).

Herausgestellt werden sollen abschließend zwei zentrale Unterrichtsprinzipien, die sich auf allen drei soeben dargestellten Ebenen – Inhalt, Lernprozess und Lernsituation – wiederfinden:

- Der **Material- und Handlungsorientierung** liegt das ‚operative Prinzip' zugrunde, d. h. sie zielt auf die Entwicklung von Verständnis durch Handlungen, von „Denken aus dem Wahrnehmen und Handeln" (Krauthausen/Scherer 2007, 145 mit Bezug auf Piaget und Aebli). Die (aktive) Konstruktion von Vorstellungen durch eigene Tätigkeit steht im Zentrum des didaktischen Dreiecks, da sie „sowohl einen epistemologischen wie auch psychologischen und unterrichtsorganisatorischen Aspekt hat" (ebd.).
- **Kommunikation und Kooperation** der Schüler_innen sind wiederum die Katalysatoren der beschriebenen Lernprozesse: Der Austausch mit anderen ermöglicht, das eigene Denken (und Handeln) zu strukturieren und in der Interaktion mit anderen weiter zu entwickeln.

Hier zeichnet sich bereits das Potenzial ab, das ein so gestalteter und durchgeführter Mathematikunterricht für die Arbeit in und mit heterogenen Lerngruppen haben kann. Diesem wird sich im Folgenden eingehender gewidmet.

3.2 Inklusionsrelevante Aspekte guten Mathematikunterrichts

3.2.1 Umgang mit Heterogenität

Die Mathematikdidaktik setzt sich, wie andere grundschulbezogene Fachdidaktiken auch, seit langem explizit mit Fragen der Heterogenität auseinander. So wird sich in der mathematikdidaktischen Literatur vielfach auf die Notwendigkeit von Differenzierung im Unterricht bezogen.[8] Dies erfolgt im Übrigen nicht erst seit den entsprechenden Ergebnissen zur Relevanz des Umgangs mit Heterogenität als Kriterium guten Unterrichts im Rahmen der internationalen Leistungsvergleichsstudien oder der Einführung der jahrgangsgemischten Schuleingangsphase. Ausgangspunkt sind dabei stets die oben dargestellten Grundlagen und Prinzipien guten Mathematikunterrichts, auf Basis derer ein konstruktiver Umgang mit Verschiedenheit erfolgt. Schipper hält in Übereinstimmung mit allen zentralen Veröffentlichungen im deutschsprachigen Raum folgerichtig fest, es sei nicht das Ziel, die Heterogenität der Gruppe zu reduzieren, sondern

> [i]m Gegenteil: Verschiedene Lösungen der gleichen Aufgabe werden als Repräsentanten von Schematisierungen auf unterschiedlichem Niveau nicht nur akzeptiert, sie werden vielmehr bewußt als Ausgangspunkt für Unterrichtsgespräche genutzt. (Schipper 1996, 15)

Hiermit verbunden ist die Überwindung eines Vorgehens in kleinen Schritten, welches in der Regel begleitende Fördermaßnahmen für Schüler_innen nach sich zieht, die nicht ‚Schritt halten können'. Wittmann weist in diesem Kontext darauf hin, dass eine Anleitung der Kinder zum selbstständigen Umgang mit offenen und vielschichtigen Lerninhalten, eingebettet in einen fachlichen Rahmen, eine effektive Förderung jedes einzelnen Kindes ermöglicht, da im Kontakt mit den anderen Schüler_innen die Arbeit in der jeweiligen Zone der nächsten Entwicklung möglich wird (Wittmann o. J.). An die Stelle der Reduktion des Lernstoffes für bestimmte Schüler_innen tritt eine selbstbestimmte Erarbeitung der Inhalte anhand vielschichtiger und herausfordernder Lernanlässe für alle Schüler_innen auf verschiedensten Zugangswegen und im Austausch miteinander. Fraglich ist hierbei allerdings, welche (Leistungs-)Bandbreite im Mathematikunterricht bisher tatsächlich in den Blick genommen wird und welche Rolle beispielsweise zieldifferentes Lernen überhaupt spielt. Eher ist nämlich anzunehmen, dass bislang weitgehend von einer Lernzielgleichheit ausgegangen wird. So werden etwa ‚verbindliche Lernziele' und ein ‚ausreichender gemeinsamer Lernbestand' am Ende des Lernprozesses betont (vgl. z. B. Wittmann o. J.) und Themen entlang der

[8] Vgl. z. B. Hengartner 2006, Lorenz 2004, Nührenbörger/Pust 2006, Schipper 1996, Selter/Sundermann 2001, Sundermann/Selter 2006, Krauthausen/Scherer 2010.

regelschulbezogenen Bildungsstandards ausgewählt. Bezüglich des Ziels, wirklich *alle* Kinder in den Unterricht einzubeziehen, scheint hier also noch Entwicklungsbedarf zu bestehen.

Interessant ist vor dem Hintergrund der im inklusionspädagogischen Diskurs erörterten ‚Formen von Gemeinsamkeit' weiterhin die Frage, welche Formen der Differenzierung in der Mathematikdidaktik diskutiert werden. Hier zeigt sich: Individuelles Lernen in Einzelarbeit, die Arbeit in Kleingruppen und gegenseitige Unterstützung sowie der Austausch über die Lerninhalte in der (Gesamt-)Gruppe werden als geeignete und zugleich notwendige differenzierte Lernformen betrachtet. So ist beispielsweise bei der Bearbeitung sog. ‚schöner Päckchen'[9] zunächst die individuelle Auseinandersetzung – in Einzelarbeit – unverzichtbar, damit relevante mathematische Erfahrungen gemacht werden können. Aber erst durch den Austausch in der Kleingruppe, wie etwa in einer Mathematikkonferenz, gelingt ein „Abstraktionsprozess [...] [durch die] Verständigung über Gemeinsamkeiten unterschiedlicher individueller Erfahrungen und Sichtweisen [...]" (Kucharz/Baireuther 2010, 196).
Hahn (2010) unterscheidet drei Aufgabenvarianten mit dem Ziel einer *qualitativen* inneren Differenzierung:

- Bei inhaltlich- und anforderungsdifferenzierten Aufgaben werden an die Kinder je völlig unterschiedliche Aufgaben herangetragen, wobei dies im jahrgangsgemischten Unterricht häufig in Teilgruppen nach Altersjahrgängen getrennt erfolgt.
- Bei anforderungsdifferenzierten Aufgaben zu einem (gemeinsamen) Inhalt werden ebenfalls durch die Lehrkraft Aufgaben/Arbeitsblätter vorbereitet, die entsprechend der unterschiedlichen, vermuteten Fähigkeiten gestaltet werden, aber sich eben auf den gleichen Inhalt beziehen.
- Bei anforderungsoffenen Aufgaben zu einem gemeinsamen Inhalt hingegen erfolgt die Differenzierung nicht vorwegnehmend durch die Lehrkraft, sondern i. S. der natürlichen Differenzierung wie sie unten genauer erläutert wird.
  (vgl. ebd., 214ff.).

Im beobachteten jahrgangsgemischten Unterricht spielen diese Formen aber bisher nur eine untergeordnete Rolle. Vielmehr dominieren quantitative Differenzierungen, in denen lediglich die Anzahl der Aufgaben und die Bearbeitungszeit variiert werden (vgl. Hahn 2010, 211). Nach Hahn würde damit für die Praxis bereits eine Umsetzung der beiden erstgenannten Formen qualitativer innerer Differenzierung einen Fortschritt

[9] Damit werden ‚Päckchen' von Rechenaufgaben bezeichnet, zwischen denen eine operative Verbindung besteht, z. B. indem auf die Aufgabe 10+5, die Aufgabe 20+5 folgt (vgl. z. B. Krauthausen/Scherer 2007, 110f.).

bedeuten. Allerdings betont sie, dass erst die letztgenannte Variante „einen natürlichen Kommunikationsrahmen [bietet], der das vom jahrgangsgemischten Lernen erwartete Mit- und Voneinanderlernen anregt“ (ebd., 220).

Differenzierung als unumgängliches Qualitätsmerkmal von Unterricht wird auch in der übrigen Literatur explizit abgegrenzt von solchen Ausprägungen der Individualisierung, die „einer Abschaffung des sozialen Lernens gleichkommen, z. B. wenn jedes Kind nur noch für sich an anderen Inhalten arbeitet“ (Krauthausen/Scherer 2010, 4). Daraus ergibt sich der Anspruch an fachlich kompetente Lehrkräfte, nicht differenzierte – getrennte – Einzelangebote für die Schüler_innen vorzubereiten, sondern vielmehr ganzheitliche inhaltlich gehaltvolle Lernumgebungen zu gestalten, die eine sogenannte ‚*natürliche Differenzierung*‘ ermöglichen.

3.2.2 Natürliche Differenzierung

Eine zentrale mathematikdidaktische Konzeption zum Umgang mit Heterogenität, von Wittmann späterhin als natürliche Differenzierung bezeichnet, wurde bereits in den 1970er Jahren von Freudenthal grundlegend formuliert. Aus inklusionsdidaktischer Perspektive ist u. a. seine Wortwahl interessant:

> [W]ie reagieren wir auf die natürliche Differenzierung im Lernprozess? [...]
> Nur vom Fache her lassen sich solche Fragen beantworten. [...] Die Stufen der Mathematik, die ich meine, sind Stufen des Verständnisses. Die Tätigkeit, die man auf der einen Stufe ausgeübt hat, wird auf der nächsten das Objekt der Betrachtung. [...]
> Im allgemeinen [sic] werden die Lernenden sich nebeneinander auf verschiedenen Stufen des Lernprozesses befinden, auch wenn sie am gleichen Stoff arbeiten.
> [...] Man betrachtet das als eine Not, und aus dieser Not will ich eine Tugend machen, jedoch mit dem Unterschied, daß die Schüler nicht neben- sondern *miteinander am gleichen Gegenstand auf verschiedenen Stufen tätig sind,* [...]
> Es ist das etwas ganz anderes als die ABC-Methode und die vom Fundamentum und Additum, oder wie das sonst heißen möge.
> (Freudenthal 1974, 165–166, Hervorh. N. K.)

Es scheint, als beschreibe Freudenthal hier für die Mathematikdidaktik ausgehend von seinen *fachlichen* Überzeugungen eben das, was Feuser und später Seitz für die integrative bzw. inklusive Didaktik entwickelten: Eine als natürlich angesehene Heterogenität der Lerngruppe soll für alle gewinnbringend genutzt werden.

Krauthausen und Scherer (2010, vgl. auch 2014) bieten einen zusammenfassenden Überblick über das Konzept der natürlichen Differenzierung und fassen es, wie auch andere Autor_innen der Mathematikdidaktik für die Primarstufe, als eine spezifische

Form der inneren Differenzierung, nämlich als eine ‚vom Kind aus'. Konstituierend dafür sind demnach folgende Aspekte:

- „Alle Kinder erhalten das gleiche Lernangebot" (ebd., 5). ‚Gleich' meint dabei, dass alle an einer gemeinsamen (übergreifenden) Problemstellung arbeiten und nicht lediglich am gleichen Thema in – nach Schwierigkeitsstufen differenzierten – getrennten Materialien.
- „Das Angebot muss dem Kriterium der (inhaltlichen) Ganzheitlichkeit genügen" (ebd.). ‚Ganzheitlich' meint hier komplex und auf eine inhaltliche Sinneinheit bezogen und explizit nicht ‚mit allen Sinnen'. Hiermit ist auch die Ablehnung von vermeintlich vereinfachenden didaktischen ‚Zerstückelungen' der Inhalte angesprochen.
- Grundlage der Öffnung ist „eine wohlüberlegte fachliche Rahmung", die „nicht an das Grundschulkind delegiert werden" kann (ebd., 6). Freigestellt ist den Schüler_innen der Zugang, „der Weg, die Hilfestellung, die Darstellungsweise und in bestimmten Fällen auch die Problemstellung selbst" (ebd.).
  Dieser Prozess der Auswahl und des Findens der eigenen Wege wird durch die Lehrkraft und vor allem durch den Austausch in der Gruppe (metakommunikativ) begleitet, indem etwa die Vor- und Nachteile bestimmter Darstellungsformen diskutiert werden.
- Mit- und voneinander Lernen ist „von der Natur der Sache her sinnvoll" (ebd., 6). In bzw. aus dem komplexen Lernanlass ergeben sich nicht nur verschiedene Fragestellungen und Niveaus, mit denen man sich dem Inhalt nähern kann. Vielmehr gelangt man erst im Austausch über die verschiedenen Wege und Lösungen zu vertieften Erkenntnissen und „Einsichten und Bedeutung [wird] hergestellt, umgearbeitet oder vertieft" (ebd.).

Zur Umsetzung einer solchen natürlichen Differenzierung gelten insbesondere sog. substanzielle Lernumgebungen[10] als geeignet. Sie können sowohl innermathematisch i. S. der Strukturorientierung des Unterrichts angelegt sein (z. B. mit Formaten wie Rechendreiecken oder Zahlenmauern) als auch eher anwendungs- und/oder umweltbezogene herausfordernde Lernanlässe umfassen (wie z. B. offene Sachaufgaben). Die Differenzierung bei der Bearbeitung kann sich sowohl auf verschiedene Zahlräume als auch auf verschiedene Lösungswege mit unterschiedlich elaborierten Lösungsstrategien beziehen, wie etwa systematisches und unsystematisches Ausprobieren oder erste argumentative Beweisführungen (‚Das muss immer so sein, weil…').

[10] Zum mathematikdidaktischen Begriff der Lernumgebungen vgl. z. B. Hirt/Wälti 2008, 13 ff. und Wollring 2008.

Häufig werden Eigenproduktionen eingebunden, innerhalb derer die Schüler_innen „selbst entscheiden, wie sie vorgehen oder wie sie ihr Vorgehen und dessen Ergebnisse darstellen“ (Selter/Sundermann 2001, 66). Dies umfasst beispielsweise das (freie) Erfinden von Aufgaben, aber auch generell das eigenständige Nutzen, Beschreiben und Begründen von Zusammenhängen innerhalb eines Aufgabenkontextes (Selter 1997, 9). Zu nennen sind im Zusammenhang mit der natürlichen Differenzierung auch sogenannte produktive Übungsformen wie die schönen Päckchen (vgl. z. B. Wittmann/Müller 1990, 164). (Rechen-)Aufgaben werden hier nicht als isoliertes Einüben zuvor erarbeiteter Inhalte eingesetzt, sondern sollen neben der Automatisierung zugleich das Erschließen von strukturell-konzeptionellem Wissen ermöglichen (vgl. Krauthausen/Scherer 2007, 123f., Pik As 2009).

Gerade weil im Rahmen der natürlichen Differenzierung hoch individualisierte Bearbeitungen ihren Raum haben, ist es die Aufgabe der Lehrkraft, die Entfaltung des (inhaltlichen) Potenzials zur Erarbeitung von mathematischen Strukturen und die (didaktische) Möglichkeit einer natürlichen Differenzierung zu unterstützen. Ein wichtiger Aspekt ist außerdem der explizite Einbezug von Kommunikation und Kooperation beispielsweise über Rechenkonferenzen, Forscher_innentagebücher oder Partner_innenaufgaben. Die Begleitung in der Unterrichtssituation erfordert eine hohe fachliche Souveränität und diagnostische Kompetenz der Lehrkraft verbunden mit der Kenntnis von Frage- und Impulstechniken und der Anregung von (Meta-)Kommunikation in der Gruppe. Daran anknüpfend geht es darum, zuzuhören und den Kindern Raum für ihre Zugänge zu geben (statt alle Hindernisse auszuräumen und voreilige Hilfe zu leisten) sowie um ein differenziertes Bild von Unterrichtsmethoden (statt einer einseitigen Befürwortung oder Ablehnung von z. B. Frontal- und Individualphasen) (vgl. ebd., 8; 16–17). Die notwendigen „Einstellungen, Haltungen und Routinen“ (Krauthausen/Scherer 2010, 7–8), die sowohl die Lehrenden als auch die Lernenden entwickeln sollten, sind ferner eine Fragehaltung (statt dem Zufriedengeben mit Rechenergebnissen) und ein Einlassen auf Deutungsdifferenzen. Diese müssen – ebenso wie die Aufgaben zur natürlichen Differenzierung selbst – Teil des regulären Unterrichtsalltages sein, um von Kindern und Lehrkräften kompetent genutzt werden zu können.[11]

[11] Auch wenn sich die Grundhaltung verständnisvollen und eigenaktiven Erarbeitens der Inhalte durch den gesamten Unterricht ziehen sollte, muss konstatiert werden, dass sich natürliche Differenzierung nicht für alle Lerninhalte und -ziele eignet. Im Unterricht müssen hingegen auch andere Herangehensweisen eine Rolle spielen, beispielsweise bezogen auf die Erarbeitung und das Einüben von schriftlichen Rechenverfahren (vgl. Schipper 2009).

3.2.3 Material- und Handlungsorientierung

Anschaulichkeit und Handlungsorientierung sind nicht nur „eherne didaktische Prinzipien“ des Mathematikunterrichts, wie Schipper (2003, 221) schreibt. Sie sind zugleich die Faktoren, die (u. a. auch von den Lehrkräften der vorliegenden Interviewstudie aber auch in der Literatur) als zentrale Ausgangspunkte für gemeinsames Lernen unterschiedlicher Lerner_innen thematisiert werden. Mit Materialien sollen hier zunächst alle Dinge bezeichnet werden, die eine handelnde Auseinandersetzung ermöglichen, also „*konkretes*, ‚handgreifliches‘ Material“ (Krauthausen/Scherer 2007, 243, Hervorh. im Original). Allerdings: „nicht jedes Zeigen eines Bildes macht den Unterricht schon anschaulich und nicht jedes Machen ist Handlungsorientierung“ (Schipper 2003, 221), denn „der Aufbau von Stationen allein garantiert keinen eigenen Lernweg. Dass solche Aufgaben Kindern angeblich ‚Spaß machen‘, ist kein hinreichender Grund für ihren Einsatz“ (Schipper 2009, 39). Die besondere Rolle, die Materialien im Mathematikunterricht einnehmen, liegt vielmehr im Fokus auf Strukturen, Zusammenhänge und die fundamentalen Ideen begründet sowie in der Zielsetzung, dass diese durch die Schüler_innen selbst erschlossen werden sollen (vgl. z. B. Schipper 2009, 222ff.). Materialien nehmen, zusammen mit ihren Übersetzungen in ikonische Darstellungsweisen, über den gesamten Lernprozess einen hohen Stellenwert ein. Sie dienen sowohl zur Erarbeitung von Inhalten und der Entwicklung von Vorstellungsbildern wie auch als Basis zur Darstellung und Diskussion eigener Erkenntnisse und Lösungswege (vgl. z. B. Lorenz 2007, 2009; Steenpass/Tholen 2011). Im Idealfall kann das gleiche Material dabei auch im Sinne des Spiralcurriculums auf verschiedenen Ebenen und für unterschiedliche inhaltliche Aspekte eingesetzt werden. Es repräsentiert so wiederum auch die Verbindung der verschiedenen Bearbeitungen eines Aspektes miteinander und ermöglicht eine zunehmend vertiefte Durchdringung bzw. Erschließung verschiedener Facetten sowie einen Austausch von Lernenden mit unterschiedlichen Lernzugängen.

Eine zentrale und spezifische Form von Material im Mathematikunterricht sind die sog. Arbeitsmittel im arithmetischen (Anfangs-)Unterricht. Arithmetische Arbeitsmittel, wie der Rechenrahmen oder das Zwanziger-Punkte-Feld, ermöglichen (strukturierte) Zahldarstellungen und das Erschließen von Zahlaspekten und -zusammenhängen. Zudem dienen sie als Mittel zum (Erst-)Rechnen mit dem Ziel der Erarbeitung von verschiedenen Strategien sowie als Argumentations- und Beweismittel (vgl. Krauthausen/Scherer 2007, 257ff.). Der Umgang mit den Arbeitsmitteln stellt dabei einen eigenen Lernprozess dar, bei dem das Ziel das oben bereits angesprochene ‚Hineinsehen‘ in mathematische Strukturen ist. Eine effektive und langfristig tragfähige Hilfe bietet sich nur, wenn die Kinder nicht die Handlung der Lehrkraft am Arbeitsmittel nachahmen, sondern diese als Werkzeug nutzen können, um sich (operative) Rechenstrategien anzueignen und damit einhergehend ein Verständnis von Zahlbeziehungen aufzubauen. Hiermit ist erneut auf das grundlegende Verständnis von Mathematik verwiesen, das didaktischen Überlegungen zugrunde liegt: Mathematik ist kein abstraktes Regelspiel mit verschiedenen Tricks ohne inhaltliche Bezüge, sondern basiert auf grundlegenden Mustern und Strukturen, die die Lernenden sich aneignen müssen.

Die Grundlage der Bedeutung von Materialien für diese Aneignungsprozesse bilden neben dem operativen Prinzip vor allem Bruners Überlegungen zur Relevanz verschiedener Repräsentationsebenen oder -modi. Eine umfassende Aufarbeitung zu letzterem liefert Royar (2013). Er fasst zusammen:

> Die von ihm [Bruner, Anm. N. K.] beschriebenen ‚Modi' (die Bezeichnungen ‚Ebenen' oder ‚Phasen' erscheinen missverständlich) beziehen sich darauf, mit welchen ‚Werkzeugen' sich Menschen ihre Umwelt erschließen, d. h. eigenes Wissen über die Welt aufbauen. Es geschieht dies durch (zunehmend ideengeleitetes) Handeln (enaktiv), durch den Aufbau innerer Bilder oder Vorstellungen (ikonisch) und durch den Gebrauch von Symbolen (symbolisch).
> Ikonisch meint hier also nicht einfach ‚bildhaft' im wörtlichen Sinne, sondern vielmehr ein ‚inneres Bild' als Vorstellung oder Idee. Entsprechend ist mit ‚symbolisch' auch nicht in erster Linie ‚formelhaft' gemeint, sondern viel weiter gehend die Übertragung in ein ‚Symbolsystem'. (Royar 2013, 36)

Royar verweist hier kritisch auf die bis heute vielfach formulierte Idee einer stufenweisen Verinnerlichung von Objekten, die mit Bezug auf Aebli (1963) mit dem sog. E(naktiv)-I(konisch)-S(ymbolisch)-Prinzip verknüpft wird (vgl. ebd., 39). Entgegen der häufigen hierarchisch-linearen und vereinfachenden Deutung der Modi als ‚E-I-S-*Stufen*' steht im Zentrum der mathematischen Entwicklung nämlich der *Wechsel* zwischen den verschiedenen Repräsentationsmodi. Erst wenn sie aufeinander bezogen werden können, entfalten die Modi ihr Potenzial als „Werkzeuge" zur Erschließung und Bearbeitung mathematischer Inhalte (ebd., 37). Aus der analytischen Unterscheidung E-I-S folgen damit gerade keine didaktischen Ableitungen i. S. einer hierarchischen ‚Behandlung' der Grundrechenarten vom Handeln über die Anschauung zur formalen Symbolik" (ebd.). Vor diesem Hintergrund – und unter Einbezug einer verbalsprachlichen Ebene als eigenem Modus – verwenden neuere Veröffentlichungen auch den Begriff des ‚intermodalen Transfers'. Für didaktische Überlegungen ist weiterhin darauf zu verweisen, dass weder die Verbindung der Materialien zu den mathematischen Strukturen, die sie repräsentieren sollen, noch die Parallelen verschiedener Materialien zueinander, sich den Kindern automatisch erschließen. Sie müssen vielmehr lernen, diese Zusammenhänge in die Materialien , hineinzusehen', um diese dann zur Entwicklung von Vorstellungsbildern nutzen zu können: „Wenn ein fertiges 3x3-Muster [aus

Plättchen, Anm. N. K.] vorgegeben wird, muss der Betrachter diese Struktur in das Muster ‚hineinlesen', was kein rezeptiver, sondern ein produktiver Akt ist" (Wittmann 2003, 28).[12]

Für die arithmetischen Arbeitsmittel und im Übrigen für alle Formen von Veranschaulichungsmitteln und Materialien gilt: Ihr Einsatz und die damit verbundene Handlungsorientierung oder auch ‚Aktivierung' der Schüler_innen hat dem spezifischen Ziel zu folgen, mathematische Strukturen zu veranschaulichen bzw. deren Erarbeitung zu ermöglichen. Damit ist die grundsätzliche Frage angesprochen, inwieweit mathematische Strukturen in andere Kontexte eingekleidet werden sollten. Im Sinne der subjektiven Erfahrungsbereiche ist das spezifische alltagsbezogene Vorwissen der Kinder zu beachten – und nicht zu unterschätzen. Zugleich stellt die Ablösung von diesem hin zu übertragbaren mathematischen Erkenntnissen ein zentrales Ziel des (Anfangs-)Unterrichts in der Primarstufe dar. Zu vermeiden ist demnach auf der einen Seite die ‚unvermittelte Vermittlung' von mathematischer Theorie[13] und/oder Fachsprache, da dies u. a. die Gefahr einer unverstandenen Umsetzung/Ausführung – wiederum als sinnentleerte Techniken – birgt. Auf der anderen Seite sollte der mathematische Inhalt, aber ebenso damit verbundene Konventionen, „nicht ignoriert, ‚kindertümelnd' simplifiziert werden [...] oder hinter ‚pädagogischen Oberflächen' verschwinden [...]" (Krauthausen/Scherer 2007, 134, Hervorh. im Original).

Im Hinblick auf die Verbindung von mathematischen Inhalten mit der Lebenswirklichkeit der Kinder, fachdidaktisch als Verknüpfung von Anwendungs- und Strukturorientierung thematisiert, hat der Bereich des Sachrechnens besondere Relevanz. Ähnlich wie bei den Repräsentationsmodi wird hier betont, dass ein *wechselseitiger* Bezug wichtig ist (vgl. Krauthausen/Scherer 2007, 78-80). Die Verbindung von mathematischem Inhalt und Sachebene kann dabei unterschiedliche Funktionen erfüllen. Von besonderem Interesse für die Entwicklung des mathematischen Denkens ist Sachrechnen als Lernziel, als Beitrag zur Umwelterschließung (vgl. Winter 1994, 15-31). Hier ist auch das Modellieren bzw. Mathematisieren zu verorten, das zu den allgemeinen Lernzielen des Mathematikunterrichts gehört (vgl. KMK 2004, 7–8; Krauthausen/Scherer 2007, 78, 154). Sachaufgaben, die diesem Zweck dienen, stellen den Prozess der Erarbeitung der (mathematischen) Problemlösung zum Sachkontext in den Fokus. Bei der Übertragung

[12] Dass dies ein individueller Prozess ist, der bei Kindern bei Weitem nicht immer zu den von den Lehrenden intendierten Vorstellungen führt, belegt u. a. Royar in seiner empirischen Erhebung zum Operationsverständnis. Er verweist zudem auf die Bedeutung der Verständigung über die unterschiedlichen Deutungen, wobei er – wie andere mathematikdidaktische Literatur auch – vor allem die Notwendigkeit der „Interaktion auf einer sprachlich-symbolischen Ebene" anführt (Royar 2013, 44).

[13] Mit Wittmann wird hier davon ausgegangen, dass auch Grundschulkindern ‚mathematische Theorie' nahegebracht werden kann und soll, und zwar i. S. v. Strukturorientierung und der Vermittlung der mathematischen Symbolsprache (vgl. Wittmann 2003, 28).

in ein mathematisches Modell, dessen Bearbeitung und der Rückübertragung in den Sachkontext müssen Entscheidungen getroffen und Konkretisierungen vollzogen werden, die von der je individuellen Interpretation bzw. Schwerpunktsetzung abhängig sind. Es wird somit nicht unbedingt ein eindeutiges Ergebnis geben, dafür aber zahlreiche Anlässe zum mathematik- und umweltbezogenen Austausch. Entsprechende Aufgaben bieten ein hohes Potenzial für inklusive mathematische Lernsituationen im Sinne einer natürlichen Differenzierung. Durch den Alltags- und/oder Umweltbezug[14] kann hier auch die Einbindung wirklich aller Schüler_innen eventuell leichter erfolgen, als bei den Aufgabenformaten der produktiven Übungsformen (s. o.).

In den Ausführungen zur natürlichen Differenzierung wird als ein Vorteil die „niedrige Zugangsschwelle der Aufgabenformate und damit ein schnelles und tragfähiges Verständnis der Formate (Aufbau, Regel) durch *alle* Kinder“ (Krauthausen/Scherer 2010, 16, Hervorh. im Orig.) benannt. Außerdem wird konkretisiert, dass auch Schüler_innen mit Lernschwierigkeiten oder solche, die dem SPF Lernen zugeordnet werden, von dieser Herangehensweise profitieren. Die bisherigen Materialien zur unterrichtlichen Umsetzung nehmen aber bisher nur Inhalte des (Regelschul-)Lehrplans in den Blick und sowohl die Präsentation der Aufgaben als auch das zentrale Moment des (metakommunikativen) Austausches während der Bearbeitung setzen bisher durchgängig verbal- und schriftsprachliche Kompetenzen voraus. Hiermit ist auf eine Begrenzung der bisherigen mathematikdidaktischen Konzeptionen verwiesen, denn diese Barrieren in Bezug auf basale Lernzugänge und grundlegende Lerninhalte zeigen sich durchgängig.

In diesem Kontext soll im Folgenden daher die Eignung des dargelegten Verständnisses eines guten Mathematikunterrichts für ‚alle Schüler_innen‘ und ‚alle Lerninhalte‘ diskutiert werden. Hierfür wird geklärt, was unter mathematischen Basiskompetenzen jenseits schulmathematischer Inhalte zu verstehen ist und welche empirischen Belege für die Eignung eines guten Unterrichts im obigen Sinne für alle Schüler_innen vorliegen.

3.3 Zur Übertragbarkeit der Prinzipien auf einen Unterricht mit allen Kindern

Nachdem die Potenziale eines guten Mathematikunterrichts für ein mit- und voneinander Lernen in einer heterogenen Lerngruppe deutlich geworden sind, stellt sich zur

[14] Alltagsbezug meint dabei im engeren Sinne die Lebenswirklichkeit der Kinder und dortige reale Problemstellungen und Lernanlässe. Umweltbezug bezieht sich zwar ebenfalls auf die ‚Sachsituationen‘, aber diese können auch ohne Bezug zu einer echten Anwendung im Alltag, als reines Gedankenspiel also, fungieren (z. B. sog. Fermi-Aufgaben, wie ‚Wie viele Kinder sind so schwer wie ein Eisbär?‘, vgl. Grassmann 2008, Kaufmann 2006).

Entwicklung eines inklusiven Mathematikunterrichts an dieser Stelle die Frage, ob an einem solchen Unterricht *alle* Lernenden beteiligt werden können. Ungeachtet einiger noch ausstehender konkreter (fach-)didaktischer Entwicklungen kann grundsätzlich davon ausgegangen werden, dass es sinnvoll (und notwendig) ist, die dargestellten Kriterien eines guten Mathematikunterrichts auf einen Unterricht mit tatsächlich *allen* Kindern zu übertragen. Diese Feststellung soll im Folgenden begründet werden. Dabei erfolgt explizit eine Erweiterung des Blicks über die bisher in der Mathematikdidaktik thematisierte Bandbreite „Rechenschwache bis Hochbegabt" (Hengartner 2006) hinaus, um so mathematisches Lehren und Lernen jenseits eines weitgehend zielgleichen Unterrichts mit Bezug auf die Rahmenpläne der Grundschule zu betrachten.[15] Es sind damit drei Fragen zu thematisieren:

- Was sind mathematische Basiskompetenzen und wie werden sie erlernt/entwickelt?
- Welche empirischen Ergebnisse liegen zur Eignung eines guten Mathematikunterrichts für alle Schüler_innen vor?
- Welche konzeptionellen Entwicklungen gibt es für einen guten Mathematikunterricht für Schüler_innen mit SPF?

Was sind mathematische Basiskompetenzen und wie werden sie erlernt/entwickelt?

Die OECD liefert mit der ‚mathematical literacy' ein Konzept grundlegender mathematischer (Basis-)Kompetenzen im Leben jedes Menschen. Dieses betont explizit,

> [...] dass mathematische Kenntnisse und Fähigkeiten, wie sie im traditionellen Curriculum der Schulmathematik definiert werden, im Rahmen von OECD/PISA nicht im Vordergrund stehen. Stattdessen liegt der Schwerpunkt auf der funktionalen Anwendung von mathematischen Kenntnissen in ganz unterschiedlichen Kontexten und auf ganz unterschiedliche, Reflexion und Einsicht erfordernde Weise. (PISA Konsortium o. J., 2)

Noch weitergehend wäre in einem allgemeinen Sinne, welcher sich am Verständnis von Mathematik als ‚Wissenschaft der Muster' orientiert, die Entwicklung mathematischer Kompetenzen auf allen Ebenen zu fassen als die selbsttätige Strukturierung von Umwelt, das Erkennen und Nutzen von Beziehungen und die allmähliche Abstraktion dieser Kenntnisse von der konkreten Umwelt. Demnach geht es von Beginn an um ein durch

[15] Mit den für die Erörterung genutzten Bezügen ist allerdings weder die Annahme verbunden, dass Schüler_innen, für die mathematische Basiskompetenzen im Schulalter relevant sind, generell mit Kindergartenkindern gleichzusetzen wären. Noch wird davon ausgegangen, dass sich der vielfältige Unterstützungsbedarf von Schüler_innen mit den Kategorien sonderpädagogischen Förderbedarfs sinnvoll fassen ließe. Vielmehr werden auch hier diese Bezüge erneut heranzogen, weil sich eben die fachlichen Diskurse bisher entlang dieser schulstrukturell bedingten Differenzierungen bewegen.

die Handlung entwickeltes oder in ihr ausgedrücktes Verständnis eines Prozesses, bzw. eines Zusammenhangs. Freudenthal beantwortet die damit verbundene Frage, wann Mathematik beginnt, anhand eines Beispiels: Die Tätigkeit eines um seine Mutter herumlaufenden Kindes umfasse selbstverständlich mathematische Aspekte. Ob es sich aber um Mathematik handele oder nicht, sei von der Bewusstheit des Vorganges abhängig, „[u]nd die Aufgabe des Unterrichtes ist es, dieses bewusste Erleben anzuregen, zu fördern [...]“ (Freudenthal 1981, 100). Hinsichtlich dieses Verständnisses sind strukturbezogene Aspekte auch in der frühen mathematischen Entwicklung in den Blick zu nehmen.

In der mathematikdidaktischen Literatur wird weiterhin betont, dass in Alltagssituationen grundlegende (mathematische) Konzepte erschlossen werden, die nicht nur für die konkrete Situation oder die allgemeine kognitive Entwicklung bedeutend sind, sondern auch eng mit den fundamentalen Ideen der (Schul-)Mathematik verknüpft sind: „[Powerful mathematical ideas] are processes that will be used in later mathematics but have a real purpose for the children, even when they are young“ (Perry/Docket 2002, 104). Dies schließt wiederum sinnvoll an das Konzept der *mathematical literacy* an – wenn auch die Konkretisierung, anders als es beim funktionalen Bildungsbegriff der OECD der Fall ist, in Orientierung an Schullehrplänen und Bildungsstandards erfolgt.

Mit diesem Fokus der Mathematik in Relation zur Schule verbunden sind die sog. Vorläuferfähigkeiten[16]. Diese beziehen sich auf grundlegende Zahl- und Ziffernkenntnisse sowie auf ein an konkrete Situationen gebundenes Verständnis von Operationen i. S. v. Mengenrelationen und -veränderungen. Die Grundlage für den in der Grundschulmathematik umfangreichsten Inhaltsbereich, die Arithmetik, bildet die Vernetzung und Entwicklung von Mengenkonzepten, wie das Teil-Ganzes-Schema mit einem Zahl- und Zählwissen. Im weiteren Sinne sind hier auch wahrnehmungsbezogene Aspekte relevant: Die sogenannten Teilleistungen wie räumliches Vorstellungsvermögen – beginnend mit Vorstellungen zur Raumlage des eigenen Körpers – oder visuelle Diskriminierung sind weniger mathematikspezifisch, bilden aber auch wichtige Voraussetzungen für den Erwerb mathematischer Kompetenzen (vgl. Lorenz 2012, 109ff.).

Mit den im Folgenden verwendeten Begriffen der mathematischen Basiskompetenzen und grundlegenden mathematischen Inhalten sind die in allen drei genannten Konzeptionierungen angesprochenen Aspekte gemeint: Es geht darum, spezifische

[16] Vgl. im Überblick Krajewski 2003 sowie Lorenz 2012, 21ff. und 62 ff. Gemeint sind solche Aspekte, die sich spezifisch(er) auf die im Fach Mathematik relevanten Lernziele bzw. Inhalte und Kompetenzen beziehen. Die so gefassten ‚Vorläufer‘ werden etwa zur Vorhersage und Prävention von Lernschwierigkeiten im Mathematikunterricht herangezogen (vgl. z. B. Krajewski/Schneider 2006). Der normativ orientierte Begriff ist kritisiert worden, da er suggeriert, es gäbe eine qualitative Trennung von ‚Mathematik‘ in der Schule und deren ‚Vorläufern‘ (vgl. z. B. Schuler 2013).

Zahl-, Zähl- und Mengenkenntnisse (*Vorläuferfähigkeiten)* ebenso wie mathematische Alltagskompetenzen (*mathematical literacy*) zu erwerben und als grundlegendste mathematische Entwicklungen, *Muster und Ordnungen* in der Umwelt zu verstehen und „mit seinem gesunden Menschenverstand Probleme [zu] lösen“ (Freudenthal 1982, 140).

Lernen ist auch und gerade in Bezug auf diese grundlegenden mathematischen Inhalte ein aktiver, konstruktiver Prozess, der in komplexen und sozialen Situationen stattfindet.[17] Allerdings scheint etwas, das für die – nicht pädagogisch begleiteten – Lern- und Entwicklungsprozesse von (Klein-)Kindern offenbar selbstverständlich ist, für professionell gestaltete (vorschulische) Lernumgebungen zu grundlegenden mathematischen Inhalten erst gesondert betont werden zu müssen: „Young children are capable of dealing with great complexity in their mathematics learning.“ (Perry/Docket 2002, 105). Dass diese Feststellung nicht nur auf ‚junge Kinder‘ zutrifft, sondern auch auf ältere Schüler_innen, die mathematische Basiskompetenzen erwerben (und denen in der Regel ein SPF zugewiesen wurde), kann zunächst (lern-)theoretisch begründet werden. Es muss nämlich angenommen werden, dass die angeführten Hintergründe der mathematikdidaktischen Konzeptionen für jeden Menschen gelten, also auch für Schüler_innen, denen ein SPF zugeschrieben wurde. Zudem wurde empirisch nachgewiesen, dass es für diese Schüler_innen keiner grundlegend anderen oder ‚besonderen‘ Aufbereitung mathematischer Inhalte bedarf. Dies wird im Folgenden dargelegt.

Welche empirischen Ergebnisse liegen zur Eignung eines guten Mathematikunterrichts für alle Schüler_innen vor?

In einer Vergleichsuntersuchung weist Scherer bereits 1995 nach, dass die Schüler_innen mit SPF im Bereich Lernen nach dem Konzept des ‚aktiv-entdeckenden Lernens im Mathematikunterricht‘ erfolgreich sowohl Rechen- als auch Problemlösefähigkeiten entwickeln. Vergleichbare Ergebnisse liefern weitere Studien für Schüler_innen mit FöS Lernen ebenso mit FöS GE.[18] Die vorliegenden deutschsprachigen Untersuchungen beziehen sich dabei durchgängig auf die Konzeption und die zugehörigen Lehrwerke und Materialien des Forschungs- und Entwicklungsverbundes Mathe 2000 der TU Dortmund. In allen Untersuchungen zeigt sich neben grundsätzlich positiven Effekten auf die (in standardisierten Verfahren geprüften) Leistungen der Schüler_innen, dass „Rechenfertigkeiten nicht gleichzusetzen sind mit Problem-

[17] Vgl. u. a. Moser Opitz 2002, Thompson 2001, Baroody 1987, Baroody/Dowker 2003 sowie Perry/Docket 2002.

[18] Vgl. z. B. die Vergleichsuntersuchungen von Walter et al. 2001 und Moser Opitz 2002 zur Entwicklung von Rechenfertigkeiten, Lernmotivation und Selbstkonzept bzw. zu den Effekten entdeckenden Lernens mit dem Lehrwerk ‚Zahlenbuch‘ im Anfangsunterricht.

lösefähigkeiten [...]“ (Scherer 1997, 47). In Bezug auf Letztere werden die Vorteile der entdeckenden Konzeptionen wiederum besonders deutlich. So konnten Walter et al. neben den – am Output gemessenen – Lernfortschritten dokumentieren, dass die Schüler_innen der Experimentalgruppe, die mit Mathe-2000-Materialien unterrichtet wurden, sich auch Aufgaben genauer anschauten, die sie nicht auf Anhieb lösen konnten, und z. T. Strategien mit Materialnutzung zu deren Lösung entwickelten (vgl. 2001, 150). Bei Scherer (1995) ließ sich zudem im Vergleich zur Kontrollgruppe insbesondere eine Verbesserung von Verbalisierungskompetenzen und der Selbstwirksamkeitserwartung nachweisen. Für Schüler_innen, denen der FöS GE zugewiesen wurde, legt Ratz (2009) eine Untersuchung vor, in der er anhand qualitativer Analysen erarbeitet, dass die von ihm beobachteten Schüler_innen bei der Bearbeitung der Aufgaben überwiegend Strategien nutzen, die als problemlösend klassifiziert werden können.

Diese Ergebnisse erscheinen insgesamt besonders in Anbetracht der Relevanz bedeutsam, die konzeptionellen und prozessbezogenen Kompetenzen sowohl als eigene Lernziele als auch als Basis für die Entwicklung von (Rechen-)Fertigkeiten zukommt. Kontraproduktiv erscheinen hingegen eine Reduktion des Lernstoffes, die Isolierung von Schwierigkeiten und das Vorgeben konkreter Lösungswege sowie eine Lebensweltorientierung und Anschaulichkeit ohne Bezug zu grundlegenden mathematischen Ideen – Lehrstrategien also, die als klassische ‚sonderpädagogische Prinzipien‘ benannt werden können (vgl. u. a. Scherer 1995, Moser Opitz 2002 und Ratz 2009). Vor diesem Hintergrund ist nun zu fragen:

Welche konzeptionellen Entwicklungen gibt es für einen guten Mathematikunterricht für Schüler_innen, denen ein SPF zugewiesen wurde?

Trotz der empirischen Lage und der umfassenden Kritik an den genannten ‚sonderpädagogischen Prinzipien‘ scheinen diese zumindest in praxisbezogenen Materialien, die für den FöS Lernen und insbesondere FöS GE entwickelt wurden, ihre Wirksamkeit noch nicht verloren zu haben. Es gilt immer noch:

> Ab einem bestimmten Grad an Lernschwierigkeiten werden oft ansonsten selbstverständliche fachdidaktische Prinzipien und Standards zunehmend verlassen [...], fachliche und fachdidaktische Ansprüche zurückgeschraubt oder zu veralteten und unangemessenen Methoden zurückgekehrt. (Scherer/Moser Opitz 2010, 21)

Ein Beispiel für die aktuelle Gültigkeit dieser Problematik bietet das Lehrwerk ‚Inklusionsmaterial Mathematik‘. Abgesehen vom inklusionspädagogisch problematischen Aspekt, dass es sich faktisch um ergänzendes ‚Fördermaterial‘ für Schüler_innen mit (Lern-)Schwierigkeiten handelt, findet sich in diesem Material kaum eine Umsetzung der mathematikdidaktischen Grundsätze. In den regelschulbezogenen Materialien des gleichen Verlages spielen diese im Rahmen des Mathe 2000-Programms hingegen eine zentrale Rolle. Auch wenn natürlich nicht zu erwarten ist, dass alle Lehrwerke eines Verlages den gleichen (theoretischen) Leitlinien folgen, macht diese Diskrepanz doch darauf aufmerksam, dass weiterhin ein Teil der Schülerschaft nicht oder nur sehr verzögert von den fachdidaktischen Entwicklungen der letzten 20 Jahre profitieren kann (vgl. z. B. auch Werner 2009, 159ff.). Ratz und Wittmann verweisen in ihrem Überblicksartikel „Mathematisches Lernen im Förderschwerpunkt geistige Entwicklung" darauf, dass nach der bisherigen „stiefmütterlichen Behandlung" (2011, 129) der Mathematikdidaktik im FöS GE eine Aktualisierung der wenigen vorhandenen Konzeptionen dringend notwendig sei. Ihr Artikel ist nach den empirischen Arbeiten zu einer grundsätzlichen Eignung der Ansätze ein allererster Schritt zu einer Adaption mathematikdidaktischer Konzeptionen für elementare Inhaltsbereiche und komplexere Unterstützungsbedarfe. Damit stellt er auch den bisher einzigen Versuch dar, eine konzeptionelle Grundlegung einer Fachdidaktik zu erstellen, die keine Lernzugänge ausschließt und zugleich aktuelle fachdidaktische Kenntnisse berücksichtigt. Die Tatsache, dass der Artikel aus dem Jahr 2011 die erste grundlegende Aufarbeitung der „„[n]eue[n] Entwicklungen in der Mathematikdidaktik [...] seit Anfang der 1980er Jahre" (ebd., 133) für den FöS GE darstellt, macht deutlich, wie weit der diesbezügliche Diskurs hinter aktuellen fachdidaktischen Entwicklungen zurückliegt.

Bisher rekurrieren wenige Veröffentlichungen zum FöS GE trotz teilweise anderslautender, einführender Hinweise überwiegend auf Verständnisweisen von Lernen, die im lehr-/lerntheoretischen und fachdidaktischen Diskurs gegenwärtig nicht mehr vertreten werden. „Dies führt zur Einschränkung auf einen vordergründig ‚handlungsorientierten' Unterricht, der die kognitiven Möglichkeiten nicht ausschöpft und Gefahr läuft eine Unterforderung darzustellen" (Ratz/Wittmann 2011, 135). Prominent innerhalb der wenigen in diesem Zusammenhang ausgeführten theoretischen Hintergründe ist der Bezug auf Piaget. Dieser erfolgt allerdings vielfach ohne kritische Betrachtung seiner Stufentheorie etwa anhand aktuellerer Entwicklungspsychologie oder einer differenzierten Einordnung des Konzeptes der Invarianz in der Mathematikdidaktik (vgl. Kritik dazu von Moser Opitz 2002). Ansätze einer postulierten Öffnung sind meist lediglich auf organisatorischer Ebene auszumachen und werden nicht auf eine inhaltlich-fachliche Ebene bezogen.[19] Es wird vielmehr auf der einen Seite „in

[19] Beispielsweise finden die in kurzen einleitenden Bemerkungen angeführten konstruktivistischen Lerntheorien ihre Umsetzung in der „Aktivierung verschiedener Wahrnehmungskanäle" (Omonsky/Seidel 2005, 7) und keineswegs in Bezug auf die Beachtung der Vielfalt mathematischer Zugangsweisen oder Lösungswege. So gibt es zu den Aufgaben selbst genau eine richtige Lösung, die durch eine (technische, nicht inhaltlich bezogene) Selbstkontrolle überprüfbar ist. Dies wird dann wiederum einer eigenständigen

kleinsten Schritten systematisch in die primären Lernfelder der Mathematik" (Gräve 1996, 103) eingeführt und zum anderen werden alltagsbezogene Fertigkeiten in den Mittelpunkt gerückt. Diese postulierte Bedeutung von Lebenspraxis scheint zunächst der oben genannten Definition mathematischer Grundbildung der OECD zu ähneln bzw. an diese anschlussfähig. Allerdings beschränkt sich die sonderpädagogische Literatur gerade in Bezug auf den FöS GE überwiegend auf die Ebene von Fertigkeiten und Anwendungen im Alltag und bindet damit gerade nicht die in der *mathematical literacy* angesprochene Modellbildung mit ein. So wird formuliert, es ginge darum „Tätigkeiten einzuüben, für die die eigentlich erforderlichen mathematischen Grundlagen (noch) nicht vorhanden sind" (ebd., 103). Eine solche Ausrichtung der ‚lebenspraktischen Mathematik' weist Parallelen auf zum – mathematikdidaktisch kritisierten – Fokus eines traditionellen Rechenunterricht auf das unverständige Anwenden von Verfahren: Bei letzteren werden Rechen*verfahren* eingeübt und bei ersterer im Rahmen der lebenspraktischen Mathematik ‚Alltags*verfahren*'.

Die Analysen zeigen, dass bisher in Veröffentlichungen, die den vermeintlich spezifischen Bedarfen von Kindern, die dem FöS GE zugeordnet wurden, in den Blick nehmen, nur wenige und fachlich kritisch zu betrachtende didaktische Entwicklungen für den Lernbereich Mathematik vorliegen. Es zeigen sich zugleich Fragestellungen, die ein Mathematikunterricht ohne Ausschluss aufzugreifen hätte, für deren Bearbeitung allerdings auf die grundlegenden Prinzipien guten Mathematikunterrichts zurückgegriffen werden kann und sollte.

3.4 Resümee: Entwicklungsbedarfe für einen Mathematikunterricht ohne Ausschluss

Alle Schüler_innen sind grundsätzlich in der Lage, entsprechend der für einen guten Mathematikunterricht in der Primarstufe erarbeiteten Kriterien zu lernen. Dies gilt auch für Schüler_innen mit Lernschwierigkeiten in Mathematik oder mit einem erhöhten Unterstützungsbedarf in verschiedenen Lernbereichen.[20] Mehr noch: Gerade diese Schüler_innen können in besonderer Weise von einem Unterricht profitieren, der auf das Verständnis mathematischer Zusammenhänge abzielt und mit mathematischen Ganzheiten arbeitet. Für einen Unterricht nach (sonderpädagogischen) Prinzipien wie

Bearbeitung in geöffneten Unterrichtsituationen gleichgesetzt. Vergleichbare Kritik ließe sich an weiteren Lehrwerken üben (z. B. Reich 1997, Vries 2006, Gräve 1996).

[20] Eine differenzdiagnostische Unterscheidung zwischen ‚Lernschwierigkeiten von Regelschüler_innen' und ‚Kindern mit Sonderpädagogischem Förderbedarf, die neben anderen Bereichen auch in Mathematik Schwierigkeiten haben', scheint aus mathematikdidaktischer Sicht nicht sinnvoll. Bedeutsam ist hingegen, welche genauen inhaltlichen Schwierigkeiten vorliegen und diese gleichen sich wiederum ebenso wie die daran anschließenden sinnvollen didaktischen Maßnahmen (vgl. Scherer/Moser Opitz 2010, 10ff.).

etwa ‚Reduzierung von Inhalten', ‚Isolierung von Schwierigkeiten' und ‚Lebensbedeutsamkeit' ist hingegen anzunehmen, dass er genau das Problem verschärft, welches als Ausgangspunkt für die Entwicklung dieser Prinzipien gilt: Die Schwierigkeiten der Schüler_innen, sich komplexe Zusammenhänge zu erschließen. Die Umsetzung eines guten Mathematikunterrichts für alle Lernenden bedeutet entsprechend eine Abkehr von diesen Prinzipien und den damit zusammenhängenden „überkommene[n] theoretische[n] Positionen" (Ratz/Wittmann 2011, 129). Dabei bedarf es letztlich keiner neuen, anderen Fachdidaktik, sondern schlicht einer konsequenten Umsetzung der Prinzipien guten Mathematikunterrichts für alle Lernzugänge und Lerninhalte.

Ein Blick in vorhandene Literatur in diesem Feld macht allerdings Beschränkungen aus zwei Richtungen deutlich:

Auf der einen Seite gibt es massive Verzögerung, mit der aktuelle fachdidaktische Konzeptionen in den sonderpädagogischen Diskurs aufgenommen werden, welcher sich spezifisch mit Kindern mit erhöhtem Unterstützungsbedarf oder der Erarbeitung mathematischer Basiskompetenzen befasst. Insgesamt fehlt den hierzu vorliegenden Materialien eine Orientierung an (innermathematischen) Strukturen und Zusammenhängen, obwohl diese auch und gerade für die grundlegende mathematische Entwicklung von zentraler Bedeutung wäre. Zugleich wird der Alltagsbezug wiederum unter der Devise der ‚Lebenspraxis' explizit losgelöst vom mathematischen Lernen und somit seines Potenzials für die Entwicklung des mathematischen Denkens beraubt.

Auf der anderen Seite beschränken sich die Entwicklungen innerhalb des fachdidaktischen Diskurses weitgehend auf (regel-)schulmathematische Inhalte. Auch diejenige Literatur, die explizit Kinder mit Lernschwierigkeiten oder SPF einbezieht, orientiert sich an den regelschulbezogenen Inhalten und Zielen. Dies drückt sich strukturell darin aus, dass bisher weitestgehend nur Schüler_innen, denen der FöS Lernen zugewiesen wurde, in den Blick genommen wurden. Vor allem aber lässt sich der entsprechende Fokus inhaltlich in den entwickelten Materialien dokumentieren.[21] Diese bieten zwar sinnvolle und dringend notwendige Ausführungen zu nicht oder nur kurz behandelten Aspekten des regelschulbezogenen Materials; letztlich stellen sie aber lediglich Ergänzungen mit einer kompensatorischen Orientierung dar. „Fördern im Mathematikunterricht der Primarstufe" (Scherer/Moser Opitz 2010) aber auch „produktives Mathematiklernen – auch in der Förderschule" (Scherer 2009) erfolgt zwar unter der Devise, ‚entdeckendes Lernen für *alle* Schüler_innen' zu ermöglichen. Der Fokus liegt aber letztlich auf „zentrale[n] Inhalte[n] des Mathematikunterrichts [und] Schwie-

[21] Vgl. z. B. den Heilpädagogischen Kommentar zum Zahlenbuch (Moser Opitz/Schmassmann 2002) oder die diversen Veröffentlichungen zum produktiven Lernen für Kinder mit Lernschwächen (z. B. Scherer 2005, 2001).

rigkeiten beim Erwerb der Grundschulmathematik“ (Scherer/Moser Opitz 2010).[22] Zugleich werden Kompetenzen wie insbesondere verbalsprachliche Kommunikation vorausgesetzt.[23]

So gibt es zur vorgebrachten Forderung, dass alle Inhalte von Beginn an in ihrer Ganzheit angeboten und nach und nach durchdrungen werden sollten, bisher kein konzeptionelles Gegenstück. Für eine weitere Entwicklung wäre zu beachten, dass trotz der umfassend dargelegten Kritik an den ‚sonderpädagogischen Prinzipien‘ die mit ihnen verbundenen Anliegen durchaus berechtigt erscheinen. Die sich hier ergebenden Herausforderungen für einen Mathematikunterricht ohne Ausschluss können allerdings nur in Verbindung mit einer fachdidaktischen Fundierung beantwortet werden.
Das heißt:

- **Es ist notwendig Strukturierungs- und Orientierungshilfen zu bieten**, allerdings nicht auf Kosten der Komplexität der Lernanlässe, denn „Komplexität ist nicht zu verwechseln mit Kompliziertheit. Im Gegenteil ‚Didaktisches Vereinfachen, Elementarisieren und Zurichten zerstört den Sinn‘ “ (Krauthausen/Scherer 2010, 5 mit Bezug auf Hengartner 1992).
- **Mathematik muss anschaulich und auch anhand ‚einfacher‘ Handlungen erfahrbar** gemacht werden, allerdings nicht auf Kosten der Fachlichkeit, denn im Zentrum der operativen Annäherung an die ‚Wissenschaft der Muster‘ steht die Entwicklung von mathematischen Vorstellungsbildern und nicht das Handeln um des Handelns oder der Motivation willen.
- **Alltagsbezug kann und sollte genutzt werden**, aber nicht auf Kosten der Strukturorientierung. Ziel ist es, sowohl eine Umwelterschließung mit mathematischen Mitteln zu ermöglichen als auch Anlässe für die Erarbeitung mathematischer Strukturen in der Umwelt zu nutzen. Dafür ist ein verständiger Bezug der mathematischen auf die Alltagsstrukturen im Sinne der Modellbildung notwendig; und dies bedeutet eben nicht eine Einkleidung von Aufgaben ohne mathematischen Bezug oder lediglich die Anwendung von Zahlen (etwa in Form von Geld) ohne die dahinterliegenden mathematischen Zusammenhänge.

[22] Es bleibt beispielsweise unbeantwortet, wie die Einbettung des Erwerbs von „einfache[r] Klassifikation, Seriation und Mengenvergleich[en] [...] in für die Kinder bedeutungsvolle Kontexte [...] und mit numerischen Inhalten in Verbindung“ (Moser Opitz 2002, 163) umgesetzt werden kann.

[23] Ergänzend kann auf eine damit verbundene forschungsmethodische Schwierigkeit verwiesen werden: Bisher wurden in mathematikdidaktischen Forschungen die Zugangsweisen und Lernwege von Schüler_innen vielfach über sog. klinische Interviews erhoben. Diese sind in Anlehnung an Piaget entwickelt und bedeuten die Bearbeitung einer Aufgabe bei gleichzeitiger Befragung zu/Verbalisierung der Lösungsstrategien (vgl. im Überblick und zum Versuch einer Anpassung für Schüler_innen ohne umfassende verbalsprachliche Kompetenzen Ratz 2009).

- **Genaue Kenntnisse über die verschiedenen Entwicklungsschritte und möglichen Hürden** sind unverzichtbar, aber nicht auf Kosten der Selbsttätigkeit und individuellen Strategien der Kinder. Diagnostische Kenntnisse dienen nicht dazu, den Schüler_innen detaillierte Lernwege vorzugeben, sondern die individuellen Wege der Schüler_innen einordnen und begleiten zu können.

Diese Anforderungen gelten nicht spezifisch für bestimmte Kinder, sondern generell für mathematische Lernprozesse. Sie erhalten aber eine besondere ‚Brisanz' im Unterricht mit Kindern, die bei scheinbar kleinen Schritten vermeintlich große Probleme haben. Es gilt hier zu vermeiden, dass ihnen das Potenzial herausfordernder Anlässe und eigenständiger Entdeckungen vorenthalten wird. Vielmehr müssen sie dabei unterstützt werden, diese zu nutzen.

Neben den konzeptionellen Herausforderungen ist weiter zu beachten, dass die Umsetzung eines Mathematikunterrichts, der auf verständnisvolles Lernen ausgerichtet ist, für Schüler_innen eine nicht zu unterschätzende Anstrengung bedeutet, wenn ihre Belief-Systeme durch einen kleinschrittigen Unterricht geprägt sind. Anschaulich zeigt sich diese Problematik – und zugleich die Möglichkeit ihrer Überwindung – bei Ratz im Fallbeispiel „Umgewöhnung nach kleinschrittigem Lernen" (Ratz 2009, 254). Aber auch auf Seiten der Lehrkräfte ist kritisch zu bemerken, dass sich gerade im sonderpädagogischen Feld weiter ein Großteil findet, der aufgrund fehlender fachlicher Ausbildung (noch) auf durch die eigene Schulzeit geprägte Belief-Systeme rekurriert. Die mit einer Neuorientierung des Unterrichts verbundenen Hürden werden dadurch verschärft, dass das Automatisieren und Merken von Rechenverfahren i. d. R. zu schnelleren Erfolgen zu führen scheinen als der Aufbau neuer Konzepte. Baroody (1987, 49) hält dazu treffend fest: „Plan for meaningful learning to take a long time".

Allerdings führt verständnisvolles Lernen letztlich nicht nur zu vergleichbaren oder besseren Erfolgen bezüglich der Rechenfertigkeiten, sondern die so erarbeiteten Erkenntnisse sind auch tragfähiger für die weiteren Lernschritte. Darüber hinaus bietet ein solcher *guter* Mathematikunterricht nicht nur Potenzial für das Lernen der_des Einzelnen sondern zugleich umfassende Anknüpfungspunkte für die Entwicklung eines *inklusiven* Mathematikunterrichts.

4 Lehrkraftdenken und -handeln im (inklusiven) Mathematikunterricht: Welche Bedeutung haben Belief-Systeme?

In der Einführung (Kap. 1) wurde bereits angedeutet, wie vielfältig und nicht immer eindeutig die Terminologielandschaft ebenso wie das Verständnis von Beliefs an sich ist. Pehkonen und Törner (1996) halten dazu ergänzend fest, dass viele Forscher_innen anzunehmen scheinen, der_die Leser_in könne sich schon etwas unter Beliefs vorstellen. Sie benennen als Kern dieses allgemeinen, vorausgesetzten Verständnisses die Verortung von Beliefs an der Grenze von affektiven und kognitiven Aspekten (ebd., 101).

Pajares betrachtet die Vagheit der Begrifflichkeit in Anlehnung an Lewis aber nicht nur negativ: „In the world of human thought [...] the most fruitful concepts are those to which it is impossible to attach a well-defined meaning " (Pajares 1992, 308). Dieser Aussage ist gerade mit Blick auf die heuristische Qualität einiger definitorischer Unterscheidungen (z. B. eben jener zwischen affektiven und kognitiven Aspekten) zu einem gewissen Teil sicher zuzustimmen. Dennoch ist es an dieser Stelle angebracht, im Zusammenhang mit dem Forschungsstand das vertretene Verständnis des Forschungs*gegenstandes* genauer darzulegen. Hierin begründen sich nämlich u. a. Entscheidungen zum Vorgehen und auch die Einordnung der dokumentierten Erkenntnisse der hier vorgestellten Untersuchung ergibt sich daraus.

Die Untersuchung wie auch die weiteren Erläuterungen zum Forschungsgegenstand beziehen sich dabei speziell auf bildungsbezogene Aspekte von Beliefs („educational beliefs", Pajares 1992, 313) und nicht auf andere Gegenstandsbereiche wie beispielsweise epistemologische Fragen.[1] Nachdem in Kapitel 1.2 Belief-Systeme bereits als erfahrungsbasierte, handlungswirksame und mit Kontextfaktoren verbundene Komponente der professionellen Handlungskompetenz eingeführt wurden, erfolgt nun eine genauere Erörterung zu diesem Verständnis. Dabei soll zunächst ihre Bedeutung im Rahmen der Professionsforschung dargelegt werden (Kap. 4.1.1) sowie eine terminologische Abgrenzung zu weiteren in diesem Feld verwendeten Begriffen erfolgen (Kap. 4.1.2). Um

[1] Zu weiteren beliefbezogenen Forschungsrichtungen, die nicht unmittelbar auf Unterricht rekurrieren vgl. Törner 2002 und Hofer/Pintrich 2002. Einen Überblick über die englischsprachige Belief-Forschung insgesamt liefern beispielsweise McLeod/McLeod 2003.

ein genaueres Verständnis von Belief-Systemen als Teil der professionellen Handlungskompetenz zu erlangen, werden sodann ihre Verknüpfung/Abgrenzung zum Wissen (Kap. 4.2.1), die Bedeutung der Erfahrung in ihrer Entwicklung (Kap. 4.2.2) sowie ihre Handlungswirksamkeit in den komplexen Situationen unterrichtlichen Handelns (Kap. 4.2.3.) geklärt. Der anschließende Einblick in die bisherigen Forschungen zu mathematikunterrichtsbezogenen Belief-Systemen, innerhalb derer für das konkrete Untersuchungsfeld ein Desiderat zu verzeichnen ist (Kap. 4.3.1), fokussiert mit den unterschiedlichen Bildern von Mathematik (Kap. 4.3.2) und der Material- und Handlungsorientierung (Kap. 4.3.3) auf zwei für die Untersuchung relevante Aspekte.

4.1 Verortung im Forschungs- und Begriffsfeld

4.1.1 Unterrichtsforschung, Lehrer_innenkompetenz und -expertise

Die Forschung zu Belief-Systemen als Teil professioneller Handlungskompetenz von Lehrer_innen ist in der empirischen Bildungs- bzw. Unterrichtsforschung verortet und bezieht sich neben der Erziehungswissenschaft und der allgemeinen Didaktik insbesondere auf die Professions-/Expertiseforschung. Die übergreifende Zielsetzung in diesem Forschungsfeld ist die Analyse und Beschreibung dessen, was guten Unterricht kennzeichnet und wie dieser (weiter-)entwickelt, überprüft und abgesichert werden kann. Unter der Perspektive der Bildungsforschung spielen hier auch grundlegende Fragen nach den Zielen und Hintergründen von Schule und Unterricht sowie ihre Auswirkungen auf die gesellschaftlichen Bildungsprozesse eine bedeutende Rolle. In der Lehr-/Lernforschung, die stärker psychologisch orientiert ist, geht es primär um die Analyse von Lernprozessen (und -erfolgen) bei Schüler_innen und ihre Zusammenhänge mit dem Unterrichtsgeschehen bzw. dem Lehrer_innenhandeln. Die hiermit verbundene Lehrer_innenbildungsforschung befasst sich u. a. mit Standards und Ausbildungsstrukturen sowie der Entwicklung professioneller, pädagogischer Handlungskompetenz. Untersucht werden unter anderem ihre Teilaspekte, Einflussfaktoren auf Entwicklungs- und Veränderungsprozesse, sowie ihre Bedeutung für die Unterrichtsqualität.

Grundlage für den aktuellen wissenschaftlichen Diskurs zu Kompetenzen von Schüler_innen und Lehrer_innen ist das von Weinert (2001, 27f.) entwickelte und von Klieme et al. (2003) übernommene Verständnis von Kompetenz, in dem Wissen, motivationale und situative Anteile als miteinander verbunden betrachtet werden. Ferner spielt Brommes (1992) Konzept der Lehrer_innen als Expert_innen eine zentrale Rolle. Expertise zeichnet sich demnach durch routinierte Entscheidungsprozesse u. a. auf der Basis von Fallwissen aus. Schließlich wird auf Shulmans Kategorisierung professionellen Wissens zurückgegriffen. Allen drei eng miteinander korrelierenden Ansätzen ist gemein, dass verschiedene Ebenen und Inhaltsbereiche des ,Wissens' und ,Könnens' der Lehrkräfte in den Blick genommen werden (vgl. im Überblick dazu auch Bromme/Haag 2008). So findet sich bei Shulman beispielsweise neben einer inhaltlichen Unterteilung von pädagogischem und fachlichem Wissen auch der Hinweis auf die unterschiedlichen Formen dieses Wissens nämlich „propositional knowledge, case knowledge, and strategic knowledge" (1986, 10).

Gerade aufgrund der diversen zu berücksichtigen Facetten erweist sich die Erfassung von professioneller Handlungskompetenz aber auch nicht immer als ganz einfach und es liegen bisher keine einheitlichen oder abgesicherten Modelle zur Lehrer_innenexpertise oder -kompetenz und ihrer Entwicklung vor. Bekannt ist allerdings, dass sich Anfänger_innen häufig auf einzelne Aspekte konzentrieren und eher in schematischer Weise reagieren. Expert_innen hingegen zeichnen sich dadurch aus, dass sie auf verschiedene Komponenten in Vernetzung zueinander zugreifen können und eine Situation als Ganzes zu erfassen vermögen. Sie können diese so strukturieren und abstrahieren, dass sie zügig die passende Handlung aus ihrem Repertoire an Handlungsoptionen entwickeln können. Wohlgemerkt ist dieses Handeln dann zwar routiniert, aber dennoch der spezifischen Situation angepasst – und nicht etwa der einfache Zugriff auf eine (starre) Handlungsroutine (zusammenfassend: Fischler 2001; Koch-Priewe 2002). Von entscheidender Bedeutung ist in diesem Prozess das Fallwissen, das im Zuge der Berufserfahrung erworben und mit dem theoretischen Wissen vernetzt wird (und so in die individuellen Belief-Systeme eingeht). So hält Koch-Priewe fest:

> Das Fallrepertoire erfolgreicher LehrerInnen und anderer Experten ist außerordentlich reich; sie sind in der Lage, bei ihren Typisierungen Situationen sehr fein zu unterscheiden. Das routinierte Umgehen mit Neuem gelingt ihnen auch durch das selbstständige Generieren neuer Fälle. (Koch-Priewe 2002, 5)

Daraus resultieren Routine und/oder Intuition von Expert_innen in Situationen, in denen es keine argumentativ klare Entscheidung gibt – oder keine Zeit vorhanden ist, um so eine Entscheidung in einem langwierigen Prozess zu treffen (vgl. Gruber/Mandl 1996, 20). Es wird also deutlich, dass sich die Routine von Expert_innen eben gerade nicht als (gleichbleibende) Reaktion auf bestimmte ,Reize' kennzeichnen lässt, sondern vielmehr als flexible Reaktion auf Basis umfassender und zu Situationseinschätzungen kondensierter Erfahrungen mit vergleichbaren Situationen. Solche „generalisierten fallbezogenen Schemata" (ebd., 27) sind wiederum zentraler Bestandteil der Belief-Systeme der Lehrkräfte bzw. mit diesen eng verknüpft. Im Rahmen von Überlegungen zur Professionalisierung von Lehrkräften werden Veränderungen von Belief-Systemen entsprechend als mögliches Instrument zur Entwicklung der Unterrichtsqualität mit dem Ziel der Verbesserung der Schüler_innenleistungen in den Blick genommen und evaluiert. Insbesondere werden sie als eine Erklärung für Leistungsunterschiede, die in den internationalen Leistungsvergleichsstudien ermittelt wurden, herangezogen (vgl. z. B. Doll/Prenzel 2004a, b). Die Auswirkungen von Belief-Systemen auf die Unterrichtssituation, und vermittelt über diese auch auf Schüler_innenleistungen, wurden in diesem Kontext auch empirisch nachgewiesen.[2] Blömeke (2007) hält zusammenfassend fest, dass sich bei fach- und anforderungsspezifisch operationalisierten Beliefs von Lehrer_innen ein größerer Zusammenhang zu Schüler_innenleistungen belegen ließ, als bei den Wissenskomponenten nach Bromme, da sie „[...] eine Brücke zwischen Wissen und Handeln bilden" (Blömeke 2007, 19). Allerdings haben noch weitere Faktoren einen entscheidenden Einfluss auf die Unterrichtsgestaltung und (damit) die Schüler_innenleistungen. In der realen Unterrichtssituation kommen beispielsweise Störungen zum Tragen, die das Handeln der Lehrkräfte (ab)lenken oder es spielen Anforderungen eine Rolle, die zwar nicht den Belief-Systemen der Lehrkraft selbst entsprechen, aber als Außenanforderung erfüllt werden (müssen).

> Wissen und das rechte Ziel und der angemessene Weg ist offenbar wirkungslos, wenn diese übergeordneten Ziele mit anderen gleichrangigen Zielen in Konflikt geraten oder wenn die Lösung anderer Probleme vorrangig erscheint. (Krapp/Weidenmann 2006, 310)

Diese und ähnliche Einschränkungen der Handlungswirksamkeit gelten eben nicht nur für ‚Buchwissen' sondern ebenso für die genannten Handlungsroutinen und die mit ihnen verbundenen Belief-Systeme als erfahrungsgesättigtes Wissen (vgl. Kap. 4.2.3).

4.1.2 Belief-Systeme, Vorstellungen, Überzeugungen und subjektive Theorien

Im deutschsprachigen Raum werden neben dem aus dem Englischen übernommenen Belief-Begriff insbesondere die Begriffe Vorstellungen (z. B. Kleickmann/Möller 2005; Fischler 2001), (epistemologische) Überzeugungen (z. B. Baumert/Kunter 2006), Einstellungen (z. B. Grigutsch et al. 1998) und subjektive Theorien (Groeben et al. 1988; Eichler 2007) verwendet.[3] Ein spezifisches Problem der Differenzierung ergibt sich durch die unterschiedliche sprachliche Herkunft der verwendeten Begriffe.[4]

[2] Dies gilt neben den Belief-Systemen der Lehrkräfte und ihrem Einfluss auf das Unterrichtsangebot auch für die der Schüler_innen selbst, da diese wiederum die Auseinandersetzung mit diesem Angebot beeinflussen. Dabei konnte neben der Auswirkung auf die Schüler_innenleistung auch eine Verbindung der Belief-Systeme zu denen der Schüler_innen nachgewiesen werden (vgl. z. B. Hartinger et al. 2006; Staub/Stern 2002).

[3] vgl. auch Törner 2002 sowie Reusser et al. 2011 für weitere Begriffe und Konzeptionen.

[4] Ein Beispiel findet sich bei Baumert/Kunter (2006): Sie fassen unter ‚Werthaltungen und Überzeugungen' als Teilaspekt professioneller Handlungskompetenz u. a. ‚epistemologische Überzeugungen' und überset-

Eine kurze terminologische Verortung scheint also angemessen, auch wenn letztlich auf die Forschungen unter den diversen Begriffen zurückgegriffen werden kann. In diesem Buch werden ausschließlich die Begriffe Beliefs und Belief-Systeme verwendet und zugunsten einer klaren begrifflichen Zuordnung auch durchgängig der englische Originalbegriff beibehalten. Diese Entscheidung liegt letztlich auch darin begründet, dass ungeachtet aller Begriffsvielfalt dies dennoch der dominierende Begriff im konkret verwendeten englisch- wie auch deutschsprachigen Literaturkorpus ist (vgl. Kap. 4.3). Als Übersetzung bietet sich bezüglich des vertretenen inhaltlichen Verständnisses (vgl. Kap. 4.2) am ehesten ‚Vorstellungen' oder ‚Überzeugungen' an, so wie diese bei Törner bzw. Reusser et al. (2011) gefasst werden. Eine Abgrenzung scheint hingegen auf inhaltlicher Ebene zum Begriff der subjektiven Theorien angezeigt. Allerdings liegt bislang lediglich in Ansätzen eine systematische Abgrenzung der beiden im deutschsprachigen Raum vor (vgl. Rank 2008, 14f.; Fussangel 2008, 69). Vielmehr werden sie im deutschsprachigen Raum parallel und teilweise synonym verwendet oder ohne Erwähnung des jeweils anderen definiert.[5] Das ist verwunderlich, denn beide Begriffe haben zwar mit der Kognitions- und Expertiseforschung vergleichbare disziplinäre Hintergründe und finden in ähnlichen Forschungsdesigns Verwendung, zeichnen sich aber doch durch unterschiedliche Schwerpunktsetzungen aus. Neben der inhaltlichen und disziplinären Nähe[6] wird als zentrale Differenz der Begrifflichkeiten ihr Bezug auf einen affektiven bzw. argumentativen Kern deutlich:

Indem der Begriff Beliefs insbesondere in Abgrenzung zum Wissensbegriff (*knowledge*) verwendet wird, werden damit affektive und evaluative Komponenten betont. Beliefs werden folglich zunächst darüber definiert, dass sie mit einer Wertung und einer Gewichtung der (persönlichen) Bedeutung auf Basis von Erfahrungen verbunden sind. Der Begriff der ‚subjektiven Theorien' wurde hingegen analog zu ‚wissenschaftlichen Theorien' entwickelt. Damit einher geht die Betonung, dass ihnen Argumentationsstrukturen zugrunde liegen, womit eher eine kognitive Ebene angesprochen ist. Eine weitere Grundannahme, die im Rahmen des namensgebenden Forschungsprogramms

zen diese mit ‚epistemological beliefs, world views' (Baumert/Kunter 2006, 497). Als weitere Komponente von ‚Werthaltungen und Überzeugungen' führen sie zudem ‚*Subjektive Theorien* über Lehren und Lernen' an – ohne hier eine englische Übersetzung anzubieten. Im direkten Anschluss stellen sie unter Bezug auf Pajares wiederum Beliefs als Oberbegriff vor (und übersetzen diesen mit Überzeugungssysteme).

5 Törner (1996) arbeitet beispielsweise für den deutschsprachigen Raum den Begriff der Beliefs umfassend auf. Diesen übersetzt er mit „epistemologische Überzeugungen" und setzt ihn mit verschiedenen synonym verwendeten Begriffen wie Vorstellungen, Einstellungen oder Haltungen in Beziehung (vgl. auch Törner 2002, 104). Auf ‚subjektive Theorien' geht er nicht ein.

6 ‚Subjektiven Theorien' wird ebenso wie Beliefs eine zentrale Bedeutung in Bezug auf die Planung von und das Handeln im Unterricht zugeschrieben. Jeder Handlung liegen demnach subjektive Konzepte, Definitionen solcher Konzepte und Hypothesen zur Verbindung dieser Konzepte zugrunde (vgl. Blömeke et al. 2003, 107).

von Groeben et al. (1988) entwickelt wurde, ist, dass sich die in der Regel impliziten subjektiven Theorien in einem kommunikativen Prozess (im Zuge der Forschung) bewusst machen lassen, d. h. konkret anhand von Struktur-Lege-Verfahren rekonstruiert werden können – und sollten. Damit ist der Begriff der subjektiven Theorien – zumindest in seiner ursprünglichen Fassung[7] – eng insbesondere mit der Dialog-Konsens-Methode verbunden (vgl. Scheele/Groeben 1988; Marsal 2010), welche in der vorliegenden Untersuchung keine Anwendung findet.

Trotz der benannten Unterschiede scheint die Differenz auch zwischen subjektiven Theorien und Beliefs nicht von so grundlegender Natur, dass nicht auf auch auf entsprechende Forschungen zurückgegriffen werden könnte. So werden Beliefs nicht als *rein* affektives Konstrukt verstanden, sondern vielmehr als eng mit Wissen vernetzt. Insbesondere ‚Belief-*Systeme*' umfassen auch Begründungszusammenhänge, womit auf eine Parallele zu den Argumentationsstrukturen verwiesen ist, die in der Bestimmung der subjektiven Theorien im Mittelpunkt stehen.

4.2 Belief-Systeme als Teil professioneller Handlungskompetenz

Vergleichbar der Vielfalt unterschiedlicher Begrifflichkeiten lassen sich im Rahmen der Bestimmung von Beliefs/Belief-Systemen inhaltliche Varianzen feststellen. Dabei wird aber dennoch deutlich, dass trotz der immer wieder angemahnten fehlenden Präzision einer Definition von Beliefs (z. B. Pajares 1992) eine grundsätzliche Übereinstimmung besteht, und zwar bezüglich ihrer Bedeutung für die Unterrichtsgestaltung sowie hinsichtlich bestimmter Elemente ihrer Definition. So existiert grundsätzlich Einigkeit hinsichtlich folgender Aspekte, deren genaueres Verständnis im Anschluss dargelegt wird:

1. Beliefs beinhalten eine affektive Komponente und ‚subjektive' Beurteilungen und werden so von Wissen abgegrenzt. Sie sind zugleich in Belief-Systemen (auch Belief-Cluster) miteinander verbunden, mit denen zumindest eine implizite Argumentationsstruktur verbunden ist, die über affektive Verknüpfungen hinausgeht.
2. Beliefs entstehen auf der Basis (generalisierter) Erfahrungen. Beliefs zum Mathematikunterricht(en) sind damit das Ergebnis der mathematischen Sozialisation, die die eigene Schulzeit, das Studium und die Erfahrungen im Lehrerberuf umfasst.

[7] Aktuellere Forschungen, die mit dem Begriff der subjektiven Theorien arbeiten, beziehen sich häufig auf die sog. weitere Definition, bei der die Rekonstruktion der subjektiven Theorien durch den Befragten selbst nicht konstituierend ist. Entsprechend wird hier neben der Struktur-Lege-Technik auch ein breiteres Repertoire an Forschungsmethoden genutzt. Einen guten Überblick liefert Linsner 2009, 26ff.

3. Beliefs sind für die Unterrichtsgestaltung und den Lernerfolg der Schüler_innen von Bedeutung, da sie für Lehrer_innen wie Schüler_innen als Filter hinsichtlich des Umgangs mit mathematischen Inhalten fungieren und Planungs- sowie Handlungsentscheidungen beeinflussen.

4.2.1 Beliefs, Wissen und Belief-*Systeme*

Die Abgrenzung vom Wissensbegriff und die Betonung der affektiven, erfahrungsbasierten Komponente ist ein konstitutiver Bestandteil aller Definitionen des Belief-Begriffs. Es gibt allerdings unterschiedliche Systematisierungen hinsichtlich des Zusammenhangs von Wissen und Beliefs. Übereinstimmung besteht dazu, dass Beliefs sich durch ihre Position an eben jener Grenze zwischen affektiven und kognitiven Aspekten auszeichnen. Unterschiedlich konzeptioniert ist jedoch, welcher der beiden Begriffe den Oberbegriff darstellt: Beliefs, deren kognitive Anteile dann als Wissen bezeichnet werden, oder Wissen, dessen affektive Anteile dann wiederum als Beliefs bestimmt werden.

In diesem Buch wird mit Törner (2002) der ersten Variante gefolgt. Beliefs setzen sich demzufolge aus ‚kognitiven' und ‚evaluativ-affektiven' Komponenten zusammen, womit Wissen als ein Teilaspekt von Beliefs betrachtet wird.[8] Passend hierzu werden vielfach Ausdifferenzierungen von Belief-Systemen in fachmathematische, mathematikdidaktische und erziehungswissenschaftliche Anteile vorgenommen (vgl. z. B. Blömeke et al. 2008). Mit dieser Anlehnung an die Kategorien professionellen Wissens nach Shulman wird darauf verwiesen, dass mit dem Begriff der Beliefs nicht nur affektive oder norm-/werteorientierte Aspekte bezeichnet werden, sondern eben auch (Fach-)Wissen ein Teil von Beliefs ist. Anders ausgerichtet scheint zunächst das Modell der professionellen Handlungskompetenz nach Baumert/Kunter (2006), auf das in der Forschung zu Lehrer_innenvorstellungen bzw. -beliefs im Mathematikunterricht vielfach Bezug genommen wird (siehe dazu den weiter unten referierten Forschungsstand). Das Modell versteht zunächst nur das *Professionswissen* als „spezifische[s], erfahrungsgesättigte[s], deklarative[s] und prozedurale[s] Wissen" (Baumert/Kunter 2006, 481). *Beliefs* werden hingegen getrennt von der Wissenskomponente neben motivationalen und selbstregulativen Aspekten eingeordnet als „Überzeugungen/Werthaltungen" (ebd., 482). Allerdings ist die in dieser Arbeit vertretene Perspektive der engen Vernetzung von Beliefs und Wissen durchaus anschlussfähig auch an das Modell von Baumer/Kunter. So ist erkennbar, dass sich zumindest die *Überzeugungen* auf verschiedene Inhaltsbereiche beziehen und nicht nur werte-/normorientiert oder affektiv sind (vgl. ebd.

8 Zur entgegengesetzten Konzeptionierung, in der Beliefs die private Seite des Wissens abbilden vgl. beispielsweise Furinghetti 1998.

496). Letzteres kann als gemeinsamer Kern der unterschiedlichen Konzeptionierungen benannt werden, dass für die professionelle Handlungskompetenz nicht nur das *Wissen* der Lehrkraft eine Rolle spielt, sondern auch ihre erfahrungsbasierten *Überzeugungen, Vorstellungen oder Beliefs*. Letztere werden im Rahmen dieser Untersuchung allerdings stärker als unmittelbar mit dem professionellen Wissen verwoben betrachtet als im genannten Modell von Baumert/Kunter (ebd.).

Im Zusammenhang mit der Abgrenzung von Beliefs zu Wissen spielt eine weitere Differenzierung eine Rolle: Beliefs gelten prinzipiell als subjektiv und erfahrungsbasiert und damit individuell konstruiert, während Wissen eine durch Kommunikation kollektiv validierte Komponente darstellt. In jüngerer Zeit hat in der Belief-Forschung allerdings der soziale Charakter der Entstehung von Beliefs mehr Beachtung gefunden. So wird betont, dass auch der ‚individuell-affektive' Anteil der Beliefs sozio-kulturell beeinflusst wird (vgl. z. B. Hannula 2007, 198 und Skott 2009). Diese stärkere Kontextualisierung und die Abkehr von einer rein individualisierten Sichtweise von Beliefs entsprechen auch dem hier vertretenen Verständnis. Zudem wird davon ausgegangen, dass die Abgrenzung von Beliefs und Wissen, ebenso wie die damit verbundene Unterscheidung zwischen ‚objektiven und subjektiven' Komponenten sowie ‚sozial und individuell' konstruierten Wahrheiten, insgesamt unscharf ist. Eher kommt ihr eine „heuristische Funktion" zu (Blömeke 2007, 20). Pajares bezeichnet die Unterscheidung zwischen Wissen und Beliefs entsprechend als konstituierend, aber künstlich (1992, 313). Wissen kann letztlich nicht als erfahrungs*un*abhängige Komponente aufgefasst werden, die frei von persönlicher Sinngebung wäre. Wissen ist vielmehr eng mit persönlichen Erfahrungen und Sinnzuschreibungen verknüpft. Pehkonen und Törner verwenden hier das Bild eines Tellers mit Spaghetti. Diese sind wie Wissen, Beliefs (und weitere Komponenten professioneller Handlungskompetenz) kaum wirklich unabhängig voneinander zu betrachten: „If you try to consider one point separately (and take it away), almost the whole tangle will follow" (Pehkonen/Törner 1996, 102).

Zentral für das Verständnis von Beliefs in dieser Arbeit ist neben der engen Vernetzung mit ‚Wissensaspekten' weiterhin die Annahme, dass einzelne Beliefs nicht isoliert auftreten, sondern stets verschiedene Beliefs miteinander verknüpft sind. Diese Cluster werden hier mit Törner/Pehkonen (1996) als **Belief-Systeme** bezeichnet.[9] Ihrer Struktur liegen neben eher affektiven Komponenten, wie der Zentralität derjenigen Beliefs, die mit bedeutsamen Erfahrungen verbunden sind, auch konzeptuelle Begründungszusammenhänge zugrunde (vgl. ebd. 109–110).

[9] Bei anderen Autoren auch als *conceptions* oder *mathematical world views* bezeichnet (Pehkonen/Törner 1996; Schönfeld 1998).

Mit der Wahl des Begriffs der Belief-*Systeme* soll hervorgehoben werden, dass im Rahmen der durchgeführten Untersuchung weniger einzelne Überzeugungen oder Glaubenssätze von Bedeutung sind, welche teils auch als „primitive Beliefs" bezeichnet werden (Pehkonen/Törner 1996, 102). Wichtiger sind vielmehr die komplexen Belief-*Systeme*, die sich eben aus mehreren Beliefs (einschließlich der zugehörigen Wissensanteile) zusammensetzen und Argumentationszusammenhänge[10] beinhalten.

4.2.2 Erfahrungsbasierte Entwicklung und Veränderbarkeit

In Bezug auf die Professionalisierung von Lehrkräften stellt sich zentral die Frage, wie verschiedene Belief-Systeme entstehen und was für ihre Veränderung oder Weiterentwicklung notwendig ist. Der diesbezügliche Forschungsstand rekurriert im Kern darauf, dass Belief-Systeme zum einen auf Erfahrung basieren und zum anderen die Wahrnehmung und Interpretation von Erlebtem beeinflussen, wodurch vorhandene Belief-Systeme Einfluss auf die Entstehung von neuen Beliefs nehmen. Entsprechend zeigen sich Beliefs insgesamt als relativ stabil, was durch ihre Vernetzung in Systemen noch verstärkt wird. Frühe Beliefs bilden demnach häufig die Kernbeliefs eines Belief-Systems (vgl. Pajares 1992, 317). Belief-Systeme werden daher in der Unterrichtsforschung auch als Trägheitskraft thematisiert, die die Veränderungen des Verhaltens von Lehrer_innen erschweren (vgl. z. B. Törner 2002, 115ff.).[11]

Verschiedene Untersuchungen bestätigen aber nicht nur die theoretisch angenommene Stabilität von Belief-Systemen, sondern auch dass Veränderungen möglich werden, wenn Lehrkräften neue Erfahrungen und Reflexionen über ihre (bisherigen) Belief-Systeme ermöglicht werden (vgl. z. B. Törner 2002, 117f.; Pajares 1992, 322ff.). Hier wird die zentrale Rolle der praktischen Erfahrung bei der Ausbildung professioneller Kompetenz deutlich. Veränderungen der Belief-Systeme können insbesondere dann unterstützt werden, indem neue Methoden in relativ störungsfreien Kontexten erprobt werden. Denn erst die wiederholte positive Erfahrung mit einer veränderten Handlung ermöglicht eine nachhaltig handlungswirksame Veränderung von Belief-Systemen (vgl. z. B. Potari/Georgiadou-Kabouridis 2009).

[10] Diese von Green als ‚quasilogisch' bezeichneten Strukturen sind, wie oben bereits angedeutet wurde, vergleichbar mit den ‚(impliziten) Argumentationsstrukturen', die im Rahmen subjektiver Theorien angenommen werden. Entsprechend fasst. z. B. Eichler (2007, 215) subjektive Theorien als ein System von Beliefs.

[11] Dies gilt auch für Lehramtsstudierende. Pajares hält dazu im Vergleich zu anderen Ausbildungsgängen treffend fest: „Preservice teachers are insiders. [...] For insiders changing conceptions is taxing and potentially threatening" (1992, 317). Konstatiert wird in diesem Zusammenhang die Gefahr, dass unterrichtliche Handlungsmuster weitergetragen werden, die weniger mit der didaktischen Ausbildung als vielmehr mit der Fortsetzung einer (erfahrungsprägenden) Tradition zu tun haben (vgl. White et al. 2006, 36; vgl. auch Wilkins 2008, 142 und Swars 2009).

Neuere Studien[12] zur Entwicklung und Veränderbarkeit von Belief-Systemen belegen erneut den Zusammenhang zwischen den verschiedenen Komponenten professioneller Handlungskompetenz und machen insbesondere auch auf die Bedeutung des Fachwissens aufmerksam. Demnach „definiert das Fachwissen den Entwicklungsraum des fachdidaktischen Wissens" (Baumert/Kunter 2011, 185). In diesem Kontext wurde auch diskutiert, welches mathematische Wissen speziell Lehrkräfte in der Primarstufe haben (sollten).[13] Inzwischen wird zwar die berechtigte Frage aufgeworfen, ob „für die hohen Korrelationen auch eine einseitige Operationalisierung des fachdidaktischen Wissens mitverantwortlich sein könnte" (Buchholtz et al. 2013). Aber dennoch ist davon auszugehen, dass zur gelingenden Gestaltung und Begleitung gerade von geöffneten und problemorientierten Lernsituationen in jedem Fall auch eine fachliche Sicherheit notwendig ist.

4.2.3 Handlungswirksamkeit und Bedeutung von Kontextfaktoren

Die bisher nachgewiesenen Erfolge von Interventions-/Ausbildungsmaßnahmen beziehen sich im Wesentlichen auf eine Veränderung von Belief-Systemen, weniger auf eine veränderte Handlungspraxis. Die Frage, wie man vom ‚Wissen zum Handeln' gelangt, die u. a. der Ursprung der Forschung war, lässt sich aber nicht einfach mit ‚Belief-Systemen' beantworten.[14] Vielmehr ist neben der eng mit den Belief-Systemen verbundenen Entwicklung eines erfahrungsbasierten Fallrepertoires in Vernetzung mit reflexivem theoretischen Wissen auch die Beachtung situationaler Aspekte notwendig. Entsprechend finden sich nicht immer eindeutige Ergebnisse bezüglich eines Zusammenhangs von (fachlichen und fachdidaktischen) Belief-Systemen und Unterrichtsqualität bzw. Schüler_innenleistungen, an denen die Unterrichtsqualität gemessen wird. Clausen et al. nehmen sogar an, dass sich bessere Schüler_innenleistungen eher auf „‚klassische' Faktoren der Unterrichtsqualität wie Instruktionseffizienz und Schülerorientierung" (2003, 139) zurückführen lassen und weniger auf fachdidaktische

---

[12] Vgl. die Studien *Mathematics Teaching in the 21st Century* Mt21) (Blömeke et al. 2008) und *Teacher Education and Development Study: Learning to Teach Mathematics* (TEDS-M) (Tatto et al. 2012). Diese wenden sich im nationalen und internationalen Vergleich den Effekten der Lehrer_innenbildung unter unterschiedlichen strukturellen Bedingungen zu. Dabei versuchen sie u. a. zu erfassen, in welchem Umfang die angehenden Lehrkräfte mathematisches und mathematikdidaktisches Wissen erwerben und wie sich dieses auf ihre Belief-Systeme auswirkt.

[13] Das zentrale Instrument hierzu wurde von Ball, Hill et al. (2004) im Projekt *Learning Mathematics for Teaching* (LMT) entwickelt (vgl. auch Hill et al. o. J.). In Anlehnung an Shulman unterscheiden sie *specialized content knowledge* (SCK) vom (allgemeinen) mathematischen Wissen, dem *common content knowledge* (CCK) (vgl. auch Krauss et al. 2008). Aus den Ergebnissen verschiedener Untersuchungen mit diesem Instrument lässt sich schließen, dass auch für das Lehren elementarer Mathematik ein relativ hohes mathematisches Wissen notwendig ist (vgl. Ball et al. 2005, 44 und Hill et al. 2005, 391 ff.).

[14] Vgl. Koch-Priewe 2002, vgl. auch Gruber/Mandl 1996, 18.

Aspekte und die damit verbundene Sichtweise der Lehrkräfte auf Mathematik und ihre Didaktik. Die Videoanalysen von Claussen et al. zeigen einen höheren Anteil von *time on task,* also *echter* Arbeitszeit der Schüler_innen, sowie mehr individualisierte und schüler_innenorientierte Unterrichtsformen als zentrales Merkmal des Mathematikunterrichts. Dies führt zu besseren Ergebnissen bezüglich der Anwendungs- und Problemlösefähigkeiten bei den Schüler_innen[15] und ist mit einer höheren Selbstwirksamkeitserwartung der Lehrkräfte verbunden. Auch aus Schüler_innensicht zeigen sich die Unterschiede insgesamt vor allem in Bezug auf Unterrichtsorganisation und die Beziehung zwischen Lehrer_innen und Schüler_innen, zu der auch die Klassenführung gezählt wird (vgl. ebd.).

Diese Ergebnisse sind für Unterrichtsentwicklungsprozesse aufschlussreich und decken sich mit den Erkenntnissen anderer Erhebungen (z. B. Raymond 1997, 550f.; White et al. 2006, 34). Sie verweisen dennoch nicht auf eine geringe(re) Bedeutung der Belief-Systeme oder fachdidaktischen Kompetenzen von Lehrkräften. Ableiten lässt sich vielmehr der Hinweis, dass die Unterrichtssituation als soziale Situation zu betrachten ist, in der die Lehrkräfte mit ihren Belief-Systemen nur *einen* Einflussfaktor darstellen und als solcher zu betrachten sind.[16] Zugespitzt ließe sich formulieren, dass der Einfluss von mathematik(didaktik)bezogenen Belief-Systemen nur zum Tragen kommen kann, wenn überhaupt ein möglichst störungsfreier und auf guten Beziehungen aufbauender Unterricht umgesetzt ist, also grundlegende allgemeine Parameter guten Unterrichts erfüllt werden.

Während sich die quantitativen Studien vor allem mit Korrelationen von Belief-Systemen und Schüler_innenleistungen befassen, zeigt ein Blick in die qualitativen Erhebungen[17] auf verschiedenen Ebenen ein komplexes Wechselspiel zwischen Belief-Systemen von Schüler_innen und Lehrer_innen und dem (sozialen) Kontext. Zu nennen ist beispielsweise der Einfluss der Unterrichtskultur im Schulumfeld sowie – gerade

[15] Grundlage der Untersuchung war der Vergleich von Schweizer und bundesdeutschen Lehrkräften, um zu ergründen, warum die Schweizer Schüler_innen im Zuge von PISA und TIMSS im Bereich der Anwendungs- und Problemlösefähigkeiten besser abschnitten als die deutschen Schüler_innen, obwohl nicht von einem grundlegenden Kulturunterschied, wie beispielsweise zu Japan, ausgegangen werden kann.

[16] So findet sich auch in anderen Untersuchungen, dass die beiden für die inhaltliche Qualität des Unterrichts entscheidenden Faktoren (Fach- und fachdidaktisches Wissen) „– wie erwartet – unabhängig von der Qualität des Klassenmanagements [variieren]" (Baumert/Kunter 2011, 183).

[17] Diese finden sich insbesondere im englischsprachigen Raum und dort – entgegen dem Desiderat im deutschsprachigen Diskurs – auch für den Primarstufenbereich. Sie sind nicht vom internationalen (Leistungs-)Vergleich angeregt, sondern resultieren aus der (bildungspolitischen) Zielsetzung einen Mathematikunterricht entsprechend fachdidaktischer Anforderungen zu implementieren. Dies wird in den USA beispielsweise mit der Umsetzung der seit den 1990er Jahren auf problemlösenden Unterricht fokussierten Curricula des *National Council of Teachers of Mathematics* versucht zu etablieren (vgl. National Council of Teachers of Mathematics 1992 und 2000).

bei Berufsanfänger_innen – die Herausforderung der konkreten Unterrichtssituation, in denen etwa mit Störungen umgegangen werden muss (vgl. z. B. Raymond 1997, Potari und Georgiadou-Kabouridis 2009). Es kann somit zwar keineswegs anhand von vorab (kontextunabhängig) erhobenen Belief-Systemen das unterrichtliche Handeln der Lehrkräfte vorhergesagt werden. Dennoch sind in dem komplexen Prozess professioneller Entscheidungen Belief-Systeme ein zentraler Faktor.

Hier bieten Erkenntnisse aus der Expertiseforschung wiederum hilfreiche Ergänzungen zur Erklärung bzw. Analyse professioneller Handlungskompetenzen, indem auf die Bedeutung professioneller Routinen aufmerksam gemacht wird. Unterrichtliches Handeln muss demnach als Handeln in unsicheren Situationen gekennzeichnet werden, das komplexe, wenn auch meist unbewusste Entscheidungsprozesse erfordert, bei denen verschiedenste Faktoren eine Rolle spielen. Anhand einer Fallstudie zu einer angehenden Sekundarstufenlehrkraft fasst Walshaw Folgendes zusammen und befindet sich damit in Übereinstimmung mit den Ergebnissen anderer Studien[18] zur Bedeutung des sozialen Kontextes und den Bedingungen von Veränderungen von Belief-Systemen und unterrichtlichem Handeln:

> [Teaching] demands and constructs complex social relationships. It is a process of dependency, struggle and social negotiation rather than the application of mere methodology, and required [sic!] coming to terms with one's intentions and values, as well as one's knowing and being, in a setting of contradictory realities. (Walshaw 2004, 563)

Der Expertiseforschung folgend lässt sich festhalten, dass Expert_innen wiederum in solchen Situationen routiniert sind bei der Auswahl und im Einsatz von Handlungsoptionen. Dies kann allerdings nicht mit automatisch initiierten Handlungsmustern gleichgesetzt werden, die durch fest umrissene Problemschemata ausgelöst werden. Vielmehr erhält das Handeln von Expert_innen gerade durch ein „stabil-flexibles" Vorgehen seine besondere Qualität (vgl. Bromme/Haag 2008, 807). Es handelt sich stets um einen aktiven Konstruktionsprozess. Und in diesem Rahmen wirken Belief-Systeme wiederum wie ein Filter, der die Perspektive und die Handlungen beeinflusst (Pehkonen/Törner 1996, 102). Allerdings resultieren die damit verbundenen ‚Ordnungs- und Anpassungsfunktionen' nicht etwa in ‚stringenten Handlungsabläufen' als Reaktion auf eine Reizauslösung, sondern die Prozesse sind insgesamt komplex und es sind vielfältige Faktoren von Bedeutung (vgl. Törner 2002, 116 sowie Grigutsch et al. 1998, 5–10). Belief-Systeme können somit zwar nicht als handlungs*leitend* definiert werden, haben aber Auswirkungen auf die Wahrnehmung und Beurteilung von Situationen

[18] Z. B. Raymond 1997; Eisenhart et al. 1993 und aktueller Skott 2009.

und damit auf die Entscheidung für bestimmte Handlungen. Belief-Systeme von Lehrkräften wirken nicht nur in der konkreten Unterrichtssituation durch ihre Nähe zum professionellen Fallwissen, sondern sie bilden zudem eine zentrale Orientierung bei (Planungs-)Entscheidungen, bei denen die Lehrkräfte festlegen, was als Optionen im Unterricht überhaupt ermöglicht wird.

4.3 Belief-Systeme zum (inklusiven) Mathematikunterricht – ein Blick in den Forschungsstand

4.3.1 Forschungsstand – Forschungslücke

Im Rahmen inklusionspädagogischer, aber auch sonderpädagogischer Forschung mangelt es nach wie vor grundlegend an Untersuchungen, die aus dezidiert fachdidaktischer Perspektive erfolgen. Zudem ist bemerkenswert, dass professionsbezogene Forschungen nicht nur für ‚inklusive Schulen' fehlen. Stattdessen hat sich ungeachtet jahrzehntelanger Praxis der sogenannten ‚Sonderbeschulung' eine Professionalisierungsforschung im Kontext des Unterrichts für Kinder mit sonderpädagogischem Förderbedarf überhaupt erst in jüngerer Zeit entwickelt. Moser verweist auf die insgesamt fehlende empirische Basis und den normativen Charakter der Diskurse hierzu (2009, 158). Professionsbezogene Untersuchungen zum inklusiven Unterricht gewinnen zwar in jüngerer Zeit an Bedeutung, fokussieren aber entweder grundlegende Fragen zur Rolle und zum Professionsverständnis von (Sonderpädagogik-)Lehrkräften[19] oder die Einstellungen von Lehrkräften zu Inklusion/Heterogenität und/oder Behinderung (vgl. zusammenfassend Kopp 2009). Die wenigen vorhandenen Studien sind damit für die spezifisch unterrichts- und fachdidaktikbezogene Perspektive der vorliegenden Untersuchung kaum von Bedeutung.

Mit der Aufarbeitung des Forschungsstandes zu *mathematikunterrichtsbezogenen* Belief-Systemen, der an dieser Stelle nicht im Detail wiedergegeben werden soll[20], wurde ebenfalls ein Desiderat deutlich. Obwohl zahlreiche empirische Lehr-/Lernforschungen im Lernbereich Mathematik insgesamt existierten, sind nicht nur Heterogenitätsfragen, sondern – zumindest im deutschsprachigen Raum – auch der

[19] In der Integrations-/Inklusionsforschung wurden bislang vor allem mögliche Kompetenzübertragungen und Kooperationserschwernisse durch die unterschiedlichen Professionshintergründe beleuchtet (Hinz et al. 1998, vgl. im Überblick auch Moser et al. 2011, 143–144). Neuere Untersuchungen beziehen sich zudem auf die Reflexion des „tradierten Delegations-Entlastungs-Bündnisses" (Wagner-Willi/Widmer-Wolf 2011) sowie auf Differenzherstellungen in inklusiven Unterrichtsmilieus (vgl. Sturm 2013a, b).

[20] Auf die genauere Darstellung des Forschungsstandes zu mathematikunterrichtsbezogenen Belief-Systemen (unabhängig von inklusiven Kontexten) ebenso wie der genannten inklusionsbezogenen Professionalisierungsforschung ohne (fach-)didaktische Bezüge wird an dieser Stelle verzichtet.

Primarstufenbereich an sich bisher weitgehend unbearbeitet. Die Erkenntnisse der vorhandenen großen (mathematik-)unterrichtsbezogenen Belief-Forschungsprojekte[21] sind damit nur begrenzt als Bezugsrahmen für die hier vorgestellte Untersuchung nutzbar. Erstens beziehen die vorhandenen Untersuchungen sich nicht nur durchweg auf einen lernzielgleichen Regelschulunterricht (vgl. Stechow/Hofmann 2006), sondern auch fast ausschließlich auf die Sekundarstufe (vgl. Dederich 2002). Damit verbunden ist zweitens die Perspektive eines kognitiv-aktivierenden Unterrichts. Dieser ist aufgrund der stärkeren Lehrkraftzentrierung nicht vollständig gleichzusetzen mit gutem Mathematikunterricht in grundschulbezogenen Konzeptionen (vgl. Kap. 3). Ebenso zeigen sich in den formulierten Merkmalen der Unterrichtsqualität sowie dem Maßstab der Schüler_innenleistungen, an denen diese gemessen wird, Differenzen zu Zielsetzungen eines geöffneten schülerorientierten Unterrichts, wie er in inklusiven Settings notwendig wäre (vgl. Kap. 2). Drittens waren die Untersuchungen quantitativ angelegt und liefern so zwar Erkenntnisse zur Einordnung der aktuellen Praxis und der Belief-Systeme, aber weniger differenzierte Hinweise auf ihre Inhalte und Entwicklungspotenziale. Mittels der durchgeführten fragebogen- und testbasierten Erhebungen lässt sich nachweisen, ob eine Verbindung zwischen den Belief-Systemen (oder anderen Komponenten professioneller Handlungskompetenz) der Lehrkräfte und den Leistungen der Schüler_innen besteht. Es können aber nur begrenzt Aussagen über die konkrete Ausgestaltung von Zusammenhängen zwischen diesen verschiedenen Faktoren gemacht werden.[22] Erkenntnisse hierzu können hingegen mithilfe von qualitativ angelegten Studien gewonnen werden, für die insbesondere im deutschsprachigen Raum ein Mangel festzustellen ist.

In vielen quantitativen Untersuchungen wird das sog. dynamische und statische Bild von Mathematik und seine vermutete Verbindung zum Fachwissen von Lehrkräften sowie zu schulformbezogenen Unterschieden aufgegriffen. Dieses soll trotz der soeben aufgezeigten Einschränkungen von quantitativen Studien etwas genauer dargestellt werden, da mit ihm Anregungen für die eigene Untersuchung verbunden sind.

[21] Zu nennen sind hier insbesondere das Projekt COACTIV (Brunner et al. 2006), in dessen Rahmen auch das Modell professioneller Handlungskompetenz von Baumert/Kunter (2006) entwickelt wurde, das Sonderforschungsprogramm BIQUA (Doll/Prenzel 2004b) sowie die nationalen und internationalen Vergleichsstudien TEDS-M und MT-21 (Tatto et al. 2012).

[22] Blömeke stellt dies insbesondere für die Forschungsdesiderate zu Belief-Systemen und dem „Kompetenzerwerb unter bestimmten institutionellen Rahmenbedingungen" fest (2007, 24). Auch die oben thematisierten Schwierigkeiten bei der Erfassung von Lehrerkompetenzen (Baumert/Kunter 2006, 486) lassen sich als einen Hinweis auf diesen Bedarf deuten.

4.3.2 Dynamisches und statisches Bild von Mathematik(-Unterricht)

Belief-Systeme von Lehrkräften werden häufig unterschieden in ein dynamisches und ein statisches Bild von Mathematik. Diese lassen sich mit je zwei ihnen zugeordneten Teilaspekten näher beschreiben:

- Der *Prozess-Aspekt* und der *Anwendungs-Aspekt* verweisen auf eine **dynamische** Sicht von Mathematik als Tätigkeit, d. h. das Nachdenken über mathematische Probleme und Denken in mathematischen Zusammenhängen.
- Der *Schema-Aspekt* und der *Formalismus-Aspekt* verweisen auf eine **statische** Sicht, innerhalb derer Mathematik als (abstrakte(s)) System/Struktur, als eine fertige Theorie und/oder als akkumulierter Wissensbestand aufgefasst wird.

(ebd., 11–13; vgl. auch Diedrich et al. 2002, 110, 115).

Diese oder vergleichbare Differenzierungen liegen fast allen (quantitativen) Untersuchungen zu Belief-Systemen und ihrer Verbindung zur Unterrichtsqualität zugrunde.[23] Weiterhin konnte eine Verbindung des Fachwissens zum dynamischen Bild von Mathematik ausgemacht werden (z. B. Blömeke 2010, vgl. auch Kap. 4.2.2). Die beiden Weltbilder oder Leitvorstellungen einer statischen und einer dynamischen Mathematik werden darüber hinaus mit einem konstruktiv (dynamisch) bzw. instruktiv (statisch) orientierten Unterrichtsmodell in Verbindung gebracht.

> Mit dem mathematischen Formalismus geht vielfach ein methodischer Formalismus einher: [...] Individuelle Zugänge gelten als unerwünscht, weil es für besser angesehen wird, sich an die im Unterricht besprochenen und eingeübten Verfahren zu halten. (Wittmann 2003, 23)

Bezogen auf die Verbreitung der genannten Weltbilder bei unterschiedlichen Lehrkräften bzw. in unterschiedlichen Schulformen fassen Hartinger, Kleickmann und Hawelka (2006) ältere Forschungsergebnisse dahin gehend zusammen, dass im Grundschulbereich eher eine Lerner_innenorientierung vorliegt als in der Sekundarstufe; insgesamt sind aber sowohl „traditionell/assoziationstheoretische als auch schülerori-

[23] Grigutsch et al. (1998) haben diese anhand einer Faktorenanalyse im Rahmen einer Erhebung mit 200 Lehrkräften herausgearbeitet und in der Folge konnten sie u. a. Diedrich et al. (2002) bestätigen. Im englischsprachigen Raum werden in ähnlicher Weise Aspekte wie ‚problem solving view‘ und ‚instrumental view‘ unterschieden (vgl. z. B. Grootenboer 2008, 482 mit Bezug auf Ernest). Köller et al. (2000) entwickeln im Rahmen von TIMSS/III vier Skalen zur Erfassung mathematischer Weltbilder, die sie auffassen als „intuitive Theorien, die integraler Bestandteil des Fachverständnisses sind“ (ebd., 268). In der Erhebung mit Oberstufenschüler_innen zeigten sich dabei deutliche Korrelationen zwischen den Skalen zur Schemaorientierung und der Vorstellung der Endlichkeit von Mathematik auf der einen (statischen) Seite, sowie zwischen denen zur relativistischen Auffassung und der Alltagsrelevanz auf der anderen (dynamischen) Seite (ebd., 242-243).

entiert/konstruktivistische" Sichtweisen vorzufinden (ebd., 114).[24] Neuere Ergebnisse des Projektes Coactiv[25] lassen den Schluss zu, dass Gymnasiallehrkräfte viel Wert auf mathematische Verstehensprozesse legen. An Hauptschulen scheinen hingegen die Bemühungen um Differenzierung mit einer Abkehr von einem verständnisorientierten Unterricht einherzugehen: „Vor allem an Hauptschulen zeigt sich ein typisches Unterrichtsmuster, das mit expliziter Engführung und verstärkten Bemühungen um Individualisierung und Differenzierung einhergeht" (Brunner et al. 2006, 73). Aufbauend auf der Untersuchung von Grigutsch et al. (1998), die ebenfalls eine Differenz zwischen Beliefs von Lehrkräften verschiedener Schultypen in der Sekundarstufe 1 nachweisen konnte, führten Diedrich et al. (2002) eine repräsentative Befragung von Sekundarstufenlehrer_innen in Deutschland und der Schweiz durch. In diesem Rahmen konnten Unterschiede bei den Belief-Systemen der Lehrkräfte in Hinblick auf vermutete unterschiedliche Leistungsniveaus von Schüler_innen erhoben werden, die weniger von schulstrukturellen Aspekten überlagert waren.[26] Im Ergebnis zeigte sich:

> Während die Befragten für die Gruppe der Leistungsschwächeren eher ein rezeptives Verständnis von Lernen und Lehren zugrunde legen, beschreiben sie das Lernen und Lehren für leistungsstarke Schüler eher im Sinne einer konstruktivistischen Auffassung. (ebd., 115)

Die Ergebnisse sind insofern bedeutsam für die hier vorgestellte Untersuchung, da theoretisch von einer Nähe zwischen offenen und entdeckenden Unterrichtsformen einerseits und inklusiv didaktischen Konzeptionen andererseits ausgegangen werden kann. Wie komplex die solchen Ergebnissen zugrunde liegenden Zusammenhänge sind, zeigt sich erneut vor allem in qualitativen Untersuchungen und es wird auch konstatiert, dass die beiden Perspektiven „nicht einfach voneinander zu trennen" seien und eher „in einer pragmatischen Betrachtung als Antagonismen" (Grigutsch et al. 1998., 11) aufzufassen sind.[27] Dies gilt nicht nur für mathematikspezifische Belief-

[24] Vgl. zu ähnlichen Ergebnissen in englischsprachigen Untersuchungen auch Wilkins 2008, 141. Zu grundsätzlichen Fragen bezüglich Schulformvergleichen in der Lehr-/Lernforschung siehe Horstkemper/Tillmann (2004), die beispielsweise auf die methodische Problematik verweisen, dass schulstrukturelle und professionsbezogene Differenzen nicht immer unterschieden werden (können).

[25] Im Projekt Coactiv wurde u. a. der Zusammenhang von Professionswissen von Lehrkräften, kognitiv aktivierendem Mathematikunterricht und der Entwicklung mathematischer Kompetenzen bei den Schüler_innen untersucht. Wie in weiteren Forschungen zu Belief-Systemen und ihrem Einfluss auf die Unterrichtsqualität, spielt dabei neben dem internationalen Vergleich auch der Vergleich unterschiedlicher Schulformen eine Rolle.

[26] Es wurde den Lehrkräften ermöglicht in ihren Antworten zwischen leistungsstarken und leistungsschwachen Schüler_innen zu unterscheiden. Diese Möglichkeit wurde von fast 90 % der Teilnehmer_innen genutzt (Diedrich et al 2002, 116).

[27] So zeigte sich bei Grigutsch et al. (1998) die Verteilung zu den verschiedenen Aspekten insgesamt normalverteilt. In MT21 wurde ebenfalls festgestellt, dass zwar am Ende der Lehrerausbildung die Zustimmung zum eigenaktiven Lernen überwog (vgl. Müller et al. 2008). Es ließen sich aber keine eindeutigen

Systeme, sondern auch und erst recht für weiter gefasste Erhebungen von ‚instruktiven' oder ‚konstruktiven' Lerntheorien (vgl. z. B. Hof 2000, 598). Die beiden Weltbilder der Mathematik werden in der vorliegenden Untersuchung in diesem Sinne eher als theoretisch-reflexiv aufgefasst und nicht empirisch-klassifizierend genutzt. Dadurch wird die Aufmerksamkeit dafür geschärft, welche Aspekte innerhalb der Belief-Systeme relevant sein könnten – ohne dass damit eine klassifizierende Zuordnung verbunden wird.

4.3.3 Material- und Handlungsorientierung als professionelle Handlungskompetenz

Nachdem in Kapitel 3.2 bereits theoretisch eine Bedeutsamkeit von Material- und Handlungsorientierung für die Qualität von (inklusivem) Mathematikunterricht herausgearbeitet wurde, erfolgt hier abschließend zum Einblick in den Forschungsstand ein empirischer und professionalisierungsbezogener Blick auf diesen Aspekt. Die Material- und Handlungsorientierung wird üblicherweise mit einem dynamischen Bild der Mathematik und ‚gutem Mathematikunterricht' in Verbindung gebracht wird. Nicht zuletzt zeigt sich hier, inwiefern bei der Zuordnung von Lehrer_innenbeliefs ‚Vorsicht' geboten und eine genaue Betrachtung angezeigt ist.

Demonstriert werden kann dies an zwei Forschungsbeispielen. In ihnen wurde die potentielle Problematik der entsprechenden Zuordnung zunächst als forschungsmethodisches Problem diskutiert. Dabei ging es um die Frage, wie sich fachdidaktische Kriterien für ‚guten' Mathematikunterricht, wie z. B. herausfordernde Lernanlässe, in Unterrichtsbeobachtungen oder bei der Befragung von Lehrkräften zu ihrer Unterrichtsgestaltung operationalisieren lassen. Andrews und Hatch (2000) führen in diesem Zusammenhang zum von ihnen entwickelten Faktor *enrichment & challenging classroom* aus, dass das Vorhandensein eines solchen ‚reichhaltigen' Lernangebots nicht zwingend mit dem Fokus auf einen (mathematisch inhaltlichen) entdeckenden/problemlösenden Zugang verbunden sein muss. Sie vermuten weiter, dass die Konzentration auf Materialien und eine anregende Klassenraumgestaltung die Vermittlung der mathematischen Inhalte möglicherweise auch eher behindert. Letzteres immer dann, wenn diese Materialien vorrangig als ‚Motivationsmaßnahme' eingesetzt werden und nicht im Rahmen einer fachlich-mathematischen Orientierung Anwendung finden (vgl. ebd., 56). Auch Gerber weist in einer kritischen Analyse der eigenen Untersuchung darauf hin, aus der Tatsache, dass die Lehrkräfte angeben, Methoden wie Partnerarbeit, Gruppenarbeit oder

Zusammenhänge nachweisen zwischen einem statischen bzw. dynamischen Bild von Mathematik und einem Unterrichtsverständnis der „traditionell-direktiven Instruktion" bzw. der Zielsetzung „eigenaktiven Lernen[s]" (Müller et al. 2008, 269).

ein selbstständiges Erforschen von mathematischen Problemstellungen einzusetzen, ließen sich keine Schlussfolgerungen ziehen, wie sie dies tun, d. h. welche inhaltlich-fachdidaktische Ausrichtung des Unterrichts damit verbunden ist (vgl. 2010, 24). Die Ergebnisse, so Gerber weiter, lassen zudem „auch die Vermutung zu, dass Lehrer/innen das Ausfüllen von Arbeitsblättern im Unterricht als Methode des selbstständigen Lernens ansehen" (ebd., 25).

Deutlich wird an diesen beiden Beispielen, dass identisch formulierte didaktische Maßnahmen bzw. Zielsetzungen sehr unterschiedlich ausgefüllt und umgesetzt werden können. Dies ist zum einen sicherlich mit den (hinderlichen) Faktoren zur Umsetzung der jeweiligen Zielsetzungen, also der sozialen Kontextualisierung der Handlungswirksamkeit von Belief-Systemen, verknüpft, die bereits in Kap. 4.2.3 diskutiert wurden. Inhaltlich ist aber mit den konkreten Ergebnissen zugleich auf Formen des Materialeinsatzes verwiesen, die aus mathematikdidaktischer Sicht in Verbindung mit dem Formalismus-Aspekt stehen: „Um die Lernenden zu motivieren sich mit der als ‚trocken' geltenden Mathematik zu beschäftigen, werden in hohem Maße extrinsische Formen der Motivation eingesetzt" (Wittmann 2003, 23). Dieser Einsatz von Materialen als ‚schmückendes Beiwerk' kann ggf. als ein Hinweis auf eine statische Sicht der Mathematik betrachtet werden, obwohl Material- und Handlungsorientierung zunächst/üblicherweise als Indiz für ein dynamisches Bild von Mathematik gelten würde.

In diesem Sinne gilt wie für die Handlungswirksamkeit von Belief-Systemen allgemein: Die konkrete Umsetzung von ‚gutem Mathematikunterricht' wie beispielsweise durch eine (fachlich orientierte) Handlungs- und Materialorientierung hängt in ihrer Qualität im Unterricht neben der Zielsetzung der Lehrkraft von mehreren Faktoren ab.

5 Resümee: Zusammenfassung und Schlussfolgerungen für die eigene Arbeit

Mit der in diesem Buch vorgestellten Untersuchung erfolgt eine erste empirische Bearbeitung von zentralen Fragen für eine inklusive Unterrichtsentwicklung aus Professionalisierungsperspektive. Mit der qualitativ angelegten Studie, im Rahmen derer Lehrkräften zum inklusiven Mathematikunterricht befragte wurden, wird eine bisherige Lücke in der umfangreichen Forschung zu Vorstellungen zum Mathematikunterricht aufgriffen. Zudem werden zwei grundlegende Desiderate inklusionsbezogener Forschungen bearbeitet, nämlich lernbereichsspezifische Ausarbeitungen zum inklusiven Unterricht sowie professionsbezogene Fragen. Im folgenden Kapitel sollen die in diesem Teil A vorgestellten und diskutierten theoretischen Erkenntnisse und bisherigen Forschungsergebnisse zur Entwicklung eines inklusiven Mathematikunterrichts resümiert werden (Kap. 5.1.). Als Ausblick auf den empirischen Teil B des Buches wird anschließend zusammenfassend dargestellt, was daraus für die hier durchgeführte Studie folgt (Kap. 5.2).

5.1 Inklusive Mathematikdidaktik – Anschlusspunkte und Herausforderungen

In Verbindung eines Fachverständnisses von Mathematik als Wissenschaft der Muster mit lehr-/lerntheoretischen Erkenntnissen haben sich in der Mathematikdidaktik seit geraumer Zeit Ansätze durchgesetzt, die auf die aktive Konstruktion von Wissen durch die Schüler_innen, ihre Eigenaktivität und soziales Lernen setzen. Inhaltlich stellen diese Ansätze dabei das Verständnis grundlegender mathematischer Strukturen und Zusammenhänge in den Vordergrund. Ausgehend von den aus diesem Verständnis resultierenden grundlegenden Prinzipien guten Mathematikunterrichts (vgl. Kap. 3) werden die Anknüpfungspunkte für einen inklusiven Mathematikunterricht hier noch einmal zusammengefasst.[1] Dabei wird insbesondere auf die beiden zentralen Anforderungen an eine inklusive Didaktik eingegangen: a) Alle Lernenden sollen einbezogen und optimal gefördert und gefordert werden und b) die Vielfalt soll als Potenzial für

[1] Vgl. für praxisorientierte Ausführungen zu den Möglichkeiten inklusiven Mathematikunterrichts auch Korff 2011b sowie Moser Opitz 2009.

das Lernen aller Kinder genutzt werden (vgl. Kap. 2). Die Darstellung erfolgt auch hier entlang der Unterscheidung der drei Bereiche Lerninhalt, Lernprozess und Lernsituation (vgl. Kap. 3.1):

*Lern**inhalt**: fundamentale Ideen, Anwendungs- und Strukturorientierung*
Die fundamentalen Ideen der Mathematik werden im Sinne des Spiralprinzips auf verschiedenen Kompetenzniveaus aufgegriffen, weitergeführt und vertieft. Mit Bezug auf die unterschiedlichen Repräsentationsebenen wird darauf verwiesen, dass Kinder zu unterschiedlichen Zeitpunkten unterschiedliche Zugänge zum gleichen Gegenstand haben können. Die Orientierung an den fundamentalen Ideen beinhaltet zugleich die Chance, dass sich Kinder mit unterschiedlichen Lernvoraussetzungen gemeinsam Mathematik aneignen können (vgl. Lernprozess).
Hier besteht eine große Nähe zu den beiden Konzeptionen des gemeinsamen Gegenstandes und des Kerns der Sache der inklusiven Didaktik.[2] Angesprochen ist damit zudem, dass keinem Kind bestimmte Lerngegenstände verwehrt bleiben (sollten), sondern die Muster und Strukturen der Mathematik auf unterschiedlichen Ebenen erschlossen werden können. Dies entspricht wiederum der Zielsetzung ‚allen alles zu lehren' in der inklusiven Pädagogik.

*Lern**prozess**: Selbsttätigkeit, individuelle Wege und Kommunikation*
Lernen, das – wie für guten Mathematikunterricht gefordert – in möglichst komplexen Situationen und Sinnzusammenhängen stattfindet, impliziert mehrere Aspekte: Den Schüler_innen wird die Erarbeitung auf ihrem jeweiligen Niveau zugestanden und unterschiedliche Herangehensweisen werden wertgeschätzt. Alle Schüler_innen können nach und nach auf ihrem jeweiligen Niveau zu einem vertieften mathematischen Verständnis und Denken gelangen (vgl. Lerninhalt-Spiralcurriculum). Angestrebt wird eine – von den Kindern selbst gesteuerte – Passung des Unterrichtsangebotes zu den jeweils individuellen Lernvoraussetzungen und kindlichen Vorerfahrungen. Nicht zuletzt ermöglicht dies auch das gemeinsame Lernen von Schüler_innen mit unterschiedlichen Vorkenntnissen. Der Austausch mit anderen Lernenden bildet dabei den Katalysator für die Entwicklung des mathematischen Denkens. Voraussetzung hierfür ist neben der (selbstgesteuerten) Differenzierung die Möglichkeit inhaltsbezogener (und gleichberechtigter) Begegnungen der Kinder untereinander, wie sie auch in der inklusiven Pädagogik angestrebt werden.

[2] Da die fundamentalen Ideen durch das Fach bestimmt werden, ist die Nähe zu Feusers Konzeption etwas größer als zu dem eng entlang der Perspektiven der Schüler_innen entwickelten Kern der Sache bei Seitz.

Lernsituation: herausfordernde Lernanlässe, produktiv Üben, ergiebige Arbeitsmittel
Offene und wiederkehrende Aufgabenformate bzw. substanzielle Lernumgebungen wie auch produktive Übungsformen ermöglichen den Kindern, sich entsprechend des Spiralprinzips auf verschiedenen Ebenen mit den mathematischen Strukturen auseinanderzusetzen (vgl. z. B. Krauthausen/Scherer 2006). Eine zentrale Rolle kommt dabei der Material- und Handlungsorientierung sowie Umwelt- und Alltagsbezügen zu. Sie dienen als Ausgangspunkt sowohl für die mathematische (Denk-)Entwicklung der_des Einzelnen als auch für Kommunikation und Austausch zwischen Lerner_innen. Angestrebt werden herausfordernde Lernanlässe, zu denen die Schüler_innen ihre Bearbeitungszugänge und -wege sowie Hilfsmittel und Darstellungsformen frei und flexibel wählen können. Aufgaben bzw. Lernumgebungen benötigen hierfür eine inhaltliche Ganzheitlichkeit und Komplexität und die Lehrkraft ist für die fachliche Rahmung sowie die Schaffung einer angemessenen Frage und Begründungskultur zuständig (vgl. Kap. 3.2.2). Es erfolgt eine innere Differenzierung vom Kind aus. Eine solche sog. natürliche Differenzierung steht im Kontrast zu einer vorwegnehmenden Zuteilung oder Reduktion der Inhalte durch die Lehrkraft und weist unmittelbare Anknüpfungspunkte zu einer inklusiven Didaktik auf. Dies bezieht sich sowohl auf die Vermeidung von (fremdbestimmten) Begrenzungen des Lernens der_des Einzelnen (vgl. Didaktik der Potenzialität bei Seitz) als auch auf die Anregung gemeinsamen Lernens in einer heterogenen Lerngruppe.

Die obige Zusammenstellung verdeutlicht noch einmal, dass die Prinzipien, denen ein guter Mathematikunterricht im Anschluss an fachliche und lehr-/lerntheoretische Anforderungen folgt, hoch anschlussfähig an inklusionspädagogische Konzeptionen sind. Für guten Mathematikunterricht sind Differenzierungen entsprechend der unterschiedlichen (Lern-)Zugänge der Schüler_innen konstitutiv. Die Vielfalt der Lernenden wird dabei mit Blick auf die Komplexität der zu erarbeitenden Zusammenhänge und die Möglichkeit sich diese im Austausch mit anderen zu erschließen als Potenzial für das Lernen der Einzelnen aufgefasst.

Im Zentrum eines inklusiven Mathematikunterrichts müsste folglich sowohl aus mathematikdidaktischer als auch aus inklusionspädagogischer Perspektive **Kommunikation und Kooperation** stehen. Entsprechend findet sich in der mathematikdidaktischen Literatur, ganz ähnlich wie im inklusionsdidaktischen Diskurs, der Hinweis, dass Schüler_innenorientierung und Differenzierung nicht mit einer reinen Einzelarbeit der Schüler_innen gleichgesetzt werden dürfe, sondern vielmehr eine „Balance zwischen Individualisierung, sozialem Lernen und Lerngegenstand" herzustellen sei (Scherer 1997a, 37).

Dass ein solcher Unterricht tatsächlich auch für alle Kinder geeignet erscheint und gerade durch die heterogene Lerngruppe Lerngelegenheiten für die einzelnen Lernenden eröffnet werden, lässt sich dabei nicht nur theoretisch begründen, sondern auch empirisch belegen. Dennoch zeigen sich deutliche Entwicklungsbedarfe für die Umsetzung eines inklusiven Mathematikunterrichts – die bisher in keinem der potenziell beteiligten Diskurse bearbeitet wurden: Die regelschulbezogene *Mathematikdidaktik* hat bisher Kinder außerhalb der Bandbreite ‚lernbehindert bis hochbegabt' nicht in ihre Entwicklungen einbezogen. Die wenigen *sonderpädagogischen Konzeptionen*, die Kinder mit komplexen Unterstützungsbedarfen und den Erwerb mathematischer Basiskompetenzen in den Blick nehmen, beziehen sich wiederum auf fachlich nicht mehr adäquate Prinzipien. Im *inklusionsdidaktischen* Diskurs zeigt sich schließlich ein grundlegendes Desiderat an lernbereichsspezifischen Entwicklungen, sodass dort bisher nur allgemeine Erkenntnisse formuliert wurden.

Die Analysen verweisen insbesondere auf drei Aspekte, für die bisher weder im mathematikdidaktischen noch im sonder- oder inklusionspädagogischen Diskurs befriedigende Lösungen entwickelt wurden: Angemessene *Hilfestellungen*, barrierefreie *Kommunikation* sowie die Einbindung *basaler Lernzugänge* und grundlegender Lerninhalte können als zentrale Entwicklungsaufgaben für eine inklusive Mathematikdidaktik herausgearbeitet werden.

- **Einsatz und Funktion von Hilfen:** Bislang steht die Entwicklung von Hilfen aus, die die selbstständige Entwicklung von Lösungswegen – auch bei komplexem Unterstützungsbedarf – nicht einschränken sondern unterstützen. Diese Problematik bezieht sich u. a. auf allgemeinpädagogische Fragen, die mit geöffneten Unterrichtsformen verbunden sind. Hier ist ebenfalls grundsätzlich nachgewiesen, dass alle Schüler_innen zur Arbeit in geöffneten Unterrichtsstrukturen in der Lage sind (vgl. Peschel 2003, 2006a; Ratz 2009). Darüber hinaus stellen sich aber Fragen nach der notwendigen und möglichen Unterstützung und vor allem nach spezifischen mathematischen Hilfen. Hierzu liegen bis jetzt erst wenige Entwicklungen vor. Die Fachdidaktik ist hier noch am Anfang, da sie bisher Schüler_innen mit komplexen Unterstützungsbedarfen nicht einbezieht. Die Sonderpädagogik verbindet mit Hilfen und Strukturierungen i. d. R. eine Einschränkung inhaltlicher und/oder struktureller Art. Die Inklusionspädagogik schließlich verbleibt bei den benannten allgemeindidaktischen Hinweisen. Zudem wird dort tendenziell in Abgrenzung zu kleinschrittigem und reduzierendem Vorgehen (der Sonderpädagogik) eher auf die Notwendigkeit der Öffnung als auf Fragen von Strukturierung verwiesen. Eine genauere Ausführung dazu, in welcher Form die Lehrkraft begleitend und vorbereitend die Kinder „an der Hand nimmt“ (Seitz 2008, 227) und eventuell auch gerade durch ausreichende Struktur die Möglichkeit der Eigenaktivität der Kinder unterstützt, stellt somit noch ein Desiderat dar.

- **Kommunikation und Austausch barrierefrei gestalten:** Die Verbalisierung als Mittel dafür, das eigene Denken zu strukturieren und zu dokumentieren sowie als Basis für den Austausch mit anderen Lerner_innen, erfüllt eine zentrale Funktion im Prozess des entdeckenden Lernens. Die Fachdidaktik ist bisher bezüglich des zentralen Prinzips von Kommunikation und Kooperation, aber auch hinsichtlich der generellen Dokumentation und Reflexion eigener Vorgehensweisen stark verbal- und schriftsprachlich orientiert. Bisher sind Möglichkeiten, wie ein non-verbales Äquivalent aussehen könnte, nur rudimentär entwickelt. Ansätze zur Überwindung sprachlicher Barrieren beziehen sich durchgängig auf Schüler_innen mit Deutsch als Zweitsprache. Hier werden ebenfalls nicht nur grundlegende verbalsprachliche, sondern überwiegend auch schriftsprachliche Kompetenzen vorausgesetzt (z. B. Wortspeicher). Die Ansätze beziehen sich also auf die Unterstützung für die Ausbildung elaborierterer Verbalisierungsstrategien und nicht auf die Entwicklung alternativer Kommunikationsmethoden. Aus der Sonderpädagogik gibt es bisher zwar Entwicklungen zu alternativen Kommunikationsformen, aber bisher nicht mit Bezug auf den Ausdruck von und Austausch über (mathematische(n)) Lösungswege(n). In der Inklusionspädagogik schließlich wurde, wie in Kapitel 2 dargestellt, bisher der inhaltsbezogene Austausch auch nur bedingt in den Blick genommen.
- **Einbindung elementarer/basaler Lerninhalte und Lernzugänge**: Hier stehen weiterhin Konzeptionen und Materialien zur entdeckenden Erarbeitung auch basaler Lerninhalte aus, d. h. insbesondere solcher, die noch über die sog. Vorläuferfähigkeiten hinausgehen. Eine Verknüpfung mit anderen – bisher schulisch verorteten – fundamentalen Ideen ist bislang ebenfalls nicht geleistet worden. Wie bereits erwähnt, orientieren sich die vorhandenen sonderpädagogisch orientierten Materialien und Konzepte, die diese Aspekte aufgreifen, nicht an aktuellen mathematikdidaktischen Prinzipien. Die Inklusionspädagogik/-didaktik selbst hat sich wiederum bisher kaum mit fachdidaktischen Fragen befasst, sodass auch hier keine lernbereichsspezifischen Antworten vorliegen. Die fachdidaktischen Materialien und Konzepte, die bezüglich dieser Inhaltsbereiche für das Vorschulalter entwickelt wurden, setzen i. d. R. bestimmte Kompetenzen voraus, wie beispielsweise erste Ziffernkenntnisse und verbalsprachliche Ausdrucksmöglichkeiten. Hier schließen sich für einen inklusiven Unterricht weitere Fragen an: Wie kann für Kinder (und Lehrkräfte) eine Verbindung zwischen den verschiedenen mathematischen Inhalten bzw. ihren unterschiedlichen

Ebenen hergestellt werden? Und inwiefern können auch bei einer sehr großen Leistungsheterogenität die Schüler_innen gegenseitig voneinander profitieren?

Nicht nur im Zusammenhang mit dem letztgenannten Punkt sollte für zukünftige Entwicklungen das Potenzial von Material- und Handlungsorientierung genutzt werden. Dies ist dann möglich, wenn Materialien den mathematische Sinn und Inhalt in den Mittelpunkt stellen und auf diese Weise nicht als pädagogisches ‚Beiwerk', sondern als integraler Bestandteil des Lernprozesses genutzt werden.

Nicht zuletzt mit Verweis auf die in der vorliegenden Untersuchung empirisch gewonnenen Ergebnisse kann festgehalten werden, dass eine solche Material-, Handlungs- und Alltagsorientierung *vom Fach aus* zwar eine große Chance für inklusiven Mathematikunterricht bietet, aber zugleich eine zentrale Herausforderung für die Lehrkräfte darstellt. Diese müssen nämlich den Zusammenhang hinter den ‚Schematisierungen auf unterschiedlichen Niveaus', also den Zugängen zu einem Lerngegenstand auf unterschiedlichen Repräsentationsebenen erkennen und didaktisch nutzbar machen. Dieser Aspekt ist für eine inklusionspädagogische Perspektive von ausnehmender Bedeutung. Denn aufgrund der großen (Leistungs-)Heterogenität in einer inklusiven Lerngruppe muss die Lehrkraft nicht nur auf die passenden Ebenen für das jeweilige Kind eingehen. Sie muss sich darüber hinaus unterschiedlichsten Kindern widmen, die parallel auf verschiedensten Ebenen und mit unterschiedlichsten Formen von Abstraktion und Repräsentation operieren. Im Idealfall sollten dabei schließlich alle Kinder (dennoch) miteinander im Austausch stehen, um über die Lern- und Kommunikationsprozesse, die Verbindung der verschiedensten Darstellungsformen und Repräsentationsebenen miteinander anzuregen.

Damit und vor diesem Hintergrund kann an dieser Stelle zur Rolle von gemeinsamen Lerninhalten zurückgekehrt werden, die bereits in Kapitel 2.4 und 2.5 diskutiert wurde. Deutlich wird, dass im Zuge der Entwicklung einer inklusiven Didaktik inhaltsbezogene Aspekte nicht nur deshalb Gewicht gewinnen, weil sie als didaktische Fragen im engeren Sinne zu kennzeichnen sind. Vielmehr kann konstatiert werden:

- Inhaltsbezogene Aspekte wurden bis jetzt deutlich weniger behandelt als methodische Fragen und bilden damit zusammen mit fachdidaktischen Entwicklungen das zentrale Desiderat.
- Aus lehr-/lerntheoretischer Sicht müssen inhaltsbezogene Auseinandersetzungen der Schüler_innen im Zentrum der Frage nach Gemeinsamkeit und Vielfalt stehen, um das Potenzial des mit- und voneinander Lernens auszuschöpfen. Diese Argumentation findet sich denn auch in fachdidaktischen Positionen – unabhängig von der Frage ‚inklusiver Lerngruppen' wieder.

- Nicht zuletzt scheinen für Lehrkräfte in der Praxis die inhaltsbezogenen Fragen insbesondere unter der Zielsetzung des mit- und voneinander Lernens schwerer zu lösen zu sein als methodische Umsetzungen von Differenzierung (und Austausch).

Eine inklusive Didaktik hat sich damit (auch) um die Frage der Inhalte zu kümmern und zwar insbesondere unter dem Fokus, wie die Lerner_innen von der Heterogenität der Lerngruppe profitieren können. Für die damit verbundenen Unterrichtsentwicklungsprozesse sind letztlich aber nicht nur die konzeptionellen Entwicklungen von Bedeutung, sondern vor allem auch die Frage, wie sich die Möglichkeiten und Herausforderungen eines inklusiven (Mathematik-)Unterrichts für die Lehrkräfte darstellen. Nur so kann herausgearbeitet werden, was notwendig ist um einen guten inklusiven Unterricht in der Praxis zu etablieren.

5.2 Implikationen aus dem Forschungsstand für die eigene Untersuchung

Die Ergebnisse der Professionsforschung verweisen darauf, dass – auch unter Einbezug der sozialen Bedingtheit von unterrichtlichem Handeln – Belief-Systeme als Teil der professionellen (Handlungs-)Kompetenz von Lehrkräften für unterrichtliches Handeln und Planungsprozesse eine zentrale Rolle spielen (vgl. Kap. 4). Handlungen von Lehrkräften lassen sich demnach weder allein aus ihren Wissensbeständen noch aus ihren Belief-Systemen direkt ableiten. Doch gerade in den komplexen (und unsicheren) Situationen des Unterrichts kommt den Belief-Systemen als erfahrungsbasierte und affektiv besetzte Komponente eine entscheidende Bedeutung für das Handeln zu: „It is the episodic core of beliefs that makes their use so likely in just such a circumstance" (Pajares 1992, 311).

In Hinblick auf die grundlegende Form dieser Studie, ihr *Untersuchungsdesign*, belegen die in Kapitel 4 dargestellten Erkenntnisse also die grundsätzliche Relevanz von Belief-Systemen für die Planung und Gestaltung von Unterricht und stützen somit die Bedeutsamkeit dieses Forschungsgegenstandes für die Entwicklung eines inklusiven Mathematikunterrichts. Inhaltlich bezieht sich die Untersuchung spezifisch auf unterrichtsbezogene Belief-Systeme von Lehrer_innen der Primarstufe zum Gegenstandsbereich Lehren und Lernen von Mathematik in inklusiven Settings.

Es kann zwar grundsätzlich davon ausgegangen werden, dass die für Belief-Systeme zum Mathematikunterricht herausgearbeiteten Erkenntnisse zu Entwicklung, Handlungswirksamkeit und Verortung (als Teil der professionellen Handlungskompetenz) ebenso wie ihre grundlegenden inhaltlichen Aspekte auch für die Belief-Systeme zu inklusivem (Mathematik-)Unterricht gültig sind. Diese wurden allerdings bisher *inhaltlich* empirisch nicht bearbeitet, sodass für diese Untersuchung diesbezüglich nicht auf konkrete Ergebnisse zurückgegriffen werden kann, sondern vielmehr das Feld explorativ neu erschlossen werden muss. Erarbeitet werden sollen insbesondere Argumentationsstrukturen innerhalb und Zusammenhänge zwischen unterschiedlichen Belief-Systemen. Ferner steht im Zentrum, Hinweise zu deren Hintergründen innerhalb der Professionalisierungsprozesse aufzudecken. Ein qualitatives Vorgehen bietet sich hier an, um einen differenzierten Einblick in diese Zusammenhänge zu gewinnen. Dies wird zum einen dem bisher unbearbeiteten Feld gerecht, für das die relevanten Faktoren noch grundlegend zu erarbeiten sind. Zum anderen ist eine offene, induktive Auswertung entlang konkreter Aussagen der Lehrkräfte nahegelegt, um eben die Zusammenhänge in ihrer Komplexität erfassen zu können. Die Erkenntnisse über die Kontextabhängigkeit von Belief-Systemen (Kap. 4.2.2) stärken die Wahl einer qualitativ angelegten Untersuchung und begründen das kontrastiv gewählte Sample (vgl. hierzu Kap. 6).

Von Relevanz als mögliche ***inhaltliche*** **Bezugspunkte der Analyse** sind neben den theoretisch herausgearbeiteten Anknüpfungspunkten für die Entwicklung einer inklusiven Mathematikdidaktik (vgl. Kap. 3) die in diesen bisherigen Studien dokumentierten bzw. entwickelten Konstrukte eines dynamischen bzw. statischen Bildes von Mathematik wie auch die Hinweise auf bestehende Unterschiede zwischen den Professionen und/oder Schulformen (vgl. Kap. 4.3). Für eine gelingende Gestaltung guten (und an inklusive Konzeptionen anschlussfähigen) Mathematikunterrichts sind das von den Lehrkräften vertretene (dynamische oder statische) Bild von Mathematik (als Fach) und ihr vorhandenes Fachwissen, also fachliche Sicherheit, als wesentliche Faktoren herausgearbeitet worden. Unter dieser Perspektive scheint auch die Frage nach der Bedeutung mathematischen und mathematikdidaktischen Wissens für die Gestaltung geöffneter und herausfordernder Lernumgebungen für inklusiven Mathematikunterricht überaus relevant. Hintergrund ist, dass inklusiver (Mathematik-)Unterricht sich konzeptionell vor allem an konstruktivistisch orientierten Lehr-/Lernarrangements als anschlussfähig zeigt und damit an einen am dynamischen Bild von Mathematik orientierten Unterricht. Hier deutet sich eine besondere Problematik bei Lehrkräften an, die nicht im Fach Mathematik ausgebildet sind und es somit fachfremd unterrichten müssen. Dies ist wiederum gerade im Primarstufenbereich sowie in der Sonderpädagogik vermehrt der Fall.[3] Zugleich hat die Analyse zu existierenden mathematikdidaktischen Konzeptionen

3 In Bremen unterrichtete beispielsweise im Jahr 2011 fast die Hälfte der Primarstufenlehrkräfte fachfremd, im bundesdeutschen Durchschnitt sind es ungefähr ein Drittel. Im Vergleich dazu sind es im Fach Deutsch nur 20 % bzw. 16 % (vgl. Stanat et al. 2012, 240). Für Sonderpädagogiklehrkräfte scheinen die Zahlen noch geringer auszufallen. So haben in Bremen nach informeller Auskunft der senatorischen Behörde nur

und Materialien gezeigt, dass gerade die sonderpädagogischen Prinzipien (zumindest in der unterrichtspraktischen Literatur zum FöS GE) ein statisches Bild von Mathematik vermitteln (vgl. Kap. 3.3). Die genannten unterschiedlichen Sichtweisen auf Mathematik und Mathematiklernen können somit für die Einordnung der Ergebnisse der eigenen Untersuchung hilfreich sein.

Im empirischen Teil der Arbeit wird unter anderem zu erarbeiten sein, inwieweit Barrieren oder Potenziale für die Umsetzung eines inklusiven Mathematikunterrichts mit den grundlegenden Ausrichtungen der Belief-Systeme der Lehrkräfte in Verbindung gebracht werden können. Zudem gilt es zu erörtern, inwiefern die Lehrkräfte auf die Anknüpfungspunkte ‚guten Mathematikunterrichts' für den Umgang mit der Heterogenität ihrer Lerngruppen zurückgreifen (vgl. geplante Schlussfolgerung b) in Kap 6.1). Zu klären ist außerdem, welche Rolle die in Kapitel 3.4 und 5.1. dargelegten offenen Fragen zur Umsetzung eines guten Mathematikunterrichts ohne Ausschluss spielen, aber auch, welche weiteren Herausforderungen sich zeigen. Es ist allerdings nicht das Ziel, eine Zuordnung der Lehrkräfte zu einem der beiden ‚Bilder von Mathematik' vorzunehmen oder eine Beurteilung der mit den Belief-Systemen verbundenen Lehrer_innenkompetenzen bzw. Unterrichtsqualität durchzuführen, wie es in einem Großteil der aktuellen Forschungsliteratur der Fall ist.

Entsprechend bietet es sich an in der Auswertung der Interviews zunächst den Ausführungen der Lehrkräfte hinreichend Raum zu geben. Die für die angestrebten professionsbezogenen Schlussfolgerungen unabdingbaren Bezüge auf die fachdidaktischen und inklusionspädagogischen Entwicklungen werden daher – ebenso wie die mathematischen Weltbilder – lediglich als Reflexionsanregung im offen und explorativ angelegten Auswertungsprozess genutzt. Eine qualitative Erhebungsform wurde schließlich auch gerade deshalb gewählt, um ein differenziertes Bild der komplexen Zusammenhänge in den Belief-Systemen der Lehrkräfte zu erarbeiten. Zudem wird die Expertise der in der Studie befragten Lehrkräfte als eine fruchtbare Quelle für das Aufdecken von Bedarfen aber auch möglichen Lösungen zur Entwicklung einer inklusiven Fachdidaktik verstanden (vgl. geplante Schlussfolgerung a) in Kap. 6.1).

---

5 von 55 Lehrkräften mit dem FöS GE in der Primarstufe Mathematik studiert und nur 7 der Lehrkräfte mit dem FöS Lernen.

Teil B

Perspektiven und Erfahrungen aus der Praxis

Erhebung und Ergebnisse

> It is the episodic core of beliefs that makes their use so likely in just such a circumstance.
>
> Pajares 1992

Das Forschungsinteresse dieser Untersuchung liegt in der Erschließung der Belief-Systeme von Lehrkräften zu einem inklusiven Mathematikunterricht sowie daran anschließend in Ableitungen für Unterrichtsentwicklungsprozesse aus Professionalisierungsperspektive. Der nun folgende Teil B ist ersterem gewidmet und umfasst damit die Ergebnisse zur ersten leitenden Forschungsfrage nach der Perspektive der Lehrkräfte.

Einführend erfolgt in Kapitel 6 eine Präzisierung des Forschungsinteresses und die grundlegenden Darstellung der Untersuchungskonzeption (Kap. 6.1) sowie ein Überblick über das konkrete Vorgehen und die Begründung der gewählten Erhebungs- und Auswertungsmethoden (Kap. 6.2 und Kap. 6.3).

Kapitel 7 fokussiert eine thematische und fallübergreifende Auswertung der durchgeführten Interviews. Hier stehen zunächst die Merkmale guten und typischen Mathematikunterrichts im Vordergrund, so wie die Lehrkräfte sie schildern (Kap. 7.1). Kapitel 7.2 beschäftigt sich en détail mit den Aussagen der Lehrkräfte zum Umgang mit der Vielfalt der Lerner_innen. In Kapitel 7.3 wird die Analyse zugespitzt auf spezifische Aussagen zu den Möglichkeiten, Notwendigkeiten und potenziellen Besonderheiten eines inklusiven Mathematikunterrichts – auch unter Einbezug von Schüler_innen, die dem FöS GE zugeordnet werden. In Kapitel 7.4 erfolgt schließlich eine Zusammenfassung der bis dahin zentralen Ergebnisse zu den Aussagen der Lehrkräfte sowie die darin deutlich gewordenen Widersprüchlichkeiten, die einer rekonstruktiven und fallbasierten Betrachtung bedürfen.

In Kapitel 8 werden die Ergebnisse dieser komparativen vertiefenden Analysen dargestellt und damit die Hintergründe für die Widersprüchlichkeiten und Auffälligkeiten erarbeitet. Dies betrifft zunächst die Frage nach dem Verhältnis von Gemeinsamkeit und ‚Nebeneinander‘ im inklusiven Mathematikunterricht, da sich hier sehr unterschiedliche Deutungen der Koop- und Integrationslehrkräfte zeigen (Kap. 8.1). Anschließend erfolgt eine Aufschlüsselung der Barrieren, die mit der zentralen didaktische Entwicklungsaufgabe verbunden sind, ein ‚mit- und voneinander Lernen‘ im Mathematikunterricht zu ermöglichen (Kap. 8.2). Schließlich bieten die spezifischen Umgangsweisen der Integrationslehrkräfte mit Herausforderungen inklusiven Unterrichts einen Einblick in professionsbezogene Grundlagen von inklusiven Unterrichtsentwicklungsprozessen (Kap. 8.3).

Eine Zusammenfassung der Ergebnisse zu den Belief-Systemen der Lehrkräfte und ihren Hintergründen schließt diesen Teil ab (Kap. 8.4) und schafft den Ausgangspunkt für deren weitere Interpretation unter Einbezug der fachlichen Perspektiven in Teil C.

6 Konzeption der Studie: Perspektiven und Entscheidungen der Forscherin

Fragen zur Professionalisierung von Lehrkräften und damit verbunden ihre Belief-Systeme stehen als zentrale Komponenten der Unterrichtsentwicklung im Fokus der neueren unterrichtsbezogenen Lehr-/Lernforschung. Dabei werden unterschiedlich ausgerichtete Untersuchungen durchgeführt, die jedoch überwiegend quantitativ angelegt sind. Die vorliegende Untersuchung schließt an den professionalisierungsbezogenen Zugang zur Unterrichtsentwicklung an, verfolgt aber einen qualitativen Ansatz. Dieser sowie die grundlegende Konzeption sollen hier einleitend erläutert werden, um sodann genauer auf die Erhebungs- und Auswertungsmethoden einzugehen.

6.1 Zielsetzung und Konzeption

Belief-Systeme zum *inklusiven* Mathematikunterricht wurden bisher in der Forschung nicht behandelt und zur Erschließung des Belief-Gegenstandes ‚inklusiver Mathematikunterricht' liegen keinerlei quantitative Instrumente vor, womit ein Grund für die Wahl eines qualitativen Vorgehens benannt ist. Entscheidender ist aber die Tatsache, dass eine Erhebung anhand von quantitativen Methoden für das spezifische Forschungsinteresse *dieser* Arbeit grundsätzlich wenig ertragreich wäre. Die vielfach durchgeführten Fragebogenerhebungen, deren Items durchaus für den Bereich *inklusiver Mathematikunterricht* hätten angepasst werden können, ermöglichen lediglich die Erfassung grober Ausrichtungen von Belief-Systemen, und diese wären für das Erkenntnisinteresse dieser Untersuchung wenig gewinnbringend.[1] Belief-Systeme sollen hier hingegen in ihren unterschiedlichen Facetten erfasst werden, sodass innerhalb der und zwischen den Belief-Systemen Argumentationsstrukturen herausgearbeitet werden sowie Hinweise zu ihrer jeweiligen Grundlage ermittelt werden können. Ein explorativ-qualitativer Zugang ist erforderlich, um hierzu differenzierte Erkenntnisse zu gewinnen. Die Entscheidung fiel also auf eine qualitativ angelegte Interviewstudie, im Rahmen derer guter und typischer Mathematikunterricht, der Umgang mit Heterogenität im Mathema-

[1] Daten, die auf diesem Weg gewonnen werden, ermöglichen es, Belief-Systeme beispielsweise entlang der polarisierenden Unterteilung in ein dynamisches und ein statisches Bild der Mathematik einem large-scale Vergleich zugänglich zu machen und mit anderen Aspekten wie unterrichtlichem Handeln, fachlichem Wissen oder Schüler_innenleistungen in Verbindung zu setzen. Diese Zusammenhänge standen aber nicht im Fokus der hier vorgestellten Studie.

tikunterricht sowie Möglichkeiten und Grenzen eines inklusiven Unterrichts in diesem Lernbereich thematisiert werden sollten.

Die Forschungsfrage nach Implikationen für die Professionalisierung von Lehrkräften für einen inklusiven Mathematikunterricht wurde in zwei Stufen bearbeitet. Hierfür wurden zwei Leitfragen zur Analyse des Interviewmaterials entwickelt. Die erste Stufe zielt unmittelbar auf die Erarbeitung der Perspektive der Lehrkräfte selbst. Die erste leitende Forschungsfrage an das Datenmaterial lautet daher:

▷ *Welche Belief-Systeme zeigen sich bei den befragten Lehrkräften zu einem inklusiven Mathematikunterricht und seiner (Fach-)Didaktik?*

Zu dieser Frage wurden die Aussagen der Lehrkräfte themenbezogen untersucht. Für die Interpretation der so gewonnenen Erkenntnisse zu den Belief-Systemen erfolgten dann eine vertiefte fallvergleichende Analyse und schließlich der Bezug auf die fachliche Sichtweise unter der zweiten leitenden Forschungsfrage:

▷ *Welche Schlussfolgerungen ergeben sich für die Entwicklung eines inklusiven Mathematikunterrichts aus Professionalisierungssicht?*

Die Ergebnisse dieser zweiten Auswertungsstufe zielen auf Schlussfolgerungen sowohl zu *Desideraten und Potenzialen im fachlich konzeptionellen Bereich (a)* als auch auf zu vermutende Bedarfe und gewinnbringende Ausgangspunkte für *Professionalisierungsprozesse auf Seiten der Lehrkräfte (b)*. Zu klären sind im Detail folgende Fragestellungen:

Zu a) – Konzeptionelle Bedarfe:

▷ Welche von den Lehrkräften thematisierten Aspekte zu einem inklusiven Mathematikunterricht verweisen auf bisher nicht ausreichend gelöste bzw. bearbeitete (fach-)didaktische Fragen?

▷ Und welche Aspekte deuten hin auf vorhandene fach- oder inklusionsdidaktische Entwicklungen, die für einen inklusiven Mathematikunterricht hilfreich sein können?

▷ Welche von den Lehrkräften entwickelten Strategien zur Umsetzung eines inklusiven Mathematikunterrichts bieten Ausgangspunkte für eine fachdidaktische Weiterentwicklung?

Zu b) – Professionalisierungsbedarfe:

▷ Welche vorhandenen fach- und/oder inklusionsdidaktischen Entwicklungen berücksichtigen die Lehrkräfte bei ihrer Unterrichtsgestaltung?

▷ Welche Entwicklungen berücksichtigen sie nicht und welche (Hinter-)Gründe lassen sich dafür vermuten?

▷ Welche Berufs- und/oder Ausbildungserfahrungen scheinen für die Entwicklung und Gestaltung eines inklusiven Mathematikunterrichts nützlich und welche hinderlich?

▷ Welche Auswirkungen hat der jeweilige schulstrukturelle Kontext?

Im Rahmen der Erarbeitung des Forschungsstandes (vgl. Kap. 4) wurde die Bedeutsamkeit verschiedener Kontextfaktoren für die Entwicklung ebenso wie für die Handlungswirksamkeit von Belief-Systemen deutlich. Dies bildet den Hintergrund dafür, dass in der vorliegenden Untersuchung mittels der Befragung von Lehrkräften unterschiedlicher Organisationsformen zu einem Mathematikunterricht in heterogenen Lerngruppen auch Erkenntnisse über mögliche Einflussfaktoren dieser Settings für die professionelle Entwicklung von Lehrkräften möglich werden sollen. Die Auswahl der Interviewteilnehmer_innen erfolgte daher mit dem Ziel, die Bandbreite der im Feld des ‚inklusiven Mathematikunterrichts' existierenden unterschiedlichen Professionen und schulischen Arbeitsfelder einzubeziehen. Befragt wurden deshalb Primarstufenlehrkräfte mit sonder- und grundschulpädagogischer Ausbildung aus integrativen und kooperativen Schulstrukturen. Relevant für den kontrastiven Vergleich ist dabei vor allem die mögliche Differenz zwischen Lehrkräften, die bereits einen inklusiven Mathematikunterricht durchführen und solchen, die dies bisher nicht tun. Bei den Lehrkräften in den Kooperationsklassen kann davon ausgegangen werden, dass sie zumindest in einem Teil der Fächer/Lernbereiche einen ‚gemeinsamen Unterricht' durchführen. Entsprechend ist anzunehmen, dass sie über in der eigenen Erfahrung verankerte Belief-Systeme verfügen, innerhalb derer sie von spezifischen Herausforderungen für den Lernbereich Mathematik ausgehen. Die Auswahl der integrativen Klassen orientierte sich trotz der damit verbundenen fachlichen Problematik an der Förderschwerpunktsystematik: Bei der Interviewanfrage wurde als Kriterium u. a. Erfahrung im integrativen Unterricht auch mit Kindern des FöS GE vorausgesetzt. Damit wurde der Versuch unternommen, Lehrkräfte in das Sample aufzunehmen, in deren Lerngruppen bei einem Teil der Kinder auch das Erwerben mathematischer Basiskompetenzen relevante Lernziele darstellen.[2] Weitere zentrale Kriterien zur Auswahl der Lehrkräfte waren eine möglichst ausgeprägte Berufserfahrung (mind. fünf Jahre) sowie eine grundsätzlich positive Einstellung bzw. gute Kompetenzen im Lernbereich Mathematik.[3] Durch diese Eingrenzung sollte vermieden werden, dass mögliche Barrieren für einen inklusiven Unterricht in Mathematik vorrangig in einer grundsätzlichen Abneigung oder Unsicherheit in diesem Lernbereich begründet liegen könnten.

Mithilfe eines qualitativen Stichprobenplans wurden entlang dieser Kriterien jeweils sieben Interviews mit Integrations- und mit Kooperationslehrkräften in die Auswertung einbezogen. Das Sample ist auf der folgenden Seite dargestellt.[4]

---

2 In den Interviews war es von Bedeutung, sich (bzw. die Interviewpartner_innen) nicht auf diese hier aus forschungspragmatischen Gründen genutzte Kategorisierung in Kinder mit/ohne SPF zu beschränken. Entsprechend wurde erst zu einem sehr späten Zeitpunkt im Interview explizit auf diese Kategorie Bezug genommen.

3 Auch wenn nicht alle Befragten das Fach Mathematik studiert haben, weisen alle einen positiven Bezug dazu auf und haben sich im Laufe ihrer Berufsbiografie bereits auf die eine oder andere Weise intensiver mit diesem Lernbereich auseinandergesetzt.

4 Alle Namen wurden zum Zweck der Anonymisierung geändert. Der Anfangsbuchstabe des Vor- bzw. Nachnamen weist auf die Profession (S-onderpädagog_in/G-rundschulpädagog_in) bzw. die Schulform (K-ooperation/I-ntegration) hin. Eine genauere Übersicht der Rahmendaten der Befragten findet sich in Anhang B (S. 285ff.), kurze Fallsteckbriefe im Verlauf von Kapitel 7.

Tab. 6.1: Übersicht zum Sample

	Sonderpädagogik	Grundschulpädagogik
Integration/Inklusion (im Folgenden: I-Klassen)	Svenja Ingmann Sonja Inken Sabine Iser	Gerrit Igel Gesa Imhof Gudrun Illgner Gerlinde Insel
Kooperation (im Folgenden: Koop-Klassen)	Sven Keller Stefan Knopp Sandra Keil Sabrina Kurz	Gabriele Köhler Gisela Kamp Gesine Kerner

6.2 Erhebung: Das episodische Interview

Da Belief-Systeme als zentrale Komponente der routinierten Entscheidungsprozesse von Expert_innen eng mit ihrem Fallwissen und ihren Erfahrungen verknüpft sind, bieten sich als Erhebungsmethode erzählgenerierende Interviews an, die auf die Schilderung von Erfahrungen abzielen. Mit dem episodischen Interview wurde allerdings eine Interviewform ausgewählt, die nicht nur narrativ ausgerichtet ist, sondern abzielt auf

> [...] eine Kombination von *Erzählungen*, die sich an situativen, bzw. episodischen Kontexten orientieren, mit *Argumentationen*, die sich jeweils von solchen Kontexten zugunsten der Orientierung an dem daraus entstandenen begrifflichen und regelorientierten Wissen lösen. (Flick 2011, 239, Hervorh. N. K.)

Diese Verbindung ist für die vorliegende Untersuchung insofern gewinnbringend, als das (narrativ-episodische) Fallwissen der Lehrkräfte gerade in Verbindung mit ihrem (argumentativen) Professionswissen von Interesse ist. Zudem ermöglicht diese Interviewform im Zuge eines offenen Interviewleitfadens die Setzung von Themenschwerpunkten (vgl. Flick 2011, 238ff.). Im Fall der vorliegenden Untersuchung setzt sich dieser Interviewleitfaden aus vier Inhaltsbereichen zusammen:

- Guter Mathematikunterricht
- Typischer Mathematikunterricht
- Umgang mit Heterogenität im eigenen/aktuellen Mathematikunterricht
- Spezifische Nachfragen zu möglichen Unterschieden zwischen Mathematik und anderen Lernbereichen im inklusiven Unterricht und zur Bedeutung des Einbeziehens von Kindern, die dem FöS GE zugeordnet werden (vgl. Leitfaden in Anhang A, S. 283).[5]

[5] Die konkrete Ausgestaltung des Interviewleitfadens wie auch der Interviewführung wurde (selbstverständlich auch) durch die Erkenntnisse der Pilotuntersuchung geprägt. Dies betrifft insbesondere die

Entsprechend der episodischen Orientierung sind insbesondere die die jeweiligen Themenblöcke einleitenden Fragen möglichst erzählgenerierend formuliert. Auf diese offenen Leitfragen folgen dann zunächst immanente Nachfragen, um die Relevanzsetzungen der Befragten nicht mit (theoretischen) Vorannahmen zu überdecken (vgl. Przyborski/Wohlrab-Sahr 2009, 12f.).[6]

Da das Interview explizit Raum nicht nur für situationsbezogene, sondern auch argumentative Ausführungen bieten soll, werden außerdem Fragen gestellt, die explizit darauf abzielen, die Interviewten zu Argumentationen und Bewertungen anzuregen. Die Interviewführung umfasst hierzu weitere spezifische Elemente, die über ein reines Gespräch hinausgehen.[7] Um auch hier dem episodischen Charakter Rechnung zu tragen, werden diese Interviewteile ebenso wie die jeweils am Ende der Themenblöcke erfolgenden exmanenten Nachfragen stets von der Bitte um konkrete Beispiele begleitet.

Mit diesem Vorgehen sollten sozial erwünschte Antworten ebenso wie Äußerungen zu Idealvorstellungen, von deren Umsetzbarkeit die Lehrkräfte aber nicht überzeugt sind, vermieden werden, da mit den erzählgenerierenden Interviewanteilen möglichst erfahrungsnahe Schilderungen provoziert werden können. Ein insgesamt hoher Anteil an Erzählungen war entsprechend das übergreifende Ziel der Interviews. Die Erzählanlässe zielten aber von vornherein nicht vorrangig auf die Erfassung von Erlebnissen i. S. singulärer Ereignisse, die im narrativen (biografisch orientierten) Interview eine Erzählung kennzeichnen würden. Stattdessen spielen auch Beschreibungen[8] eine wichtige Rolle, da der Fokus auf der Erfassung generalisierter und in einen (argumentativen) Zusammenhang gebrachter Erfahrungen liegt. In diese können auch explizite Ausführungen zum (professionellen) Wissen der Lehrkräfte einfließen. Eine enge Verwobenheit von diesen (generalisierten) Beschreibungen mit (konkreten) Erzählungen kann wiederum als ein Indiz dafür gewertet werden, dass es um (verallgemeinernde) Beschreibungen auf Basis des konkreten eigenen Erfahrungshintergrundes handelt – und nicht etwa um sozial erwünschte oder der Literatur entnommene Aspekte. Die entsprechenden

---

Aufnahme einer Frage nach typischem Mathematikunterricht. Auch die Einbindung von zuspitzenden Fragen in Bezug auf Unterschiede zwischen Mathematik und anderen Fächern sowie zum Verständnis von ‚Gemeinsamkeit' verdanken sich Erkenntnissen aus der Pilotuntersuchung.

6 Diese Zielsetzung wird hier kurz anhand eines fiktiven Beispiels erläutert: Die offene Frage nach ‚einer Sternstunde des eigenen Mathematikunterrichts' könnte in der Beantwortung zunächst zur Schilderung störungsfreier Unterrichtssituationen führen. Unterbräche man diese Schilderungen direkt mit Nachfragen nach einer speziellen ‚mathematikdidaktischen Bewertung' der Unterrichtssituationen, würde die Bedeutung nicht erfasst, die ein störungsfreier Unterricht möglicherweise vor allen didaktischen Fragen für die Lehrkraft hat.

7 Zur Ermittlung der typischen Unterrichtssituationen wurde beispielsweise ein an das Repetory-Grid-Verfahren angelehntes Vorgehen gewählt (vgl. Kap. 7.1 zu den typischen Situationen).

8 Beschreibungen unterscheiden sich von Erzählungen dahin gehend, dass keine singulären Ereignisse in einem konkreten zeitlichen Ablauf von Anfang bis Ende berichtet werden, sondern „wiederkehrende Handlungsabläufe oder feststehende Sachverhalte" (Nohl 2009, 27).

Ausführungen der Lehrkräfte wurden in dieser Untersuchung als ‚erzählorientierte Beschreibungen' bezeichnet. Diese Textsorte ist neben (echten) Erzählungen zu einzelnen Unterrichtssituationen zu erwarten, wenn Lehrkräfte über Unterricht sprechen. Die professionelle Kompetenz von Lehrkräften zeichnet sich durch fallbasierte Routinen aus, die eine Mischung aus Versatzstücken ‚echter Erzählungen' (von singulären Ereignissen) und (generalisierender) Beschreibungen der damit verbundenen routinierten Herangehensweisen nahe legen. Reine Erzählungen wären hingegen weder der Forschungsfrage noch dem Feld angemessen gewesen.

Die mit der ‚Erzählorientierung' dokumentierte ‚Unterrichtsnähe' der Aussagen der Lehrkräfte ermöglicht die Erfassung von tatsächlich planungs- und handlungsrelevanten Belief-Systemen der Befragten.[9] In diesem Sinne wurde Wert auf den narrativ-episodischen Charakter der Interviews gelegt, auch wenn letztlich die (argumentativen) Zusammenhänge der Belief-Systeme der Lehrkräfte im Vordergrund der Analyse stehen, da die Lehrkräfte unter einer professionsbezogenen (und nicht biografischen) Perspektive befragt wurde.[10]

6.3 Auswertung: Orientierung an der dokumentarischen Methode

Grundsätzlich orientiert sich die Auswertung an der dokumentarischen Methode (Bohnsack et al. 2007a). Ergänzt wird das Vorgehen um eine der qualitativen Inhaltsanalyse (Mayring 2007, 2009) entlehnten Kategorienbildung. Durch diese Kombination wird erreicht, dass die Auswertungsmethode die unterschiedlichen Ebenen des Erkenntnisinteresses reflektiert, nämlich sowohl eine Analyse dessen vorzunehmen, was die Lehrkräfte äußern, als auch zu erschließen, welche Hintergründe sich dafür aufzeigen lassen.

Diese beiden Ebenen werden bereits innerhalb der dokumentarischen Methode angesprochen. Entsprechend des Anliegens der rekonstruktiven Sozialforschung, einen Perspektivwechsel vom ‚Was' zum ‚Wie' bzw. ‚Warum' vorzunehmen (vgl. Bohnsack 2005, 72), findet sich die Unterscheidung zwischen immanentem Sinngehalt (‚Was' wird gesagt) und dokumentarischem Sinngehalt (‚Wie' wird etwas gesagt). Dieser Unterscheidung wird in der dokumentarischen Methode mit zwei Analyseebenen entsprochen. Mit der Erstellung von *Themenverläufen und einer formulierenden Interpretation*

---

9 Aufgrund verschiedener anderer Prozesse, die in der Unterrichtspraxis relevant sind, ist mit der Erhebung der Belief-Systeme allerdings keine direkte Ableitung zur Unterrichtspraxis der Befragten verbunden.

10 Weder die (berufsbiografischen) Entwicklungs- und Veränderungsbedingungen noch die Verbindung bzw. Abgrenzung von Belief-Systemen zu anderen Komponenten der professionellen Handlungskompetenz sind hier also relevant. Die gewählten Interview- und Auswertungsformen sind damit näher an Experteninterviews als an narrativ-biografisch angelegten Interviews, sofern Experteninterviews verstanden werden als Befragung von „ExpertInnen zu ihrem eigenen Handlungsfeld" (Nohl/Radvan 2010, 159).

wird das ‚Was' auf einer „(begrifflich) explizierten, kommunikativ-generalisierten Ebene" erfasst. In der anschließenden *reflektierenden Interpretation* werden Elemente sowohl der Narrations- als auch der Diskursanalyse genutzt.[11] Die komparative Analyse dazu, ‚wie' das ‚Was' von den verschiedenen Befragten gesagt wird, ist ein „[m]ethodischer Zugang zum impliziten [...], handlungsleitenden Erfahrungswissen" (Bohnsack et al. 2007b, 12). Sie dient dazu, (implizite) Orientierungen, die hinter den (expliziten) Aussagen liegen, zu rekonstruieren und unterschiedliche Ausrichtungen dieser Orientierungen, sogenannte Orientierungsrahmen, herauszuarbeiten.[12] Die ermittelten Orientierungsrahmen werden schließlich anhand von sinn- und soziogenetischer Typenbildung eingeordnet, um zu erschließen, in welchem „soziale[n] Zusammenhang die Orientierungsrahmen stehen" (Nohl 2009, 59).[13] Letzteres liegt allerdings nicht im Forschungsinteresse der vorliegenden Untersuchung, weshalb hier keine sozialstrukturellen Merkmale zur Einordnung herangezogen wurden. Vielmehr steht der Professionsbezug bei der Auswertung im Fokus. Daher werden die ermittelten Belief-Systeme der Lehrkräfte zu theoretisch-konzeptionellen Erkenntnissen und Desiderata in Bezug gesetzt (vgl. oben die zweite leitende Frage an das Material). Mit dieser Differenz beim Vorgehen wird auch deutlich, dass Orientierungen und Orientierungsmuster oder -rahmen insgesamt begrifflich nicht mit professionsbezogenen Belief-Systemen gleichzusetzen sind (vgl. auch Korff in Vorb.). Es gibt aber zwischen diesen jeweils ‚impliziten Wissensstrukturen' hinreichende Parallelen, sodass die im Kontext der dokumentarischen Methode entwickelten Auswertungsmethoden für die Erarbeitung von Belief-Systemen fruchtbar gemacht werden können resp. gewinnbringend sind: Im Zentrum der Erhebung stehen die Belief-Systeme der Lehrkräfte, in denen sich Erfahrungen, (implizites) Wissen und (Be-)Wertungen spiegeln. Für ihre Erarbeitung ist die Zielsetzung der dokumentarischen Methode, „implizite[s] oder atheoretische[s] Wissen zur begrifflich-theoretischen Explikation zu bringen" (Bohnsack et al. 2007b, 12), eine dem Gegenstand angemessene Herangehensweise.

---

[11] Vgl. zu den theoretischen und methodologischen Hintergründen und dem generellen Vorgehen Bohnsack 2010 sowie genauer zur Nutzung der Gesprächs- und Diskursanalyse in der Auswertung Przyborski 2004.

[12] Die Differenzierung zwischen diesen verschiedenen Begriffen ist nicht immer ganz einheitlich. Zusammenfassend lässt sich sagen: Einzelne Passagen/Äußerungen haben einen bestimmten Orientierungsgehalt. Findet sich dieser über mehrere Passagen hinweg, kann man von einer Orientierungsfigur sprechen, die sich wiederum zu anderen Orientierungsfiguren abgrenzen lässt. Diese Abgrenzung wird als (persönlicher und milieugeprägter) Orientierungsrahmen bezeichnet und bildet zusammen mit gesellschaftlich-normativ geprägten Orientierungsschemata das Orientierungsmuster einer Person bzw. Gruppe (vgl. z. B. Przyborski 2004).

[13] Die primäre Zielsetzung der dokumentarischen Methode bleibt damit, entsprechend ihres Ursprungs in der Rekonstruktion sozialer Milieus in (Jugend-)Gruppendiskussionen, die Erarbeitung von Hintergründen der Orientierungen aus sozialwissenschaftlicher Perspektive – trotz der zwischenzeitlichen Erweiterung von Themen und Analysematerialien.

Ähnlich wie mittels episodischer Interviews das Anregen von Erzählanlässen und Argumentationen miteinander kombiniert werden können, ermöglicht eine Auswertung in Anlehnung an die dokumentarische Methode, die Aussagen der Lehrkräfte sowohl inhaltlich aufzuschlüsseln (formulierende Interpretation des immanenten Sinngehalts, vgl. erste leitende Frage) als auch ihre Hintergründe zu analysieren (reflektierende Interpretation des dokumentarischen Sinngehalts, vgl. zweite leitende Frage). Die Verbindung mit einer inhaltsanalytisch orientierten Kategorienbildung stärkt dabei die Analyse des immanenten Sinngehaltes sowie die komparative Herangehensweise. Denn durch die Einbindung einer zusammenfassenden Kategorienbildung stellt das, ,Was' gesagt wird, bereits eine eigene Ergebnisebene dar. Dies ermöglicht einen themenorientierten Fallüberblick, bevor Hintergründe und Zusammenhänge der Belief-Systeme erarbeitet werden.

Bei der Nutzbarmachung beider Auswertungsmethoden für diese Untersuchung wird grundsätzlich von einer Parallele zwischen der Vorgehensweise der dokumentarischen Methode und der zusammenfassenden Inhaltsanalyse nach Mayring ausgegangen. Beide nehmen ihren Ausgangspunkt im Material, in den Aussagen der Befragten und dem darin ausgedrückten ,subjektiven Sinn', auch wenn sie im Weiteren unterschiedliche ,Auswertungsrichtungen' verfolgen. Bei der dokumentarischen Methode erfolgt eine sequenzanalytische Erweiterung des Materials (vgl. Flick 2011, 422ff.). Demgegenüber wird bei der qualitativen Inhaltsanalyse eine kategorisierende Reduktion des Materials durchgeführt (vgl. ebd., 409). Für das Erkenntnisinteresse dieser Untersuchung ebenso wie das Verständnis des Forschungsgegenstandes scheint gerade die Kombination dieser beiden Zugangsweisen fruchtbar: Es kann ein – kategorisierender – Überblick zum Inhalt der Belief-Systeme erfolgen (vgl. oben die erste leitende Frage für die Auswertung der Interviews). Zugleich sind sequenzanalytische Rekonstruktionen zu den Orientierungen und Zusammenhängen möglich, die jeweils den Belief-Systemen zugrunde liegen und aus denen wiederum professionsbezogene Schlussfolgerungen möglich werden (vgl. oben die zweite leitende Frage für die Interpretation). Letzteres gelingt wiederum erst durch einen Bezug der ermittelten Belief-Systeme der Lehrkräfte zu theoretisch-konzeptionellen Erkenntnissen und Desiderata.

Entwickelt wurde daher ein dreischrittiges Vorgehen zur Analyse der Interviews,[14] wobei jeder Schritt bereits Ergebnisse auf der jeweiligen Ebene liefert (vgl. genauer Korff in Vorb.):

[14] Die Basis für die Auswertung bilden Transkripte der 50- bis 70-minütigen Interviews, die als sprechtextnahe, durch konventionelle Satzzeichen lesbar gemachte literarische Umschrift erstellt wurden (vgl. Kuckartz et al. 2008, S. 24ff. und S. 47ff.).

- Angelehnt an die *thematischen Verläufe und die formulierende Interpretation der dokumentarischen Methode* werden die von den Befragten inhaltlich benannten **Themen zunächst induktiv codiert** und eng entlang ihrer eigenen Relevanzsetzungen ein Überblick über die von ihnen thematisierten Aspekte herausgearbeitet. Die Codierung erfolgt möglichst interviewnah als paraphrasierte Stichworte. Das Ergebnis ist die Darstellung des „kommunikativ-generalisierten Sinngehalt[s] in einer klar verständlichen Sprache und eine thematische Feingliederung" (Przyborski/Wohlrab-Sahr 2009, 288). Hier wird ebenso wie im zweiten Schritt im Sinne des qualitativ explorativen Vorgehens der Erschließung der Relevanzsetzungen der Befragten ausreichend Raum gegeben.
- Anschließend werden die so dokumentierten Themen der Befragten unter Nutzung der zusammenfassenden (induktiven) und teilweise auch strukturierenden (deduktiven) Kategorienbildung[15] der qualitativen Inhaltsanalyse zu einem **fallübergreifenden Überblick** gebündelt. Als Zwischenergebnis kann ein genereller (inhaltlicher) Überblick über die Aussagen der Lehrkräfte gewonnen werden. Es ist zugleich möglich, die unterschiedlichen Aussagen fallvergleichend miteinander in Beziehung zu setzen. Auf diese Wiese kann untersucht werden, inwiefern sich inhaltliche Gemeinsamkeiten und Unterschiede zwischen den Befragten oder auch den Aussagen einer einzelnen Lehrkraft in den verschiedenen Interviewteilen zeigen. Dadurch wird auch erkennbar, welche Themen für die Befragten von zentraler Bedeutung zu sein scheinen und/oder intra- oder interpersonell widersprüchlich sind.
- Die so herausgearbeiteten kritischen, widersprüchlichen und/oder als zentral erscheinenden Aspekte werden abschließend wiederum in Anlehnung an die *reflektierende Interpretation der dokumentarischen Methode* vertiefend analysiert. Hiermit wird das Ziel verfolgt, die **Strukturen, Hintergründe und Zusammenhänge der Belief-Systeme zu rekonstruieren**. Während im zweiten Schritt die *Themen* der Befragten übergreifend analysiert werden, stehen im nun erfolgenden fallbasierten Vergleich einzelne Interviewpassagen und die jeweiligen Argumentationsstrukturen der Lehrkräfte im Fokus. Diese Passagen werden mit der dokumentarischen Methode als Sequenzen (von der Proposition bis zur Konklusion) bezeichnet. Innerhalb der ausgewählten Sequenzen werden die Aussagen in ihrem jeweiligen Kontext betrachtet, um unter Rückgriff auf Elemente der Gesprächsanalyse[16] über das ‚Wie' (des Argu-

[15] Eine weitere nur sehr sparsam eingesetzte Form war die Nutzung wertender Kategorien (vgl. Kap. 7.2.3 und Kap. 7.3.2).

[16] Die Interviews umfassen entsprechend ihrer professionsbezogenen Anlage stets auch Argumentationen (vgl. auch ‚erzählorientierte Beschreibungen' oben). Wie Nohl für Expert_inneninterviews herausarbeitet, bietet es sich für die Analyse an, „dem Gesprächscharakter dieser Interviews umfassender Rechnung zu tragen und auf die Gesprächsanalyse der dokumentarischen Methode […] zurückzugreifen" (Nohl 2009, 50).

mentationsverlaufs) das dahinterliegende ‚Warum' zu rekonstruieren. Es gilt also, die Frage nach den Hintergründen und Zusammenhängen zu klären.

Über den Fallvergleich in Schritt 3 hinaus werden in einer abschließenden Diskussion der Ergebnisse konzeptionell-theoretische Bezüge hergestellt, um die herausgearbeiteten und untersuchten Belief-Systeme einzuordnen. Dies ist dem professionsprozessbezogenen Erkenntnisinteresse der Untersuchung und damit der zweiten o. g. Forschungsfrage geschuldet.[17]

[17] Im Auswertungsteil wird entsprechend der Begriff Orientierungen als Analysekategorie verwendet. Eine spezifische Differenzierung zwischen Orientierungsrahmen und -mustern findet jedoch nicht statt und der Untersuchungsgegenstand wird mit Belief-Systemen gefasst, wie in Kapitel 4 dargestellt und definiert. Damit sowie mit dem späteren Bezug auf die fachlichen Perspektiven ergeben sich zur dokumentarischen Methode wie dargestellt auch deutliche Abweichungen, sodass nur von einer ‚*Anlehnung* an die dokumentarische Methode' die Rede sein kann. Insgesamt ist das methodische Vorgehen allerdings stärker an der dokumentarischen Methode orientiert als an inhaltsanalytischen Zugängen und – insbesondere mit dem dritten Auswertungsschritt – in der rekonstruktiven Sozialforschung verortet.

7 Die Sicht der Lehrkräfte: Guter, typischer und inklusiver Mathematikunterricht

Zentrales Anliegen dieses Kapitels ist es, grundlegende Erkenntnisse über die Belief-Systeme der befragten Lehrkräfte zu den drei Kernthemen guter Mathematikunterricht, typischer Mathematikunterricht und aktueller Umgang mit der Heterogenität der Lerngruppe zu erlangen.[1] Aus den Schilderungen der Lehrkräfte zum guten und typischen Mathematikunterricht bzw. deren Vergleich (Kap. 7.1.1. & 7.1.2) lassen sich zentrale Herausforderungen für einen gelingenden Mathematikunterricht herausarbeiten (Kap. 7.1.3). Die Frage des Umgangs mit Materialien wird dabei aufgrund ihrer Bedeutung für inklusiven Mathematikunterricht gesondert betrachtet (Kap. 7.1.4). Die in Kapitel 7.2 dokumentierte Analyse zum Umgang mit Heterogenität umfasst die Frage, wie die Lehrkräfte auf die Heterogenität der Lerngruppe eingehen, bzw. was sie hierbei als gelingend empfinden (Kap. 7.2.1). Außerdem wird genauer betrachtet, welche Rolle gemeinsame und individualisierte Lernsituationen in ihrem Unterricht spielen (Kap. 7.2.2.) und welche(n) Begriff(e) von Gemeinsamkeit sie dabei entwickeln (Kap. 7.2.3). Mit Blick auf die zentrale Forschungsfrage wird dann in Kapitel 7.3 detaillierter darauf eingegangen, ob/welche Möglichkeiten, Besonderheiten und Grenzen die Lehrkräfte für einen inklusiven Mathematikunterricht sehen. Hierbei werden auch die Antworten auf die entsprechenden spezifischen Nachfragen zu potenziellen Besonderheiten aufgegriffen, die in Bezug auf das Einbeziehen von Kindern im FöS GE (Kap. 7.3.1) sowie den Lernbereich Mathematik im Unterricht mit heterogenen Lerngruppen (Kap. 7.3.2) vermutet wurden. Abschließend werden in Kapitel 7.4 die gewonnenen Erkenntnisse noch einmal zusammenfassend präsentiert und offene Fragen formuliert, die es späterhin zu klären gilt.

Die Analyse des Materials erfolgt hier gemäß der zuvor dargestellten ersten beiden Untersuchungsschritte.[2] Da sich die Belief-Systeme grundsätzlich ähneln, lassen sich

---

1 Dieses Kapitel wurde im Vergleich zur Originalarbeit deutlich gekürzt. Die Kürzungen beziehen sich insbesondere auf Erläuterungen zum Vorgehen bei der Analyse und den darin entwickelten Kategorien. Die Originalversion dieses Kapitel kann bei der Autorin angefragt werden (beliefs@natascha-korff.de).

2 Basis ist die mit den Schritten 1 und 2 erfolgte Erfassung des immanenten Sinngehalts, also dessen, *was gesagt wurde*. Es werden folgende Markierungen der Codes und Kategoriennamen zur Unterscheidung der unterschiedlichen Analyseebenen genutzt: ‹Code›: eng am Material vergebene Codes (vgl. Schritt 1);

die insgesamt getroffenen Aussagen in Bezug auf die jeweiligen Themen als Gesamtkomplex erörtern. Vorhandene Unterschiede zwischen den Lehrkräften, aber auch die konkreten Ausprägungen der zusammenfassend dargestellten Positionen, können wiederum nicht einfach (quantitativ) auf dieser Ebene des themenbezogenen fallübergreifenden Vergleichs dargestellt werden. Deshalb wird an adäquater Stelle jeweils ergänzend auf Einzelfälle Bezug genommen, um so auf individuelle Zugänge oder Besonderheiten zu verweisen. Dort wo ein_e Befragte_r in dieser Form erstmalig gesondert erwähnt wird, ist zur Orientierung jeweils ein kurzer Ausschnitt aus dem Fallsteckbrief in den Text aufgenommen, der zur Vorstellung der jeweiligen Lehrkraft dient. Zugleich soll mittels dieser Darstellungsform, dem qualitativ-explorativen Anspruch der Untersuchung folgend, neben dem fallübergreifenden Überblick ein Einblick in die individuellen Positionen der befragten Lehrkräfte jenseits der Kategorienebene gegeben werden.[3]

7.1 Guter und typischer Mathematikunterricht

7.1.1 Guter Mathematikunterricht: Ein einheitliches Bild mit individuellen Schwerpunkten

Die Aussagen der verschiedenen Lehrkräfte zum guten Mathematikunterricht bilden inhaltlich insgesamt ineinandergreifende Merkmale und nicht etwa gegensätzliche Aspekte ab. Zwar setzen sie unterschiedliche Schwerpunkte (nicht alle benennen alle Aspekte und jeweils auch mit unterschiedlicher Gewichtung). Allerdings treffen alle Lehrkräfte ähnliche Aussagen zur «Form», also zur Unterrichtsorganisation[4] eines guten Mathematikunterrichts, in dessen Zentrum «Handeln, aktiv, erleben, selbst tätig» steht. Die beschriebenen Elemente weisen eine klare Nähe zu den Darstellungen guten Mathematikunterrichts in der fachdidaktischen Literatur auf. Alle 14 Lehrkräfte betonen, dass Schüler_innen Mathematik handelnd und (eigen-)aktiv erleben sollen. Arbeitsmit-

«zusammenfassende Kategorie»: induktiv anhand der Bündelung der Codes gewonnene Kategorie; »strukturierende Kategorie«: deduktiv gesetzte Kategorie anhand des Forschungsinteresses, der Leitfragen der Interviews und/oder aus der Literatur gewonnener Aspekte (vgl. Schritt 2).

3 Die Kurz-Steckbriefe haben ergänzenden Charakter und sind nicht als Belege für die an den jeweiligen Stellen dargestellten Ergebnisse der themenbezogenen fallübergreifenden Darstellungen gedacht.

4 Im Verlauf der Auswertung wurden drei Oberkategorien resp. Bereiche entwickelt, denen sich die Merkmale guten Mathematikunterrichts zuordnen ließen: a) Organisation der Lehr-/Lernsituation, d. h. die Unterrichts*form* (codiert als «Form-Unterricht»), b) die darin vermittelte Mathematik, also der Unterrichts*inhalt* (codiert als «Inhalt-Mathematik») und, mit Perspektive auf die Lernenden, c) die Wirkung des Unterrichts auf die Schüler_innen, die *Indizien* für einen gelungenen Lernprozess liefern (codiert als «Wirkung/Indiz-Schüler_innen»). Die Ausführungen der Lehrkräfte zu den drei Bereichen sind natürlich miteinander verwoben, denn sie stellen verschiedene Perspektiven auf denselben Zusammenhang dar. Gerade durch die analytische Trennung kann allerdings die argumentative Verbindung innerhalb der Aussagen der Lehrkräfte herausgearbeitet werden.

tel sollen den Kindern bei der Entwicklung von Vorstellungsbildern helfen und guter Mathematikunterricht zielt bei fast allen Lehrkräften auf Offenheit, Flexibilität und Eigenständigkeit der Schüler_innen. Passend dazu lassen sich mit «Rahmen, Ordnung, Rituale» eine möglichst große (organisatorische und/oder inhaltliche) Selbstständigkeit entwickeln. Wichtig ist den Lehrkräften außerdem eine gute Mischung von Methoden, d. h. insbesondere von Sozialformen und angebotenen Lernzugängen. Zudem thematisieren sie einhellig den Umgang mit der Vielfalt der Lerngruppe als einen zentralen Aspekt, den es im guten Mathematikunterricht zu berücksichtigen gilt. Sie verweisen hierfür auf die Notwendigkeit von Differenzierung, aber ebenso auf die Bedeutung von Austausch und gemeinsamem Handeln (unterschiedlicher Lerner_innen). Das, was die Lehrkräfte über den zu lernenden «Inhalt Mathematik» äußern, verweist ebenfalls auf eine grundlegende Einigkeit zum Verständnis dessen, was sie im Mathematikunterricht vermitteln möchten.

So gibt es jedenfalls auf Ebene der Kategorien erst einmal eine deutliche Überschneidung bei dem von den Lehrkräften beschriebenen guten Unterricht und der darin zu lernenden Mathematik, deren zentrale Aspekte sich auch mit den fachlichen Kriterien für einen guten Mathematikunterricht decken (vgl. hierzu Kap. 3).

Lediglich was die «Wirkung/Indizien» eines gelungenen Mathematikunterrichts angeht, sind die Aussagen der Lehrkräfte zunächst nicht unmittelbar mathematikspezifisch und lassen sich damit schwerer fachlich einordnen. So heben sich die von den Lehrkräften angeführten Erkenntnismomente von Schüler_innen ab durch ein gewisses ‚Überraschungsmoment' und eine damit verbundene emotionale Bedeutung für die Lehrkraft selbst. Weniger fallen sie durch die inhaltliche Dimension der gewonnenen Erkenntnis auf. In ähnlicher Weise bezieht sich das zweite zentrale Indiz, an dem die Lehrkräfte ihre Sternstunden festmachen,[5] die Motivation der Schüler_innen in der Situation, kaum auf deren vertiefte Beschäftigung mit mathematischen Inhalten, sondern wird eher inhaltsunabhängig auf generelle Involviertheit der Schüler_innen in das Unterrichtsgeschehen geschildert. Allerdings gewinnt die (zunächst fachunspezifische) Motivation ihren Sternstundencharakter auch dadurch, dass sie die Basis für die gewünschte vertiefte Auseinandersetzung ist.

Die zunächst eher allgemeine Thematisierung von Motivation verweist zugleich auf die allgemeinen Merkmale von Unterrichtsqualität, die als Hintergrund bzw. Grundlage der gelingenden lernbereichsspezifischen Lernprozesse gelten können, wie effektive Lernzeit, Aktivierung, Störungsfreiheit, Motivation (vgl. Kap. 2.2.2). Und diese Ver-

5 Zu Beginn des Interviews wurden die Lehrkräfte nach einer Sternstunde – einem ihrer Meinung nach besonders gelungenen Moment ihres Mathematikunterrichts befragt und erst im Nachgang zur entsprechenden Erzählung nach Merkmalen guten Mathematikunterrichts.

Was macht eine Sternstunde aus?

Dadurch, dass sie eben Freude an dem eigenen Produkt hatten, kam das dann auch[, dass] sie dann mitgeknobelt haben (Kamp, K2: 32).

Es ist schön, wenn sich alle wohlfühlen und alle lassen sich auf Mathe ein. Das find ich gut (Inken, I6: 126).

Und die sind auch mit Inbrunst dabei gewesen, sie mussten jetzt nicht nur irgendwas wegrechnen oder abarbeiten, sondern sie haben auch irgendwie was mitgenommen, haben etwas durchdrungen, etwas verstanden und sie sagen, ach, ich mach das noch zu Hause weiter (Illgner, I3: 160).

Es war dann einfach nicht ich als Lehrer, der gefragt hat und die Kinder müssen antworten. Sondern da ist dann generell im Klassenzimmer so eine Knobelatmosphäre entstanden. Die Kinder haben dann wirklich Spaß daran gehabt (Kerner, K3: 18).

Dass dieses ‚Mathe is ja so schwierig und ich mag es nicht', dass das verloren geht. Und dass was ganz Entscheidendes dazukommt, nämlich dieses ‚Ja, wenn ich nen Baum angucke, is das auch Mathematik' (Igel, I1: 51).

Ja, also, ich sehe immer, wenn die Kinder sehr eigenständig arbeiten könnten und auch kreativ sein können, das gefällt ihnen halt besonders gut (Illgner, I3: 10).

Dann kommt der Spaß auch von alleine, wenn die Inhalte, die ich dann t noch mal mit einbaue auch so stimmen und ich die Kinder dann auch gut im Blick habe (Knopp, K6: 48).

Wo ich dachte, (schnalzt mit der Zunge) Jawoll, genau, Prinzip erkannt, Struktur gebannt. Das sind dann so ganz so kleine Momente, wo man dann merkt, aha, da scheint ja doch irgendwie mathematisch etwas zu passieren (Knopp, K6: 54).

Diese Sternstunden sind eigentlich mehr die Folgen daraus, wo ich dann so merke: Oh, die haben es verstanden (Iser, I7: 20).

bindung zwischen Merkmalen der allgemeinen Klassenführung und Motivation der Schüler_innen sowie dem dadurch ermöglichten vertieften Lernprozessen wird von den Lehrkräften auch explizit thematisiert. Eine zentrale Rolle nehmen dabei die Aspekte der Offenheit und Handlungsorientierung ein. Die Lehrkräfte schildern deren Bedeutung wie folgt: Wenn der Unterricht offen/handlungsorientiert ist, sind die Kinder (zunächst fachunabhängig) motiviert/interessiert und verlieren ihre Angst oder Frustration. Sie entwickeln dann Lust zu denken, zu knobeln und dies auch ausdauernd. Daraus entwickeln sich wiederum (mathematikspezifisch) Aha-Momente der Schüler_innen. Dieser (unerwartete) Erfolgsmoment, aufgrund dessen eine ‚Sternstunde' im Gedächtnis bleibt, verweist aus Sicht der Lehrkräfte somit auf eben genau den von ihnen gewünschten Lernprozess und damit auf die von ihnen benannten (fachspezifischen) Merkmale guten Mathematikunterrichts.

Die verschiedenen Schilderungen der Lehrkräfte lassen sich also insgesamt stimmig zu einem Bild von geöffnetem, auf entdeckendes Lernen abzielenden Mathematikunterricht zusammenführen.

Obgleich die Lehrkräfte in Bezug auf guten Mathematikunterricht weitgehend miteinander übereinstimmen, zeigt sich auch, dass die Befragten jeweils einen spezifischen, eigenen Fokus dazu haben, was den Kern ihres guten Mathematikunterrichts kennzeichnet. Im Verlauf der Interviews lassen sich diese individuellen Schwerpunkte als wiederkehrende Orientierungen ausmachen, die den jeweils persönlichen Zugang zu verschiedenen Aspekten guten Mathematikunterrichts prägen, wie sich bereits anhand der folgenden kurzen Steckbriefe (S. 131f.) erkennen lässt.[6] So findet sich bei S. Inken ein Schwerpunkt auf der Öffnung des Unterrichts und Eigenständigkeit der Schüler_innen, S. Knopp fokussiert auf Aspekte von Heterogenität und Gemeinsamkeit, G. Köhler auf Handeln/Materialumgang und G. Kamp legt schließlich ihren Fokus auf die Bedeutung der Lehrkraft.

Schaut man sich speziell G. Kamp und S. Inken noch einmal genauer an, lässt sich die Vielschichtigkeit dieser Perspektiven gut erkennen.[7] Fachdidaktisch sind sich die beiden Lehrkräfte sehr ähnlich. In Bezug auf ihr Verständnis der Rolle der Lehrkraft bilden sie im Gesamtsample die beiden Extremfälle. Beide folgen klar der Konzeption eines guten Mathematikunterrichts, wie sie im theoretischen Teil dieser Arbeit dargelegt wurde und sie füllen diese – soweit anhand des Interviews zu beurteilen – mit einer guten fachdidaktischen Kompetenz aus. G. Kamp favorisiert zugleich auf allgemeinpädagogischer Ebene sehr eindeutig eine auf die Lehrkraft fokussierte bzw. durch die Lehrkraft kontrollierte Lernsituation. Im Kontrast dazu vertritt S. Inken mit ähnlichen fachdidaktischen Vorstellungen und zu vermutenden Kompetenzen konsequent das Ziel eines möglichst geöffneten Unterrichts, bei dem die Lehrkraft auch möglichst wenig im Mittelpunkt der Kommunikation steht. Sie betont auf die Frage, wie man das gewünschte Ziel unterstützen kann:

> Das miteinander Lernen und den, den Respekt davor zu haben, dass *die Kinder sich das so toll beibringen*. Das sind, glaub ich, die Hauptmeiler, Hauptpfeiler. Loslassen können und trotzdem einen Überblick haben. (Inken, I6: 148, Hervorh. kursiv N. K.)

G. Kamp formuliert zwar die gleiche gewünschte Wirkung wie S. Inken, nämlich mathematische Zusammenhänge und Diversität der Lösungswege in den Mittelpunkt zu stellen. Für sie ist aber zum Erreichen dieses Ziels ein ganz anderer Aspekt relevant:

> Ich möcht auch mal einen Rechenvorteil *erklären, besprechen können*. Argumentativ mir sagen lassen, warum ist das so, [damit die Schüler_innen sich]

[6] Die Zusammenstellungen dieser und der späteren ‚Steckbriefe' erfolgte auf Basis der im ersten Auswertungsschritt erstellten thematischen Verläufe. Angegeben werden bei den Rahmendaten jeweils a) Klassenstufe, ggf. Jahrgangsmischung (JüL), b) Anzahl der Schüler_innen (SuS), ggf. die SPFe der Integrationsschüler_innen (s. unter e) oder die Anzahl der Schüler_innen in der Partnerklasse (+ Koop), c) Angaben zu weiteren Pädagog_innen in der Klasse, d) studierte Schulfächer: Ma (Mathematik), Deu (Deutsch), SU (Sachunterricht), Spo (Sport), Rel (Religion), Ku (Kunst), e) studierte FöS: GE (geistige Entwicklung), L (Lernen), ES (emotional-soziale Entwicklung), Spr (Sprache), H (Hören), KM (Körperliche und motorische Entwicklung, f) Berufserfahrung. Die Formulierungen sind interviewnahe Paraphrasen, z. T. mit direktem Wortlaut; die typischen Situationen entsprechen dem Wortlaut, den Stichworten, die die Lehrkräfte im Interview notierten.

[7] Vgl. dazu die exemplarische komparative Analyse zu G. Kamp und S. Inken sowie G. Imhof in Anhang B, S. 288.

überlegen, wie kann ich am besten rechnen. [Und nicht die Seite] runterrechnen. (Kamp, K2: 190, Hervorh. kursiv, N. K.)

Bei K. Kamp ist das fachdidaktische Anliegen eng vernetzt mit der (allgemeinpädagogischen) Grundhaltung, dass es wichtig sei, dass die Lehrkraft den Aspekt der diversen Lösungswege einführt und diese mit den Schüler_innen bespricht.

S. Inken vertritt im Gegensatz dazu die Grundhaltung, dass die Schüler_innen möglichst offen und eigenständig arbeiten sollen. Entsprechend spielt sie als Lehrkraft in den betreffenden Situationen mehr eine rahmende, begleitende Rolle.

Beide haben somit eine ähnliche mathematikdidaktische Orientierung bezüglich der Zielsetzungen (Interesse, Freude, grundlegendes Verständnis, aber auch Rechenfertigkeiten) ebenso wie zu den Merkmalen hierfür geeigneter Lernprozesse (verschiedene Lösungswege, Austausch darüber, vom Handeln und Veranschaulichen ausgehen). Dennoch ist anzunehmen, dass sich die Unterrichtsorganisation von G. Kamp und S. Inken unterscheidet.

Trotz dieser hier exemplarisch ausgeführten Differenzen lässt sich feststellen, dass für alle Befragten jeweils von ihrem persönlichen ‚Spezifikum' ausgehend letztlich die gleichen Elemente von Bedeutung sind. Somit sind die Belief-Systeme der Lehrkräfte in Bezug auf guten Mathematikunterricht nicht völlig unterschiedlich ausgerichtet, sondern es werden unterschiedliche Schwerpunkte vor dem Hintergrund einer ähnlichen Orientierung betont.

7.1.2 Typischer Mathematikunterricht: Ähnlichkeiten und Differenzen zum ‚guten Mathematikunterricht'

Die Lehrkräfte wurden im Rahmen des Interviews gebeten, vier typische Situationen ihres Unterrichts zu notieren und zu beschreiben. Im Anschluss wurde angeregt, die Merkmale der Situationen jeweils durch Bildung von Gegensatzpaaren gegeneinander abzugrenzen.[8]

Folgt man den Schilderungen der Lehrkräfte, wäre bei allen Befragten meist folgende typische Situation im Klassenraum vorzufinden: Die Schüler_innen sitzen an ihrem Platz und arbeiten. Die Arbeitsphasen sind entweder mittels Arbeitsheften bzw. Aufgaben des Mathematikbuches organisiert oder anhand von Arbeitsblättern/Aufgaben einer Kartei oder eines Wochenplanes. Neben diesen grundsätzlich individuell und tendenziell übend und auf Stillarbeit ausgerichteten Arbeitsphasen werden im Unterrichtsgespräch

[8] Die Idee zur Bildung von Gegensatzpaaren, die in den Interviews genutzt wurde, entstammt dem Repetory-Grid-Verfahren. Dieses Verfahren wurde zur Erfassung von Selbstkonzepten in der klinischen Psychologie entwickelt und zur Nutzung in der Professionsforschung im Rahmen der Erhebung subjektiver Theorien aufgearbeitet (vgl. Bruder et al. 2003).

Sonja Inken

„Ganz wichtig ist der Kontakt. Das miteinander Lernen und den Respekt davor zu haben, dass die Kinder sich das so toll beibringen. Das sind die Hauptpfeiler. Loslassen können und trotzdem einen Überblick haben."

Rahmendaten: a) 3. Klasse, b) 20 SuS (I: Spr, KM, GE), c) unklar, ob weitere Pädagog_innen in der Klasse, d) Ma, Deu, e) Spr, L, f) 27 Jahre

Sternstunde: ‚Wenn die kommen und sagen: Guck mal, was ich kann! Das find ich schön.'; ‚Wenn sich alle wohlfühlen und alle lassen sich auf Mathe ein. Das find ich gut.'

Typischer MU: Arbeitsplanarbeit; Konferenzen; im Kontakt mit mir; miteinander sprechen (Kinder untereinander); Kinder bringen anderen etwas bei; Lernbüro; (alles I-Klasse-Gesamtgruppe)

Umgang mit Heterogenität: Wünscht sich, noch offenere Arbeitsformen mit Kolleg_innen gemeinsam umzusetzen

Inklusiver MU: Mathe nichts Besonderes und GE nichts Besonderes, denn man muss sich immer auf Neues einstellen bei allen Kindern; konkrete Beispiele überwiegend zu Größen, kurz: 1000er-Raum, Zehnerkette

„Nee, ich finde Deutsch auch spannend, aber Mathe, Mathe find ich auch spannend. [...] Nein, das gibt kein Problem in Mathe."
„ Letztendlich spielt es keine Rolle [...], weil ich immer wieder neue und spannende und andere Kinder bekomme, die, wo ich meinen Rahmen verändern muss, damit das Kind einen Platz hat."

Erläuterung der Abk. auf S. 129 , FN 6

Stefan Knopp

„Es war einfach toll zu sehen, wie alle drei ganz verschiedenen Kinder zum selben Ergebnis gekommen sind, und dann hinterher diese Wahrscheinlichkeit diskutiert haben, und ich so dachte, genau das ist Mathe, über Mathe auch ins Gespräch kommen so."

Rahmendaten: a) 3. Klasse, b) 3 SuS (+ Koop 22 SuS), c) k. A., d) SU, Bio, einjährige Mathe-Zusatzausbildung, e) GE, KM, f) 6 Jahre

Sternstunde: Wahrscheinlichkeiten beim Würfeln in bunt gemischter Kleingruppe; über Mathe ins Gespräch kommen; ‚Alle hatten an der Stelle wirklichen einen Lernzuwachs, und ich konnte mich total rausnehmen.'

Typischer MU: Freude an der Mathematik; SuS, die sich weitestgehend selbst organisieren; SuS, die gemeinsam/zusammen arbeiten (Partner_innen- und Gruppenarbeit); Zahlzerlegung am konkreten bildlichen Material; neues 1:1 einführen (müssen); (alles Koop-GE-Klasse)

Umgang mit Heterogenität: (auch) in der GE-Klasse vier Niveaus; überwiegend Einzelarbeit; Geometrie gemeinsam; gemeinsame Anfänge; gemeinsame Spiele; auf der Suche nach mehr Möglichkeiten für gemeinsame Lernsituationen

Inklusiver MU: Je weiter die Schere auseinander geht, je mehr Inhalte die Grundschüler machen (müssen) gerade in Arithmetik, umso schwieriger (daher MU aktuell am wenigsten gemeinsam); mehr Zeit im Team, mehr Zeit zum genauen Hingucken, weniger Vergleichsdruck auf Grundschulseite wäre Voraussetzung

„Was ist es in Mathe? Ja, es ist diese, ich glaube diese hohe kognitive Denkleistung, die da gefragt ist, und da haben die Kinder mit Förderbedarf, also jetzt gerade im Bereich GE einfach von den Lernvoraussetzungen her, nicht die Möglichkeiten, dem Matheunterricht, wie er denn so laufen soll [zu folgen]."

Erläuterung der Abk. auf S. 129 , FN 6

Gabriele Köhler

„Da waren die Kinder so schön und denn habe ich einfach so spontan gesagt: ‚Oah, ich liebe Mathematik.‘ Und jetzt ist das immer so ein Spruch in der Klasse, wenn man was gut gemacht hat: ‚Ah! Ich liebe Mathematik!‘ (Lachen).“

Rahmendaten: a) 2. Klasse (davor lange Koop-Klassen), b) k. A., c) k. A., d) Ma, Ku, Spo, e) k. A., f) 22 Jahre

Sternstunde: Murmeln aufteilen (ein Kind hat am Ende zwei mehr) mit Knete-Murmeln zum Ausprobieren; ‚schicke Sachen‘ entdecken, aber auch Training und Ordnung; Abstraktes zum Schluss

Typischer MU: Material (z. B. Steine, Tapetenrolle, 100er-Tafel); Training; Arbeitsplan; Themeneinführung im Kreis; (alles aktuelle Regelklasse und vorige Koop-Gesamtgruppe)

Umgang mit Heterogenität: Differenzierung überwiegend anhand von niveaudifferenzierten Aufgaben oder im Idealfall individuellen Aufgaben nach gemeinsamen Einführungen mit Material

Inklusiver MU: In Mathematik, wenn überhaupt, leichter, weil abgrenzbarer; gemeinsame Themen/Phasen auch wichtig und gut möglich mit ‚neuem‘ MU; man muss kreativ sein und wissen, dass alles Mathematik ist

„Also die Einführung mit interessanten Sachen, mit Material, die macht einfach Spaß, und wenn es dann an die selbstständige Arbeit geht oder in die Arbeit in Gruppen, dann streut das natürlich. Aber wir haben auch eine ganz tolle Mathewerkstatt bei uns, da helfen die sich gegenseitig. Also ich finde das jetzt nicht so schwierig!“

Erläuterung der Abk. auf S. 129, FN 6

Gisela Kamp

„Aber ich habe halt eine andere Vorstellung von Matheunterricht, weil ich der Meinung bin, je selbstständiger die Kinder arbeiten können mit Material, desto weniger kann das Material das mathematisch Logische fördern. […] ich möcht auch mal einen Rechenvorteil erklären, besprechen können. Argumentativ mir sagen lassen, warum ist das so.“

Rahmendaten: a) 2. Klasse, b) 24 SuS (+ Koop 5 SuS), c) k. A., d) Ma, Rel, e) k. A., f) 20 Jahre (im 5. Jahr Koop-Klassen)

Sternstunde: Soma-Würfel, ‚da hatte ich echt das Gefühl, das hat richtig bei den Kindern geschnackelt‘; Materialien mit innerer Differenzierung (Geobrett)

Typischer MU: Frontalunterricht, Liste mit Aufgaben an der Tafel, gegenseitig helfen/Austausch, Kinder sind verteilt, häufig in Partnerarbeit, als Zusatz; (alles Koop-Regelschul-Klasse)

Umgang mit Heterogenität: Differenzierung, überwiegend durch Bearbeitungszeit und Umfang der Aufgaben

Inklusiver MU: möglich in bestimmten Bereichen (insb. Geometrie), aber daneben müssen Grundschüler auch Raum für Arithmetik haben; als offener/wochenplanorientierter Unterricht möglich, wenn ausreichend Personal für lehrergebundene Gruppensituationen

„Also dann würden die Kinder unterschiedliche Dinge bearbeiten und ich hätte mehr Lehrer um den Einzelnen, die gerade an einem Thema sind, wirklich das dann in der Kleingruppe, oder auch im Einzelgespräch zu erklären. Dann kann ich es mir vorstellen. Also wenn ich genug Personaldecke habe, ist es kein Thema.“

Erläuterung der Abk. auf S. 129, FN 6

Themen durch die Lehrkraft eingeführt oder vertieft. Bei diesen als typische Situationen benannten Phasen individuellen Arbeitens stimmen alle 14 Lehrkräfte miteinander überein. Zudem sind lehrkraftzentrierte Lernsituationen bei 12 der 14 Lehrkräfte ebenso typisch. Daneben gibt es wenige spezifische Situationen, die auf Austausch oder die Zusammenarbeit der Kinder untereinander abzielen (vgl. Überblick der typischen Situationen in Anhang B, S. 293ff.). Auch der typische Unterrichtsablauf ist bei allen Lehrkräften ähnlich. G. Insel schildert etwa: „Und dann, [nach der gemeinsamen Einführung am Stundenbeginn] lass ich sie dann quasi laufen, wenn die einmal wissen worum es geht" (I4: 58). Eine (lehrkraftzentrierte) Einführung in der Gesamtgruppe bildet also den Einstieg in die Stunde und wird von einer längeren Kernphase individualisierter Einzelarbeit gefolgt. Diese wird dann – in unterschiedlichem Umfang, aber bei allen Befragten nur punktuell – durch gemeinsame Lernsituationen ergänzt.

Innerhalb dieses übereinstimmend geschilderten typischen Ablaufs unterscheidet sich sodann die Gruppenzusammensetzung in den Einführungsphasen: Entweder handelt es sich um ein Angebot für die Gesamtgruppe oder um Einführungen bzw. Vertiefungen für speziell ausgewählte Teilgruppen der Klasse, bei denen aufgrund des Alters oder der gerade bearbeiteten Aufgaben von einer Leistungshomogenität ausgegangen wird.

Bei genauerer Betrachtung der Schilderungen zu den teilweise von den Lehrkräften mit dem gleichen Stichwort belegten typischen Situationen der ‚individuellen Arbeit' zeigen sich wiederum Differenzen in Bezug auf die Öffnung der Situation und die Bedeutung des Kontaktes der Kinder untereinander. So gestalten die Lehrkräfte die Arbeitsphasen unterschiedlich, was den Grad der Handlungsfreiheit angeht, indem sie Wochenpläne (Wahlfreiheit in der Reihenfolge der Aufgaben), Lernbüros (mit einem breit gefächerten Aufgaben-/Materialpool) oder chronologische Bucharbeit (in der die Menge der bearbeiteten Aufgaben je nach Arbeitsgeschwindigkeit differiert) einsetzen. Auch werden in unterschiedlichem Umfang – jedoch durchgängig nur *punktuell* – Partnerarbeiten oder gegenseitige Hilfe der Kinder in die individuellen Arbeitsphasen mit eingebunden. Dabei scheint ein Zusammenhang zu bestehen, welche Rolle der Kontakt der Kinder untereinander spielt und wie geöffnet die Unterrichtsstrukturen sind. Diese Differenzen in der Ausgestaltung des geteilten Grundmusters ‚Einführung – individuelle Arbeit' zeigen erneut eine jeweils eigene ‚Unterrichtskultur' der Klassen, in denen sich die oben erwähnten jeweiligen ‚Spezifika' spiegeln.

Trotz solcher individuellen Unterschiede kann insgesamt eine weitgehende Übereinstimmung bei den Schilderungen der Lehrkräfte zu ihrem typischen Mathematikunterricht festgehalten werden.[9] Das sich abzeichnende Bild ist nicht nur innerhalb des Untersuchungssamples vergleichbar, sondern weist auch eine Nähe zur üblichen Unterrichtskultur im deutschen Schulsystem auf, wie sie in anderen Untersuchungen dokumentiert wurde (vgl. BLK, 71; Kucharz/Wagener 2007, 132) –und zwar trotz der unterschiedlichen Lerngruppen[10] auf die sich die Schilderungen beziehen. Geschildert werden also beispielsweise weder deutlich geöffnete Unterrichtsstrukturen in den I-Klassen (einzige Ausnahme ist S. Inken) noch ein Vorrang an handlungs- und materialorientiertem Arbeiten in den Koop-GE-Klassen.

Doch wie passen nun die Schilderungen der Lehrkräfte zum *typischen* Mathematikunterricht zu dem von ihnen beschriebenen Ideal eines *guten* Mathematikunterrichts und den Sternstunden ihres eigenen Mathematikunterrichts?

Es zeigt sich: Zwar werden auch typische Situationen geschildert, die – mehrere – Aspekte enthalten, die bereits im Kontext guten Mathematikunterrichts benannt worden waren. Dazu gehören beispielsweise eine Handlungs- und Materialorientierung und ein Austausch der Lerner_innen. Derartige Situationen, für die sich ein hohes Potenzial guten Mathematikunterrichts ausmachen lässt, machen jedoch nur einen geringen Teil der Beschreibungen der Lehrkräfte zu ihrem typischen Unterricht aus. Zu weitaus größerem Teil scheint der typische Unterricht hingegen weder handlungsorientiert noch auf Austausch oder eine selbstgesteuerte Entdeckung ausgerichtet, was die Lehrkräfte als zentrale Elemente guten Mathematikunterrichts hervorgehoben hatten. Vielmehr sind die meisten typischen Situationen geprägt durch arbeitsblattbasiertes, übendes Lernen (in Einzelarbeit), dem eine lehrkraftzentrierte Einführung in der Gruppe vorangeht und verschiedene Arten von Kontrolle folgen.

Deutlich wird in diesem Rahmen auch, dass die typischen Situationen vorrangig mit konkreten inhaltlichen Lernzielen für die Kinder verknüpft sind und weniger mit Aspekten wie Freude und Motivation, während diese zuvor als zentrale Aspekte guten Unterrichts benannt wurden. Der gewünschte Lernzuwachs in den typischen Situationen bezieht sich – soweit sich dies aus den Schilderungen ableiten lässt – zudem kaum auf die im Kontext der Sternstunden genannten Charakteristika der Erkenntnisse von Schüler_innen, die von den Lehrkräften als Indiz eines guten Mathematikunterrichts ausgemacht wurden. Diese zeichneten sich als ‚Aha-Momente‘ durch grundlegende

[9] Einzig aus den Schilderungen von S. Inken lässt sich auf eine vom Rest der Befragten deutlich unterscheidbare Praxis schließen. Sie benennt als Einzige inhaltliche Entscheidungsfreiheiten der Schüler_innen, die über die Wahl von Reihenfolge und Umfang der Aufgaben hinausgeht, und damit verbunden eine Priorisierung der Kontakte der Schüler_innen untereinander gegenüber dem Kontakt zur Lehrkraft (s. o.).

[10] D. h. gesamte I-Klasse gemeinsam oder nur Regelschüler_innen der I-Klasse oder nur Kinder mit zugewiesenem SPF der I-Klasse oder beide Partnerklassen der Kooperation gemeinsam (Koop-Gesamtgruppe) oder nur die Klasse mit Kindern des SPF GE der Kooperation (Koop-GE-Klasse) oder nur Regelschulklasse der Kooperation (Koop-Regelschul-Klasse).

Einsichten in zentrale Zusammenhänge aus. Bei der primären typischen Situation des Unterrichts, der individuellen arbeitsblattbezogenen Arbeit, geht es hingegen überwiegend nicht um das Erreichen von ‹Aha-Effekten› oder um ‹selbsttätiges Denken› und eine forschend-neugierige Haltung bei den Schüler_innen, sondern darum, die von der Lehrkraft eingeführten Inhalte zu üben.

Passend zur dieser Verschiebung der Prioritäten in den typischen Situationen zeigen sich Differenzen zwischen den im Rahmen der Sternstunden benannten Erkenntnismomenten der Schüler_innen, den Aha-Effekten, und den (späteren) Ausführungen zur Interviewfrage, was die Kinder „aus dem Mathematikunterricht mitnehmen sollen". Die Lehrkräfte benennen auf diese explizite Frage nach der gewünschten Wirkung ihres Unterrichts zwar, dass die Kinder im Mathematikunterricht Freude, Interesse und einen Zugang zu Mathe entwickeln sowie einen selbstständigen Alltagsbezug herstellen können sollen, was kohärent zu dem von ihnen geschilderten guten Mathematikunterricht ist. Sie formulieren nun allerdings ebenfalls weitere Anforderungen, die zuvor im Rahmen der Schilderungen zum guten Mathematikunterricht keine Rolle gespielt hatten, nämlich die Zielsetzung, Bildungsstandards zu genügen bzw. die Lernziele der Grundschule, insbesondere das Beherrschen der Grundrechenarten, zu erreichen. Für die Schüler_innen, die dem FöS GE zugeordnet werden, wird in ähnlicher Weise an dieser Stelle die praktische Anwendung von Mathematik im Alltag thematisiert.[11] Trotz der offenbar geringeren persönlichen Bedeutung gegenüber den Aha-Momenten, ist die Erfüllung dieser (Außen-)Anforderungen für die Lehrkräfte ein selbstverständliches und unumgängliches Ziel.

Die Lehrkräfte verfolgen also mit ihrem Mathematikunterricht auf der einen Seite das Ziel, ‚selbstverständliche Standards' zu erreichen, die insbesondere mit automatisiert verfügbaren Zahlensätzen verbunden sind und zur typischen Situation des ‚übenden Lernens' in individuellen Arbeitsphasen passen. Auf der andere Seite sind ihre ‚Sternstunden' durch ‚Aha-Momente' gekennzeichnet, die sich entwickeln, wenn gerade nicht unbedingt die ‚richtigen Rechenergebnisse' im Vordergrund stehen, sondern Freude, Interesse und der eigenständige Zugang zu mathematischen Zusammenhängen. An diese Zwiespältigkeit zu den gewünschten Lernerfolgen lässt sich die Erklärung für die insgesamt vorhandenen Unterschiede anschließen, die zwischen den Belief-Systemen der Lehrkräfte zu gutem Mathematikunterricht einerseits und typischem Unterricht andererseits existieren: Auch wenn der geschilderte typische Unterricht nicht grundlegend dem widerspricht, was die Lehrkräfte als guten Mathematikunterricht ansehen, so

[11] Der Anspruch, ‚auch abprüfbare Lernziele/Standards' erreichen zu wollen, wird von der Hälfte der Befragten formuliert und ausschließlich in Bezug auf resp. für die Regelschulkinder (in den I-Klassen und den Koop-Klassen) formuliert, aber nicht nur von den Grundschulpädagogik-Lehrkräften.

Was sollen Schüler_innen aus dem Mathematikunterricht mitnehmen?

Immer wenn einem sowas begegnet sich für zu interessieren, letztlich. Dass sie diesem Fach weiterhin aufgeschlossen gegenüber stehen. Aber ich glaub das wünschen sich alle Lehrer, auch für jeden Bereich. (Illgner, I3: 40)

Also auf jeden Fall auch Handwerkszeug. Weil das immer verlangt wird. Dass sie ganz schnell was ausrechnen können. [...] Aber der übergeordnete Wunsch ist natürlich, dass sie Spaß an der Mathematik haben und dass sie merken: Wow, Mathematik ist toll. Das finde ich überall. Ohne Mathematik gäbe es diesen Tisch nicht. Diesen Stuhl nicht. (Köhler, K1: 81)

Ja, dass sie natürlich Spaß dran haben, auch Spaß an der Mathematik. Dass sie es anwenden können. Ja gut, manche Sachen müssen sie natürlich auch auswendig lernen [...]. Die Reihen müssen irgendwann sitzen, man kann nicht immer von der 5 bis zur 7 und dann gucken, [...]. (Insel, I4: 26)

Bei manchen erwarte ich, dass sie halt im praktischen Leben, wie abmessen oder mit Geld umgehen, dass sie das beherrschen und bei anderen erwarte ich einfach wirklich auch eine konkrete Mathematik, die in der Grundschule gefordert ist. Weil wir müssen die ja abtesten und die gehen ja auch weiter. (Ingmann, I5: 54)

Dass der Ist-Zustand nachher höher ist als der Ist-Zustand vorher. Das heißt nicht, dass jeder alles kapiert hat, was in meinem Bildungsplan für Klasse zwei drinsteht. Aber dass jeder in dem Bereich was dazu gelernt hat. (Kamp, K2: 66)

Und natürlich bestimmte Fähigkeiten und Fertigkeiten entwickeln. Das ist ja irgendwie in der Grundschule klar. Aber auch offen zu werden für mathematische Inhalte. (Inken, I6: 146)

Rein fachlich gesehen möchte ich natürlich, dass sie in der Lage sind, Mathematik anzuwenden, dass sie im Leben klarkommen, und sei es im Supermarkt, oder wenn es darum geht, dass immer zwei Socken zusammen gehören. (Knopp, K6: 42)

lässt sich doch feststellen, dass im Alltag solche Aspekte in den Mittelpunkt zu rücken scheinen, die nicht vorrangig, sondern lediglich *‚auch mal‘* im guten Mathematikunterricht vorkommen sollten.[12] Zugleich haben offenbar diejenigen Elemente, die eine Sternstunde ausmachen, die also den wirklich gelungenen Unterricht kennzeichnen, nur wenig Raum im typischen Mathematikunterricht. Exemplarisch sei zu dieser Differenz S. Kurz herangezogen. Bei der Gegensatzpaarbildung der typischen Situationen „sich gegenseitig helfen“ und „individuell üben“ stellt sie fest:

> Beim Üben ist es ja eher [...], dass ich das festige, was ich eigentlich gerade gelernt habe. Und beim sich gegenseitig Helfen können ja einfach auch noch mal neue Aspekte auftreten [...]. Das ist vielleicht auch gerade das, was ich beschrieben habe mit ‚jetzt hat es mal Klick gemacht‘. Weil sich einfach die Kinder miteinander auseinandergesetzt haben. Und dann mit dem Aspekt, ‚Oh wo rechnest du denn gerade, scheint ja vielleicht doch gar nicht so schwer zu sein‘. (S. Kurz, K8: Abs. 116)

[12] So finden sich in den Schilderungen zum guten Mathematikunterricht die Aspekte ‚Einführung von Themen in der Gesamtgruppe‘ und ‚übendes Lernen‘ sowie ‚individuelle Förderung in Eins-zu-Eins Situationen‘ als Elemente, die im Sinne einer ‚guten Mischung der Angebote‘ ‚auch mal‘ ihre Berechtigung haben. Im Kontext des Interviewteils zu typischen Situationen bezeichnen diese Aspekte, nämlich ‚Übung‘ und ‚erklären/einführen‘, nun solche Situationen, die regelmäßig bzw. häufig auftreten.

Sowohl das Üben hat eine klar umschriebene Funktion als auch der Austausch, das Miteinander. Letzteres wird mit dem Aspekt ‚jetzt hat es mal Klick gemacht' in Verbindung zur vorangehend geschilderten ‚Sternstunde' gesetzt. Allerdings scheint ein Miteinander oder Austausch in ihrem typischen Unterricht nicht viel vorzukommen – auch wenn ‚Helfen' als eine der typischen Situationen benannt wird. So verweist S. Kurz an verschiedenen Stellen darauf, dass ihr Unterricht „ja sehr differenziert" und sie „immer sehr in der Einzelförderung drin" (S. Kurz, K8: Abs. 12) sei und „jeder an seinem eigenen Kontext da arbeitet" (ebd. Abs. 106). S. Kurz begründet dies damit, den Schüler_innen mit ihren jeweiligen individuellen Bedürfnissen gerecht werden zu wollen.[13]

Ähnlich wie bei S. Kurz dominiert auch bei den anderen Lehrkräften das ‚individuelle Arbeiten und Üben' den (typischen) Unterricht, obwohl sie dem Austausch und Miteinander eine bedeutsame Funktion im guten Mathematikunterricht zusprechen. Lediglich S. Iser verweist im Kontext des individuellen Arbeitens explizit auf die Entwicklung von mathematischem Denken als Zielsetzung abseits des übenden und wiederholenden Lernens.

Die herausgearbeiteten Differenzen dazu, wie den Schilderungen der Lehrkräfte zufolge guter Mathematikunterricht *sein soll* und was typischer Mathematikunterricht *ist*, verweisen erneut darauf, dass für die Umsetzung des Mathematikunterrichts neben den Belief-Systemen weitere Faktoren eine Rolle spielen. Die Schilderungen zum typischen Mathematikunterricht sind dabei weiter entfernt von dem fachlichen Bild guten Mathematikunterrichts als die hierzu im Rahmen der Sternstunden von den Lehrkräften geäußerten Aspekte. Dies kann allerdings nicht als Zeichen dafür gedeutet werden, dass die Befragten nur ein (aus der Literatur entnommenes) Idealbild geschildert hätten.[14] Die Unterschiede zwischen den typischen Situationen und den benannten Merkmalen guten Mathematikunterrichts verweisen vielmehr darauf, dass es selbstverständliche Basiselemente gibt, die die typische Grundstruktur des Unterrichts prägen und in diesem auch eine spezifische Funktion erfüllen, aber nicht explizit als Merkmal eines (besonders) guten Unterrichts hervorgehoben werden. Allerdings lassen sich die mit

[13] Dies spitzt sich bei ihr zu in einer Nicht-Beteiligung der Schüler_innen mit komplexen Beeinträchtigungen am Mathematikunterricht (der Koop-GE-Klasse), da diese in der Zeit pflegerische Zuwendung erhalten. Sie selbst ist mit dieser Situation nicht vollständig zufrieden, sieht aber keine Möglichkeit, den Unterricht anders zu organisieren.

[14] Zunächst passen die Schilderungen der Sternstunden zu den von den Lehrkräften (argumentativ oder beschreibend) benannten Merkmalen guten Mathematikunterrichts und scheinen also tatsächlich unterrichtsnahe – mit der konkreten Praxis der Lehrkräfte verknüpfte – Zielsetzungen widerzuspiegeln. Weiterhin finden sich übergreifend bei den typischen Situationen und den Sternstunden die oben angesprochenen individuellen Schwerpunktsetzungen, sodass hier also eine Konsistenz in den Schilderungen zu konstatieren ist. Schließlich gibt es neben den Differenzen auch eine deutliche Überschneidung bei den Aussagen zum typischen sowie zum guten/idealen Unterricht – wenn auch mit veränderten Prioritäten.

Sabine Iser

„So (erfreut) ‚haaah, Mathe!' (*) und nicht dieses (resigniert*) ‚Öhhh, Mathe' (*). [...] Das ist der Spruch überhaupt für die Klasse. ‚Wir sind alle ganz faul.', [...] weil man durch Denken halt schneller ans Ziel kommt. Das ist ja der Witz an der Mathematik, oder?"*

Rahmendaten: a) 4. Klasse, b) 25 SuS (I: KM, L; GE), c) Klassenleitung im langjährigen Team, d) Deu, Rel, seit Berufsbeginn im Team zuständig für Mathematik, e) H, L, f) 14 Jahre

Sternstunde: denken (statt rechnen); Kinder verstehen z. B. mithilfe von Material; ‚Ich muss ja was richtig gemacht haben, wenn die erkennen, dass diese 2 da oben, die 20 ist an der 10er-Stelle'

Typischer MU: Sitzkreis vor der Tafel; Wochenplan/Erfahrungen machen; sitzen am Platz und Rechnen; PC üben, Blitzrechnen; müssen sich gegenseitig helfen (im Kontext von Einzelarbeit am Platz); (alles I-Klasse-Regelkinder)

Umgang mit Heterogenität: Differenzierung durch Wochenplan und individuelle Arbeit; Gemeinsame Lernsituationen gehören auch dazu, werden im langjährigen Team flexibel entwickelt (zwischen Tür und Angel)

Inklusiver MU: viel nebeneinander, aber man gehört dennoch zusammen; in Mathe mehr nebeneinander (wegen Zahlenraumunterschieden)

„Und dass ganz viel gemeinsamer Unterricht ja auch manchmal nicht gemeinsam ist, sondern nebeneinander [...], dass ich mich trenne für eine Arbeit [...]. Aber der wichtige Punkt ist, dass [...] im sozialen Gefüge halt klar ist: Wir gehören hier alle zusammen, wir sind zusammen."

Erläuterung der Abk. auf S. 129, FN 6

Sabrina Kurz

„Dadurch, dass nun wirklich jeder differenziert gerade an einem anderen Punkt ist, findet dieses individuelle Einführen natürlich immer zwischen mir und dem einen Schüler dann in dem Fall statt, so [...]."

Rahmendaten: a) 3./4. Klasse JüL, b) 7 SuS (+ Koop, SuS unklar), c) k. A., d) SU, Spo, e) GE, L, f) 6 Jahre

Sternstunde: Mädchen kann ‚plötzlich' im 20er-Raum ‚rechnen', rückwärts zählen; Es hat klick gemacht

Typischer MU: Typischer MU: Flursituation (übendes Lernen/Stillarbeit); Abwechslung aus handlungsorientiertem Lernen und Lernen am Arbeitsblatt aus Einsternlehrwerk; Wochenpläne; individuelles Üben im Klassenraum; sich gegenseitig helfen; (alles Koop-GE-Klasse)

Umgang mit Heterogenität: Jede_r an seinem eigenen Kontext; Die ‚schwer geistig Beeinträchtigten' werden aus Koop-GE-Gruppe rausgenommen in MU und Deu

Inklusiver MU: Aktuell besteht Problematik mit Kollegin, aber auch generell im MU schwierig (mit Lehrwerk „Einstern" aber möglich); gemeinsame Lernsituationen (an einer Sache) gehen viel besser in anderen Fächern (Ku, Su)

„Es war eigentlich abgesprochen, dass wir Wochenplanunterricht machen in diesen Stunden und es wurde dann plötzlich Frontalunterricht gemacht. Und unsere Kinder konnten dann eigentlich nur leise sich irgendwo hinsetzen, die anderen haben frontal unterrichtet. Was halt ganz, ganz frustig war [...] Haben die Kinder sich selber entschieden lieber auf den Flur zu gehen. Da steht man dann und denkt, /hm/ doof! '"

Erläuterung der Abk. auf S. 129, FN 6

dem guten Unterricht verbundenen Ansprüche in diesen typischen Situationen nicht durchgängig einholen. Zudem scheint es so, dass den Lehrkräften Umsetzungsmöglichkeiten für ,Sternstunden' im Unterrichtsalltag fehlen, bzw. andere Anforderungen oder Rahmenbedingungen deren Umsetzung behindern. Daran anschließend kann nach den Herausforderungen gefragt werden, die der Mathematikunterricht darstellt.

7.1.3 Herausforderungen des Mathematikunterrichts

Als zentrale Herausforderung wird aus der Sicht der befragten Lehrkräfte selbst der Umgang mit Heterogenität deutlich. Diese Herausforderung besteht sowohl i. S. des (konkret mathematikdidaktischen) Umgangs mit Schüler_innen mit Lernschwierigkeiten als auch i. S. der (inklusionsdidaktischen) Anforderung, der Vielfalt in der Lerngruppe gerecht zu werden.[15] Neben der expliziten Thematisierung von Lernschwierigkeiten und Heterogenität schwingt das Thema, alle Kinder zu erreichen bzw. zu den gewünschten Lernzielen zu bringen, auch in weiteren benannten Herausforderungen mit. So bezieht sich ein weiterer zentraler Aspekt auf die Gestaltung von herausfordernden, geöffneten und auf entdeckendes Lernen ausgerichtete Unterrichtssituationen. In diesen stellt sich den Lehrkräften die Frage, wie man allen Schüler_innen das selbsttätige Erschließen mathematischer Zusammenhänge ermöglichen kann. In diesem Kontext steht dann auch die Frage, wie sich «Erfolg, Freude, Motivation (*für alle*)» gewährleisten lässt.

G. Igel und G. Insel sind die einzigen, die keine Herausforderungen oder Fortbildungswünsche zum Themenbereich Heterogenität nennen. G. Insel äußert als Herausforderung ihr Kernthema, nämlich komplexere mathematische Themenstellungen für die Kinder angemessen zu gestalten, und zwar nicht für die Kinder mit Schwierigkeiten, sondern insbesondere für die ,Überflieger'. Sie verweist an dieser Stelle auf ihre eigene (fachliche) Unsicherheit. An anderer Stelle wird zum Umgang mit Heterogenität wiederum deutlich, dass sie hier zwar auch Herausforderungen sieht (vgl. G. Insel, I4: 84ff., 102ff.). Diese scheinen aber nicht im Vordergrund ihrer ,Schwierigkeiten' mit dem Fach Mathematik zu stehen. Bei G. Igel passt die Nicht-Nennung von Heterogenität, dass er später im Interview dazu betont, diese stelle für ihn keinerlei Problem dar und der Umgang damit sei ein selbstverständlicher Teil seines Berufes. Allerdings zeigt die weitere Interviewanalyse auch, dass sich insbesondere seine Darstellung, dabei ,immer' und ,problemlos' ,*gemeinsam*' zu unterrichten, nur in Teilen mit den konkreten Unterrichtsschilderungen deckt.

[15] Der Einfluss der Gesamtthemenstellung des Interviews auf die Antworten lässt sich natürlich nicht ermessen. An den konkreten Interviewstellen ging es jedoch durchgängig um Mathematikunterricht allgemein und der Bezug zur Heterogenität bzw. zu Kindern mit Schwierigkeiten im Mathematikunterricht erfolgte spontan durch die Lehrkräfte selbst.

Die Lehrkräfte äußern sich weiterhin verschiedentlich zur generellen Herausforderung, jedem Kind Mathematik begreiflich machen zu wollen. Gelingt dieses Vorhaben nicht, bedeutet dies eine Frustration für die Lehrkraft. Die Schwierigkeit bezieht sich in diesem Kontext vorrangig auf grundlegende Kompetenzen. Konkret benannt werden die Aspekte Zahlbegriffsentwicklung, Überwindung des zählenden Rechnens, Zehnerübergang sowie das generelle Anliegen, von der Anschauung zur Verinnerlichung zu gelangen. Als Gegenstück zur Frustration, die aufkommt, wenn es nicht gelingt, mathematische Grundlagen zu ‚vermitteln', existiert ein positives Gegenstück in den Schilderungen zum guten Mathematikunterricht: Nämlich die ‚Aha-Effekte' der Schüler_innen, die besonders gelungene (Unterrichts-)Momente kennzeichnen (vgl. Kap. 7.1). Dieses (emotional) bedeutsame Indiz für eine Sternstunde wird von den Lehrkräften teilweise mit dem gleichen Wortlaut benannt wie an späterer Stelle die Herausforderung, mit ‚Klick gemacht'. Zugleich wird bezüglich der ‚Sternstundenmomente, in denen es Klick macht', geschildert, dass dieses Erfolgserlebnis letztlich überraschend eintritt, was vermuten lässt, dass diese Momente nur bedingt als durch die Lehrkraft steuerbar wahrgenommen werden. Es spielt also als formulierte Herausforderung ebenso wie als Indiz für einen gelungenen Unterricht eine Rolle, dass das angestrebte ‚Klick' im Kopf der Schüler_innen, der Moment der Erkenntnis, von außen nur bedingt zu beeinflussen ist. Auf Seiten der Herausforderungen scheint gerade bei den zentralen mathematischen Erkenntnissen des Anfangsunterrichts (Zahlverständnis, Zehnerübergang, Stellenwertsystem) den Lehrkräften nicht immer klar, welche Maßnahmen sie (noch) ergreifen resp. einsetzen können, um die Einsicht in die Grundstruktur zu unterstützen. Hier gibt es allerdings einen deutlichen Unterschied zwischen den Schilderungen zu den verschiedenen Schüler_innengruppen. So zeigen sich zwei unterschiedliche Deutungen der Problematik ‚grundlegende Verständnisschwierigkeiten bei Schüler_innen':

- **lehrkraftbezogen** wird die Frage aufgeworfen, welche weiteren Materialien oder Aktivitäten noch angeboten werden können, wenn das eigene Repertoire bereits ausgeschöpft ist, ohne bei den Kindern einen Erfolg erreicht zu haben (‹was tue ich, damit es klick macht›).
- **schülerbezogen** wird der Grund für die Herausforderung beim Kind und seinen (fehlenden) Kompetenzen verortet (‹wenn es irgendwie dann so eine Grenze gibt›).

Die zweite Variante wird ausschließlich von den Sonderpädagogiklehrkräften in den Koop-GE-Klassen vertreten, von ihnen explizit als typisch für den FöS GE gedeutet und als Frustrationserlebnis hervorgehoben. In Bezug auf die Regelschüler_innen werden hinsichtlich der Herausforderungen, ‚was tue ich, damit es klick macht', zwar analoge Frustrationserlebnisse bei zentralen Erkenntnisschritten thematisiert. Die Problematik

Gerlinde Insel

„Viel entdecke ich eigentlich jetzt erst als erwachsene Lehrerin, was ich als Kind (bedauernder Tonfall) nicht entdecken durfte*, sonst hätte ich vielleicht auch einen anderen Bezug zur Mathematik. Aber ich unterrichte es sehr gern, es macht sehr viel Spaß, eigentlich.“*

Rahmendaten: a) 3. Klasse, b) k. A zu SuS (I: L, ES, GE), c) Klassenleitungsteam mit Sonderpäd., d) Ku, Deu, Ma als Zusatzfach im Referendariat, f) 20 Jahre (Referendariat in I-Klasse, aktuell wieder seit 3 Jahren)

Sternstunde: ‚In den Wald gegangen, auch mit den I-Kindern, haben 1 mal 1 Aufgaben gelegt‘; Wenn man was Praktisches, Anschauliches macht mit allen Kindern gemeinsam; Stützpunktvorstellungen; Kernaufgaben

Typischer MU: Probe-Begründung-Überschlag-Gesetz; Partnerarbeit; Kinder lösen Probleme und stellen sie der Klasse vor; Gemeinsame Einführung und dann ‚lass ich sie quasi laufen, wenn die einmal wissen, worum es geht‘; (alles I-Klasse-Regelkinder)

Umgang mit Heterogenität: Differenzierung zeitlich bzw. nach Aufgabenumfang (mehr und schwerere Aufgaben für schnelle Kinder)

Inklusiver MU: Mathematik einziges Fach, in dem die I-Kinder (außer punktuell, wie etwa in Geometrie) durchgängig im Gruppenraum arbeiten, schwieriger weil abstrakt und trennender Zahlraum

„Ja, Mathe ist dafür [gemeinsamer Unterricht] das schlechte Fach. In Deutsch und in (..) Sachunterricht ist das irgendwie wirklich eine Bereicherung und toll. Aber in Mathe ist das einfach schwieriger, einfach weil Mathe, Mathe ist.“

Erläuterung der Abk. auf S. 129, FN 6

Gerrit Igel

„Mathe ist überall und ich find Mathe toll, Mathe kann ich ja überall sehen, und selbst ne Fahrkarte is ja Mathematik, weil ja, die hat auch Ecken und Kanten. Ja, das is Mathe.“

Rahmendaten: a) JüL 1-3, b) k. A. zu SuS (I: L, ES), c) 14h Sonderpäd. als zweite Lehrkraft, durchgängig Heilerz.-Pfleger, d) Ma, SU, f) 20 Jahre (verschiedene Schulformen, zuletzt Koop-Klasse mit allen Fächern gemeinsam)

Sternstunde: Junge hat ‚Aha-Erlebnis‘ mit 1x1-Maschine; ‚Hier ist ein Stein und das ist Mathe‘ in Brennpunktschule; Mathe soll nicht so bleischwer sein

Typischer MU: Einzelbetreuung, mir etwas erklären lassen; in KG etwas einführen/vertiefen; Arbeitsphase/vertiefende Übung mit möglichst selbstständig zu bearbeitendem Material; (alles aktuelle I-JüL-Gesamtgruppe)

Umgang mit Heterogenität: Ist kein Problem, man macht es einfach, wenn man sich auf Neues einlassen kann; Wochenplan und Stationen mit niveaudifferenzierten Aufgaben; gemeinsame Lernsituationen in Geometrie

Inklusiver MU: Kein Unterschied zwischen Mathe und anderen Fächern; Anpassung an Lerngruppe ist normale Herausforderung, die zum Job gehört, den er gerne macht

„Wenn wir das zusammen machen, dann machen wir alles zusammen. Also wir machen Deutsch, wir machen Englisch, wir machen Mathe, wir machen Kunst. Wir machen nicht nur S-p-o-r-t und nicht nur Musik, sondern wir machen alles zusammen [....]. Das war natürlich ne Herausforderung. Aber das is meine Aufgabe, das ist mein Job.“*

Erläuterung der Abk. auf S. 129, FN 6

der scheinbar erreichten Grenze der Erkenntnismöglichkeiten wird bei den Regelschüler_innen aber offenbar nicht als endgültig betrachtet. Somit bezieht sich die Herausforderung im Falle der Regelschüler_innen auf die Entwicklung der passenden Lehrkraftinterventionen zur Überwindung der Grenze. Anders beim Unterricht mit Schüler_innen, die dem FöS GE zugeordnet werden:

> Natürlich kann es an uns Lehrern liegen, dass wir irgendwie vielleicht nicht das jetzt anbieten, was vielleicht das Kind braucht. Aber ich glaube, dass da halt schon wirklich bei einigen eine kognitive, also da *ist dann irgendwann das Ende der Fahnenstange, muss man einfach mal so sagen, und das ist für mich und Mathe auch Frust.* (Keller, K6: 48, Hervorh. N. K.)

Es bieten sich verschiedene Erklärungen an, warum die Sonderpädagogiklehrkräfte hier zu einer Verortung der wahrgenommenen ‚Grenze' im Lernprozess ‚in den Schüler_innen' zu neigen scheinen: Das in beiden Fällen frustrierende Erlebnis (trotz der Bemühungen der Lehrkraft gelangen die Schüler_innen einfach nicht zur gewünschten Erkenntnis) wird wohlmöglich bei den Regelschüler_innen deswegen als weniger dramatisch wahrgenommen, da in einem kürzeren Zeitraum doch der erfolgreiche Erkenntnisschritt angenommen wird (und erfahrungsgemäß auch erfolgt). Dass die Lehrkräfte in Bezug auf die Kinder, die dem FöS GE zugeordnet werden, viel stärker eine unüberwindbare Grenze wahrnehmen, könnte zudem begründet sein durch die intensivere Befassung mit einzelnen Schüler_innen. Durch diese werden den Lehrkräften die Schwierigkeiten und Rückschläge des Lernprozesses unmittelbarer bewusst (‚Du konntest es doch gestern, wieso kannst du es heute nicht mehr?'), während in der (größeren) Gruppe der Regelschüler_innen die konkreten zeitweiligen Misserfolge der_des Einzelnen beim Lernen weniger auffallen. Als Grund für die unterschiedliche Darstellung wäre aber auch eine grundsätzlich eher defizitorientierte Sichtweise auf die GE Kinder und weniger Vertrauen in ihre Entwicklungsfähigkeit möglich. Diese Vermutungen können anhand der erhobenen Daten allerdings nicht genauer bearbeitet werden.

Abschließend soll auf eine mögliche ‚Lösung' zu verschiedenen der benannten Herausforderungen zurückgekommen werden. Handlungs- und Materialorientierung wird sowohl als Möglichkeit angeführt, der Heterogenität der Lerngruppe zu begegnen, als auch dafür, die Motivation der Schüler_innen anzuregen. Nicht zuletzt wird dies aber auch als eine Gelegenheit betrachtet, um ihnen die mathematischen Grundinhalte nahe zu bringen (vgl. die zentrale Stellung, die im Rahmen des guten Mathematikunterrichts diskutiert wurde). Diesem Potenzial ist sicher zuzustimmen ist (vgl. Kap. 3.2.3). Es muss aber aus fachdidaktischer Perspektive kritisch betrachtet werden, inwiefern in den konkreten Umsetzungen der Lehrkräfte fachspezifische bzw. fachdidaktische Aspekte, wie etwa die Entwicklung von Vorstellungsbildern zu mathematischen Strukturen, eine Rolle spielen. Aus dieser Analyse ergeben sich nämlich durchaus Herausforderungen im didaktischen Einsatz der Handlungs-, Material- und Alltagsbezüge, die die Lehrkräfte selbst nicht so direkt benennen.

Problematisch ist die fehlende fachliche Füllung der Material- und Handlungsorientierung auf zwei Ebenen: Nicht nur geht eine Lerngelegenheit für mathematische Zusammenhänge verloren, die durch ‚echte' Struktur- und Anwendungsorientierung möglich wäre. Vielmehr ist auch zweifelhaft, ob beispielsweise die Zahlzerlegung der Zehn, wenn sie den Kindern als ‚Gedicht' oder über andere – nicht mathematische – ‚Eselsbrücken' präsentiert wird, überhaupt als das genutzt werden kann, auf das sie eigentlich abzielt – nämlich als Kernaufgabe für Ableitungsstrategien im Kopfrechnen. Überspitzt ließe sich diese Problematik in Anlehnung an Brügelmanns „Lernen mit allen Sinnen aber ohne Sinn" (2005, 78) folgendermaßen formulieren: ‚Mit allem Mathematik lernen, aber ohne etwas Mathematisches zu lernen.'

Sachzusammenhang und mathematischer Sinn

G. Igel führt als ein wichtiges Merkmal seines Mathematikunterrichts die Einbindung in Sachzusammenhänge an und schildert:

> [...] Ich muss das auch anwenden und immer wieder mal neu anwenden und dann kann ich es auch übertragen auf einen neuen Sachzusammenhang.
>
> [...] oder eben halt so mit Gedichten zur Eins gehört die Neun, also um die Zehn einzuführen. Zur Eins gehört die Neun, die kann sich aber freuen, zur Zwei gehört die Acht, wer hätte das gedacht? Also solche Übertragungen bringen und also in Texten Zahlen finden, in Texten mathematische Zusammenhänge finden. Draußen finden. (Igel, I1: 82–88)

Aus mathematikdidaktischer Sicht sind Übungen und ggf. auch Merkhilfen durchaus sinnvoll, um bestimmte Zahlensätze zu automatisieren (in diesem Fall die Zahlzerlegungen zur Zehn, die als zentrale Kernaufgaben gelten können). Sie sollten aber kritisch auf ihren mathematischen Gehalt geprüft werden. So wäre es Teil der fachdidaktischen Kompetenz, diese Art von Einbettung als das zu erkennen und zu behandeln, was sie sind: Eine Merkhilfe, die auf der Reimform beruht und eben gerade nicht „in Texten mathematische Zusammenhänge" oder „Übertragungen" in Sachzusammenhänge darstellt.

Ein weiteres Beispiel für die Nutzung von Veranschaulichungen und fachübergreifenden Bezügen, die letztlich aber den mathematischen Sinn nicht in den Blick nehmen, findet sich bei S. Ingmann im Zuge ihrer Erläuterungen zum fächerübergreifenden Unterricht:

> Naja, das gibt eine gute Anbindung einfach. Also die Kinder verstehen manches. Z. B. rechne ich auch in Deutsch, wenn ich zusammengesetzte Nomen mache, dann rechne ich ‚Wasser plus Mann' ist eben gleich der Wassermann. Ja, also, wenn man sie so einbinden kann die Mathematik. Das ist gut. Denk ich. (Ingmann, I5: 32)

Zwar mag sich hier die Gelegenheit ergeben, über ein Sprachspiel mathematische Symbole oder Begriffe in andere Kontexte einzubinden. Allerdings gibt es zwischen der Struktur ‚Wasser plus Mann ergibt „Wassermann"' aus mathematikdidaktischer Sicht keine Analogie zur Struktur der Addition und damit auch kaum eine Gelegenheit, diese inhaltliche Veranschaulichung oder Übertragung zu nutzen.

Im mathematikdidaktischen Diskurs wird der Einsatz von (inhaltlich) sinnentleerten, lediglich methodisch-gestalterischen Aufbereitungen häufig mit Bezug auf Wittmann als Problem der ‚bunten Hunde und grauen Päckchen' thematisiert (vgl. Wittmann/Müller 1990, 152ff.). Materialeinsatz, Handlungsorientierung oder eine motivierende Einkleidung von Aufgaben *ohne* fachspezifische Rahmung führen lediglich zu einer *äußeren* Aktivierung (die Kinder tun etwas). Letztlich bleiben diese ‚bunten Hunde' aber ‚graue Päckchen', solange keine *inhaltliche* Aktivierung von Vorstellungsbildern zu mathematischen Grundstrukturen angestrebt wird (vgl. auch Schipper 2003).

Die fehlende fachliche Fundierung des Handlungs-, Material- und Alltagsbezuges ist aber nicht nur aus fachdidaktischer Sicht zu kritisieren. Bei der Analyse der Interviews zeigt sich daran anknüpfend zudem eine vergebene Chance in Bezug auf das gemeinsame Lernen in einer heterogenen Lerngruppe. Warum dies so ist, wird im folgenden Kapitel erläutert.

7.1.4 Material- und Handlungsorientierung: Herausforderung guten Mathematikunterrichts und Potenzial für einen gelingenden Umgang mit Heterogenität

Die Material- und Handlungsorientierung sowie das aktive Erleben und selbstständige Handeln stehen aus Sicht der Lehrkräfte im Zentrum eines gelingenden Mathematikunterrichts. Diese Punkte werden von ihnen zudem als wichtige Ausgangspunkte für das gemeinsame Lernen in einer heterogenen Lerngruppe benannt.

Zugleich ist die Zielsetzung, durch Materialien mathematische Vorstellungsbilder zu entwickeln und die Entwicklung und Diskussion von eigenen Lösungswegen zu fördern, aus mathematikdidaktischer Sicht ein zentrales Gütekriterium und im Übrigen auch einer der herausgearbeiteten Anschlusspunkte für eine inklusive Didaktik.

Bedeutet nun die hohe Relevanz, die eine Material- und Handlungsorientierung auch aus Sicht der Lehrkräfte hat, dass hier eine unmittelbare Übereinstimmung mit mathematikdidaktischen Prinzipien vorliegt, die sich als Ausgangspunkt für inklusiven Mathematikunterricht nutzen lassen? In der Analyse werden zu dieser Frage sowohl *Herausforderungen* als auch *Potenziale* deutlich:

Die konkrete Umsetzung der meisten befragten Lehrkräfte verweist zunächst auf **Herausforderungen** eines *fachlich fundierten* Materialeinsatzes. Die Relevanz von Handeln und (Eigen-)Aktivität mit Materialien für den Mathematikunterricht kann sich nämlich auf zwei Ebenen beziehen, nach denen sich auch die Schilderungen der Lehrkräfte unterscheiden ließen:

- unterrichtsorganisatorisch-pädagogisch: Handelnde und aktive Unterrichtsformen sind für Schüler_innen attraktiv und motivieren sie, sich mit den (mathematischen) Inhalten ausdauernd bzw. vertieft auseinanderzusetzen und bieten ihnen einen (angstfreien) Zugang zu diesem Fach.
- fachdidaktisch-inhaltsbezogen: Handlung mit Material und (eigenaktives) Ausprobieren zielen inhaltlich auf das Verständnis mathematischer Inhalte (durch die Entwicklung von Vorstellungsbildern) und die Entwicklung des mathematischen Denkens (durch Entwicklung und Diskussion verschiedener Lösungswege etc.).

Beide Schwerpunkte können mit dem Umgang mit Heterogenität in Verbindung gebracht werden –durch die Möglichkeit gemeinsamer ‚Aktivitäten' und durch die Gelegenheit, einen inhaltlichen Austausch über unterschiedliche Herangehensweisen zu initiieren. Wie oben bereits angedeutet, liegt bei den befragten Lehrkräften der Fokus weniger auf dem zweiten Aspekt und den Bezügen zu mathematischen Inhalten, sondern mehr darauf, über «Handeln, aktiv, erleben, selbst tätig» sein, «Motivation und Freude» zu vermitteln. Handlungs- und Materialorientierung ebenso wie der von den Lehrkräften benannte Bezug zum (Lebens-)Alltag sollen die Schüler_innen in erster Linie motivieren bzw. ihnen über Freude und Eigenaktivität den Zugang zum Fach erleichtern. Erst in zweiter Instanz steht damit laut den Lehrkräften in Verbindung, welche mathematischen Vorstellungsbilder bzw. Inhalte die Schüler_innen sich erarbeiten. Passend zu dieser Differenz wird aus den geschilderten Beispielen zwar eine organisatorisch-methodische Öffnung und Zusammenarbeit der Schüler_innen deutlich, aber kaum eine fachliche Öffnung oder inhaltliche Kooperation. Insbesondere Arbeitsmittel, also spezifische Materialien zur Entwicklung von Zahlverständnis und Rechenstrategien, werden im Rahmen der Erzählung der Sternstunden kaum erwähnt. Aus mathematikdidaktischer Perspektive wäre dies hingegen der zentral bedeutende Materialeinsatz im arithmetischen (Erst-)Unterricht. Die von den Lehrkräften geschilderte Verknüpfung von Mathematik mit Umwelt bzw. Alltag zielt zudem offenbar nicht darauf, mathematische Strukturen in der Umwelt zu erkennen. Sie dient hingegen überwiegend entweder – für die Regelschüler_innen – als motivierende ‚Einkleidung' oder – für die GE-Schüler_innen – dem Ziel der ‚lebenspraktischen' Alltagsbewältigung. In keiner Variante spielt der mit den mathematischen Alltagshandlungen verbundene mathematische Sinn, durch Anwendungs- oder Strukturorientierung, eine zentrale Rolle.

Es geht also in den konkreten Schilderungen weder bei Materialhandlungen noch beim Alltagsbezug vorrangig um eine vertiefte Erschließung mathematischer Strukturen, die fachdidaktisch anzustreben wäre. Damit verbunden ist in den Schilderungen

Gesine Kerner

„Oft hab ich das Gefühl, das Material reicht nicht aus und die Zeit vor allem auch nicht. Sobald ich dann bei einem Kind bin, habe ich dann schon dahinter einen sitzen, der sich total langweilt und gähnt. [...] Und da komm ich dann echt an meine Grenzen."

Rahmendaten: a) 2. Klasse, b) 27 SuS (+ Koop 5 SuS), c) k. A., d) Deu, SU, f) 5 Jahre (seit 2 Jahren Koop, davor Jahrgangsmischung)

Sternstunde: ‚Konkrete Stunde fällt echt schwer', aber generell Bezug zu Unterricht mit Partnerklasse; gegenseitige Hilfe bei Gruppenpuzzle und in Koop-Regel-Klasse, wenn Kinder sich gegenseitig in Kindersprache erklären

Typischer MU: Erklärstunden; Wochenplan; Übung am Platz (mit Koop-Regelschul-Klasse); Gruppen oder Stationenarbeit (mit Koop-Gesamtgruppe)

Umgang mit Heterogenität: Wochenplan (nach Farben); Placemats als Mittel der Wahl zum gemeinsamen MU mit Partnerklasse; Bandbreite (auch in Regelkasse) als Herausforderung

Inklusiver MU: ‚Schere inzwischen zu groß', es gehen nur einzelne Stunden im Stationenbetrieb

„Mathe ist differenzierbarer. Mathe ist konkreter, man kann ein Ergebnis nennen. Und man kann sagen, das und das versteh ich und das und das verstehe ich nicht."

Erläuterung der Abk. auf S. 129 , FN 6

Sven Keller

„In der Kleingruppe kann man schön differenziert arbeiten. Ich fand das immer ganz gut, dass sie so freiarbeitsmäßig arbeiten konnten. Auf ihrem Niveau jeweils. [...] Gelungener Matheunterricht wäre, wenn man einen gemeinsamen Anfang hätte mit dem gleichen Inhalt. Plus dann anschließend differenzieren, dass jeder an Seinem weiterarbeitet."

Rahmendaten: a) 2. Klasse, b) 5 SuS (+Koop 24 SuS), c) k. A., d) Rel, Ku, Ma als Nebenfach, e) GE, Sp, Zusatzfach KM, f) 11 Jahre

Sternstunde: ‚Keine, weil je nach Stunde erreiche ich den einen oder anderen Schüler besonders'; evtl. Aha-Erkenntnis eines schwachen Schülers (hat ‚3' gezeigt/verstanden); Spiel-Stunde mit Partnerklasse; handeln, Alltag, nicht zu schnell, nicht zu abstrakt

Typischer MU: Eingangsspiel; Zahlen/Arbeiten am Platz; Schwungübungen; Abzählverse; (alles Koop-GE-Klasse)

Umgang mit Heterogenität: in Koop-GE-Klasse Aufgaben individuell; mit Partnerklasse Spiele und gemeinsame Aufgabenformate (Bierdeckelaufgaben); aktuell kein gemeinsamer MU mit Partnerklasse

Inklusiver MU: schwierig, weil Themen weniger breit als in anderen Fächern bzw. Niveau der Kinder zu weit auseinander und problematisch wegen der Papierlastigkeit des Grundschulunterrichts

„Die Lebenswelt ist einfach ein bisschen anders, was Mathe angeht. Da gemeinsame Nenner zu finden, ist schwierig. Vor allem in Richtung reine Zahlen addieren, subtrahieren, multiplizieren, die klassischen Rechenarten eigentlich. Da haben meine Schüler kaum Bedeutung. [...] Es ist wichtiger zu wissen, was es bedeutet, wenn jemand sagt, da kommt ein Bus erst in zwei Stunden."

Erläuterung der Abk. auf S. 129 , FN 6

der Lehrkräfte auch die Kopplung von materialorientiertem Arbeiten mit einführenden Lehr-/Lernsituationen, die (noch) nicht im engeren Sinne auf die ‚Lernfortschritte' abzielen. Sehr deutlich grenzt beispielsweise G. Kerner an mehreren Stellen explizit die kooperativen Lernformen im gemeinsamen Unterricht mit der Koop-Gesamtgruppe von den lehrkraftzentrierten oder individualisierten Lernsituationen mit der (segregierten) Regelschulklasse ab. Entsprechend führt sie im Zuge ihrer Äußerungen zum typischen Unterricht „Erklär- und Übungsstunden" mit der Regelklasse getrennt von „Methodenstunden" mit der Koop-Gesamtgruppe an (Kerner, K3: 64). Bereits die Wortwahl ‚Methodenstunden' deutet darauf hin, dass der Fokus hier weniger auf der mathematischen Lernentwicklung liegt. Vielmehr muss diese in den ‚Erklär- und Übungsstunden' abgesichert werden.

Als weiteres Beispiel und zur Verdeutlichung, dass dieses Problem der Entkopplung des materialbezogenen vom lernzielorientierten Arbeiten sich nicht auf die Zusammenarbeit von ‚Regelschüler_innen' und ‚Förderschüler_innen' reduzieren lässt, kann S. Keller herangezogen werden. Im Rahmen der Gegensatzpaarbildung zu typischen Situationen im Unterricht seiner Koop-GE-Klasse betont er für das materialbasierte ‚Eingangsspiel': „Das soll motivieren. Hat natürlich was mit Mathe zu tun, aber halt bitte ohne Zahlen. Weil wenn ich gleich mit Zahlen anfange, habe ich sie nicht motiviert. Oder kriege ich sie nicht motiviert" (Keller, K5: 68). Im Vergleich dazu schildert er für die Arbeit mit Zahlen, die im Rahmen individueller Arbeit am Platz organisiert ist: „[D]a muss ich sie schon, ich muss sie da haben, ja, ich muss sie haben, um mit ihnen arbeiten zu können. Also die müssen motiviert sein, damit ich mit ihnen arbeiten kann" (Keller, K5: 72). Entsprechend notiert er als Gegensatzpaar zu den von ihm benannten typischen Situationen ‚Material ohne Zahl' vs. ‚Arbeit mit Zahlen': ‚motivieren/kurz' vs. ‚arbeiten, eigentliches Ziel/lang' (vgl. insg. Keller, K5: 66–78 sowie 88).[16]

Als Gegenbeispiel zu den eben benannten Hindernissen bei der Materialverwendung kann G. Köhler angeführt werden. In ihrer Schilderung einer Sternstunde wird nämlich das **Potenzial** sichtbar, das fachdidaktisch kompetent eingesetztes und an inhaltliche Lernziele gebundenes Material für mathematisches ebenso wie ‚gemeinsames' Lernen haben kann. G. Köhler bettet ihre Erzählung hierzu (im folgenden Kasten kursiv hervorgehoben) in eine Argumentation ein, aus der ihre Zielsetzungen guten Mathematikunterrichts deutlich werden: Durch eigene Aktivität sowie den Austausch über verschiedene Lösungswege werden die Schüler_innen darin unterstützt, vertiefte Erkenntnisse zu gewinnen.

[16] Hier taucht neben der Bedeutung der verschiedenen Phasen auch eine spezifische Perspektive auf Mengen gegenüber Zahlen auf, die in Kapitel 8.3 noch thematisiert wird.

Sternstunde der Material- und Handlungsorientierung

Ok. Da lasse ich mich mal spontan leiten, also es gibt schon viele Sternstunden. [...] Also eine Sternstunde war zum Beispiel Sachrechnen. Es gibt so ein ganz schickes Buch, [...] da sind Sachaufgaben drin und hinterher auch erklärt, wie Schüler da ran gegangen sind, so im Sinne von entdeckendem Lernen und das war einfach wunderbar.
Die Kinder hießen irgendwie noch Murks und Schnüpperle. Das war schon mal lustig für die Kinder. Die mussten sich irgendwie Murmeln aufteilen und dann hieß es: Murks hat nachher zwei mehr als Schnüpperle. Und wir haben einfach diese Aufgabe reingegeben [in der ersten Klasse] und haben gesagt, ‚wie müssen wir uns das aufteilen?‘
Und es war ei-n-fach? Schick, schick.
Ich habe da so eine Einführung allgemein gemacht und dann habe ich das /äh/ an die Kinder gegeb-, habe gesagt: ‚Wer möchte mit wem zusammen arbeiten? Verteilt euch im Raum!‘ Und dann haben die, hatten wir aus Knete, haben wir uns dann so kleine Kugeln gemacht, damit sie auch diese Murmeln haben und dann mussten die das überall rauskriegen und dann haben sie auch ihren eigenen Plan gekr-, ihren riesengroßen Zettel gekriegt und dann mussten sie ihre Vorschläge drauf entwerfen.
Und es war einfach schick. Das war einfach toll, wie sie unterschiedlich an die Sachen rangegangen sind und dadurch, dass sie auch-
War das eine Inklusionsklasse?* (..) Nee, in dem Fall nicht. Aber es ist egal, eigentlich ist es fast egal, weil man weiß ja, wenn man ein Kind aus dem W- und E-Bereich hat, dabei hat, und man merkt, dass es nicht geeignet ist für den, würde man das ja gar nicht anbieten. Oder man setzt sich daneben und versucht, was rauszufinden, was in der Richtung mit dazugehört, aber eben sehr vereinfacht ist. So ein, so ein Kind würde dann zum Beispiel Murmeln basteln, in der Zeit, und die nach Farben sortieren oder irgendsowas lässt man sich dann einfallen, wenn der Zusammenhang für alle stimmt.
Und das war für mich so eine Stunde, wo ich dachte: Das war der Beweis, dass wirklich entdeckendes Lernen am meisten bringt. So.
Die mussten das für sich selbst entdecken und kamen dann mit ihren Lösungsvorschlägen an, und dann haben wir uns nachher wieder in der Klasse getroffen und die einzelnen Vorschläge uns angeguckt und erarbeitet. Und es waren, glaube ich, nur zwei Richtige dabei, von sechs Gruppen, aber bei allen machte es so klick ‚Ach ja‘ und so und das war eine Sternstunde.
Und was war das Gute da dran?* Also es hatte was mit ihnen zu tun. Es war haptisch, /ne/? Sie konnten also wirklich auch das Material in die Hand nehmen. Sie konnten diskutieren. Sie konnten es verschriftlichen ohne Angst vor Fehlern.
Und sie konnten es hinterher mit mir gemeinsam auswerten und waren stolz auf ihr Ergebnis, ob es falsch oder richtig war, sie waren stolz, weil sie da was rausgekriegt hatten. Und dann meinten sie ‚A-h, ja, wenn das so ist, dann ist das richtig!‘
Also sie fühlten sich auch nicht kritisiert.
(Köhler, K1: 33, Hervorh. kursiv N. K.)

* Dies ist keine Interviewfrage, sondern eine von ihr an sich selbst gerichtete Überlegung.

Das positive Erlebnis, dass es in der Stunde bei allen „klick gemacht“ hat, war im konkreten Fall deshalb so bedeutsam, weil es der Lehrkraft den Beweis dafür lieferte, dass die Zielsetzung, entdeckendes Lernen zu ermöglichen, richtig ist und funktioniert. G. Köhler macht den Bezug zu dieser Zielsetzung zunächst daran fest, dass die Schüler_innen selbst in Gruppen entdecken mussten. Und obwohl dies zunächst nur wenige richtige Lösungen hervorbrachte, profitierten ihrer Einschätzung nach alle Schüler_innen von dieser Arbeit insbesondere durch den anschließenden Lösungsvergleich mit den anderen Gruppen. Im Weiteren führt G. Köhler genauer aus, warum das Lernen aus ihrer Sicht in der Stunde so gut funktionierte und erklärt damit auch, was für sie den entdeckenden Charakter ausmacht („Und was war das Gute da dran?“): Ausgehend von der Handlung mit Materialien fand die Entwicklung unterschiedlicher Lösungen statt, die später im Austausch (unter der Moderation der Lehrerin) wieder zusammengeführt wurden. Die Schüler_innen konnten so durch die Materialhandlung („sie konnten das Material auch wirklich physisch in die Hand nehmen“) einen eigenen Zugang finden („es hatte etwas mit ihnen zu tun“), der innerhalb der Kindergruppe selbstständig (weiter-)entwickelt wurde („sie konnten diskutieren“) und dem Wertschätzung sicher war („ohne Angst vor Fehlern verschriftlichen“). Ebenso gelang ein Austausch über die Lösungen, in dem auch die Vielfalt anerkannt wurde. So konnten die Schüler_innen (vermutlich aufgrund des experimentellen Charakters) stolz auf ihre jeweiligen Lösungen sein und Erkenntnisse zu den ‚richtigen‘ Lösungen gewinnen („A-h, ja, wenn das so ist, dann ist das richtig!“) und schließlich auch im Prozess ein grundlegendes Verständnis entwickeln („bei allen machte es so klick ‚Ach ja‘“).

G. Köhler benennt die Zusammenhänge zwischen diesen verschiedenen Merkmalen ihrer Sternstunde sehr explizit. So wird insgesamt ihr Verständnis von ‚entdeckendem Lernen‘ deutlich, welches sie als zentral für guten Mathematikunterricht ansieht:

- Die Lehrkraft schafft einen Rahmen über Orientierung am Anfang, passendes Material und die Moderation des Austausches am Ende.
- Eigenständiges Handeln und Ausprobieren sind die Basis, damit die Schüler_innen (ohne Angst) eigene Ideen in Kommunikation miteinander entwickeln, dokumentieren und diskutieren können.
- Eine gemeinsame (angstfreie) Auswertung der eigenen Ergebnisse im Vergleich mit denen der anderen Gruppen ermöglicht abschließend die Entwicklung eines grundlegenden Verständnisses (von mathematischen Zusammenhängen).

In G. Köhlers Ausführungen sind zwei Kernaspekte guten Mathematikunterrichts dokumentiert, die auch in der Literatur zu finden sind:[17] a) Die Schüler_innen erarbeiten sich einen mathematischen Zusammenhang/Sachverhalt, wobei nicht die Lösung/das Ergebnis der eigentlichen Aufgabe entscheidend ist, sondern die im Prozess gewonnenen Erkenntnisse, die b) ein vertieftes, grundlegendes Verständnis mathematischer Zusammenhänge ermöglichen. Dieser Unterricht, als guter am entdeckenden Lernen

[17] Obwohl die Aspekte beinahe Lehrbuchcharakter haben, lassen sich die Schilderungen von G. Köhler als unmittelbar unterrichtsnah kennzeichnen: Sie erfolgen entlang einer echten Erzählung, auf die die Interviewte auch immer wieder selbst zurückkommt – trotz bzw. nach den Wechseln auf eine allgemeinere Ebene. Die Erzählung wird dabei von der eigenen Freude getragen, die die Erinnerung an diese konkrete Unterrichtssituation hervorruft.

orientierter Mathematikunterricht, wäre aus Sicht G. Köhlers auch in einer inklusiven Lerngruppe unmittelbar umsetzbar. Zwar müssten ihre Ausführungen zur möglichen Übertragung auf eine ‚Inklusionsklasse' sicherlich genauer bezüglich ihrer didaktischen und auch inklusiven Qualität betrachtet werden.[18] Es werden aber in jedem Fall verschiedene Anknüpfungspunkte für einen inklusiven Unterricht deutlich, die auch im theoretischen Teil dieses Buches erarbeitet wurden.

In der Schilderung einer zunächst inklusions- und kooperationsunabhängigen Sternstunde zeigt sich somit das Potenzial, welches eine Material- und Handlungsorientierung und eine eigenständige Erarbeitung für guten ebenso wie inklusiven Mathematikunterricht haben können. Ähnliche Aspekte äußert auch S. Ingmann, die im Kontext der Sternstunde ebenfalls ihren Fokus auf Handlungsorientierung jenseits der Aspekte Motivation und Angstnehmen setzt. Sie erläutert:

> Da gibt's Arbeitsmaterialien, da müssen sie Statistik erheben, was trinken die Kinder, was trinken sie am liebsten. Und dann müssen die Kinder sich halt gegenseitig befragen und ihre Tabellen anlegen. Und das ist immer irre, wie die es dann auch machen. [...] wenn die wirklich miteinander selbstständig das machen [...], wenn wir Temperatur gemessen haben, sind die durchs Schulhaus [...], sind zur Sekretärin gegangen, wie viel Fieber die hat. Also solche Situationen, wenn die Kinder wirklich alle zusammen praktisch tätig sind [...]. Das sind so schöne Stunden in Mathe. (Ingmann, I5: 22)

An diesen beiden Beispielen wird deutlich, dass Materialien, die im Zentrum der Lernprozesse mit mathematischen Inhalten und Erkenntnisprozessen verknüpft werden, ein hohes Potenzial auch für das gemeinsame Lernen bieten. Bei einem Blick auf die Gesamtgruppe der Befragten zeigt sich jedoch – wie einleitend zu diesem Abschnitt erläutert –, dass dies offenbar kaum genutzt wird. Stattdessen dominiert, wie bereits bei der Analyse der typischen Situationen deutlich wurde, insgesamt individuelles Arbeiten (am Arbeitsblatt) und Material wird eher ergänzend eingesetzt. Die Tatsache, dass ein Großteil der Lehrkräfte Material verwendet, ohne unmittelbar die damit verbundenen mathematischen Inhalte/Strukturen einzubeziehen, wird im Zuge der Analyse zu den von den Lehrkräften wahrgenommenen Grenzen für inklusiven Mathematikunterricht noch einmal vertieft diskutiert werden. Denn ein Verständnis von Material- und Handlungsorientierung als – zugespitzt formuliert – schmückendes Beiwerk steht in engem Zusammenhang damit, dass die Lehrkräfte Arithmetik für ‚zu abstrakt für gemeinsamen Unterricht' halten und grundsätzlich gemeinsame Lernsituationen (ausgehend vom

[18] Z. B. wäre zu klären, welche mathematischen Inhalte beim ‚Basteln der Murmeln' relevant sind und wie in diesem Sinne die genaue Anbindung an die Lernprozesse der und den Austausch mit den anderen Kinder aussehen würde.

Material) nur bedingt mit (inhaltlichen) Lernfortschritten verbinden und daher nur in einem begrenzten Umfang einsetzen (vgl. Kap. 8.2).

7.2 Umgang mit Heterogenität im Mathematikunterricht

Im Zentrum der folgenden Analyse stehen zwei Aspekte: Zunächst werden die selbstläufigen Schilderungen der Befragten zum Umgang mit Heterogenität im Mathematikunterricht untersucht, also solche, die ohne aktive Anregung durch die Interviewerin erfolgten (Kap. 7.2.1 und 7.2.2). Anschließend folgt eine vertiefte Betrachtung der Belief-Systeme der Lehrkräfte zum Verhältnis von Gemeinsamkeit und Individualisierung unter Einbezug auch solcher Antworten auf spezifische Nachfragen (Kap. 7.2.3 und 7.2.4).[19]

In Bezug auf den Umgang mit der Heterogenität der Lerngruppe äußerten sich die Lehrkräfte sowohl konkret zum Mathematikunterricht als auch in fächerübergreifendem Kontext. In den selbstläufigen Schilderungen wurden auch fachübergreifende *Chancen, Schwierigkeiten* sowie *(notwendige) Bedingungen* deutlich, die an dieser Stelle einleitend dargestellt werden.

Zu den grundsätzlichen **Chancen** eines Unterrichts in/mit heterogenen Lerngruppen konnten folgende Themen herausgearbeitet werden: Kinder helfen sich gegenseitig und geben sich Anregungen, offener Unterricht und Teamarbeit schaffen Raum, sich um den Einzelnen zu kümmern und die Differenzierung schafft zugleich Gelegenheit für ‚schnelle Kinder' ihre Interessen vertieft zu verfolgen. Außerdem werden der potenzielle Kompetenztransfer im Team sowie die Notwendigkeit, sich mit der Basis des Lernstoffes zu befassen, thematisiert. Bei näherer Betrachtung dieser von den Lehrkräften benannten positiven Aspekte wird ersichtlich, dass sie sich vorrangig aus der geöffneten Unterrichtsorganisation und/oder der Anwesenheit mehrerer Pädagog_innen ergeben und sich weniger direkt auf das Potenzial einer heterogenen Lerngruppe beziehen, obwohl alle Aussagen in diesem Kontext (i. S. v. „Es ist gut, dass wir eine gemischte Gruppe sind, weil…") getroffen wurden.

[19] Bereits bei der Code- und Kategorienbildung wurde zwischen dem Relevanzrahmen der Befragten aus *selbstläufigen* Textpassagen und *exmanenten*, durch die Interviewerin aufgebrachten Aspekte, unterschieden und entsprechend im Auswertungsverlauf wie in der folgenden Darstellung auf die Herkunft der Aussagen Bezug genommen. Eine solche Differenzierung der Herkunft der Aussagen und die damit verbundene zweischrittige Analyse ist speziell für die Aussagen zum Themenfeld Heterogenität relevant. Zum einen ist mit dem Umgang mit der Vielfalt der Lerngruppe der Kern der Forschungsfrage angesprochen, d. h. eine genauere und interviewnähere Analyse gegenüber den Auswertungen zum guten und typischen Mathematikunterricht ist grundsätzlich angemessen. Zum anderen wurden – ebenfalls aufgrund des Forschungsinteresses – in den Leitfaden einige sehr spezifische, exmanente Nachfragen zum gemeinsamen Lernen in Mathematik und Möglichleiten eines inklusiven Unterrichts in diesem Lernbereich aufgenommen. Die in diesem Zusammenhang entstandenen Antworten müssen anders bewertet werden als wenn die Lehrkräfte entsprechende Aussagen von sich aus vorgenommen hätten.

Nur wenige Lehrkräfte thematisieren spezifisch den Nutzen von Heterogenität einer Lerngruppe für das Lernen der_des Einzelnen, also die ‚Vielfalt als Chance': G. Köhler erläutert passend zu der bereits erwähnten Sternstundenschilderung, dass sie durch den Kooperationsunterricht gezwungen wird, sich mit Möglichkeiten der Material- und Handlungsorientierung sowie dem damit verbundenen Grundlagen für das Verständnis des Stoffes auseinanderzusetzen. Dies betrachtet sie als Gewinn für die Lernprozesse aller Schüler_innen. G. Insel und G. Illgner sprechen davon, dass die schwächeren Regelschüler_innen durch das Material von und die Arbeit mit den noch schwächeren Förderschüler_innen profitieren.

Von weiteren Lehrkräften werden zwar Austausch und gegenseitige Anregung (Kurz, Illgner und Knopp) und gegenseitige Hilfe (Imhof, Illgner, Köhler) benannt, aber auch diese Aussagen beziehen sich nur bedingt auf ein spezifisches Potenzial des Austauschs in einer heterogenen Lerngruppe, sondern eher auf das Potenzial von Austausch ganz generell.

Als **Schwierigkeiten** lassen sich vor allem ressourcen-/rahmenbezogene Aspekte (Zeit, Vorbereitung, Team) sowie Herausforderungen offenen Unterrichts identifizieren. Hierzu wird u. a. thematisiert, wie mit Standards und Leistungsanforderungen umgegangen werden kann und wie viel Verantwortung den Schüler_innen für ihr eigenes Lernen und ihre Lernerfolge übergeben werden kann. Dabei wird von den Koop-Lehrkräften als eine Barriere für inklusiven Unterricht spezifisch die Tatsache angeführt, dass es für die Grundschulkinder festgelegte Lernziele zu verfolgen gilt (vgl. oben die Zielsetzung ‹Bildungsstandards, Grundrechenarten, Lernziele Grundschule›). Dies gilt sowohl vonseiten der Sonderpädagogiklehrkräfte als Hinweis, dass gemeinsamer Unterricht schwierig sei, wenn/weil die Grundschullehrkräfte diesen Anforderungen unterliegen, als auch vonseiten der Grundschullehrkräfte, die darauf verweisen, dass getrennte Stunden notwendig sind, um die Lernerfolge ‚ihrer' Schüler_innen sicherzustellen.

Hiermit ist eine grundsätzliche Herausforderung inklusiven Unterrichts angesprochen, der sich zwischen Individualisierung und Standardisierung bewegt. Es wird deutlich, dass Standards und Bildungsziele unumgehbare Faktoren bei der Planung des (Mathematik-)Unterrichts sind und damit auch im Rahmen der Frage nach inklusivem Mathematikunterricht zu diskutieren sind. Lernzieldifferenz, deren Bedeutung bereits in Kapitel 2 und 3 diskutiert wurde, erweist sich auch im Denken der Lehrkräfte als eine zentrale Bedingung bzw. Lernzielgleichheit als eine Barriere.

Zu den geäußerten Herausforderungen zur Rolle der Lehrkraft und zum Umgang mit den äußeren (leistungsbezogenen) Anforderungen geben andere Befragte Lösungswege an, die sie in ihrer Praxis entwickelt haben. Daraus können **(notwendige) Bedingungen** aus Sicht der Lehrkräfte entwickelt werden:

Für einen gelingenden Umgang mit der Heterogenität der Schüler_innen wird von einem Teil der Lehrkräfte angeführt, dass sie selbst eine eher begleitende Rolle einnehmen, wobei sie sich in unterschiedlichem Maße auch für die Herstellung von gemeinsamen Lernsituationen zuständig fühlen. Besonders deutlich sind *beide* Schwerpunkte bei S. Inken vorhanden:

> Der Kontakt mit mir ist wichtig auf so einer ganz anderen Ebene, nämlich ‚Du hilfst mir und begleitest mich bei meinem Lernen.' Und sehr oft ist es ja so, dass ich, wenn jemand zu mir kommt und was wissen will, dass ich sage: ‚Geh mal da hin. Der kann's dir erklären.' Also sie untereinander in Kontakt bringen. (Inken, I6: 68)

Wie im Zusammenhang mit der Öffnung des Unterrichts, sticht S. Inken hier erneut aus dem Sample hervor. Bei den weiteren Lehrkräften, die sich eher als Lernbegleiter_innen sehen, ist dies deutlich weniger mit der Anregung von gemeinsamen Lernsituationen bzw. dem Austausch der Kinder untereinander verbunden.

Bezüglich des Aspektes, in den geöffneten Lernformen in einer heterogenen Lerngruppe die «Lernfortschritte sichern, belegen» zu können, verweisen G. Igel, G. Imhof, G. Illgner, S. Ingmann, S. Inken und S. Iser darauf, dass sie die Lernfortschritte der Kinder individuell überprüfen und generell ein Vertrauen in die Selbstorganisation der Kinder notwendig sei. Sie weisen aber auch darauf hin, dass es eine nicht immer ganz einfache Aufgabe sei, sich vom Druck zu befreien, den Kolleg_innen und Eltern aufbauen.

Ein Teil der Lehrkräfte formuliert weiterhin, es sei ein selbstverständlicher Teil ihres Berufsverständnisses, ihren Unterricht der jeweiligen Gruppe immer wieder neu anzupassen. Hierzu gehöre auch, neue Dinge auszuprobieren, Fehler zu machen und sich (und den eigenen Unterricht) weiterzuentwickeln. Derartige Schilderungen zu Gelingensbedingungen beziehen sich auffällig häufig auf Teamarbeit – ohne dass dies in irgendeiner Form spezifisch erfragt wurde. In Kap. 8.3 wird die Bedeutung der beiden letztgenannten Aspekte noch einmal genauer aufgegriffen. Sie sind zwar wenig mathematikspezifisch, für die Entwicklung inklusiven Unterrichts und das Professionsverständnis von erfahrenen I-Lehrkräften allerdings zentral.

Sowohl die Chancen als auch Schwierigkeiten, die ein Unterricht in einer heterogenen Lerngruppe mit sich bringt, werden von den Lehrkräften weitgehend fach*un*spezifisch thematisiert. Es werden eher grundsätzliche Aspekte zu geöffneten Unterrichtsformen und zu Struktur- und Rahmenbedingungen erörtert. Zu fragen ist also nun fachspezifisch(er): Welche Bedeutung hat der Umgang mit Heterogenität für den (guten) Mathematikunterrichts?

7.2.1 Gelingender Umgang mit Heterogenität im guten Mathematikunterricht

Die Beschäftigung mit der Vielfalt der Lerngruppe nimmt in den Aussagen der Lehrer_innen zu gutem Mathematikunterricht eine wichtige Position ein. Doch trotz einer zu vermutenden Sensibilisierung für Heterogenität durch das Interviewthema selbst, machten nicht alle Lehrkräfte dieses Thema zum *Schwerpunkt* ihrer Ausführungen zu gutem Mathematikunterricht.[20] Vielmehr sind die Schwerpunktsetzungen der Lehrkräfte stets persönlich und individuell gewählt und eben nicht bei allen auf den Umgang mit der Vielfalt der Lerngruppe bezogen.[21]

Innerhalb der Schilderungen zum guten Mathematikunterricht, die sich auf das Merkmal gelingender Umgang mit Heterogenität beziehen, finden sich unter dem Ziel zu «differenzieren und auf Vielfalt der Schüler_innen einzugehen» Aussagen, die unterschiedliche Ausrichtungen im Umgang mit der Heterogenität der Lerngruppe ausdrücken. So besteht zum einen der Fokus auf unterschiedliche Lerngelegenheiten und individuelle Lernsituationen (*‹jede_r braucht ein anderes, eigenes Angebot›*, 5 Lehrkräfte) und zum anderen die Orientierung an gemeinsamen Lernsituationen (*‹jede_r soll am (gemeinsamen) Angebot was Passendes finden›*, 7 Lehrkräfte).

Unter der (auch in der formulierten Zielsetzung) stärker individualisierenden Perspektive **‹jede_r braucht ein anderes, eigenes Angebot›,** bei der von den Lehrkräften kein gemeinsames Thema/gemeinsamer Rahmen mehr erwähnt wird, lässt sich eine Parallele zwischen zwei zunächst unterschiedlich klingenden Unterrichtsstrukturen herausarbeiten: Wo die Sonderpädagogiklehrkräfte für ihre Koop-GE-Klasse Unterricht als parallele ‚vierfache Einzelförderung' der Schüler_innen schildern, greifen die Grundschullehrkräfte auf eine materialbasierte Differenzierung zurück, die im Rahmen von Stationen oder Wochenplanarbeit organisiert ist. Bei Betrachtung der Schilderungen in Bezug auf den Umgang mit der Vielfalt und dem Verhältnis zur ‚Gemeinsamkeit', geht es in beiden Varianten um innere Differenzierung durch völlige Individualisierung. Zwar finden weder räumliche noch gruppenbezogene Trennungen statt, sehr wohl aber ein paralleles Lernen als eine Gruppe von vielen Einzellerner_innen. Ob die Grundschullehrkräfte – die personellen Möglichkeiten vorausgesetzt – eine

[20] In der Gesamtgruppe der Befragten wird die Heterogenität der Lerngruppe von den I-Lehrkräften etwas weniger thematisiert als von den Koop-Lehrkräften. Diese Differenz lässt sich nicht etwa darauf zurückführen, dass die Koop-Lehrkräfte aufgrund des Interviewrahmens überwiegend über den gemeinsamen Unterricht mit der Partnerklasse sprachen und dort die Gemeinsamkeits-/Differenzierungsaspekte betont hätten. Vielmehr werden in den Schilderungen zum guten Unterricht von den Koop-Lehrkräften ungefähr zu gleichen Teilen Situationen mit der Partnerklasse, der Regelschul-Koop-Klasse und der GE-Koop-Klasse benannt. Bei den I-Lehrkräften bezieht sich interessanterweise ebenfalls etwa die Hälfte der Aussagen nur auf die Regelkinder der I-Klasse und nicht auf die I-Gesamtgruppe.

[21] Dies ist ebenfalls ein Indiz für die Nähe der erhobenen Aussagen zu den tatsächlich planungs-/handlungsrelevanten Belief-Systemen der Lehrkräfte.

24-fache Einzelförderung gegenüber der materialbasierten Differenzierung präferierten und/oder ob sich hier auch ein spezifisches Professionsverständnis (Klassenleitung vs. Einzelförderung) niederschlägt, ist eine spannende, aber anhand der Daten nicht zu beantwortende Frage.

In diesem Kontext soll auf ein spezifisches Phänomen im Rahmen der Zielsetzung vollständiger Individualisierung genauer eingegangen werden. Dieses wirft die Frage auf: Widerspricht die Zielsetzung einer weitgehenden Individualisierung der Professionskompetenz, eine Klasse zu ‚unterrichten'?

Anlass für diese Reflexionen bietet die Antwort einiger Lehrkräfte auf die Frage nach einer Sternstunde ihres Unterrichts. Diese bemerkten als (erste) Reaktion, sie könnten keine Sternstunde benennen, da der Unterricht nicht in Bezug auf die Gruppe organisiert würde. Zunächst erscheint es irritierend, dass mehrere Lehrkräfte so ausdrücklich äußern, sie würden keine ‚Stunden'[22] unterrichten und zum Teil daran anschließend feststellen, sie könnten auch keine allgemeinen Merkmale eines guten Unterrichts benennen, da sie für jede_n Schüler_in eigene Entscheidungen treffen, was für das Mathematiklernen hilfreich sei. Haben diese Lehrkräfte – provokativ formuliert – keine generellen Qualitätsansprüche an ihren Unterricht? Oder deuten die Antworten vielmehr auf einen äußerst schüler_innenorientierten Unterricht hin, in dem für jede_n individuell zugeschnittene Angebote gestaltet werden? Oder sind die Antworten darin begründet, dass auf vollständig geöffnete Formen zurückgegriffen wird, bei denen die Eigenverantwortlichkeit der Schüler_innen für ihre Lernprozesse im Mittelpunkt steht und damit nicht das ‚Unterrichten' der Lehrkraft? Letzteres kann für alle vier Lehrkräfte, die keine Sternstunde benennen (können), ausgeschlossen werden. Denn in den weiteren Aussagen wird bei allen eine deutliche Lenkung durch die Lehrkraft sichtbar, und zwar durch eine Herstellung von niveauentsprechenden Arbeitsblättern bzw. durch unmittelbare persönliche Förderung.[23]

Lediglich bei G. Imhof lässt sich das Fehlen von lehrergelenkten ‚Stunden' als Hintergrund dafür erkennen, dass sie zunächst keine Sternstunde nennen kann. Sie hat eine Schwierigkeit mit dem Begriff der ‚Stunde', welcher mit Frontalsituationen verbunden wird (dies wird auch im weiteren Verlauf von ihr so benannt). Allerdings geht dies bei ihr wie oben angedeutet nicht mit einer (inhaltlichen) Öffnung der Lernsituationen einher, sondern verweist auf eine arbeitsblattorientierte Individualisierung und somit

[22] Verneint wurde nicht die Organisation im Rahmen von Zeit-/45-Minuten-Stunden, sondern der Gesamtkomplex „Stunden zu unterrichten".

[23] S. Inken, die Lehrkraft mit der am stärksten geöffneten Unterrichtsorganisation, hebt hingegen bemerkenswerterweise neben Öffnung und Selbstständigkeit und inhaltlich mathematikdidaktischen Aspekten, wie Handlungsorientierung, vor allem auch gemeinsame Lernsituationen als wichtige Merkmale eines gelungenen Mathematikunterrichts hervor und sieht sich problemlos in der Lage, ‚Sternstunden' zu benennen, die eben diesen Merkmalen entsprechen.

wiederum auf eine Lenkung durch die Lehrkraft via einer materialbasierten Differenzierung. Die unterschiedlichen Ausführungen der anderen drei Lehrkräfte dazu, weshalb weder eine Sternstunde noch generelle Merkmale guten Unterrichts benannt werden können, deuten auf verschiedene Hintergründe hin: G. Kerner scheint grundlegend unsicher zu sein in Bezug auf einen ‚wirklich *gelungenen*' Unterricht. Sie empfindet keine ihrer Stunden als rundum gelungen, was eine unmittelbare Antwort zu einer ‚Sternstunde' offenbar verhinderte. S. Keller verweist darauf, dass er je nach Stunde mal den_die eine_n, mal den_die andere_n besser erreiche und keine Sternstunde im Sinne eines Lernerfolgs aller Schüler_innen zu nennen sei. Neben Individualisierung als Kriterium guten Mathematikunterrichts (‚je nach Schüler_in') benennt er im weiteren Interview tatsächlich keine weiteren allgemeinen (fachdidaktischen) Kriterien, an denen er seinen Unterricht ausrichtet, „weil das je nach Schülerschaft einfach immer sich ändert. [...]" (Keller, K5: 40). S. Keil benennt für eine vergleichbare Lerngruppe wie S. Keller ebenfalls, dass sie für jede_n Schüler_in gesondert und immer wieder neu die Lernprozesse plant. Dabei erwähnt sie allerdings sehr wohl auch übergreifende Zielsetzungen, resp. Merkmale guten Mathematikunterrichts, wie insbesondere die Entwicklung von Vorstellungsbildern.

Gerade diese sehr unterschiedlichen Hintergründe machen deutlich, dass das grundlegende Ziel einer weitgehend individualisierten oder auch stark geöffneten Unterrichtsführung weder mit der Professionskompetenz, eine Klasse zu *unterrichten*, noch mit der Entwicklung von (fachdidaktischen) Kriterien für ‚guten eigenen Unterricht' in Konflikt geraten muss. Vielmehr ist auch in diesen Fällen die Frage zu beantworten, in welcher Form die Lehrkraft (Mit-)Verantwortung für die Lernanregungen der Schüler_innen übernimmt und welche fachliche/fachdidaktischen Ziele sie dabei verfolgt.

Neben der Parallele zur Bedeutung und Nutzung von Individualisierung fällt auch eine Differenz auf. Alle Koop-Sonderpädagogik-Lehrkräfte thematisieren die Zielsetzung, die Klasse als ‚Gruppe' zu unterrichten, als spezifische Schwierigkeit, und zwar anders als die Regelschulkolleginnen nicht nur für die Koop-Gesamtgruppe, sondern auch *innerhalb* der Koop-GE-Klasse. Auch hier zeigen sich allerdings unterschiedliche Hintergründe. S. Keller führt zum guten Unterricht der Koop-GE-Klasse ohne Beteiligung der Regelschüler_innen beispielsweise aus: „[S]o die ganze Klasse, dass die an einem Thema arbeiten, ist ein totales Ideal. Find ich s-u-per wenn es klappt. Aber in der Realität sieht es meist anders aus" (Keller, K5: 8). Er thematisiert seinen Wunsch, die Klasse als ‚Ganzes' zu unterrichten, im Weiteren vor allem mit Orientierung auf die Zielsetzung einer sozialen Gemeinsamkeit. S. Knopp problematisiert ebenfalls die spezifische Konstellation der GE-Kleinklassen, allerdings vor dem Hintergrund der mathematikdidaktischen Zielsetzung des mit- und voneinander Lernens. Er erläutert den sich ergebenden Zwiespalt zwischen dem Merkmal guten Mathematikunterrichts, ‚über Mathe ins Gespräch kommen', und der sehr heterogenen und zugleich begrenzten Gruppenkonstellation (s)einer Koop-GE-Klasse:

> Ich habe keine Lust auf eine Fördersituation mit drei Schülern. *Unterricht heißt für mich mit mehr Kindern, [...] weil sonst kann ich nicht über Mathe sprechen,* [...] ich will ja auch, dass die Mathe gemeinsam erleben und in der Gruppe ganz viel aushandeln. (Knopp, K6: 64, Hervorh. N. K.)
>
> Es ist schwierig, wenn du vier Niveaus hast, das geht eigentlich nur, wenn die Kinder weitestgehend selbstständig schon arbeiten können. [...] Oft ist es so, wenn ich etwas Neues einführe, dass ich dann mit den Kindern 1:1 Situationen machen *muss.* [...] Und ja (seufzen) und da ist es manchmal echt auch mittlerweile in der Gruppe [der GE-Kinder] schon schwierig, das unter einen Hut zu kriegen. (Knopp, K6: 109, Hervorh. N. K.)

Es zeigen sich unterschiedliche Erklärungen für vergleichbare Aussagen bezüglich des Ziels der Gemeinsamkeit in der Lerngruppe – Einigkeit besteht aber darin, *dass* gemeinsame Lernsituationen ein Merkmal guten Mathematikunterrichts darstellen, und dass dies offenbar nicht erst im ‚gemeinsamen Unterricht von behinderten und nicht behinderten Schüler_innen' zur Herausforderung wird[24].

In diesem Zusammenhang ist wiederum auch über die Koop-Klassen hinaus festzustellen, dass diejenigen Aussagen, die sich tendenziell auf die Arbeit an gemeinsamen Themen als Merkmal guten Mathematikunterrichts beziehen (**‹jede_r soll am (gemeinsamen) Angebot etwas Passendes finden›**), nicht zwangsläufig mit der Betonung eines mit- und voneinander Lernens verknüpft sind. Vielmehr bezieht sich in einem Großteil der Aussagen das ‚gemeinsame Angebot' auf ein gemeinsames Thema, dessen Bearbeitung aber in individueller Arbeit stattfindet. Als Kriterium für die Zuordnung zum entsprechenden Code wurde letztlich festgelegt, dass es sich aus Sicht der Lehrkräfte um ein thematisch gemeinsames Angebot handelt. Ein Fokus auf ko-konstruktive Lernprozesse findet sich lediglich bei G. Insel, S. Knopp und G. Kerner. Es bleibt damit insgesamt unklar, ob mit- und voneinander Lernen, das alle Lehrkräfte selbst wertschätzen, im Unterricht umgesetzt wird. Inwiefern also die Lehrkräfte für ihren Unterricht überhaupt Situationen schildern, in denen ein Austausch oder eine Begegnung der Kinder miteinander – in irgendeiner Form – eine Rolle spielen, wird im nächsten Kapitel zu diskutieren sein.

---

24 Mit der von den Koop-Sonderpädagogik-Lehrkräften thematisierten Wertschätzung der Arbeit in der Gesamtgruppe wird auch deutlich, dass nicht etwa ‚therapeutisch-orientierte' Einzelarbeit als Spezifikum sonderpädagogischer Profession in den Koop-GE-Klassen den Hintergrund für die Aussagen bildet.

Gesa Imhof

„[Gemeinsames Lernen passiert] höchstens von den Kindern aus. Das kommt auch immer wieder vor. […] Das gibt es schon. Aber, da lenke ich dann nicht, sondern das kommt dann eher von den Kindern."

Rahmendaten: a) JüL 1-3, b) 25 SuS (I: L., ES, Spr), c) 4h zweite Lehrerin, 4h Erzieherin, d) Deu, Ku, Montessori-Ausbildung, f) 10 Jahre

Sternstunde: mit Montessori Materialien; Wenn sie anfangen selber zu basteln, und wenn sie verstehen ‚Ach soo meinst du das'.

Typischer MU: angeleitete Partnerarbeit; Einzelförderung mit Material; Kontrolle mit dem Kind; klassen(jahrgangs)gebundene Kreise; Arbeit im Heft; Wochenplan fächerübergreifend; (alles aktuelle JüL-I-Gesamtgruppe)

Umgang mit Heterogenität: Wochenplan und Stationen; niveauähnliche Partner/Kleingruppen; am Lehrwerk Einstern orientiert; gemeinsam eher von den Kindern aus, viel über Hilfe etc.

Inklusiver MU: nicht speziell/anders als andere Fächer; geeignet für gemeinsame Lernsituationen Geometrie, Größen, Messen, Geld, Zeit; GE sehr speziell, wegen anderen Inhalten und Lerntempo

„Ich find's auch manchmal gar nicht so schwierig. […] also die Vorarbeit liegt darin, ein gutes Material zu finden, was ihnen das möglich macht, erwachsenenunabhängig an ihrem Thema zu arbeiten. In Deutsch kann es auch schwer sein, wenn man das so problematisch, so speziell machen will. […] Ich denke, dass man die Inhalte so ein bisschen aus diesem Mathematischen rausnehmen muss und mehr in die Richtung Lebensbezug. Und wenn man eine gute Sache findet, eine gute Aufgabe, dann ist das für alle spannend."

Erläuterung der Abk. auf S. 129, FN 6

Sandra Keil

„Klasse find ich, dann bei meinem einen Schüler, wenn der mit Material arbeitet. Weil es dann so in seinem Kopf gerattert hat, wie das eigentlich funktioniert. Nun hat er das durch die Struktur begriffen und braucht das Material gar nicht mehr für diese Form der Aufgabenstellung. Das find ich so schön, so zu sehen."

Rahmendaten: a) 2. Klasse, b) 5 SuS (+Koop-Klasse SuS unklar), c) k. A., d) Ma, e) GE, Spr, f) 24 Jahre (lange in Koop-Klassen)

Sternstunde: erst schwer zu benennen, weil viel individualisiert; dann Aha-Erkenntnis, wie dann irgendwas anfängt im Kopf zu arbeiten und man so ein inneres Bild kriegt

Typischer MU: Datum Eierkartons; freie Zeit (Koop-GE-Klasse); Arbeitsblätter (Koop-GE-Klasse und Koop-Gesamtgruppe); Mathestudio (Stationen- und Partnerarbeit, Koop-Gesamtgruppe)

Umgang mit Heterogenität: Gemeinsam geht mit Alltagsbezug (GE -Klasse) und Geometrie (Koop-Unterricht), sonst individualisiert

Inklusiver MU: Gemeinsame Lernsituationen schwierig(er) als andere Fächer, aber inklusiver MU wäre im idealtypischen, hoch individualisierten Unterricht kein Problem, Frage wäre, wie die Schüler_innen darin zurecht kommen

„Wie weit kann die Individualisierung gehen? Wenn wir uns in Richtung Inklusion entwickeln, wie weit kann ich die Verantwortung wirklich in Schülerhand geben? Und das find ich so ganz spannende Fragen auch."

Erläuterung der Abk. auf S. 129, FN 6

7.2.2 Über das Verhältnis von gemeinsamen, individuellen und lehrkraftzentrierten Lernsituationen

Die folgende analytische Trennung zwischen unterschiedlichen Lernsituationen wird aus zwei Gründen vorgenommen: Erstens verläuft die zentrale fachliche Diskussionslinie zu einer inklusiven Didaktik entlang der Aspekte, welche Bedeutung gemeinsames Lernen im inklusiven Unterricht hat und welches Gewicht ein gemeinsamer Lerninhalt dabei haben sollte. Zweitens scheinen sich Möglichkeiten und Barrieren für inklusiven Mathematikunterricht auch in der Praxis bzw. den Belief-Systemen gerade an dieser Differenzlinie (und dem Anspruch, gemeinsames Lernen umzusetzen) zu manifestieren. Für die Analyse des Interviewmaterials wurden daher *drei strukturierende Kategorien* genutzt:

a) Gemeinsame Lernsituationen (GL): Die Kinder arbeiten zu zweit oder in Gruppen gemeinsam an einer Aufgabe und befinden sich im (inhaltlichen) Austausch miteinander. Hierunter wurden alle Schilderungen zu Gruppen- oder Partnerarbeiten gefasst sowie die häufig benannte Situation von Hilfe/Erklärung der Kinder untereinander. Einige wenige Lehrkräfte benennen in diesem Kontext explizit das mathematikdidaktische Anliegen, einen Austausch über Lösungswege anzuregen. Mit dieser Kategorisierung ist wohlgemerkt noch keine Aussage zur Qualität der Begegnungen der Kinder gemacht – weder aus mathematikdidaktischer noch aus inklusionsdidaktischer Sicht.[25] Für die Zuordnung zu »gemeinsamen Lernsituationen« genügte zunächst die Minimalanforderung eines von der Lehrkraft in irgendeiner Form als Teil der Situation geschilderten Austausches/Kontaktes verschiedener Lerner_innen.[26]

b) Individuelle Lernsituationen (IL): Die Kinder arbeiten individualisiert und unabhängig von anderen Schüler_innen. Hier ist insbesondere die Arbeit mit Arbeitsblättern oder dem Mathematikbuch zu nennen, die teilweise in Wochenplan- oder Karteikastenarbeit organisiert ist. In diesem Rahmen wird auch Eins-zu-Eins-Begleitung durch die Lehrkraft für einzelne Schüler_innen möglich. Diese Einzelzuwendung erfahren vor allem Kinder mit Schwierigkeiten, aber auch mathematisch interessierte Schüler_innen.

---

[25] Nicht genauer betrachtet wird für die Zuordnung beispielsweise, wie gleichberechtigt der Austausch der Schüler_innen ist, inwiefern er sich auf mathematische Inhalte bezieht, wie Gruppen zusammengestellt werden oder welche Lernentwicklung für die Schüler_innen damit verbunden werden.

[26] Diesem Anliegen entspricht auch die Zuordnung eines Teils der Aussagen zur GL ‹Wochenplanarbeit *mit Anteilen* von Partner oder Gruppenarbeit›, obwohl in den Schilderungen der jeweiligen Situationen die Lehrkräfte nicht vorrangig auf diese ‚Anteile' verweisen. Diese ‚großzügige Zuordnung' bildet gleichzeitig den Hintergrund dafür, dass bei der späteren genauen Analyse zur Bedeutung des mit- und voneinander Lernens wiederum zwischen Situationen mit dauerhaften und solchen mit punktuellem Miteinander/Austausch unterschieden wurde.

c) Lehrkraftzentrierte Lernsituationen (LL): Die Kinder arbeiten im Rahmen einer von der Lehrkraft angeleiteten (Klassen- oder Teil-)Gruppe. Diese Unterrichtsform wird insbesondere bei der Einführung neuer Themen oder bei Vertiefungen spezifischer Aspekte im Kreis oder an der Tafel gewählt, von einigen Lehrkräften aber auch für spielerische Übungssituationen wie das sog. Eckenrechnen.

Die getroffene Unterscheidung zwischen individuellen und gemeinsamen sowie lehrkraftzentrierten Lernsituationen ist in Bezug auf die reale Unterrichtssituation natürlich artifiziell. Zum einen bezieht sie sich lediglich auf die Intention bzw. Wahrnehmung der Lehrkräfte zu den jeweiligen Situationen. Zum anderen stellen individuelles und gemeinsames Lernen für die befragten Lehrkräfte sich ergänzende und in einem fließenden Übergang befindliche Elemente dar, die im Unterrichtsgeschehen verschiedenste Facetten aufweisen. Um sich einen fallvergleichenden Überblick über die von den Lehrkräften geschilderten Unterrichtsanteile von ‚gemeinsamem Lernen' zu verschaffen, ist die Unterscheidung dennoch hilfreich. So lässt sich beispielsweise dokumentieren, dass im Rahmen der typischen Situationen grundsätzlich keine Unterschiede zwischen den Professionen (Grundschul-/Sonderpädagogen) oder den schulischen Organisationsformen (Kooperation oder Integration) bezüglich der beschriebenen Anteile gemeinsamer, individueller und lehrkraftzentrierter Lernsituationen bestehen. Das deckt sich mit dem in Kap. 7.1.3 beschriebenen Befund, dass die grundlegende Unterrichtsgestaltung trotz der sehr verschiedenen Lerngruppen relativ einheitlich ist.

Für die Frage nach dem Anteil des mit- und voneinander Lernens können individuelle (b) und lehrkraftzentrierte (c) Lernsituationen zusammengeführt werden, da beide – den Äußerungen der Lehrkräfte zufolge – keinen Anteil an Austausch der Schüler_innen untereinander enthalten (vgl. zur Frage der ‚Gemeinsamkeit' in den lehrkraftzentrierten Lernsituationen genauer Kap. 7.2.3).[27]

Bei rein quantitativer Analyse der Aussagen der Lehrkräfte ergibt sich: Die meisten der geschilderten typischen Situationen enthalten keine Aussagen zu (inhaltlichem) Austausch[28] der Schüler_innen untereinander (41 Situationen IL und LL zusammen gegenüber 23 Situationen GL). Die genauere Betrachtung der typischen Situationen[29] zeigt zudem, dass wiederum ein mit- und voneinander Lernen innerhalb der »gemeinsamen Lernsituationen« ebenso wenig Bedeutung zu haben scheint. Konkret bedeutet dies: Etwas mehr als die Hälfte der benannten typischen Situationen, die »gemeinsame

[27] In den lehrkraftzentrierten Lernsituationen sind die Schüler_innen zwar in der Gruppe und befassen sich mit dem gleichen Inhalt, aber die Kommunikation erfolgt zwischen Lehrkraft und Schüler_innen und nicht unter den Schüler_innen.

[28] ‚Inhaltlich' steht hier in Klammern, da keine Aussagen zur Qualität des Austausches getroffen werden kann.

[29] Für die Analysen wurden nicht nur Codes betrachtet, sondern unter Rückgriff auf die jeweiligen Textsegmente die genaueren Schilderungen der jeweiligen typischen Situation einbezogen.

Lernsituationen« darstellen, sind solche, bei denen der Kontakt und das miteinander Lernen, also das Gemeinsame, als kurze, punktuelle Begegnungen beschrieben werden.[30] Vielfach wurden beispielsweise die Möglichkeiten des Austausches oder der gegenseitigen Hilfe nicht im Zuge der ersten Erläuterung der vier typischen Situationen angeführt, sondern erst bei der Gegensatzpaarbildung in Abgrenzung zu einer anderen Situation erwähnt (etwa als Abgrenzung der Wochenplanarbeit zur Stillarbeit am Mathematikbuch, vgl. z. B. K3: 72, K7: 101).

Während das mit- und voneinander Lernen in den »gemeinsamen Lernsituationen« also eher punktuell zu erfolgen scheint, stellen sich im Kontrast dazu die Mehrzahl der »individuellen Lernsituationen« in den Beschreibungen der Lehrkräfte als zentrale und länger anhaltende Unterrichtsphasen dar. Diesen wird zudem die größte Bedeutung für die Lernfortschritte der Kinder zugemessen. Insbesondere gilt das für die am häufigsten vertretenen Situationen der ‹individuellen Arbeit am Platz›. Sie findet „am Tisch mit Blättern und Büchern" (S. Iser, I7: 165) statt, umfasst also von den Lehrkräften vorgegebene Arbeitsaufträge anhand des Mathematikbuches oder (differenzierter) Arbeitsblätter und wird überwiegend mit ‚Stillarbeit' assoziiert, die der Übung und Festigung des Stoffes dient.[31]

So grundlegend betrachtet spielen also Austausch und Kooperation der Schüler_innen untereinander laut der befragten Lehrkräfte im Rahmen der typischen Lernsituationen eine deutlich geringere Rolle als individuelle Arbeitsphasen. Wie aber verändert sich der Anteil von gemeinsamen und individuellen Lernsituationen, wenn der Fokus auf den Umgang mit Heterogenität gelegt wird?[32]

Rein quantitativ lässt sich auch hier zunächst feststellen, dass die »gemeinsamen Lernsituationen« in der Unterzahl sind und sodann, dass erneut die »individuellen Lernsituationen« längere und inhaltlich zentralere Unterrichtsphasen darstellen. Aufschlussreich ist, dass nun in den I-Klassen neben erneut beschriebener

---

[30] Zur Zuordnung der typischen Situationen i. S. d. Unterscheidung, welches ‚Ausmaß' das mit- und voneinander Lernen in den jeweils benannten typischen Situationen hat, lässt sich festhalten: 23 Situationen sind der Kategorie »gemeinsame Lernsituationen« zugeordnet. Davon finden sich sechs Situationen, bei denen die Zuordnung aufgrund von Anteilen von Gruppen- oder Partnerarbeit im Rahmen von Wochenplan-/Stationenarbeit erfolgte und fünf Situationen, in denen die Schilderungen von punktueller Hilfestellung der Kinder untereinander als Basis für die Zuordnung zu den gemeinsamen Lernsituationen diente (z. B. der Hinweis, dass ein Kind erst ein anderes Kind fragen muss, bevor es die Lehrkraft fragen darf). Außerdem gibt es zwei Situationen, in denen Partnerarbeiten oder -spiele als Zusatzaufgaben nach dem Pflichtteil bezeichnet werden.

[31] Entsprechende Situationen wurden von 11 Lehrkräften benannt und mit insgesamt 13 Situationen machen diese über die Hälfte der »individuellen Lernsituationen« aus.

[32] Die hier analysierten Textpassagen stammen aus selbstläufigen Interviewpassagen zum Impuls ‚In ihrer Klasse sind ja viele verschieden Kinder, was bedeutet das für ihren Mathematikunterricht?'. Sie bilden also den unmittelbaren Relevanzrahmen der Befragten zum Thema Heterogenität ab. Die Schilderungen wurden für die Analyse ebenfalls den entsprechenden Kategorien IL, GL und LL zugeordnet.

(Eins-zu-Eins-)Zuwendung im Rahmen »individueller Lernsituationen« auch grundsätzlich und nach Gruppen getrennte Unterrichtssettings beschrieben werden. Diese (für den Mathematikunterricht dauerhafte) Auflösung der Gesamtgruppe betrifft spezifisch die Schüler_innen des FöS GE in den I-Klassen. Außerdem findet die Trennung der Gruppen in den entsprechenden Fällen – quasi unausgesprochen – bereits *vor* der Durchführung des *typischen* Unterrichts statt.[33] Das heißt erst im Zusammenhang mit den Schilderungen zum Umgang mit Heterogenität wurde deutlich, dass die zuvor als typische Situationen beschriebenen Unterrichtssituationen sich in einigen Fällen nur auf den Unterricht mit einem Teil der Gesamtgruppe beziehen, nämlich auf die Regelschüler_innen der I-Klasse. Hier verschärft sich die Individualisierung in individuellen Lernsituationen in einigen Fällen zu einer – unausgesprochenen - «äußeren Differenzierung»[34].

Auch das mit- und voneinander Lernen innerhalb der »gemeinsamen Lernsituationen« spielt in den Schilderungen der Lehrkräfte zum Umgang mit Heterogenität eine noch geringere Rolle als im Rahmen ihrer Ausführungen zum typischen Unterricht. Die bereits im Kontext der typischen Situationen gemachte Feststellung, dass es in den meisten »gemeinsamen Lernsituationen« lediglich um einen punktuellen oder potenziell möglichen Kontakt geht und weniger um dauerhafte/vertiefte Kooperation der Schüler_innen, wird nun nämlich noch in verschärfter Form deutlich. Unter der Perspektive des Umgangs mit der Heterogenität der Lerngruppe werden auf einen inhaltlichen Austausch bezogene Anteile dieser Situationen nämlich teilweise gar nicht mehr erwähnt – sondern konnten nur aufgrund eines Abgleichs mit den Schilderungen zu den gleichen Situationen als ‚typische Situationen' rekonstruiert werden. Es gibt also Situationen, die im Kontext des Umgangs mit Heterogenität ausschließlich im Sinne einer individuellen Lernsituation beschrieben werden. Hier macht erst ein vertiefter Blick in die Schilderungen zur gleichen Situation im Kontext der typischen Situationen deutlich, dass zumindest punktuell (auch) die Möglichkeit von Begegnung und Austausch der Kinder untereinander gegeben ist.[35] Gemeinsame Lernsituationen, die sich auf den Kontakt der Kinder untereinander beziehen, sind demnach laut Schilderungen der Lehrkräfte zu ihrem Umgang mit Heterogenität gegenüber individuellen Lernsituationen so gut wie bedeutungslos. Der Grund ist offenbar, dass mit der Thematisierung der Vielfalt der Lerngruppe vorrangig der Fokus auf die Differenzierung

[33] Einzige Ausnahme ist S. Inken, bei der unklar ist, welche Schüler_innen an der Förderstunde teilnehmen.

[34] Diese Kategorie wurde für die Schilderungen zum Umgang mit Heterogenität zusätzlich eingeführt, um die Äußerungen der Lehrkräfte adäquat strukturieren zu können.

[35] Wenn sich eine solche Ergänzung aufgrund der Beschreibungen der jeweiligen Unterrichtssituation aus dem vorigen Interviewteil ergab, wurde die Situation daher mit dem Code ‹GL/Wochenplan etc. *mit Potenzial GL oder Hilfe*› belegt und als »gemeinsame Lernsituationen« kategorisiert.

im Sinne von individuellen Lernangeboten verbunden wird. Interessanterweise sind die genannten Differenzierungsformen trotzdem eher ‚additiv' bzw. es findet eine Differenzierung nach Bearbeitungszeit/Materialmenge statt. Lernzieldifferenz oder fundamental unterschiedliche Zugangsweisen/Vorkenntnisse finden kaum Beachtung.

Noch nicht genauer eingegangen wurde auf die Rolle der lehrkraftzentrierten Lernsituationen. Diese nehmen im Kontext der Schilderungen zum Umgang mit Heterogenität eine besondere Position in Verbindung mit dem zuvor bereits herausgearbeiteten typischen Unterrichtsmuster ‚Einführung – individuelles Arbeiten' ein. Im Folgenden wird dies unter der Frage nach Gemeinsamkeit und Vielfalt näher beleuchtet. Wie dargelegt, sind in »lehrkraftzentrierten Lernsituationen« grundsätzlich weder ein Austausch der Kinder untereinander noch Differenzierungsangebote intendiert. Folgerichtig werden solche Situationen von den Lehrkräften im Zusammenhang mit dem Umgang mit Heterogenität nicht als für sich allein stehende Situationen benannt, sondern ausschließlich in enger Verknüpfung mit einer anschließenden Phase der individuellen Arbeit. Zunächst zeigt sich erneut die zentrale Bedeutung, die die Phasen individuellen Lernens im Unterrichtsgeschehen einnehmen, denn die meisten Lehrkräfte weisen explizit darauf hin, dass in den (einführenden) lehrkraftzentrierten Situationen weniger der_die einzelne Lernende erreicht würde. Stattdessen verweisen sie für den Lernfortschritt der Schüler_innen auf die Bedeutung der individuellen Lern-/Arbeitsphasen. S. Ingmann beschreibt den Gegensatz zwischen der ‚Arbeit in der Gesamtgruppe' und der ‚Arbeit am ADF-Karteisystem' wie folgt:

> Hier [in der Gruppensituation] ist es so, dass ich mir bewusst bin, dass ich nicht alle erreiche. Und hier [in der Einzelarbeit im Karteikastensystem] erreiche ich den Einzelnen. /Ähm/, also ich sag mal hier [in der Gruppensituation] sind sie so im Mathebad, so, und hier [in der Einzelarbeit] sitzen sie unter der Dusche und ich dusch die ab. (S. Ingmann, I5: Abs. 96)

Die verwendeten Metaphern des ‚Badens' und ‚Duschens' sind verschiedentlich aufschlussreich. Im Kontext der hiesigen Diskussion deuten sie aber vor allem darauf hin, dass jeweils weniger die Schüler_innen aktiv sind, als vielmehr die Lehrkraft das Geschehen bestimmt. Das ‚Abduschen' findet, zumindest bezogen auf die Regelschul- und Integrationsklassen, nicht (dauerhaft) als personelle Eins-zu-Eins-Situation statt. Eher erfolgt es vor allem durch das entsprechende Angebot differenzierter Materialien mit der Möglichkeit, bei Fragen und Schwierigkeiten den Kindern individuell zur Seite zu stehen. Dass Ingmann diese Art der individuellen Lernsituationen als ‚Abduschen' bezeichnet, unterstreicht noch einmal die oben erläuterte Nähe arbeitsblattbasierter Einzelarbeitsphasen in den größeren Lerngruppen zu der personalbasierten ‚vier-fachen Einzelförderung' in den kleineren Gruppen der Koop-GE-Klassen (vgl. Kap. 7.2.1).

Differenziert und treffend beschreibt auch G. Kamp den Gegensatz von gemeinsamer Einführung (bei ihr mit dem Begriff Frontalunterricht belegt) und individuellen Arbeitsphasen (bei ihr organisiert über eine Aufgabenliste an der Tafel):

> Also hier [Aufgabenliste], Orientierung am Lerntempo der Kinder. Hier [Frontalunterricht], Orientierung am Durchschnittstempo und lehrerzentriert und hier [Aufgabenliste] ach, schülerzentriert ist es auch nicht. Lehrerzentriert nehmen wir hier [Frontalunterricht]. Und hier [Aufgabenliste] nehmen wir, aufgabenzentriert, aufgabenorientiert. (G. Kamp, K2: 112)

Insgesamt findet sich in den Interviews für die individuellen Kernarbeitsphasen, in denen der Einzelne erreicht wird, häufig auch Stichworte wie ‚auf Menge arbeiten' (Illgner), ‚Rechentechniken üben' (Inken), ‚Arbeitsruhe' (Ingmann) oder ‚Stillarbeit' (Keil, Kurz). Vorrangig wird in den Schilderungen der Lehrkräfte dabei nach Zeit und Umfang differenziert und – mit Ausnahme von S. Inken – gibt es kaum Hinweise auf eine inhaltliche Öffnung oder im Kern selbstbestimmtes Arbeiten der Schüler_innen. Die individuellen Arbeitsphasen sind also – mit den Worten G. Kamps – weniger Schüler- als vielmehr Aufgabenzentriert.

Deutlich wird im weiteren Verlauf des oben zitieren Interviewabschnitts bei G. Kamp selbst, dass in den frontalen Arbeitsphasen mit der gesamten Gruppe zwar neue oder komplexe Inhalte eingeführt werden, bei denen von den Kindern ein ‚hoher Denkanteil' (im Gegensatz zum Ausrechnen o. ä.) gefordert ist. Zugleich ist ihr aber bewusst, dass sie – aufgrund der Gruppensituation – nicht sicherstellen kann, *dass* die Kinder in der Situation mitdenken. Auch die anderen Lehrkräfte scheinen für die Regelschulgruppe ähnlich davon auszugehen, dass sie in den lehrkraftzentrierten Lernsituationen nicht alle erreichen (können), da ihnen die Heterogenität auch ihrer Lerngruppe bewusst ist – weshalb die eigentlichen Lernfortschritte erst in der anschließenden individuellen Lernsituation über (differenzierte) Übungen erfolgen. Dennoch wird geäußert, dass es möglich ist, zentrale Inhalte und Anregungen im Rahmen der Einführungen an einen Großteil der Gruppe zu vermitteln.[36]

Hier zeichnet sich ein Kontrast zwischen dem Unterricht in den Koop-GE-Klassen und dem in der heterogenen Gesamtgruppe (mit Koop-Partnerklasse bzw. als I-Gesamtgruppe) ab. Es gibt scheinbar zwei Varianten von lehrkraftzentrierten, gruppenbezogenen Situationen, die jeweils lerngruppenspezifisch ‚eingesetzt' werden. Bei denjenigen, die sich auf die (Teil-)Lerngruppe der Regelschüler_innen beziehen (i. S. der Koop-Regelklassen ebenso wie der Regelkinder der I-Klassen)[37], geht es

[36] Hier wird bewusst das Wort ‚vermitteln' genutzt, da die geschilderte Ausrichtung der gemeinsamen Einführungssituationen einem eher vermittelnden Lehr-/Lernverständnis entspricht.

[37] Die Differenz ist tatsächlich lerngruppen- und nicht professionsbezogen: In den I-Klassen werden die Regelschüler_innen in diesem Fall für die Einführungen als Teilgruppe von den Förderschüler_innen

um eine inhaltliche Einführung. Hier ist den Lehrkräften zwar bewusst, dass sie nicht alle entsprechend ihrer individuellen Lernausgangslage erreichen (können). Trotzdem werden sie für notwendig gehalten, um grundlegende Elemente für alle (orientiert am Durchschnitt) zu präsentieren. Der Fokus der lehrkraftzentrierten Lernsituationen und auch der gemeinsamen Lernsituationen in der Koop- oder I-Gesamtgruppe sowie innerhalb der Koop-GE-Kleinklassen scheint demgegenüber mehr auf spielerischen Aspekten zu liegen. Das könnte der Annahme geschuldet sein, dass die Bandbreite der Schüler_innen es schwer macht, bei einem Angebot allen Schüler_innen zugleich vertiefte denk- bzw. inhalts-/lernzielorientierte Angebote zu machen.

Insgesamt ist deutlich geworden, dass das typische Unterrichtsschema – lehrkraftzentrierte gefolgt von individueller Lernsituation – kaum Gelegenheiten bietet, die Vielfalt der Schüler_innen aufzugreifen und für die Erarbeitung von Inhalten im Austausch miteinander genutzt wird. Scheinbar verlassen die Lehrkräfte dieses auch gerade im Zusammenhang mit dem Umgang mit der Heterogenität der Lerngruppe nicht.

Bedeutet der Umgang mit Heterogenität für die Lehrkräfte also lediglich Differenzierung durch (völlige) Individualisierung? Und in welcher Form spielt sonst die Gemeinsamkeit der Lerngruppe eine Rolle? Was sagen die Lehrkräfte zum gemeinsamen Lernen im Mathematikunterricht, wenn sie explizit (exmanent) danach gefragt werden im Vergleich zu den selbstläufigen Äußerungen, die zuvor Gegenstand der Analyse waren? Und auf welche Weise thematisieren sie in diesen Antworten gemeinsame Inhalte und/oder ko-konstruktive, dialogische Lernprozesse? Diese Fragen sind Thema des folgenden Kapitels.

7.2.3 Der Begriff der Gemeinsamkeit in den Schilderungen der Lehrkräfte

Zur Bearbeitung dieses für die Belief-Systeme zum inklusiven Mathematikunterricht zentralen Aspektes – nämlich der Bedeutung und Auffassung von Gemeinsamkeit – werden alle Aussagen der Lehrkräfte zu ‚Gemeinsam(keit)' oder ‚gemeinsames Lernen' einbezogen. So soll herausgearbeitet werden, wie sie diese Aspekte verstehen und ob/wie sie diese im Unterricht umsetzen.

Es ergeben sich drei zentrale Formen von Gemeinsamkeit, die die Lehrkräfte für ihren Unterricht thematisieren: der *gemeinsame Einstieg*, die *gegenseitige Hilfe* sowie ein *gemeinsamer Rahmen* und die Nutzung von Materialien als Ausgangspunkt.

getrennt. Durch das Team-Teaching ist dies aber nicht mit einer Professions-Bindung verbunden, d. h. auch Sonderpädagog_innen (in den I-Klassen) führen diese Form der Einführung durch – aber eben nur für Regelschüler_innen.

1. Gemeinsam bedeutet gemeinsamer Einstieg

Bereits im vorigen Kapitel wurde das Schema des gemeinsamen Einstiegs mit anschließender Phase des individuellen Lernens untersucht. Die individuellen Lernsituationen werden dabei von den Lehrkräften mit dem Ziel gewählt, der Vielfalt der Schüler_innen durch individuelle Lernfortschritte gerecht zu werden, nachdem in den Einführungen für die Gruppe eine grundlegende Orientierung stattgefunden hat. Dieses Muster taucht an verschiedenen Stellen der Interviews wieder auf und der gemeinsame Einstieg bekommt von einem Teil der Lehrkräfte[38] explizit die Funktion von Gemeinsamkeit zugesprochen, d. h. dieser Unterrichtsteil wird als Antwort auf die ausdrückliche Nachfrage angeführt, wo/wann gemeinsames Lernen stattfindet.

Diesen lehrkraftzentrierten (Einstiegs-)Situationen wurde allerdings im Rahmen der Beschreibungen der typischen Situationen weder eine differenzierende noch den Austausch fördernde Funktion zugewiesen. Anschaulich beschreibt dies beispielsweise S. Iser während der Besprechung ihrer Gegensatzpaarbildung im Interview:

> Das [Sitzkreis v. d. Tafel] ist halt Hören. Ganz doof, nur diese eine Dimension, /ne/. Ich behaupte jetzt mal, ich kann ganz spannend erzählen, das ist da vielleicht ganz hilfreich. Aber das ist halt so, der Schüler muss halt das alles konsumieren. [...]
>
> F: Das [Sitzkreis vor der Tafel] ist aber ja auch Gruppe?
>
> Nee, aber das ist ja, nee, nee. Das ist nicht Gruppe. [...] Das ist ja: Ich sitze und quatsche. Das ist das. Das ist nicht Gruppe. (Iser, I7: 94)

Und genau diese Situationen tauchen nun also wieder auf als mögliche Situation der Gemeinsamkeit, die zugleich der Vielfalt gerecht wird. Wie ist Gemeinsamkeit hier also gemeint: Ist es die Anwesenheit in der gleichen Gruppensituation? Und inwiefern lernen die Schüler_innen hier etwas (Mathematisches)?

Zunächst lässt sich festhalten, dass diese Einstiegs- bzw. Gesamtgruppensituationen (weiterhin) nur bei wenigen Befragten als moderierte Gruppenprozesse geschildert werden, auch wenn die Lehrkräfte sie nun als Antwort auf die Frage nach der *Gemeinsamkeit* in der Vielfalt der Lerngruppe benennen. Das heißt, der Austausch der Lernenden untereinander ist kein zentraler Teil der Gemeinsamkeit in diesen Situationen. Auch erwähnen lediglich zwei Lehrkräfte, dass sie versuchen, auf die Heterogenität der Lerngruppe einzugehen, indem sie den Gegenstand in einer Form einführen/anbieten, die für verschiedene Lernzugänge eine (gemeinsame) Auseinandersetzung ermöglichen soll. Damit erscheint auch der Aspekt der Differenzierung mehr als diskussionswürdig. Ein Blick auf die beiden Ausnahmen (S. Ingmann, G. Köhler) zeigt wiederum, dass sowohl

[38] Genauer von G. Insel; S. Ingmann; G. Köhler, G. Kamp, G. Kerner, G. Illgner.

für Differenzierung als auch für Austausch handlungs- und materialorientierte Einstiege angeführt werden. In *diesen* Einstiegssequenzen treffen sich dann der mathematikdidaktische Anspruch, Vorstellungsbilder zu entwickeln, und das inklusionsdidaktische Anliegen, basale Zugänge zum Lerngegenstand einzubinden. Handlungs- und Materialorientierung zeigt sich hier erneut als wichtiger Aspekt für das Mathematiklernen insgesamt ebenso wie bzgl. der Frage des Umgangs mit Heterogenität.

2. Gemeinsam bedeutet Helfen/Erklären

Ein Teil der Lehrkräfte thematisiert als eine Form des gemeinsamen Lernens den Aspekt der Hilfe oder gegenseitigen Erklärung.[39] Der Charakter von ‚Hilfe' als Situation eines mit- und voneinander Lernens i. S. ko-konstruktiver Prozesse ist dabei zumindest in Frage zu stellen. Ein inhaltsbezogener Austausch der Kinder untereinander liegt zwar vor, aber ein gleichberechtigter und vor allem beidseitig gewinnbringender Austausch steht nicht im Fokus. Gerade im Kontext der typischen Situationen wird überwiegend Hilfe (von einem zum anderen) und weniger gegenseitiges Erklären oder gar gemeinsame Erarbeitung von Inhalten beschrieben.

Zum Thema Hilfe und Lerngruppenbezug liefert G. Kerner eine aufschlussreiche Äußerung. Bezogen auf die Regelschullerngruppe sagt sie:

> Natürlich muss man da auch immer aufpassen, da hat man dann auch seine paar Pappenheimer, die dann zusammen arbeiten, um abzugucken. Aber die Kinder wissen dann auch schon, ob man sich gegenseitig hilft oder ob man nur ausgenutzt wird. (G. Kerner, K3: 76)

Im Kontrast dazu im Rahmen der Erläuterungen zu einer typischen Situation des Koop-Unterrichts sagt sie: „wo es auch noch mal um das soziale Lernen geht. Gegenseitig, gegenseitige Hilfe" (G. Kerner, K3: 78) Hier lässt sich die Vermutung anstellen, dass es unterschiedliche Bewertungen für gegenseitige Hilfe gibt. Hilft ein (Regel-)Kind einem (GE-)Kind, darf das ruhig einseitig sein – bzw. wird nicht als ausnutzen oder abgucken aufgefasst, denn dann ist es (auf Seiten der (Regel-)Kinder) ‚soziales Lernen'. Bei Hilfe bzw. Zusammenarbeit im getrennten Unterricht der Regelkinder aber, muss ein Abgucken untereinander unterbunden werden, da jede_r sich eigentlich allein den Inhalt aneignen sollte. Eine grundlegende Ausrichtung am sozial-konstruktiven Lernen, das von einem (beiderseitigen) inhaltlichen Nutzen im Austausch unter Lernenden unterschiedlicher Kompetenzniveaus ausgehen würde, ist hier in beiden zitierten Situationen kaum erkennbar.

[39] Genauer: G. Igel, G. Imhof, G. Illgner, S. Ingmann, G. Köhler, S. Knopp

Mit dieser Perspektive lässt sich auch ein potenzieller Nachteil erklären, den die Koop-Lehrkräfte in der Zusammenarbeit mit der Partnerklasse wahrnehmen, nämlich die Sorge, dass die Regelschul-Kinder in diesen Stunden nicht genug Inhaltliches lernen. Hieran schließt sich die Äußerung an, dass Stunden ohne die Partnerklasse für notwendig gehalten werden, um im Stoff hinreichend voranzukommen.

3. Gemeinsam bedeutet gleicher Rahmen, gleiches Material

Die Verwendung von Material taucht im Rahmen unterschiedlichster Nennungen zu Gemeinsamkeit auf, ebenso wie als Merkmal guten Unterrichts. Im Kontext guten Unterrichts wurde bereits die Problematik diskutiert, inwiefern die Arbeit mit Materialien mathematikbezogene Ziele verfolgt. Dies wird nun durch die heterogenitäts-/inklusionsbezogene Frage ergänzt, inwiefern mit der (gemeinsamen) Handlung mit Material eine inhaltliche Kooperation (unterschiedlicher Lerner_innen) verbunden ist. Bei Betrachtung der Aussagen zum Materialeinsatz im Zusammenhang mit ‚Gemeinsamkeit' wird deutlich, dass eine inhaltliche Kooperation zwischen den Schüler_innen zumindest nicht im Mittelpunkt steht, sondern es insgesamt eher um die Rahmung der Lernsituation durch vergleichbare Materialien geht. In hypothetischer Form formuliert dies G. Kamp als eine/einzige Möglichkeit, wie sich ein durchgängig gemeinsamer Unterricht mit der Partnerklasse umsetzen ließe:

> Man müsste was finden, was im Prinzip so gut wie ähnlich aussieht. Also, wo klar ist, die macht das gleiche wie ich im Prinzip. (Kamp, K2: 178)

Ähnliche Überlegungen werden von anderen Lehrkräften als bereits umgesetzte Variante der Gemeinsamkeit geschildert:

> Dann hat er eben auch die Uhr gekriegt und hat da irgendwas gedreht. (Imhof, I2: 96)
>
> Das könnte auch jemand, der den 100er-Raum nicht verstanden, kann das doch auch [das 100er Band] mitkleben. (Inken, I6: 224)

Insgesamt geht es hier überwiegend um das ‚gleiche Aussehen' (von Material), das den Eindruck eines gemeinsamen Gesamtrahmens vermitteln soll. Von einem Teil der Lehrkräfte wird dies explizit auch als Anliegen der Kinder thematisiert. S. Ingmann, G. Kamp, G. Kerner, S. Keller, S. Keil und S. Kurz weisen darauf hin, dass es für die Kinder (gemeint sind hier explizit die der Koop-GE-Klasse) wichtig sei, ein Material zu haben, das dem der Regelschüler_innen vergleichbar ist. Nur in geringem Umfang erwähnen die Lehrkräfte die Nutzung von gemeinsamem Material als Ausgangspunkt von Austauschprozessen.

Bei allen drei Formen der Gemeinsamkeit geht es also dem Großteil der Lehrkräfte nicht um ein inhaltliches mit- und voneinander Lernen. Dieser Aspekt hat jedoch in Bezug auf Möglichkeiten und Grenzen eines inklusiven Mathematikunterrichts (vgl. Kap. 8.1) zentrale Relevanz. Daher wird nun diskutiert, welche Position die Lehrkräfte zur Bedeutung von *inhaltlicher* Gemeinsamkeit vertreten. Hierfür erfolgt eine polarisierte Zuordnung der einzelnen Lehrkräfte zur jeweils vorrangigen Position und keine Erfassung der Bandbreite der Aussagen mehr.[40] Inhaltlich wird der Fokus explizit auf eine Differenzierung gelegt, die sich an der fachlichen Diskussionslinie in der inklusiven Didaktik orientiert, nämlich der Frage nach der Bedeutung gemeinsamer Lerninhalte im inklusiven Unterricht.

Im Ergebnis lässt sich ein **Fokus auf sozialer Gemeinsamkeit** bei fünf der Lehrkräfte erkennen (G. Igel, G. Imhof, S. Ingmann, S. Iser, S. Kurz). Dieses Verständnis von Gemeinsamkeit umfasst wiederum zwei Schwerpunkte:

- Gemeinsam heißt eben nicht (vorrangig) inhaltlich gemeinsam, sondern es macht sich auf anderen Ebenen fest („dieses Gemeinsame hat da für mich noch mal eine andere Ebene, wirklich im Sinne von Zusammen so“ (G. Imhof, I2: 114); „[...] im sozialen Gefüge halt klar ist: Wir gehören hier alle zusammen“ (S. Iser, I7: 159); „Mischt euch! Ihr seid eine Klasse“ (G. Igel, I1: 207)).
- Die soziale Ebene ist deshalb zentral, da sie die Basis für die Möglichkeit von inhaltlichem Austausch bildet („wir müssen eine Truppe sein, ansonsten brauch ich nicht anfangen Unterricht zu machen“ (S. Ingmann, I5: 166); „durch ein ganz anderes Klima würde es auch jetzt wiederum gehen“ (S. Kurz, K8: 184)).

Das generelle Gegenverständnis, dass die **inhaltliche Gemeinsamkeit im Fokus** stehen sollte, wurde bei neun Lehrkräften ermittelt (G. Illgner, G. Insel, S. Inken, G. Köhler, G. Kamp, G. Kerner, S. Keller, S. Knopp, S. Keil). Sie bestimmten inhaltlichen Austausch und damit verbundene Lernprozesse als konstitutiv für Situationen, die sie als gemeinsam bezeichnen. Man arbeite deswegen „mit Partnern [...] Weil das interessant ist, wie andere Kinder auf Dinge zugehen“ (Köhler, K1: 61) und muss daher auch prüfen, „in welchen Bereichen macht es Sinn und, und wo ist es einfach nur, da ist halt

[40] Basis für die Auswertung hierzu bildet eine fallbezogene bewertende Kategorisierung der Positionen der Lehrkräfte bezüglich der Frage, inwiefern gemeinsame Lernsituationen mit inhaltlichen Aspekten verbunden sind resp. sein sollten. Im Kontrast zu zusammenfassenden oder strukturierenden Kategorien wurden hier in Anlehnung an eine skalierende Inhaltsanalyse (vgl. Mayring 2007, 92ff.) die Aussagen der Interviewten nur jeweils einer der zugehörigen Kategorien/Ausprägungen zugeordnet. Die Zuordnung zu den Kategorien erfolgt qualitativ in Form einer inhaltlichen Analyse der Aussagen unter Einbezug aller (exmanent und immanent) thematisch relevanten Textpassagen.

das Kind nur dabei gewesen“ (Kerner, I3: 156). Für diese Lehrkräfte ist die Frage, ob alle Schüler_innen inhaltlich von einem gemeinsamen Angebot profitieren, bedeutsam dafür, ob Situationen als gemeinsames Lernen bewertet werden oder nicht. Daran schließen sich zwei unterschiedliche Schlussfolgerungen der Lehrkräfte an:

- Wenn die Schüler_innen inhaltlich nichts aus der Gemeinsamkeit mitnehmen, ist es besser, die Gruppe zu trennen (G. Insel, G. Kamp, S. Keller, S. Keil sowie im Ansatz G. Kerner). „Und ich find es unsinnig, dass man sich nur zusammen reinsetzt, um nach außen zu demonstrieren, dass wir gemeinsam Unterricht machen“ (Kamp, K2: 180).
- Mal macht man etwas zusammen (mit Inhaltsbezug) und mal nebeneinander (wenn es keinen Inhaltsbezug gibt, von dem alle profitieren würden), ist aber immer in einer Gruppe/in einem Raum (S. Inken, G. Köhler sowie G. Illgner und S. Knopp, allerdings mit Anteilen auch der räumlichen Trennung): „[D]ass die letzten fünf Minuten wieder vorgestellt wird, was wer gemacht hat, so, also dass es irgendwie schon noch mal zusammengeführt wird. So das ist dann halt das Minimum an gemeinsam, das dann geht“ (Knopp, K6: 137).

Alle Lehrkräfte stellen – unabhängig von ihrer Position zur Bedeutung der inhaltlichen Gemeinsamkeit – fest, dass jeweils situativ bzw. zu verschiedenen Inhalten zu entscheiden sei, ob Gemeinsamkeit (in einer ihrer verschiedenen Formen) möglich ist oder nicht. Die daran anschließenden Positionen zu der Frage, ob bzw. wann eine Trennung der Gruppe aufgrund ‚fehlender‘ (inhaltlicher) Gemeinsamkeit notwendig wird, unterscheiden sich allerdings. Dieser Unterschied hat wiederum weitreichenden Einfluss auf die Frage nach Möglichkeiten und Grenzen inklusiven Mathematikunterrichts. Dies wird im Rahmen der vertiefenden Analyse zur (Be-)Deutung der Gemeinsamkeit der Lerngruppe im inklusiven Unterricht in Kapitel 8.1 genauer diskutiert. An dieser Stelle soll jedoch zunächst noch der grundlegenden Frage nachgegangen werden, welche Besonderheiten, Möglichkeiten und Grenzen inklusiver Unterricht im Lernbereich Mathematik aus Sicht der Lehrkräfte birgt.

Svenja Ingmann

„Oberste Priorität hat, wir arbeiten gemeinsam. Und ich muss eben sehen, wie kann ich das aufklamüsern, dass alle was davon haben. […] Aber wir müssen eine Truppe sein, ansonsten brauch ich nicht anfangen Unterricht zu machen."

Rahmendaten: a) JüL 1-3, b) 21 SuS (I: L, GE, Spr), c) wenige Std. mit weiterer Sonderpäd, sonst Erzieherin, d) Deu, e) H, L, f) 6 Jahre

Sternstunde: Verschiedene Situationen, in denen die Kinder selbst (gemeinsam) tätig werden (durchs Schulhaus, ‚sind zur Sekretärin gegangen, wie viel Fieber die hat'), und wenn die Kinder die selbstständige Karteiarbeit ‚verstanden' haben (‚Jetzt geht in eure Mathehefter. Und das funktioniert. Und das ist toll')

Typischer MU: Kreis; spezielle Angebote; ADF (Kartei-System); musikalischer Einstieg/ Ausklang; differenziert arbeiten; arbeiten in der Gesamtgruppe; (alles I-Klasse-Gesamtgruppe)

Umgang mit Heterogenität: ‚Eine Truppe' hat oberste Priorität; Es finden sich immer auch gemeinsame Themen (insb. Einführungen), selbst wenn manche Kinder für eine Zeit inhaltlich nicht richtig folgen können

Inklusiver MU: Kein wirklicher Unterschied, aber tendenziell (mehr) Einzelarbeit; Ku, SU im Gegensatz dazu selbstverständlich immer gemeinsame Lernsituationen; Mathe ist u. a. überprüfbarer; Herausforderung FöS GE durch andere Inhalte und langsame Lernprozesse

„Und so grundsätzlich, denen hier so einen Raum zu geben, wo sie sein können, wer sie sind und Lernerfolge haben, ist es in keinem Fach anders."

„Da ist der bei! Da muss er mit durch. Und das hat ihm auch noch nie geschadet. Und du findest immer einen Punkt, wo du ihn mit rein wieder kriegst. Ne, ich halte das nicht für gut, wenn die so viel raus sind aus der Truppe, weil die, die leben nur durch diese Truppe"

Erläuterung der Abk. auf S. 129, FN 6

Gudrun Illgner

„Wär ja eigentlich mal interessant, die Kinder zu befragen: Gab's mal irgendwie eine Mathestunde, die überhaupt mal ganz toll für euch war. […] Also bestimmt die mit dem Messen. Das ist immer einfach supertoll, weil Bewegung da drin ist."

Rahmendaten: a) 2. Klasse, b) 21 SuS (I: Spr, L, GE), c) langjähriges Klassenleitungs-Team mit Sonderpäd., Zivi, d) Deu, seit Berufsbeginn verantwortlich für Mathematikunterricht im Team, f) 27 Jahre

Sternstunde: einkaufen/eine Rolle spielen; Volumen messen; Freude/Interesse haben; kreativ und aktiv sein

Typischer MU: individuelle Aufgabenlösung mit Rechenjogging; Bruno Rechenbär o. ä.; Gruppen oder Partnerarbeit an einer Aufgabenstellung; mündliche Rechenübung zu einer Aufgabe in der Klasse; (alles I-Klasse-Regelkinder)

Umgang mit Heterogenität: ist Herausforderung; Trennung/Einzelarbeit ggf. sinnvoll um Lernerfolge zu gewährleisten; für starke SuS kein Problem, weil die sich von selbst ‚Futter suchen'; Balance zwischen Gemeinsamkeit - Einzelarbeit - Helfer sein

Inklusiver MU: Geht gemeinsam so gut/ähnlich wie andere Fächer, aber gerade für GE und in der Klasse 3/4 sind gemeinsame Phasen begrenzt, aber immer wieder vorhanden; sonst eigenen Lehrgang/eigenes Lehrbuch für individuellen Fortschritt der I-Kinder

„Man muss sich halt immer wieder die Mühe machen auch aus dem Gebiet etwas abzuzwacken, wo man sagt, das kann ich auch in einem ganz einfachen Anspruchsniveau noch mal für das [GE-]Kind-, […]"

„Und sonst macht man lieber mit dem Kind noch mal in dem individuellen Lehrgang mit, weil man sagt, ach komm, dann kommst du wenigstens weiter von der Stelle."

Erläuterung der Abk. auf S. 129, FN 6

7.3 Inklusiver Mathematikunterricht: Möglichkeiten, Grenzen und Besonderheiten

Dieses Kapitel widmet sich den Aussagen zu einem inklusiven Mathematikunterricht, der auch Schüler_innen mit einbezieht, die dem Förderschwerpunkt GE zugeordnet werden.[41]

Zur Bearbeitung dieses Themas werden zunächst Aussagen der Lehrkräfte herangezogen, die allgemein in Bezug stehen zum Mathematikunterricht für Kinder im FöS GE (Kap. 7.3.1).[42] Denn in Bezug auf diese Gruppe manifestieren sich die Grenzen resp. Barrieren für einen gemeinsamen Unterricht in den Koop-Klassen. Und auch in den I-Klassen, in denen zum Teil eine äußere Differenzierung entlang eben dieses Förderschwerpunktes eingesetzt wird, zeigt sich hier eine spezifische Ausgrenzungsproblematik.

Anschließend geht es um die potenzielle Besonderheit des Lernbereichs Mathematik für die Arbeit in heterogenen Lerngruppen, um zu klären, ob resp. inwiefern die Lehrkräfte speziell Mathematik als eine Herausforderung für inklusiven Unterricht gegenüber anderen Lernbereichen empfinden (Kap. 7.3.2).

Diesen beiden Analysen vorangestellt sei die grundsätzliche Perspektive auf die Möglichkeiten eines inklusiven Unterrichts von denjenigen Lehrkräften dargestellt, die Mathematik bisher überwiegend getrennt nach ‚Regelschüler_innen' und ‚Förderschüler_innen' unterrichten.[43] Diese wurden am Ende des Interviews mit der Fragen konfrontiert, was es bedeuten würde, wenn sie ‚ab morgen den gesamten Mathematikunterricht gemeinsam (mit der Partnerklasse) durchführen müssten?'. Die Antworten lassen sich anhand der aussagennah entwickelten Codes im Überblick darstellen.[44] Aus Perspektive der bisher ‚getrennt unterrichtenden Lehrkräfte' bedeutet durchgängig gemeinsamer/inklusiver Mathematikunterricht demnach:

---

[41] Es werden für die folgenden Ausführungen vermehrt fall- bzw. textpassagenbezogene, genauere Analysen des Interviewmaterials herangezogen. Die Untersuchungen zielen hier aber weiterhin auf einen Überblick über die verschiedenen Positionen der Gesamtgruppe auf der Ebene des immanenten Sinngehalts, während die vertieften Analysen zu den dahinterliegenden Zusammenhängen in Kapitel 8 erfolgen.

[42] Die einbezogenen Aussagen umfassen dabei alle, die den Mathematikunterricht mit den Kindern mit FöS GE in irgendeiner Weise spezifisch thematisieren, sind also nicht auf ‚Problemschilderungen' begrenzt. Dies betrifft sowohl die selbstläufigen Aussagen als auch die spätere explizite Frage im Interview, welche bewusst nicht lautete ‚welche Besonderheit' sich ergibt, sondern *ob* es eine Besonderheit sei/gewesen sei.

[43] Gefragt wurden nur die Koop-Lehrkräfte, die eben dies bisher nicht tun (also alle außer G. Köhler); außerdem S. Ingmann, die im Interview erwähnte, dass sie sich eine weitere integrative Beschulung ihres Schülers mit dem FöS GE nach Ende der dritten Klasse nur schwer vorstellen könnte.

[44] Dargestellt sind die sprachlich leicht angepassten Codes der Kategorie »Bild vom inklusiven MU-Vision«, in absteigender Rangfolge der Nennungen, wobei die ersten drei Punkte bei fast allen Befragten benannt wurden, währen die weiteren jeweils nur von ein oder zwei Befragten thematisiert wurden (die betreffenden Interviews sind hier in Klammern angegeben).

- einen hohen Bedarf an Ressourcen u. Team
- überwiegend individuelles Lernen mit gelegentlichen leistungshomogenen Kleingruppen oder gelegentlichen gemeinsamen Einführungen
- eine Schwierigkeit, weil SuS im FöS GE eigene/andere Inhalte haben
- zu viel Arbeit am Papier und zu wenig Handlung für SuS im FöS GE (K5, K6)
- die Gefahr, dass Grundschulinhalte mit der ‚Brechstange' vorangebracht werden und daher nicht alle Schüler_innen (im FöS GE) davon profitieren (K6, K8)
- dass Material als Ausgangspunkt genutzt werden müsste (K6, K2)
- dass aufgrund der notwendigen individuellen Lernens die Gefahr besteht, dass Anregungen zum Denken fehlen (K2)
- dass Selbstständigkeit und gutes Sozialverhalten vorausgesetzt werden müssen (K7)

Übergreifend betrachtet können sich weiterhin vier der sechs Lehrkräfte, die Mathematik bisher nicht (durchgängig) gemeinsam mit der Partnerklasse unterrichten, vorstellen dies zu tun, würden einige Veränderungen vorgenommen.[45] Von diesen betonen G. Kamp und S. Knopp beide den *Bedarf an Teamarbeit und Ressourcen.* Sie formulieren allerdings unterschiedliche Zielsetzungen einer dadurch möglichen Veränderung der Unterrichtsgestaltung. S. Keil und S. Kurz äußern den Veränderungsbedarf weniger entlang von Ressourcen, sondern fokussieren mehr auf die strukturelle Ebene: Sie heben eine *ganz andere Unterrichts-/Lernorganisation* hervor, drücken aber unterschiedliche Vorstellungen von der entstehenden (Binnen-)Differenzierung aus (vgl. auch die Positionen im Detail im Kasten auf der nächsten Seite).
Die hier im Überblick dargestellten Vorstellungen zu einem (durchgängig) gemeinsamen Mathematikunterricht ähneln insgesamt den Beschreibungen derjenigen Befragten, die einen solchen bereits praktizieren.[46] Das schließt auch die Ambivalenz mit ein zwischen der Feststellung, es brauche einen grundsätzlich individualisierten Unterricht als Basis, und dem Festhalten an einer Zwei-Gruppen-Theorie durch die Unterscheidung zwischen den Bedarfen der ‚Regelschulkinder' einerseits und der ‚FöS-Kinder' andererseits.

---

[45] Neben der induktiven Codierung erfolgte eine wertende Zuordnung dazu, ob die Lehrkräfte insgesamt meinen, dass ein dauerhaft gemeinsamer Unterricht »möglich mit Anpassungen, Anstrengung« sei oder »nicht möglich oder schlechter Unterricht« wäre. Die letztere Position wurde nur von G. Kerner und S. Keller vertreten.

[46] Mit dem Fokus der Individualisierung in Einzel-/Kleingruppenarbeit decken sich insbesondere die geschilderte Unterrichtspraxis von G. Imhof mit den Vorstellungen von G. Kamp. S. Inkens Beschreibungen passen zu denen von S. Keil. Mit dem Ideal der gemeinsamen Inhalte ähneln S. Knopps Ansichten wiederum den Schilderungen von S. Ingmann zur aktuellen Praxis und ihren Herausforderungen. Am weitesten vom (theoretisch konzeptionellen) Ziel einer inklusiven, unausgelesenen Lerngruppe entfernt scheinen die Vorstellungen von S. Kurz. Die von ihr angedachten Organisationsformen ähneln wiederum zugleich denen, die von mehreren I-Lehrkräften für die aktuelle Praxis geschildert werden (G. Illgner, G. Insel und insbesondere S. Iser).

Wenn ich ab morgen inklusiven Mathematikunterricht gestalten müsste…

G. Kamps Ziel wäre es, durch zusätzliche Ressourcen neben einer Individualisierung vor allem mit – leistungshomogen – kleineren Gruppen zu arbeiten.

> [Es wäre dann so, dass] Kinder unterschiedliche Dinge bearbeiten und ich hätte mehr Lehrer um den Einzelnen, die gerade an einem Thema sind, wirklich das dann in der Kleingruppe oder auch im Einzelgespräch zu erklären. (K2: 182)

S. Knopp formuliert hingegen die Zielsetzung, durch veränderte Rahmenbedingungen einen Unterricht mit der Gesamtgruppe gestalten zu können, in dem es gelingt, im Team die Themen so aufzubereiten,

> dass alle was davon haben und dafür ggf. auch Themen weggelassen werden und dann lieber mehr Zeit für das eine, damit für alle was hängen bleibt [...]. Der Unterricht muss so ausführlich und gut geplant sein, dass es nicht darauf hinausläuft, dass wir dann sozusagen die Besucher dabei haben. (K6: 126)

S. Kurz denkt eine grundlegend anders gestaltete Unterrichtsstruktur als Binnendifferenzierung einschließlich einer – gruppenbezogenen – räumlichen Teiltrennung, die dann aber aufgrund der guten Atmosphäre der gesamten Klasse nicht ins Gewicht fallen würde:

> Und dann gibt es sicherlich auch Phasen, wo es für *uns* in dem Fall nicht so förderlich ist, dass *wir* im gleichen Raum sind. Aber ich finde, wenn man das ganz anders organisiert, also durch ein lernförderliches Klima durch die Gemeinschaft, [wird es dann nicht so beurteilt, als] *die kleine Gruppe zieht sich mal* blöd wieder zurück, weil wir anders sind. (K8: 186, Hervorh. N. K.)

S. Keil geht hingegen für den veränderten inklusiven Unterricht von einer Unterrichtsöffnung aus, die eine Individualisierung für jedes einzelne Kind ermöglicht – und nicht etwa nur Anpassungen für ‚ihre' Förderschüler_innen.

> Jeder arbeitet zum unterschiedlichen Zeitpunkt am Thema schriftliche Subtraktion. Und von daher würde in meinem idealtypischen Unterricht, würde so *was sowieso entfallen für die ganze Gruppe immer* alles zu erklären und das würde dann auch gut zur Inklusion passen. (K7: 186, Hervorh. N. K.)

Der konsequente Einbezug der gesamten Lerngruppe zeigt sich in ihren weiteren Überlegungen, wenn sie sich z. B. Gedanken darüber macht, wie die Regelschüler_innen mit einer solch neuen Unterrichtsorganisation zurecht kämen und in ihrem Beispiel auch ein Grundschulthema nennt.

G. Kerner und S. Keller unterscheiden sich deutlich von den anderen Befragten, denn beide können sich als einzige einen dauerhaft gemeinsamen Unterricht grundsätzlich *nicht* vorstellen bzw. halten dies für eine schlechte Unterrichtsform. Demnach äußern sie keinerlei Vorstellungen zu möglichen Unterrichtsanpassungen oder -veränderungen grundlegender Art. Sie heben hingegen ausschließlich die Grenzen hervor, die ihre aktuelle Unterrichtsorganisation und Planung für einen inklusiven Unterricht darstellen. S. Keller geht davon aus, dass ‚seine' Schüler_innen handlungsorientierten Unterricht benötigen, dieser aber im ‚papierlastigen' Grundschulunterricht nicht gegeben sei. Und er ergänzt eben nicht: Wenn die Grundschule jetzt mit ganz anderen Materialien arbeiten würde, dann ginge es. Kerner wiederum kann sich offenbar keinen Unterricht vorstellen, in dem die Schüler_innen unterschiedliche Lernziele verfolgen. Beide Lehrkräfte deuten ‚gemeinsam' also quasi als eine Ziel- und Methodengleichheit für alle Schüler_innen:

S. Keller eher organisatorisch (‚wenn wir zusammen mit der Partnerklasse arbeiten, dann müssen wir alles so machen, dass die Grundschüler nicht gestört werden bzw. weitermachen können wie bisher') und G. Kerner eher inhaltlich (‚wenn wir zusammen mit der Partnerklasse arbeiten, dann müssen wir ja alle das exakt Gleiche lernen und auf einen Nenner kommen'). Die hier angesprochene fehlende Vorstellung einer möglichen Zieldifferenz ebenso wie die Frage nach angemessenen Unterrichtsorganisationsformen (neben der Stillarbeit am Platz) verweisen auf die notwendigen Änderungen der grundlegenden Rahmenbedingungen bzw. auf schulstrukturelle Aspekte, wie sie von den anderen Lehrkräften explizit angeführt wurden.

Inklusiver Mathematikunterricht wäre nicht möglich, weil…

F: Was wäre denn, wenn Sie ab morgen den Matheunterricht zwingend komplett mit der anderen Klasse gemeinsam machen müssten?

Der würde wahrscheinlich nicht besonders gut werden. […] weil ich ja nicht auf meine so eingehen kann. [Wegen des] Lärmpegels oder was auch immer. [Im gemeinsamen Unterricht] würden die sehr viel auf Papier arbeiten, für sich. […] Und dann könnte ich das schon behaupten, das wäre Mathe, wenn sie jetzt 15 Zweier ausmalen. Aber im Grunde hätten sie mir auch ein Haus malen können. Ich glaube, es wird wesentlich mehr Papier sein, am Platz arbeitend, wenn es gemeinsam wäre. (S. Keller, K5: 144f)

Alle Stunden? […] Dann wär's wirklich so, dass ich, wenn ich was einführe oder erkläre, dann wahrscheinlich die Sonderpädagogen am Platz mit den Bären-Kindern andere Aufgaben zum selben Zeitpunkt machen würden. Was aber nicht geht, wenn ich Bruchrechnen einführen möchte und man hat ein Kind mit Down-Syndrom, das einen Zahlenraum bis 3 erfasst, was soll ich dem Kind mit Down-Syndrom Bruchrechnen versuchen beizubringen, wenn es noch dabei ist den Zahlenraum bis 3 zu erfassen. Also, wie will man das gemeinsam machen? Wie will ich jetzt einem Kind mit Down-Syndrom Bruchrechnen beibringen? Also gemeinsam auf einen Nenner kommen dann ist immer schwierig. Weil meine sind einfach über den Zahlenraum 5 weit hinaus. Also da brauch ich nicht ankommen und sagen, ja wir machen jetzt gemeinsam eine Einführungsstunde über den Zahlenraum bis 5. Und legen hier nochmal Steinchen. Also man kommt einfach irgendwann mal an seine Grenzen, wo man sagt, da geht's einfach nicht mehr. (G. Kerner, K3: 125-128, Unterstreichung=laut gesprochen)

Auch wenn die an dieser Stelle genannten Barrieren bzw. Veränderungsbedarfe wenig mathematikspezifisch sind, sieht ein Teil der Lehrkräfte durchaus ein spezifisches Problem für den Lernbereich Mathematik im inklusiven Unterricht. Dies wird unten noch genauer zu analysieren sein.

7.3.1 FöS-GE – ‚besondere' Schüler_innen im (inklusiven) Mathematikunterricht?

Im Rahmen der Untersuchung des Themenkomplexes (Mathematik-)Unterricht mit Schüler_innen im FöS GE fällt grundsätzlich auf, dass nicht alle Lehrkräfte sich hierzu bereits selbstläufig in den Interviewteilen zum guten, typischen und auf die Heterogenität ihrer Lerngruppe eingehenden Mathematikunterricht äußerten – trotz der Präsenz von Kindern, die dem FöS GE zugeordnet wurden, in allen Lerngruppen. Allein schon diese Tatsache deutet darauf hin, dass jedenfalls ein Teil der Lehrkräfte dem Einbeziehen von Schüler_innen im FöS GE eine besondere Rolle/Position zuspricht. In diesem Sinne findet sich hier eine Bestätigung der Vorannahme dieser Untersuchung, dass ein bewusster und expliziter Blick auf die Frage, wen ‚alle' im inklusiven Unterricht bezeichnet, sinnvoll sein kann, um blinde Flecken und verbleibende Ausschlussmechanismen herauszuarbeiten. Entsprechend fiel es beim Versuch der Zuordnung, welche Lerngruppe die Lehrkräfte jeweils beschreiben, nicht immer ganz leicht zu erfassen, was mit Formulierungen wie ‚alle' oder ‚die ganze Gruppe' gemeint war.[47] Einige Lehrkräfte erklärten erst auf explizite Nachfrage nach den Schüler_innen des FöS GE, dass diese ohnehin einen ganz anderen, getrennten Unterricht erhalten würden (und müssten). Nicht nur die benannten typischen Unterrichtssituationen, sondern auch die geschilderten Umgangsweisen mit der Heterogenität der Lerngruppe beziehen sich in diesen Fällen also nur auf die Regelschüler_innen der I-Klasse. Diese äußere Differenzierung bleibt im Interview allerdings zunächst unerwähnt und wird teilweise von den Lehrkräften auch nicht also solche wahrgenommen (vgl. Kap. 8.1). Unabhängig von der Frage, ob es sich hier um äußere Differenzierung handelt oder nicht, ist es aufschlussreich, dass diese Lehrkräfte erst auf explizite Nachfrage auf die volle Bandbreite der Schüler_innen eingehen.

Inhaltlich konnten unter Einbezug aller (selbstläufigen und auf Nachfrage entstandenen) Aussagen zum Mathematikunterricht mit Schüler_innen, die dem FöS GE zugeordnet werden, zwei zentrale Aspekte herausgearbeitet werden, die fast alle Befragten thematisieren:

- Ein umfassender **Bedarf an Handlungs-, Material- und Alltagsorientierung**, wird als spezifisch für Schüler_innen, die dem FöS GE zugeordnet werden, wahrgenommen. Auch wenn die Lehrkräfte die Handlungs-, Material- und Alltagsorientierung im guten Mathematikunterricht für notwendig halten, sehen sie diese im Kontext eines inklusiven Unterrichts doch wieder potenziell problematisch. Sie erachten das für die Schüler_innen im FÖS GE notwendige Ausmaß der Zugänge auf dieser Ebene als wenig vereinbar mit den für die Regelschüler_innen relevanten mathematischen Inhalte.

[47] S. Iser äußert etwa auf Nachfrage zur typischen Situation ‚alle im Sitzkreis vor der Tafel': „Alle, ja, also alle, die mit mir zusammen Mathe machen" (Iser, I7: 102). Im weiteren Verlauf des Interviews wird dann deutlich, dass dies die Regelschüler_innen der I-Klasse sind, da die Gruppe für den Mathematik- und Deutschunterricht getrennt wird (vgl. auch Kap. 8.1.1 zu dieser Unterrichtsorganisation in den I-Klassen).

- Mit den Ausführungen zu einem **erhöhten Zeitbedarf bzw. einer hohen Anzahl von notwendigen Wiederholungen** im Lernprozess wird darüber hinaus eine grundsätzliche – von der Heterogenität der Lerngruppe unabhängige – Herausforderung für den Mathematikunterricht mit Schüler_innen beschrieben, die dem FöS GE zugeordnet werden.

Insbesondere letzterer Punkt findet sich bei den Koop-Sonderpädagogik-Lehrkräften nicht erst auf die explizite Frage nach potenziellen Besonderheiten von GE Kindern, sondern bereits bei den (selbstläufig) benannten Herausforderungen zum Mathematikunterricht mit diesen Schüler_innen. Und sie beschreiben solche Situationen als spezifische und frustrierende Herausforderung ihrer Arbeit (vgl. Kap. 7.1.3). In den allerdings nur teilweise spontanen/selbstläufigen Aussagen der *nicht* im FöS GE ausgebildeten Lehrkräfte drückt sich hierzu wiederum auch sprachlich eine gewisse (emotional belegte) Irritation aus, wenn sie vom Mathematiklernen der Schüler_innen berichten, die dem FöS GE zugeordnet werden.[48]

‚Das kann man sich ja gar nicht vorstellen.‘

Das war sehr speziell (Lachen). Also er konnte ja zu Anfang also wirklich nicht bis drei zählen. [...] man kann sich das ja nicht vorstellen. (Imhof, I2: 90–92)

Er kann alles sortieren nach der Größe. Und dann sag ich, fang mal mit dem Großen an und mach die immer kleiner. Geht nicht! Warum nicht? (Lachen) (Ingmann, I5: 166)

Und gerade eben (lachen) war noch der, der Punkt, dass meine Teamkollegin zu einer Schülerin gesagt hat: ‚Mensch, du machst das jetzt im dritten Jahr, jetzt musst es mal alleine können.‘ Und in Wahrheit macht sie es schon im vierten Jahr, den Zahlenraum bis 20. Und das ist jetzt für mich eben in dem besonderen Moment, in der Klasse mit den I-Kindern so, dass ich daran verzweifele. (Iser, I7: 108)

Da wird Mathe dann wirklich frustig, wenn die Kinder auch merken, sie kommen einfach nicht weiter, warum auch immer. (Keller, K6: 48)

Von Bedeutung für den Einbezug aller Kinder in den Mathematikunterricht ist in diesem Zusammenhang, was die Lehrkräfte alles als Mathematik einordnen und inwiefern sie mathematische Basiskompetenzen als Teil des Mathematikunterrichts begreifen oder dieser (erst) mit dem Erwerb der Kulturtechnik ‚Rechnen‘ beginnt. Exemplarisch lassen sich hier S. Inken, S. Keil und S. Kurz und ihr Umgang mit Kindern mit komplexen Beeinträchtigungen heranziehen.

[48] Dies betrifft die Grundschulpädagog_innen der Koop und I-Klassen, aber wohlgemerkt auch die Sonderpädagogiklehrkräfte, die wie S. Ingmann vor dem aktuellen Tätigkeitsfeld in anderen FöS ausgebildet wurden und tätig waren.

Für S. Inken ist eine ‚erweiterte Sichtweise' auf Mathematik i. S. v. Inhalten und Herangehensweisen, die nicht der ‚typischen Schulmathematik' entsprechen, völlig selbstverständlich. Für sie ist die Einbindung der Kinder, die dem FöS GE zugeordnet werden, in ihren Unterricht in der I-Klasse problemlos bzw. eine normale Herausforderung im Rahmen ihrer Lehrertätigkeit. Sie beschreibt zwar das Lernen der Kinder ähnlich wie die anderen Befragten, benennt dies aber nicht als Besonderheit oder gar Schwierigkeit (vgl. auch Kap. 8.3).

S. Keil wiederum hatte zunächst nicht einmal am Interview teilnehmen wollen. Ihre Vermutung war, dass für eine Interviewstudie über Mathematikunterricht das, was sie in Mathematik in einer GE-Klasse macht, nicht von Interesse sei. Nach Erläuterungen der Autorin zu ihren eigenen Erfahrungen in diesem Feld und ihrem (erweiterten) Verständnis von Mathematikunterricht erklärte sich S. Keil dann doch zum Interview bereit. In diesem und im Nachgespräch wurde dann deutlich, dass sie selbst das Lernen ihrer Schüler_innen und die von ihr gestalteten Lernsituationen sehr wohl als Mathematik(-Unterricht) betrachtet und lediglich einer etwaigen (norm-/standardorientierten) Erwartung nach ‚klassischem Mathematikunterricht mit Grundschulinhalten' entgegenwirken wollte.

‚Was ist für diese Schüler_innen jetzt Mathematik?'

Muss man halt rausfinden, was für sie jetzt Mathe ist [...]. Für sie ist eben Mathe: [Was kommt] zuerst, [was kommt danach, was kommt] zuletzt. Das ist Mathe. 1, 2, 3. Vorne, Mitte, Hinten. Anfang, Mitte, Ende. Oben, Unten. Ja, und das war dann ihr Schwerpunkt. Das war ihr Matheunterricht. (Inken, I6: 246)

Oder es ist jetzt so, der kann so toll Kategorien bilden. Also, alle grünen Tiere kommen da hin. Oder alle Hunde, die sind zwar blau, gelb, grün, aber die kommen da hin. Also, der kann nach bestimmten Dingen total toll sortieren. (Ingmann, I5: 166)

Wir treffen uns in einem kleine Kreis und dann liest ein Kind das Datum vor und das Kind ist dann dran und darf genau so viel Eier in Eierkartons verpacken. Und da kann jeder irgendwie nach seiner Art und Weise mitmachen. Die eine Schülerin kann dann 18 zählen mit Hilfe. Den anderen Schüler frag ich vorher: ‚Oh, heut verpacken wir 18 Eier. Was glaubst du, wieviel Eierkartons werden voll?' Da sind die Kartons dann zu. Das trifft man jeden Tag bei uns im Mathematikunterricht an. (Keil, K7: 63)

S. Kurz trennt hingegen bereits innerhalb ihrer GE-Klasse zwischen vier Schüler_innen, die die Kulturtechniken erlernen (sollen) und drei weiteren, die nicht an diesem Unterricht teilnehmen. Entsprechend erfolgt ihre erste Reaktion auf die Frage nach den Möglichkeiten eines gemeinsamen Unterrichts: „Zusammen mit *allen sieben?*" (Kurz, K8: 173-174, Hervorh. kursiv N. K.). S. Kurz bezieht demnach basale Inhalte gar nicht in ihren Mathematikunterricht mit ein. So werden einige Kinder (mit schweren Beeinträchtigungen) von diesem Unterricht ausgeschlossen. Sie thematisiert die für diese Kinder relevanten Inhalte, wie z. B. die von S. Inken benannten Aspekte „zuerst, zuletzt" (vgl. Kasten vorherige Seite), auch im Interview nicht weiter. So bleibt unklar, ob und welche mathematischen Lernangebote diesen Kindern außerhalb des ‚normalen GE-Mathematikunterrichts' gemacht werden.

Im Kontrast dazu beschreibt die Grundschulpädagogin G. Köhler die Notwendigkeit (für die Kinder der Koop-GE-Klasse), auf die Anbindung aller Inhalte an mathematische Basiskompetenzen zu achten, auch für die Regelschüler_innen als gewinnbringend. Sie betrachtet den ‚Zwang' zur Erarbeitung handlungsorientierter Ausgangspunkte also nicht als Hindernis (für inklusiven Mathematikunterricht), sondern als Qualitätskriterium (jedes guten Mathematikunterrichts).

Grundlage für unterschiedliche Einschätzungen zu vorhandenen oder nicht vorhandenen ‚Besonderheiten' im Mathematikunterricht mit Schüler_innen, die dem FöS GE zugeordnet werden, scheint also weniger die Frage zu sein, welche konkreten Bedürfnisse bezüglich Lerninhalten oder -zugängen die Lehrkräfte bei diesen Schüler_innen wahrnehmen. Vielmehr scheint es darum zu gehen, inwiefern sie den Umgang mit diesen Schüler_innen als normale Aufgabe einer Lehrkraft im Mathematikunterricht betrachten oder nicht. Ähnliches zeigt sich in Bezug auf die potenzielle Besonderheit des Lernbereichs Mathematik im Vergleich zu anderen Fächern, was Thema des folgenden Kapitels ist.

7.3.2 Mathematik – ein ‚besonderer' Lernbereich für den inklusiven Unterricht?

Bei der Analyse der Aussagen der Lehrkräfte zum Lernbereich Mathematik im Kontext inklusiven Unterrichts lässt sich zunächst Einigkeit feststellen: Es ist besonders herausfordernd, gemeinsame Lernsituationen zu ermöglichen. Die Begründungen für die besondere Schwierigkeit beziehen sich, mit Ausnahme eines Aspektes, auf den Inhaltsbereich Arithmetik. Und es wird weiter differenziert, die Arbeit mit Zahlen und Operationen sei zu ‚abstrakt' (wörtlich bei Imhof, Illgner, Köhler, Kerner, Knopp), zu hierarchisch aufgebaut, um gemeinsame Themen zu finden. Andere mathematische Inhaltsbereiche eigneten sich hingegen gut, insbesondere Geometrie und Größen, die dabei in die Nähe anderer Fächer gerückt werden (vgl. genauer Kap. 8.2).

Zusätzlich zur inhaltlichen und induktiven Codierung der Aussagen wurde zur Bearbeitung dieser Kernfrage – wie zuvor bei den Positionen zur ‚inhaltlichen Gemeinsamkeit' (vgl. Kap. 7.2.3) – eine wertende Kategorisierung vorgenommen. Diese erfolgte hinsichtlich der Frage, ob die Lehrkräfte Mathematik gegenüber *anderen* Fächern für *schwieriger* halten, gemeinsam zu unterrichten. Zu diesem Punkt – das sei vorweggenommen – ist die bisher sich einige Gruppe der Befragten deutlich gespalten.

Die Auswertung erfolgte auf Basis von Interviewpassagen, in denen den Lehrkräften impulsgebende Zitate vorgelegt wurden, die im Rahmen der Pilotstudie entstanden waren. Die Zitate beinhalteten die Positionen, dass ‚andere Fächer einfach einfacher gemeinsam zu unterrichten' seien, während ‚es in Mathematik nicht so einfach' sei. Eine Analyse der Argumentation der Interviewpartner_innen ergibt folgende Positionierungen:[49]

- G. Insel, G. Kerner, S. Keller, S. Knopp, S. Kurz stimmen der Aussage der Zitate zu, d. h. diese fünf Lehrkräfte äußern explizit, dass Mathematik ihrer Einschätzung nach schlechter für das gemeinsame Lernen und Unterrichten geeignet bzw. schwieriger umzusetzen sei als andere Fächer.
- G. Igel, G. Imhof, G. Illgner, S. Ingmann, S. Inken und G. Köhler widersprechen hingegen der Aussage der Zitate. Diese sechs Lehrkräfte finden Mathematik nicht schwieriger gemeinsam zu unterrichten als andere Fächer. Zwei von ihnen (Inken & Igel) drücken sogar unmittelbares Erstaunen bzw. Unverständnis gegenüber der Idee aus, dass es schwieriger sein könne.
- Drei Lehrkräfte, S. Iser, G. Kamp und S. Keil, formulieren eine Position, die sich nicht eindeutig zuordnen lässt, bzw. Argumente aus den beiden Positionen explizit aufgreift. Aus Sicht dieser Lehrkräfte hat Mathematik zwar Besonderheiten und auch spezifische Schwierigkeiten in Bezug auf inklusiven Unterricht. Daraus folgt allerdings nicht, dass das Fach (generell) schwieriger gemeinsam zu unterrichten sei als andere Fächer.

Dieses Ergebnis im Kontext der bisherigen Unterrichtsorganisation der Lehrkräfte betrachtet, lässt erkennen: Die Koop-Lehrkräfte vertreten im Gegensatz zu den I-Lehrkräften die Ansicht, dass Mathematik schwieriger gemeinsam zu unterrichten ist als andere Fächer.[50] Damit bestätigt sich die Annahme, dass Mathematik von solchen Lehrkräften als besondere Hürde im Kontext gemeinsamen Unterrichts wahrgenommen wird, die keinen durchgängig gemeinsamen Unterricht in allen Fächern durchführen

[49] Die Zuordnung der Aussagen erfolgte anhand der o. g. wertenden Kategorienbildung, also einer fallbezogenen Einordnung der Position der Befragten anhand der verschiedenen Äußerungen zum Thema.

[50] Die beiden (scheinbaren) Ausnahmen G. Köhler und G. Insel lassen sich hinsichtlich der Unterrichtsorganisation der jeweils anderen Gruppe zuordnen: G. Köhler gehört trotz der kooperativen Schulform zur Gruppe derjenigen, die ihren Unterricht in allen Fächern als (durchgängig) inklusiv/gemeinsam beschreibt. G. Insel wird trotz der integrativen Schulform derjenigen Gruppe zugeordnet, die beschreibt, keinen (durchgängig) gemeinsamen Unterricht durchzuführen. Ob und inwiefern dies jeweils der ‚tatsächlichen' Unterrichtspraxis entspricht, ist hier nicht relevant. Für die Analyse ist nur die Einschätzung der Lehrkräfte selbst zur Möglichkeit oder Schwierigkeit eines gemeinsamen Unterrichts – und dafür nur ihre eigene Vorstellung von gemeinsamem Unterricht – von Bedeutung.

(hier vertreten durch die Koop-Lehrkräfte). Diejenigen, die hingegen Erfahrung im gemeinsamen Mathematikunterricht haben, sehen keinen (grundlegenden) Unterschied zu anderen Fächern. Beim Versuch diese Differenzen zu erklären, zeigen sich allerdings Unklarheiten und Widersprüchlichkeiten, die im Folgenden zusammenfassend dargestellt und in Kap. 9 einer vertieften Analyse zugeführt werden.

7.4 Resümee: Perspektive der Lehrkräfte und offene Fragen für die weitere Analyse

Als ein zentrales Ergebnis der bisherigen Untersuchung kann an dieser Stelle zunächst festgehalten werden, dass die Lehrkräfte ‚Gemeinsamkeit' auf sehr unterschiedlichen Ebenen thematisieren. So gibt es Gemeinsamkeit auf schulstrukturell/unterrichtsorganisatorischer Ebene, auf der Ebene der Lernsituationen im Unterricht, die verschiedene Formen der inneren Differenzierung darstellen, und schließlich Gemeinsamkeit in Bezug auf das Lernen selbst, auf Ebene des Lernprozesses (Abb. 7.1).

Abbildung 7.1: Ebenen der Gemeinsamkeit

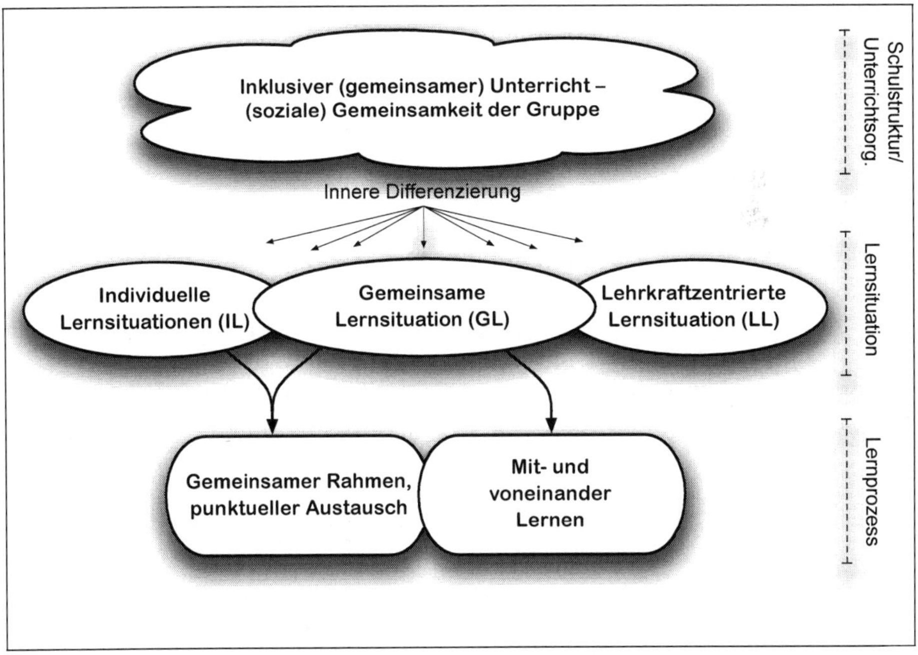

Zu unterscheiden ist also:

- ‚Gemeinsamkeit' oder ‚soziale Eingebundenheit' als unspezifischer Oberbegriff im Sinne der ‚ungeteilten Lerngruppe', der gemeinsamen Teilnahme der Lernenden im gemeinsamen/inklusiven Unterricht im weitesten Sinne (Ebene Unterrichtsorganisation/Schulstruktur).
- Die gemeinsamen Lernsituationen, die in einem solchen Unterricht neben individuellen und lehrkraftzentrierten Lernsituationen vorkommen. Letztere können dabei auch Formen der inneren Differenzierung darstellen. Doch nur die gemeinsamen Lernsituationen zielen auf die Begegnung der Lernenden miteinander ab (Ebene Lernsituationen, vgl. auch Kap. 7.2.2).
- Das mit- und voneinander Lernen, welches neben einem eher punktuellen Austausch im Rahmen der gemeinsamen Lernsituationen entwickelt wird und eine inhaltsbezogene Kommunikation einschließt (Ebene Lernprozess).

Die themenbezogene, fallübergreifende Analyse brachte darüber hinaus einen aufschlussreichen ersten Einblick in die Belief-Systeme von Lehrkräften der Primarstufe zu einem inklusiven Mathematikunterricht. Dabei konnte für das aus verschiedenen Professionen und Schulstrukturen zusammengesetzte Sample eine erstaunliche Einigkeit festgestellt werden. Die Untersuchung liefert ein relativ homogenes Bild aller befragten Lehrkräfte zu gutem und typischem Mathematikunterricht sowie zu ihrem Umgang mit Heterogenität in diesem Lernbereich.

- Die Belief-Systeme der Lehrkräfte zu **gutem Mathematikunterricht** enthalten zunächst den Kernaspekt der Handlungs-/Materialorientierung. Damit verbunden sind das Ziel der Motivation und/oder das Erreichen von Aha-Effekten bei den Schüler_innen sowie das Bestreben eines gelingenden Umgangs mit der Vielfalt der Lerner_innen. Letzteres bezieht sich mit unterschiedlicher Gewichtung immer auch auf die Möglichkeit von Austausch und gemeinsame Lernsituationen. Die inhaltliche Füllung der Begriffe und Zielsetzungen unterscheidet sich im Detail zwischen den Lehrkräften. Zum einen liegt dies in unterschiedlichen pädagogischen Konzeptionen begründet (insbesondere zur Öffnung des Unterrichts/der Rolle der Lehrkraft). Zum anderen erfolgen unterschiedliche fachdidaktische Auslegungen (insbesondere in Bezug auf die Funktion der Material- und Handlungsorientierung). Diese Unterschiede kennzeichnen aber weder eine grundlegend verschiedene Ausrichtung der Belief-Systeme noch sind sie in der Gruppe der Befragten auf Professions- oder Lerngruppenbezüge zurückzuführen, sondern sie können als individuelle Schwerpunkte ausgemacht werden. Insgesamt sind die Belief-Systeme der befragten Lehrkräfte zu Merkmalen guten Unterrichts überaus anschlussfähig an die in der Literatur diskutierten Kriterien guten Mathematikunterrichts.

- Im **typischen Mathematikunterricht** werden die Merkmale guten Unterrichts zwar nicht vollständig verworfen, aber in den Hintergrund gedrängt. In den geschilderten ‚typischen Situationen' bilden nämlich stärker Übungen und Anleitungen die Kernaspekte und es zeigt sich ein ‚typisches Unterrichtsmuster': Auf eine gemeinsame Einführung folgt eine Phase des individuellen und differenzierten Arbeitens. Dies bietet gewissermaßen die Hintergrundfolie des alltäglichen Unterrichts, in dessen Rahmen dann auch die einzelnen von den Lehrkräften geschilderten Sternstunden auftreten, in denen wiederum die Merkmale guten Unterrichts kumulieren. Die Ähnlichkeit des typischen Unterrichts ist gerade vor dem Hintergrund der sehr verschiedenen Lerngruppen erstaunlich. Selbst die auf den ersten Blick ‚typisch sonderpädagogische' Schilderung, dass der Unterricht im Idealfall aus einer parallelen Einzelförderung besteht, findet ihr Äquivalent bei den Grundschullehrkräften in einer möglichst weitgehend arbeitsblattbasierten Differenzierung. Es gibt lediglich einen Aspekt, der nicht für alle Schüler_innen, sondern nur für die Regelschulkinder (der I-Klassen und der Koop-Regelklassen) gilt: Für diese werden in die Zielsetzung des Mathematikunterrichts bildungsstandardbezogene Lernziele mit eingebunden.
- Der **Umgang mit der Heterogenität der Lerngruppe** ist im Anschluss an die typische Unterrichtsstruktur bestimmt durch differenzierende, individuelle Lernsituationen, auch wenn die Lehrkräfte die Gemeinsamkeit der Lernenden wertschätzen und als Ziel formulieren. Diese setzen sie vorrangig in gemeinsamen Einführungsphasen und materialbasierten gemeinsamen Lernsituationen um. Hier unterscheidet sich wiederum entlang der grundsätzlichen Funktion von Material- und Handlungsorientierung, ob diese Lernsituationen als methodische auf soziales Lernen und Motivation abzielende Ergänzung oder als integraler (wenn auch nicht zeitlich dominierender) Teil des (inhaltlichen) Lernens wahrgenommen werden. Und auch hier gibt es keine eindeutigen Unterschiede zwischen Professionen oder Lerngruppen.
- Bezüglich der **Möglichkeiten des mit- und voneinander Lernens** zeichnet sich ebenfalls Einigkeit dahin gehend ab, dass Mathematik für eine besondere Herausforderung gehalten wird. Insbesondere arithmetische Unterrichtsinhalte werden als hierarchisch aufgebaut und wenig geeignet für material- und handlungsbasierte gemeinsame Lernsituationen angesehen. Diese Feststellung der Lehrkräfte muss aber in Bezug auf ihre Hintergründe noch genauer betrachtet werden. So führen mehrere Lehrkräfte exemplarisch an, dass in Deutsch ‚alle gemeinsam lesen' könnten, während es in Mathe schwieriger sei, ein gemeinsames Thema oder eine gemeinsame Aktivität zu finden. Doch was führt die Lehrkräfte zu dieser Ansicht? Was unterschei-

det ‚alle lesen, jede_r an seinem_ihrem Gegenstand' von einem potenziellen ‚alle rechnen, jede_r an seinem_ihrem Gegenstand'? Diesen Fragen wird im folgenden Kap. 8 genauer nachgegangen.

Der fallübergreifende Vergleich bestätigt zunächst die bereits in der Pilotphase angedeutete Erkenntnis:

> ✶ *Lehrkräfte, die Mathematik bisher nicht durchgängig inklusiv/gemeinsam unterrichten, sehen hierfür in diesem Lernbereich eine spezielle Herausforderung.*

Auch die Gründe für den Unterschied zu anderen Fächern entsprechen weitgehend solchen Argumenten, die bereits in der Pilotstudie dokumentiert wurden. Darüber hinaus ist nun anhand des Vergleichs der Koop-Lehrkräfte mit den I-Lehrkräften der umgekehrte Schluss ebenfalls möglich:

> ✶ *Die befragten Lehrkräfte, die Mathematik (nach eigener Einschätzung) bereits durchgängig gemeinsam unterrichten, sehen keine grundlegenden Unterschiede zwischen diesem Lernbereich und anderen.*

Abseits der oben dargelegten Übereinstimmungen hinsichtlich der Gestaltung von Mathematikunterricht in heterogenen Lerngruppen, zeigen sich also hier deutlich divergierende Belief-Systeme. Diese Differenz lässt sich weder damit erklären, dass die Koop-Lehrkräfte sich grundsätzlich kritischer zum gemeinsamen Unterricht stellen. Noch lässt sich sagen, die I-Lehrkräfte wollten etwas für sie Alltägliches nicht als ‚schwierig' darstellen. Denn es wurde explizit nach *Differenzen zu anderen Fächern* gefragt und nicht, ob gemeinsamer (Mathematik-)Unterricht schwierig oder einfach umzusetzen sei. Ein Widerspruch zum vorgelegten ‚Impuls-Zitat', dass andere Fächer einfacher zu unterrichten sind, wäre also nicht zwingend mit der Aussage verknüpft, dass gemeinsamer Unterricht in Mathematik leicht umzusetzen wäre. Bei der Betrachtung der Aussagen zu diesem Themenkomplex wird vielmehr durchaus erkennbar, dass zwar alle Lehrkräfte hier eine Herausforderung sehen, aber nur ein Teil damit einen Unterschied zu anderen Fächern verbindet. So formuliert beispielsweise S. Ingmann: „Es ist schwer, aber das ist in jedem Fach schwer. Und ich finde, das kann ich nicht, nein, kann ich nicht bestätigen [dass es in anderen Fächern einfacher ist]" (I5: 178). Wie die vorangegangene Untersuchung zeigt, kann jedoch auch nicht auf eine grundlegend andere Unterrichtsorganisation oder Umgangsweise mit der Heterogenität der Lerngruppe als möglicher Hintergrund für diese unterschiedlichen Einschätzungen verwiesen werden.[51] Denn wie ebenfalls oben herausgearbeitet, sind in Bezug auf die (typische)

[51] Die vorhandenen Differenzen zum inklusiven Mathematikunterricht lassen sich ebenso wenig auf der Ebene der Zuordnung zu einem dynamischen oder statischen Bild von Mathematik festmachen (was

Unterrichtsgestaltung zwischen den bereits inklusiv arbeitenden Lehrkräften und den Koop-Lehrkräften keine grundlegenden Unterschiede zu erkennen. Insbesondere gilt das für die Anteile individueller und gemeinsamer Lernsituationen in den verschiedenen Lerngruppen. Einigkeit gibt es zudem dazu, was potenzielle Besonderheiten des Lernbereichs Mathematik im Unterricht in heterogenen Lerngruppen ausmachen und dass in diesem Zusammenhang das mit- und voneinander Lernen eine Herausforderung darstellt. Deutlich unterschiedliche Einschätzungen der Lehrkräfte gibt es dann aber in Bezug auf die Möglichkeiten eines inklusiven Mathematikunterrichts.

Damit ergibt sich in der Gesamtbetrachtung unter Bezug auf die oben eingeführten Ebenen folgendes widersprüchliches Bild: Die Beschreibungen der Lehrkräfte zu den Anteilen/Möglichkeiten von Gemeinsamkeit stimmen auf den Ebenen von Lernprozess und Lernsituationen überein. Auf der Ebene der Unterrichtsorganisation kommen die Lehrkräfte allerdings zu ganz unterschiedlichen Schlussfolgerungen (vgl. Abb. 7.2)

Abbildung 7.2: Übereinstimmende Beschreibungen – unterschiedliche Schlussfolgerungen

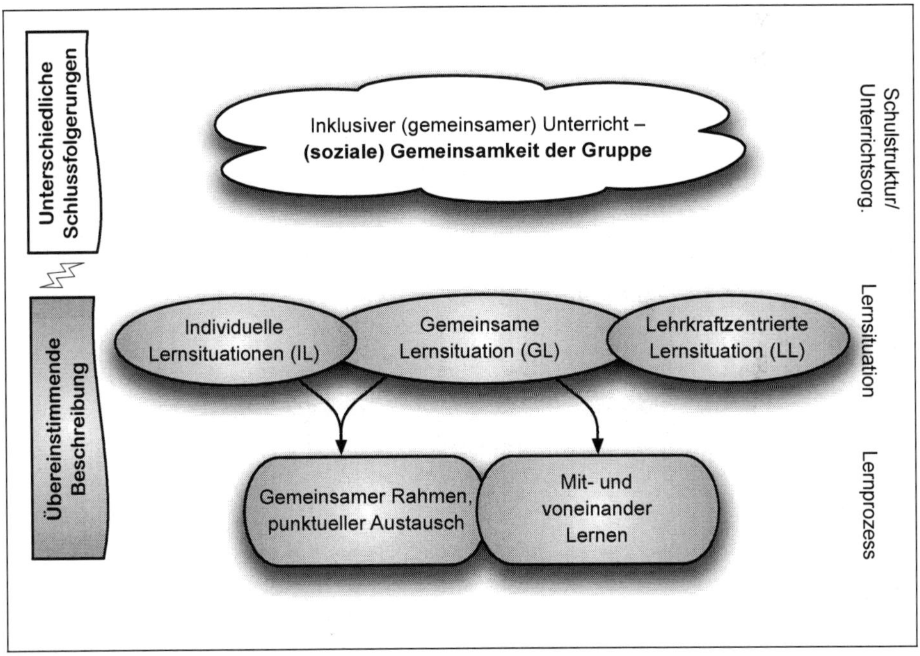

durchaus vor Beginn der Untersuchung eine mögliche Hypothese auf Basis bisheriger Forschungsstudien gewesen ist, siehe Kap. 5).

Im Verlauf der ersten fallübergreifenden Auswertung konnten damit zur (Be-)Deutung der Gemeinsamkeit also Widersprüche und Unklarheiten aufgedeckt werden, die sich auf zwei Punkte beziehen: Erstens ergeben sich Widersprüche bei der Frage nach dem *gemeinsamen Unterricht.* Übereinstimmende Beschreibungen zu Lernsituation und Lernprozess stehen im Kontrast zu äußerst unterschiedlichen Schlussfolgerungen zur Notwendigkeit einer Trennung der Lerngruppe bzw. der Möglichkeit der gemeinsamen Unterrichtung. Zweitens zeigen sich Unklarheiten zur Frage nach dem *mit- und voneinander Lernen* und den vermeintlich ‚besonderen Hürden' des Lernbereichs Mathematik auf dieser Ebene des *gemeinsamen Lernens.* In Kapitel 8 wird daher zu erarbeiten sein, wie sich die Hintergründe für die bisher herausgearbeiteten Belief-Systeme der Lehrkräfte darstellen. Zu fragen ist zum **ersten Punkt** insbesondere: Was führt zu den unterschiedlichen Schlussfolgerungen zu den Möglichkeiten inklusiven Mathematikunterrichts – wenn sich weder die vorhandenen Lernsituationen (d. h. die Anteile von IL, GL und LL) noch die wahrgenommenen Herausforderungen des mit- und voneinander Lernens in Mathematik unterscheiden?

Darüber hinaus ist mit Bezug auf das mit- und voneinander Lernen für den **zweiten Punkt** zu klären, welche Relevanz die von allen Lehrkräften geschilderten Besonderheiten des Faches Mathematik hier haben. Was genau steht also hinter den Aussagen, dass Mathematik (im Gegensatz zu anderen Fächern) ‚hierarchisch' aufgebaut und zu ‚abstrakt' sei, um gemeinsame Themen finden zu können, und warum werden diese Schwierigkeiten vor allem auf arithmetische Inhalte bezogen (vgl. Kap. 8.2)? Diese Fragen beziehen sich spezifisch auf die Herausforderung des mit- und voneinander Lernens im Mathematikunterricht und gelten damit für alle Lehrkräfte, bzw. sind unabhängig vom ersten Punkt.

Um die beiden genannten Punkte genauer zu klären und damit weiter herauszuarbeiten, welche Faktoren in den Belief-Systemen der Lehrkräfte für die Gestaltung eines inklusiven Mathematikunterrichts von Bedeutung sind, wird im folgenden Kapitel eine vertiefte rekonstruktive Interpretation ausgewählter Interviewpassagen vorgenommen.

8 Zentrale Widersprüche und Auffälligkeiten der Belief-Systeme zum inklusiven Mathematikunterricht

In der vorhergehenden fallübergreifenden Analyse zum immanenten Sinngehalt wurden neben einer Einigkeit zu zentralen Aspekten guten und typischen Mathematikunterrichts innerhalb der Belief-Systeme der Lehrkräfte auch inter- und intrapersonelle Widersprüchlichkeiten zu Möglichkeiten eines inklusiven Mathematikunterrichts aufgedeckt. Zu deren Klärung werden in diesem Kapitel folgende Fragen diskutiert und diesmal fallorientiert untersucht:

- Was verstehen die Lehrkräfte unter ‚Gemeinsamkeit der Lerngruppe' im (inklusiven Mathematik-)Unterricht?
- Inwiefern stellt der Inhaltsbereich Arithmetik eine besondere Hürde für das mit- und voneinander Lernen in gemeinsamen Lernsituationen dar, und welche Rolle spielt dabei die Möglichkeit bzw. Schwierigkeit von material- und handlungsorientiertem Arbeiten?
- Wie sehen die Lehrkräfte ihre eigene (professionelle) Rolle im (inklusiven Mathematik-)Unterricht und wie gehen sie mit Unsicherheiten und Herausforderungen um?

Ausgehend von der thematischen, fallübergreifenden Untersuchung (Schritt 1 und 2, vgl. Ergebnisse in Kap. 7), werden für die Bearbeitung dieser Fragen nun exemplarische Textpassagen und Fälle für eine komparative Analyse ausgewählt.[1] Die Basis zur Bearbeitung der Fragen bildet ein Vorgehen in Anlehnung an die reflektierende Interpretation der dokumentarischen Methode (Schritt drei der Auswertung, vgl. Kap. 6).

Im Fokus der Analyse stehen mit den drei Fragen jeweils unterschiedliche Zugänge zur Entwicklung eines inklusiven Mathematikunterrichts, nämlich die inklusions-/allgemeindidaktische Frage nach der Gemeinsamkeit (Kap. 8.1), das fachdidaktische Arithmetikproblem (Kap. 8.2) sowie grundlegende professionsbezogene

[1] Entsprechend des methodischen Hintergrundes finden in diesem Kapitel hin und wieder Begrifflichkeiten der dokumentarischen Methode Anwendung, vgl. zu deren Hintergründen insb. Przyborski 2004, sowie zum konkreten Vorgehen Korff in Vorb..

Fragen (Kap. 8.3). Diese Zugänge werden zunächst getrennt voneinander anhand des Interviewmaterials genauer betrachtet und ihre Bedeutung innerhalb der Belief-Systeme der Befragten zum inklusiven Mathematikunterricht herausgearbeitet.

8.1 Gemeinsamkeit im inklusiven Unterricht – ‚ganz viel Nebeneinander'?

Der Analyse wird an dieser Stelle eine Passage aus dem Interview mit Gabriele Köhler vorangestellt, die als Fokussierungsmetapher[2] für zwei Facetten des Verständnisses von Gemeinsamkeit in einer heterogenen Lerngruppe gefasst werden kann. Diese spielen für die folgende Analyse eine zentrale Rolle.

> *Es* [der Umgang damit, dass die Kinder so verschieden sind] *wird immer schwerer, je älter die Kinder sind.* Das heißt, wenn man nachher wieder in der vierten Klasse ist, dann wird es schon wieder ein bisschen leichter, weil es dann so wirklich so eindeutig ist. [...] *Es wird leichter, weil sie selbstständiger arbeiten können. Und auch leichter, weil ich die, die schwächer sind, auch schon gut kenne* und mir dann, mich dann eingeübt habe in dem, was sie brauchen. (Köhler, K1: 163-165, Hervorh. N. K.)

Je nach Blickwinkel ist es also schwierig oder einfach, Mathematik in einer heterogenen Lerngruppe zu unterrichten:

- ‚Es', i. S. der gemeinsamen Lernsituationen (bei G. Köhler insb. die handelnden gemeinsamen Einstiege), wird ‚schwerer', je älter die Schüler_innen werden, also je größer die (Leistungs-)Bandbreite wird.
- ‚Es', i. S. der Differenzierung in individuellen Lernsituationen im vierten Schuljahr, wird einfacher, weil die Kinder sich eigenständig mit den Materialien und Aufgaben befassen und die Lehrkraft über gute Kenntnis zu den unterschiedlichen Bedarfen der Kinder verfügt.

Die explizierte Unterscheidung macht nicht nur G. Köhler, sondern sie zeigt sich bei den Befragten insgesamt als inter- und intrapersonelle Divergenz: Diejenigen Lehrkräfte, die Mathematik für keine (besondere) Herausforderung für einen inklusiven Unterricht halten und diesen nach eigener Aussage auch durchgängig umsetzen, beschreiben eine Unterrichtsgestaltung, die zu großen Teilen von *individuellen* Lernsituationen geprägt ist. Diese ist für Mathematik ebenso gut (oder ebenso schwierig) zu organisieren, wie für andere Fächern (vgl. Kap. 7.2). Anders äußern sich diejenigen, die die Position vertreten,

[2] Da weder eine Gruppendiskussion noch ein narrativ-biografisches Interview untersucht werden, werden Fokussierungsmetaphern aufgrund von inhaltlicher Dichte und exemplarischem Gehalt der Textpassagen bestimmt und nicht anhand formaler Kriterien wie Interaktionsdichte oder Textsorte (vgl. Korff in Vorb.)

dass Mathematik eine besondere Herausforderung für den Unterricht in heterogenen Lerngruppen bedeutet und das Fach bisher nicht durchgängig gemeinsam unterrichten.[3] Sie beziehen sich in ihrer Begründung auf die Herausforderung, die die Herstellung von *gemeinsamen* Lernsituationen im Lernbereich Mathematik für sie darstellt.[4] Bei diesen Lehrkräften zeigt sich wiederum die genannte Ambivalenz auch als intrapersoneller Widerspruch. Sie stellen nämlich an die Arbeit in der Gesamtgruppe (mit der Koop-Partnerklasse) den Anspruch der gemeinsamen Lernsituationen, schildern dann für ihre (getrennte) Lerngruppe aber einen Unterricht, der überwiegend von individuellen Lernsituationen geprägt ist.

Abbildung 8.1: Gemeinsamkeit der Lerngruppe: Widersprüche und Differenzen

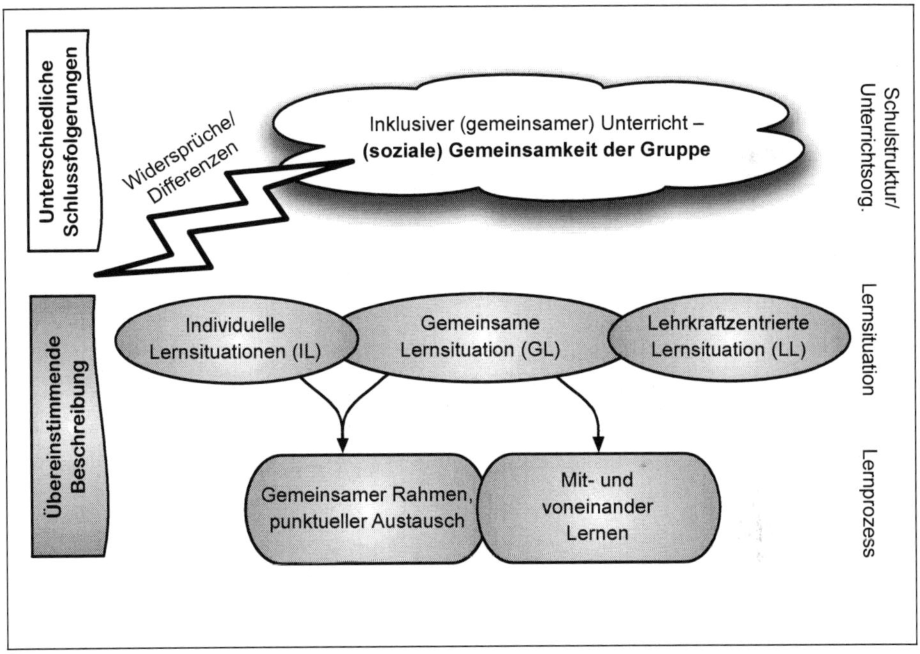

[3] Gemeint ist hier ‚gemeinsam mit der Partnerklasse' bzw. gemeinsamer Unterricht der I-Schüler_innen mit den Regelschüler_innen. Diese Perspektive einer ‚Gruppenzugehörigkeit' findet sich mit Ausnahme von S. Inken bei allen Lehrkräften, sodass für die Analyse entsprechend zwischen ‚gemeinsamem' und ‚getrenntem' Unterricht unterschieden werden kann – auch wenn entsprechend der fachlichen Perspektive, die in Kapitel 2 ausgearbeitet wurde, gerade die Auflösung dieser kategoriengebundenen Deutung von ‚Gemeinsamem Unterricht zweier Gruppen' vertreten wird (vgl. Hinz 2002).

[4] Bis auf zwei Ausnahmen sind die I-Lehrkräfte der ersten und die Koop-Lehrkräfte der zweiten Gruppe zu zuordnen. Die Ausnahmen bilden G. Köhler und G. Insel, die daher im Folgenden in der jeweils anderen Gruppe mit verhandelt werden.

Ein zentraler Aspekt in Bezug auf die Belief-Systeme der Lehrkräfte ist damit die Frage danach, was diese unter ,Gemeinsamkeit der Lerngruppe' verstehen und wie diese Gemeinsamkeit von ihnen für die unterschiedlichen Lerngruppen konzeptioniert wird. Genau an diesem Punkt ergeben sich die oben genannten Widersprüchlichkeiten ebenso wie ihre Erklärung (vgl. Abb. 8.1, S. 189). Dies wird in den folgenden Abschnitten detaillierter diskutiert.

8.1.1 Gemeinsamer Mathematikunterricht – ohne gemeinsame Themen und Austausch?

In der Gesamtheit der Beschreibungen von typischem Unterricht ebenso wie vom Umgang mit Heterogenität finden sich überwiegend individuelle Lernsituationen. Aber nur ein Teil der Lehrkräfte, namentlich die I-Lehrkräfte, bezeichnet auf dieser Basis gemeinsamen/inklusiven Mathematikunterricht als gut umsetzbar. Deutlich werden in deren Schilderungen drei Aspekte: Erstens konstituiert sich das ,Gemeinsame' für die Lehrkräfte als soziale Eingebundenheit i. S. der Zusammengehörigkeit der Gruppe und der Anwesenheit in einem Raum. Deshalb kann etwa gemeinsamer *Unterricht* für S. Iser problemlos und in allen Fächern überwiegend aus ,nebeneinander *Lernen*' bestehen und G. Köhler von ,inklusivem Unterricht' sprechen, sofern die Schüler_innen dauerhaft gemeinsam in einem Raum sind (gemeint ist im Übrigen in beiden Fällen der Klassenraum *einschließlich* eines Differenzierungs-/Gruppenraumes). Zweitens gibt es auch in der Wahrnehmung dieser I-Lehrkraft in Mathematik mehr Phasen des individuellen Lernens (,nebeneinander') als in anderen Fächern. Dies erweist sich aber vor dem Hintergrund des erstgenannten Aspektes nicht als Schwierigkeit für einen gemeinsamen (Mathematik-)Unterricht. Drittens könnten solche Organisationsformen, die vergleichbar auch für weitere I-Klassen beschrieben werden, fachlich durchaus als *äußere* Differenzierung (in einem Raum) bezeichnet werden, da eine gruppenbezogene Trennung vorgenommen wird.

Die Wahrnehmung von zwei Teilgruppen (I-Kinder und Regelkinder) hat ihre Entsprechung also zumindest in einigen I-Klassen in der grundlegenden Unterrichtsorganisation einer äußeren Differenzierung, die aber von den Lehrkräften selbst als gemeinsamer Unterricht eingeordnet wird. Die Integrationslehrkräfte nutzen diese Organisationsform spezifisch bezogen auf die Schüler_innen im FöS GE, für die vor allem in Mathematik und teilweise in Deutsch der Unterricht getrennt organisiert wird. Die Zuständigkeit der Lehrkräfte liegt allerdings nicht dauerhaft bei jeweils einer dieser Teilgruppen, sondern das Klassenleitungsteam, das jeweils aus einer Sonderpädagogin und einer Grundschullehrerin besteht, wechselt sich nach Lernbereichen ab: Der, „der Deutsch in der Klasse macht, macht Mathe mit den I-Kindern, und wer Mathe mit der Klasse macht, macht Deutsch mit den I-Kindern" (Iser, I7: 9–10, vgl. auch Insel, I4: 108, Illgner, I3: 131ff., Köhler, K1: 190).[5]

Eine zentrale Rolle spielt in diesem Kontext das Team-Teaching, mit dem auch die Auflösung der professionsbezogenen Zuständigkeit bestimmter Lehrkräfte für bestimmte Schüler_innengruppen verbunden ist. Zuständigkeiten werden hingegen an (lernbereichsbezogenen) Kompetenzen oder Vorlieben der Lehrkräfte festgemacht.

Die weitere Analyse macht außerdem deutlich, dass die Trennungen zwar förderschwerpunktbezogen durchgeführt werden, aber die Teilung der Gruppe – im Gegensatz zu den klassen(raum)bezogenen Trennungen der Kooperationsklassen – einen höheren Grad an Flexibilität aufweist. Auch die (gelegentliche) Zusammenführung der Teilgruppen ist während des Unterrichts flexibel organisiert. Äußerungen zur Flexibilität der Gruppenkonstellationen ebenso wie zu den Rollen der Lehrkräfte und dem damit verbundenen Kompetenztransfer finden sich an verschiedensten Stellen der entsprechenden Interviews.

Inhaltlich zeigt sich die Auflösung der professionsbezogenen Trennung und der flexiblen Gruppenzuordnungen auch darin, dass alle I-Lehrkräfte Kenntnisse über das Mathematiklernen aller Schüler_innen haben. D. h. die Grundschullehrkräfte in den I-Klassen wissen etwas über das Lernen der Schüler_innen mit zugewiesenem FöS GE und die Sonderpädagogik-Lehrkräfte haben Kenntnisse über das Lernen der ‚Regelschüler_innen'. Hieran zeigt sich, dass die formale Zuständigkeit der Lehrkräfte in allen I-Klassen nicht nach dem Status der Kinder erfolgt. Sie wechselt also, auch wenn die Gruppenzugehörigkeit der Kinder zur einen oder anderen Teilgruppe weniger flexibel ist.[6] Entsprechend wird die Gruppe also insgesamt als eine Klasse wahrgenommen, wenngleich innerhalb dieser zwei ‚Teilgruppen' konstatiert werden.

Abseits aller konkreten strukturellen Organisationsformen scheint die Sicht auf die Gesamtgruppe als ‚eine Klasse' die Basis für einen flexiblen Umgang mit individuellen und gemeinsamen Lernsituationen zu bilden. Hier ist die Deutung von Gemeinsamkeit erkennbar, die mit Bezug auf Wocken als ‚Vielfalt der Gemeinsamkeit' eingeführt wurde (vgl. Kapitel 2.4.2): Individuelle Lernsituationen werden als zentraler Bestandteil eines gemeinsamen Unterrichts betrachtet. Doch auch das mit- und voneinander Lernen in gemeinsamen Lernsituationen wird wertgeschätzt und beide Ebenen gehen fließend ineinander über, so schildert z. B. Gesa Imhof:

---

5 In den I-Klassen ohne Team-Teaching haben die Grundschulpädagog_innen G. Imhof, S. Inken und G. Igel jeweils alleine die Klassenleitung und sind damit so oder so für alle Schüler_innen zuständig.

6 So spricht beispielsweise S. Iser zwar auch – wie die Koop-Lehrkräfte – von „meine" und „deine" Kinder (I7: 142). Dies bezieht sich aber auf die von ihr (als Sonderpädagogin) in Mathe unterrichteten (Regel-)Kinder und die von der (Grundschul-)Kollegin unterrichteten (Integrations-)Kinder. Für das Fach Deutsch ist sie für die I-Kinder zuständig und die Kollegin für die Regelkinder und für diese Lernsituation wird entsprechend die genau andere Gruppe zu ‚ihren' Kindern.

> Dieses Gemeinsame hat da für mich noch mal eine andere Ebene, wirklich im Sinne von Zusammen. Man ist ja auch in der Familie und macht was zusammen und jeder hat ein unterschiedliches Niveau und so sehe ich das bei denen auch. [...]
>
> F: Was heißt das dann konkret für den Unterricht? Was ist das, was das Gemeinsame, das Zusammen, ausmacht?
>
> Na, wenn man es schafft, dass alle über das Gleiche nachdenken. Und da steckt natürlich drin, [...] dass man selber dafür so ein Gespür und so ein Feeling hat, es in so einen Sachkontext zu bringen, dass es für alle gemeinsam interessant ist. (I2: 114–116)

Zunächst betont Imhof, dass gemeinsamer Unterricht zu großen Teilen individuelle Lernsituationen umfasst und die soziale Eingebundenheit im Mittelpunkt der ‚Gemeinsamkeit' steht.[7] Dies bildet die Basis des ‚Miteinanders', wobei sie weiter betont, dass dieser Unterricht auch Raum für inhaltliche Gemeinsamkeit lässt.

Der Ausgangspunkt der (unterrichtsbezogenen) Entscheidungen ist also zunächst die selbstverständliche Betrachtung der Klasse als eine Gruppe, deren Mitglieder sodann in unterschiedlichen Formen mit-, aber eben auch nebeneinander arbeiten. Innerhalb dieser Grundhaltung gibt es bei den befragten I-Lehrkräften unterschiedliche Perspektiven auf die Rolle der Lehrkraft bezüglich des mit- und voneinander Lernens und der Relevanz der Zielsetzung inhaltlicher Gemeinsamkeit. Es gibt I-Lehrkräfte, die sich stärker und solche, die sich weniger in der Verantwortung sehen, das Lernen der unterschiedlichen Kinder in gemeinsamen Lernsituationen zu organisieren.

Im Kontrast zu den Koop-Lehrkräften sind insbesondere erstere I-Lehrkräfte interessant.[8] Hier soll Svenja Ingmann exemplarisch herangezogen werden, die eine inhaltliche Gemeinsamkeit sehr deutlich als Zielsetzung für ihre I-Klasse vertritt, sich für deren Herstellung verantwortlich fühlt und die Umsetzung dieses Anspruches zugleich als herausfordernd erlebt:

> Und ich muss eben sehen oder wir müssen gucken, *wie kann ich das aufklamüsern, dass alle was davon haben*. Und es gibt Stunden da haben nicht alle was davon. Definitiv. Aber dieser Anspruch, dass es so ist, [dass wir gemeinsam arbeiten] der, wenn der uns abhanden kommt, dann können wir aufhören. (I5: 160, Hervorh. N. K.)

---

[7] Die von G. Imhof verwendete Familienmetapher ist nach Analyse des Materials hier nicht als Übernahme der in der Fachliteratur vorhandenen Metapher zu deuten (insb. bei Wocken 1998).

[8] Dies dient dem Vergleich von Lehrkräften der beiden Organisationsformen im Sinne einer minimalen Kontrastierung. D. h., es werden eben jene I-Lehrkräfte betrachtet, die wie die Koop-Lehrkräfte davon ausgehen, dass sie für die Herstellung einer inhaltlichen Gemeinsamkeit zuständig sind und darin in Mathematik eine besondere Herausforderung sehen. Im Kontrast zu den Koop-Lehrkräften betrachten diese Mathematik aber dennoch nicht als ‚besonders problematisch' für einen gemeinsamen, inklusiven Unterricht.

S. Ingmann thematisiert hier – und zwar spezifisch für das Kind ihrer Klasse, welches dem FöS GE zugewiesen wurde –, dass die Basis der Gemeinsamkeit die soziale Eingebundenheit der Kinder darstellt und diese einer ‚Trennung' stets vorzuziehen sei. Sie lehnt zudem die oben genannten Formen der äußeren Differenzierung in einem Raum/Nebenraum selbst dann ab, wenn der Verbleib in einer Lerngruppe sich nicht immer mit einer inhaltlichen Beteiligung verbinden lässt:

> Da ist der bei! Da muss er mit durch. Und das hat ihm auch noch nie geschadet. Klar schaltet er dann manchmal weg, aber du findest immer einen Punkt, wo du ihn mit rein wieder kriegst. Nee, ich halte das nicht für gut, wenn die so viel raus sind aus der Truppe, weil die, die leben nur durch diese Truppe.[9] (I5: 168-169)

Auch weitere Lehrkräfte thematisieren die Herstellung von gemeinsamen Lernsituationen gerade in Mathematik als Zielsetzung *und Herausforderung*. Mit- und voneinander Lernen gelingt demnach nicht immer, sondern „es gibt *mal* Themen, da geht es" (G. Illgner, Hervorh. N. K.). Die wenigen Situationen, in denen alle Kinder mit- und voneinander lernen (also inhaltliche Differenzierung und soziale Eingebundenheit zusammenfallen), sind – ganz ähnlich wie bei den Koop-Lehrkräften – durchgängig mit handelnden Zugängen verknüpft. Außerdem bestehen sie entweder aus einführenden Situationen und/oder beinhalten die Themenbereiche Größen und Geometrie und, mehrfach konkret benannt, Uhrzeit (vgl. z. B. Illgner, I4: 136; Ingmann, I5: 154; Köhler, K1: 154).

Der Großteil des Unterrichts in den I-Klassen besteht also aus Situationen, in denen entweder die soziale Eingebundenheit im Vordergrund steht (‚dabei sein' ohne inhaltliche Differenzierung (Ingmann)) oder eine Aufteilung in individuelle Lernsituationen erfolgt (‚nebeneinander lernen', um eine inhaltliche Differenzierung zu ermöglichen (Iser)). Aber – und hier liegt der entscheidende Unterschied zu den Koop-Lehrkräften – daraus wird nicht geschlussfolgert, dass diejenigen Schüler_innen, die ‚nur dabei sind' oder ‚ihre eigenen Programme haben', nicht Teil des gemeinsamen Unterrichts wären oder sein könnten. Vielmehr sind aus Sicht der I-Lehrkräfte die nur in bestimmten Inhaltsbereichen möglichen Situationen des mit- und voneinander Lernens nicht die Voraussetzung für einen ‚inklusiven Unterricht', sondern eine (von vielen) Formen

[9] Bei Betrachtung der Aussage im Gesamtkontext des Interviews wird deutlich, dass das Kind mit dem Status GE mitnichten ‚nur dabei ist' resp. inhaltliche Arbeit für ihn als irrelevant erachtet wird. Vielmehr werden sehr wohl (auch) für den Schüler Michael inhaltliche Lernziele einbezogen. Und die Priorität des ‚Dabeiseins in der Truppe' (auch wenn man mal nichts Inhaltliches mitnimmt) gilt ebenso für andere Schüler_innen. Obwohl Michael einen Schulhelfer hat und die befragte Lehrkraft nicht den FöS GE studiert hat, ist sie beispielsweise gut informiert über seine aktuellen inhaltlichen Lernziele und die bisherigen Lernfortschritte in Mathematik. Allerdings wird auch deutlich, dass die inhaltliche Beteiligung von Michael, wie auch grundsätzlich seine Lernbedürfnisse, für die befragte Lehrerin weiterhin eine Herausforderung darstellen.

der Gemeinsamkeit. Entlang der oben eingeführten Unterscheidung der verschiedenen Ebenen lässt sich der Entscheidungsweg der I-Lehrkräfte wie in folgender Abbildung 8.2 darstellen:

Abbildung 8.2: Integrationsklassen: Entscheidungsweg von sozialer Gemeinsamkeit zu (möglichen) gemeinsamen Lernprozessen

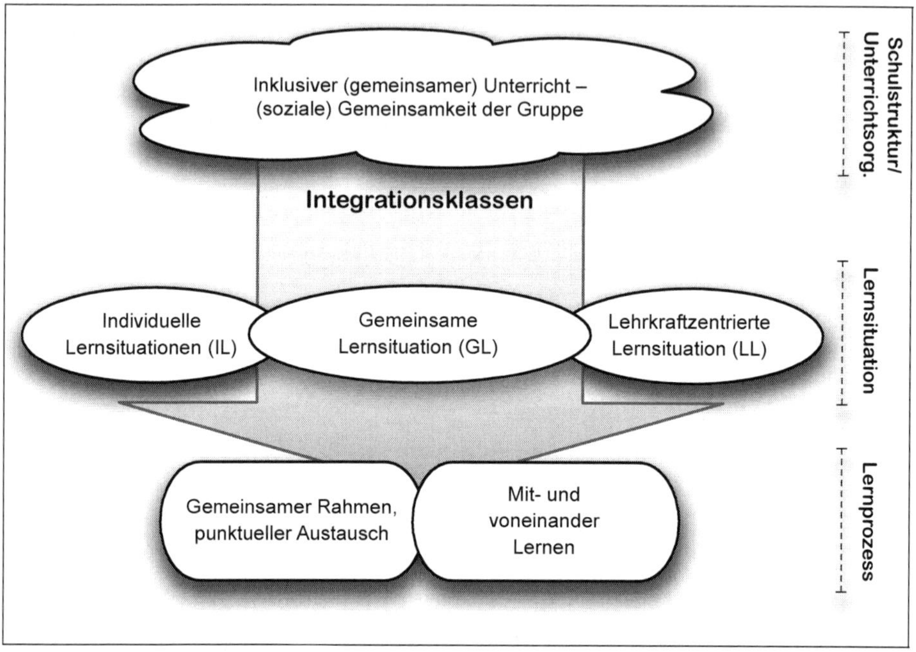

Die (soziale) Gemeinsamkeit wird nicht in Zweifel gezogen, sondern vorausgesetzt. Daher ergibt sich auch kein ‚besonderes Problem' für den ‚gemeinsamen Unterricht' in Mathematik, also auf der Ebene der Unterrichtsorganisation, selbst wenn zugleich konstatiert wird, dass tendenziell eine inhaltliche Gemeinsamkeit in diesem Lernbereich schwierig umzusetzen ist und daher – auf Ebene der Lernsituationen und des Lernprozesses – ‚mehr nebeneinander' stattfindet als in anderen Fächern. Die I-Lehrkräfte messen dem mit- und voneinander Lernen in diesem Zusammenhang durchaus unterschiedliche Bedeutungen zu und schätzen auch die Möglichkeiten gemeinsamer Lernsituationen im Lernbereich Mathematik unterschiedlich ein. Ihnen allen ist aber gemein, dass die Frage, wie viel mit- und voneinander Lernen oder gemeinsame Lernsituationen stattfinden aufgrund der Richtung des Entscheidungsweges keinen Einfluss darauf hat, inwiefern von einer Gemeinsamkeit der Gesamtgruppe ausgegangen wird. Der Anteil des mit- und voneinander Lernens ist Ergebnis des Entscheidungsprozesses und nicht sein Ausgangspunkt.

Gemeinsamer Unterricht – ‚ganz viel nebeneinander' und flexible Zuständigkeiten

Die erfahrene Integrationslehrerin Sabine Iser stellt zum Abschluss des Interviews auf die Frage, ob sie noch etwas zum gemeinsamen Mathematikunterricht sagen wolle, heraus:

> Dass er, ehrlich gesagt, ja nicht gemeinsam ist, sondern nebeneinander, [...] dass ganz viel gemeinsamer Unterricht ja auch manchmal nicht gemeinsam ist, sondern nebeneinander [...].
> Nicht nur in Mathe, sondern auch in anderen Fächern. Das [ist] ja der Witz an der ganzen Sache [...], dass es egal ist, dass ich mich trenne für eine Arbeit [...]. Aber der wichtige Punkt ist halt, dass im emotionalen Bereich, im sozialen Gefüge klar ist: Wir gehören hier alle zusammen, wir sind zusammen.
> F: Und ganz mathematisch gefragt: Ist prozentual in Mathe mehr nebeneinander {als in anderen Fächern?
> Ja, in Mathe mehr nebeneinander}. Also in Deutsch, sag ich jetzt mal, war es lange Zeit noch enger zusammen, [...] während in Mathe ist es dann, wenn die Zahlen größer werden, ja, ist es dann ein bisschen mehr, glaub ich schon, als in anderen Fächern, jaja, auf jeden Fall. Häufiger. (Iser, I7: 156-161)

Dieser letzte Aspekt ist aber für die Frage nach dem gemeinsamen Unterricht wenig relevant, denn

> Gemeinsam Lernen bedeutet ja nicht, dass sie alle das Gleiche machen, sondern gemeinsam Lernen bedeutet ja, dass jeder zur gleichen Zeit. Also die sind zusammen in einem Raum, aber lernen ja was ganz anderes. (Iser, I7: 174)

S. Iser erläutert weiter für den Mathematikunterricht der „I-Kinder" (I7: 10) ihrer Klasse:

> Also so Sachen, wenn es in etwa passt, machen wir dann auch zusammen, wie es geht. Aber die haben halt ihre eigenen Programme, egal in welcher Form. (I7: 132-136)

Ähnlich äußert sich auch G. Köhler.[a] Auf Nachfrage präzisiert sie den ‚dauerhaft gemeinsamen Unterricht':

> Also in einem Raum durchgängig (lachen). Aber wir sind dann ja auch mehrere Lehrer [...]. Und wenn ich nachher einführe 72 geteilt durch 9 [...] und dann weiß ich schon, dass ich mit meiner Koop-Kollegin spreche und sage, ‚Du ich führe heute das ein, da können die gar nichts mit anfangen. Machst du schon in der Zeit was anderes?' (K1: 188)

Die ‚räumliche Nähe' ermöglicht flexible Übergänge und Zuständigkeiten:

> Aber das ist jetzt auch nicht geplant, in dem Sinne von ‚Hach, das können wir alle zusammen machen', sondern [...] das entscheiden wir auch, weil wir eben schon so lange zusammenarbeiten, so zwischen Tür und Angel. ‚Meinst du, das ist was für -?' ‚Ja, ok, mach.' Und dann ‚Ja, ok, gut, komm wir gehen alle mit rüber, -'. (Iser, I7: 141-142)

> Oder sie sagt zu mir zu Deutsch: ‚Guck mal, das hab ich noch gefunden.' [Das kannst du für die Kleingruppe gebrauchen.] Wenn man so viele Jahre zusammenarbeitet, hat man nicht mehr die Trennung zwischen Regel- und Sonderpädagoge. (Iser, I7: 10)

> Aber dann kommt eben die Chance! Wenn man mit der Koop-Kollegin gut zusammenarbeitet. Dann hat man viel mehr Möglichkeiten. Also ich muss nicht die Mathematik einführen, wenn meine Kollegin da eine ganz tolle Idee hat oder einen Schwerpunkt hat. (Köhler, K1: 102)

> Das ist auch so eine Absprache [...] das kann dann in der Umkehrung genauso sein, dass ich dann mich dazusetze, meine Koop-Kollegin führt irgendwas ein. (Köhler, K1: 190)

[a] Wie oben erwähnt arbeitet sie zwar im kooperativen Setting, charakterisiert ihren Unterrichts aber als ‚*inklusiv*' da er ‚durchgängig gemeinsam' mit der Partnerklasse stattfindet.

Bei den Koop-Lehrkräften wird hingegen die Gemeinsamkeit auf der Ebene des Lernprozesses zur Voraussetzung für die Gemeinsamkeit auf der unterrichtsstrukturellen Ebene gemacht und damit zum Ausgangspunkt des Entscheidungsweges. Das heißt, die Koop-Lehrkräfte, denen der gemeinsame Mathematikunterricht schwerer fällt als der gemeinsame Unterricht in anderen Fächern, betonen die Zielsetzung, ein mit- und voneinander Lernen (oder zumindest gemeinsame Lernsituationen) zu initiieren, und sie führen die Schwierigkeit, dieser Anforderung gerecht zu werden, explizit als Grund für die Trennung der Gruppen an. Andersherum ausgedrückt: Nur wenn die Koop-Lehrkräfte ein mit- und voneinander Lernen für möglich halten, lassen sie eine (soziale) Gemeinsamkeit der Lerngruppe zu. Dies spiegelt sich auch in der Differenz der Begriffe Kooperation*sstunden* gegenüber Integrations*klassen* und lässt sich wie folgt in Abb. 8.3 veranschaulichen:

Abbildung 8.3: Kooperationsstunden: Entscheidungsweg von (planbaren) gemeinsamen Lernprozessen zu sozialer Gemeinsamkeit

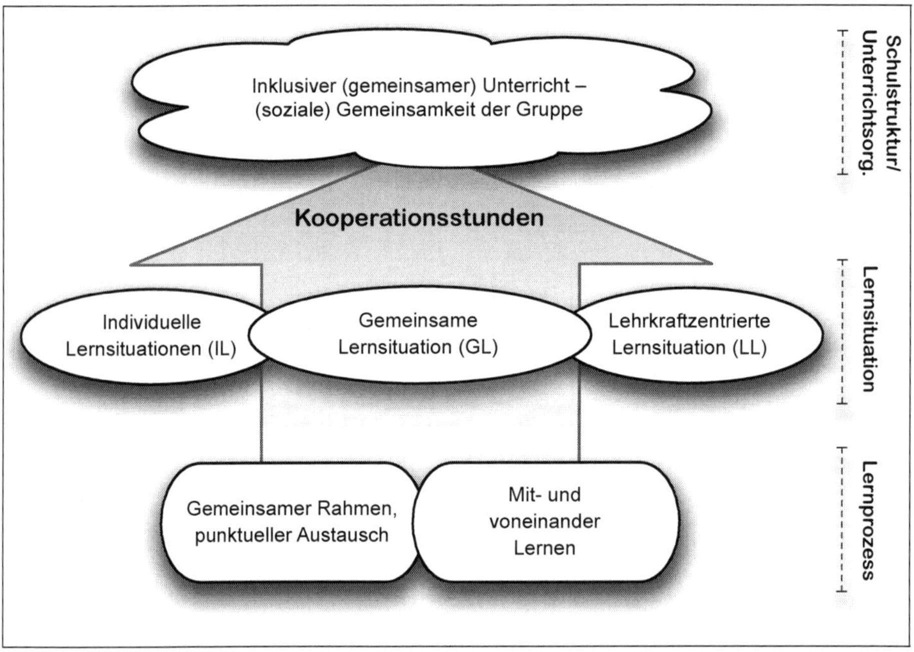

Entsteht aus dem – möglicherweise nicht erfüllbaren – Anspruch, im Unterricht durchgängig gemeinsame Lernsituationen ermöglichen zu wollen also ein Hindernis für die Umsetzung inklusiven Mathematikunterrichts? Legen die Koop-Lehrkräfte in diesem Sinne also ‚höhere‘ Qualitätsmaßstäbe an ihren Mathematikunterricht an, was die Anteile des mit- und voneinander Lernens betrifft? Dies entspräche jedenfalls dem formulierten Anspruch derjenigen Koop-Lehrkräfte, die Mathematik – aus diesem Grund – getrennt unterrichten. Auf diese Perspektive wird daher nun ausführlich eingegangen.

8.1.2 Getrennter Mathematikunterricht – aufgrund fehlender gemeinsamer Themen und Austauschmöglichkeiten?

Die Koop-Lehrkräfte rücken das Kriterium des mit- und voneinander Lernens ins Zentrum der Gelingens- und Möglichkeitsfrage eines inklusiven (Mathematik-)Unterrichts. Im Gegensatz zu den I-Lehrkräften deuten sie die insgesamt geteilte Feststellung, dass gerade in Mathematik ‚mehr nebeneinander als miteinander‘ gelernt wird, als Anlass dafür, die Gruppen trennen zu müssen, bzw. erklären damit, dass in Mathematik der gemeinsame Unterricht schwieriger umzusetzen sei. Zugleich hat aber der fallübergreifende Vergleich gezeigt, dass bei allen Interviewpartner_innen und lerngruppenunabhängig gemeinsame Lernsituationen mit dem Fokus des mit- und voneinander Lernens wenig bedeutsam sind. Daran anknüpfend findet sich ein Widerspruch auch innerhalb der Aussagen der einzelnen Koop-Lehrkräfte:

S. Keller differenziert auf die Frage nach gutem Mathematikunterricht spontan sehr deutlich zwischen dem „Kleingruppen-Matheunterricht, was mir da wichtig ist oder in der Großgruppe“ (K5: 26). Unterricht in der Kleingruppe der Koop-GE-Klasse bezeichnet er als gelungen, wenn die Schüler_innen „schön differenziert arbeiten [...] auf ihrem Niveau, jeweils“ (ebd.: 28), in der Koop-Gesamtgruppe hingegen, „wenn die Kinder gemeinsam [...] was erarbeitet haben“(ebd.: 30). Auch auf die Frage nach dem Umgang mit der Heterogenität der Lerngruppe beschreibt er für die Arbeit in der GE-Kleingruppe, dass die Schüler_innen „halt Materialien, Aufgaben je nach Level zugeschanzt“ (ebd.: 104) bekommen und ergänzt dann für den Umgang mit der Heterogenität bei der Arbeit mit der Partnerklasse: „Und in der Großgruppe ist es so, dass wir versucht haben, immer Partnerarbeiten zu bilden, dass man sich Dinge sucht, gemeinsam mit dem Partner [...]“ (Keller, K5: 106).

Ähnliche Differenzierungen machen weitere Koop-Lehrkräfte. So benennt G. Kerner für ihre Koop-Regelschul-Klasse differenziertes Arbeiten im Wochenplan als Mittel der Wahl im Umgang mit der Heterogenität der Lerngruppe, die von ihr als zentrale Herausforderung des Mathematikunterrichts erlebt wird. Beim ‚zusammen machen‘ mit der Partnerklasse stehen hingegen kooperative Lernformen im Zentrum, speziell Gruppenpuzzle und (Placemat-)Aufgaben (K3: 24).

Es wird also zwar angeführt, dass der gemeinsame Unterricht mit der Partnerklasse nicht möglich sei, weil (für den Lernbereich Mathematik) keine gemeinsamen Lernsituationen herzustellen seien. In den deshalb getrennt unterrichteten Koop-GE- bzw. Koop-Regelschulgruppen wird dann allerdings auf individuelle und nicht etwa gemeinsame Lernsituationen gesetzt, um mit der – auch in dieser Lerngruppe noch vorhanden – Heterogenität umzugehen. Dem Anspruch der Herstellung gemeinsamer Lernsituationen wird also nicht nur im Unterricht in getrennten Lerngruppen nicht entsprochen. Hier wird sogar explizit von diesem Anspruch Abstand genommen. Eine Zusammenarbeit der Schüler_innen miteinander scheint erst bei Hinzukommen der Partnerklasse relevant zu werden.

Eine weitere Diskrepanz zwischen den konkreten Unterrichtsbeschreibungen der Koop-Lehrkräfte und ihren Argumentationen, weshalb inklusiver Mathematikunterricht als schwierig betrachtet wird, stellte sich (mit Ausnahme von S. Knopp und S. Keil) wie folgt heraus: Argumentativ thematisieren die Lehrkräfte (Kamp, Kerner, Keller, Kurz) als zentralen Aspekt von ‚Gemeinsamkeit' das (inhaltliche) mit- und voneinander Lernen (vgl. Kap. 7.2.3), indem sie auf die (fehlenden) gemeinsamen Themen verweisen. Weder ihre Beispiele und Erläuterungen zu den aus ihrer Sicht gelingenden gemeinsamen Lernsituationen mit der Partnerklasse in Mathematik in ‚nicht-arithmetischen' Lernbereichen noch die von ihnen angeführten Beispiele aus anderen Fächern fokussieren aber das mit- und voneinander Lernen in gemeinsamen Lernsituationen. Vielmehr gibt es zwar einen gemeinsamen (thematischen) Rahmen, es wird aber letztlich in individuellen Lernsituationen gearbeitet.

Das hier angesprochene Verständnis von gemeinsamen Lernsituationen wie etwa Partnerarbeit führte teilweise bereits während des Interviews zu Irritationen. Exemplarisch wird hier S. Keller herangezogen, der eine Partnerarbeitssituation (zwischen den Koop-Partner-Kindern) beschreibt, die von der Forscherin zunächst nicht als solche ‚erkannt' wird.

> [...] in der Großgruppe [Koop-Gesamtgruppe] ist es so, dass wir versucht haben immer Partnerarbeiten zu bilden, [...].
>
> F: Zum Beispiel?
>
> [...]. Also Schüler von der Grundschule mussten Rechenaufgaben auf Bierdeckeln ausrechnen und dementsprechende [...] Wäscheklammern dran machen. Und meine Schüler mussten, nach der Zahl 5, fünf Wäscheklammern ranmachen und nicht 13 minus 2 [rechnen] oder so was, sondern nur die 5 [erkennen].
>
> F: Und Partnerarbeit? {Wo tatsächlich beide~
>
> ~das ist Partnerarbeit}, ein Wolf, ein Löwe zusammen. Die haben sich nur was gemeinsam gesucht und jeder hat dann am Tisch sich das rausgeholt und hat dann entweder noch erklärt oder haben einfach drauf losgelegt. (K5: 106-114, Unterstrichen = laut gesprochen)

Im weiteren Verlauf der Interviewpassage wurde mehrfach nach dem Austausch zwischen den Kindern (als konstitutivem Bestandteil für Partnerarbeit) gefragt. S. Keller schildert hingegen, wie die Partnerwahl organisatorisch ablief und welche Schwierigkeiten dabei auftraten. Er thematisiert, welche Materialien und Settings die Schüler_innen der Partnerklasse besonders motivierten und interessierten und erläutert insbesondere auch, dass deren grundsätzliche Bereitschaft, mit einer Partner_in aus der Koop-GE-Klasse zusammenzuarbeiten, mit der Zeit gesunken sei. Die spezifische Bedeutung, die letzterer Aspekt für S. Keller hat, wird u. a. darin deutlich, dass er über die längere Erzählung zur Problematik der Partnerfindung ‚vergisst', wonach zuvor überhaupt gefragt worden war. Die mehrfach eingebrachten Nachfragen nach Austausch und inhaltlicher Kooperation innerhalb der von ihm als „Partnerarbeit" und „gemeinsam was erarbeitet haben" (Keller, K5: 130) beschriebenen gemeinsamen Lernsituationen greift er kaum auf. Stattdessen verbleibt er in dieser Situation konsequent bei seinem eigenen Thema, der Herausforderung zur Herstellung eines gemeinsamen Rahmens, und demnach auf struktureller Ebene (ebd.: 106-130).

S. Kellers Auffassung von Partnerarbeit, von ‚gemeinsamem Lernen', ist eher als parallelisiertes, individualisiertes Lernen zu bezeichnen, denn als ein mit- und voneinander Lernen. Die Bearbeitung der Aufgaben findet voneinander getrennt und bis auf mögliche gegenseitige Erklärungen zum Vorgehen ohne Bezug der Kinder aufeinander statt. Auch bei weiteren von S. Keller beschriebenen Mathespielen mit der Partnerklasse bleibt die Bedeutung von Austausch unklar.[10] Im Kontrast zur Arbeit in der Koop-GE-Klasse scheint das Besondere der gemeinsamen Arbeit in der Koop-Gesamtgruppe vorrangig darin zu bestehen, dass das eingesetzte Material eine einheitliche Form hat und an einem gemeinsamen Tisch bearbeitet wird, kaum aber darin, dass ein Austausch der Schüler_innen angestrebt würde.

Diese Deutung stützen auch Schilderungen anderer Befragter, wenn die von ihnen angeführten Gegenbeispiele betrachtet werden. Exemplarisch sei hier G. Kamp herausgegriffen, die angibt, dass der Unterricht mit der Partnerklasse (‚Außenklasse') in anderen Fächern leichter umzusetzen sei, weil sich dort bei der vorhandenen Bandbreite der Schüler_innen die Themen besser für eine gemeinsame Bearbeitung eigneten:

> Weil wenn ich in Deutsch das Thema ABC habe, kann ich unheimlich viel machen zu ABC. Und die Außenklasse kann auch zu ABC was machen, nämlich mit den Buchstaben, die sie schon haben (Kamp, K2: 170).

[10] Vor diesem Hintergrund wird das ‚Missverständnis' zur Partnerarbeit zwischen S. Keller und der Forscherin hier zum Ausgangspunkt der Herausarbeitung der entsprechenden Orientierung. Neben S. Keller formulieren weitere Koop-Lehrkräfte explizit, dass ‚gemeinsame Themen', ‚Partnerarbeit' etc. – also mit- und voneinander Lernen – ein zentraler Aspekt der gewünschten gemeinsamen Lernsituationen seien. Ihre konkreten Schilderungen entsprechen diesem Anspruch dann aber – aus fachlicher Sicht – nur sehr bedingt.

Sie beschreibt im weiteren Verlauf als Beispiel dann allerdings eine Unterrichtssituation, in der die Schüler_innen nebeneinander an Stationen oder am PC (inhaltlich voneinander getrennte) Aufgaben bearbeiten. Es stellt sich hier die Frage, welche Funktion das ABC als ‚gemeinsames Thema' erfüllt, wenn die Schüler_innen (dann doch) inhaltlich voneinander getrennte Aufgaben bearbeiten und nicht in einen Austausch miteinander treten. Zudem ist fraglich, warum ‚das ABC' im Gegensatz zu ‚den Zahlen' diese Funktion erfüllen kann (Weshalb können die Schüler_innen der Außenklasse in Mathematik nicht mit den Zahlen arbeiten, ‚die sie schon haben'?). Bei der weiteren Analyse der betreffenden Textpassage, aber auch des Gesamtinterviews können mehrere verschiedene Aspekte aufgedeckt werden, die G. Kamp offenbar zur Unterscheidung der beiden Lernbereiche für relevant hält. So geht es erneut um die Möglichkeit, einen gemeinsamen (organisatorischen) Rahmen zu schaffen sowie darum, individuelle Lernsituationen mit ausreichend Personal begleiten zu können. Die Frage, ob sich *Themen* finden lassen, die für alle Lerner_innen der heterogenen Lerngruppe gemeinsam relevant sind, spielt allerdings keine Rolle.

Die vermeintlich speziellen ‚Probleme des Faches Mathematik' - die fehlende Möglichkeit, hier Situationen des mit- und voneinander Lernens zu gestalten, die fehlenden ‚gemeinsamen Themen' - entpuppen sich damit als scheinbare. Denn die mit dem Anspruch an gemeinsame Themen verbundenen Beispiele enthalten keinerlei Merkmale des mit- und voneinander Lernens. Jedenfalls ist dies für die Forscherin nicht erkennbar, wie bereits deutlich geworden sein sollte. Nach dem Interview wurde entsprechend bereits zugespitzt festgehalten:

> In der Kleingruppe bekommt jede_r Lernende sein Material am Einzeltisch ‚zugeschanzt'. In der Großgruppe hingegen bekommen ein Wolf- und ein Löwenkind zusammen an einem Tisch sitzend jede_r jeweils Material nach seinem Niveau ‚zugeschanzt', was dann aufgrund der Gleichförmigkeit des Materials als Partnerarbeit bezeichnet wird. (Korff, Memo zum Interview mit S. Keller)

Bei dieser Kritik an der Deutung von Partnerarbeit zu verbleiben, die aus dem theoretisch erarbeiten Anspruch an inhaltsbezogene Austauschprozesse erwächst, würde allerdings die Bedeutung verkannt, die diese Form der Partnerarbeit im Unterricht hat. Hierzu konnten durch das komparative Vorgehen zwei Aspekte aufgedeckt werden:

- In fast allen anderen Interviews mit Koop- *und auch I-Lehrkräften* werden genau solche Situationen mit einem gemeinsamen Rahmen als eine zentrale Form der Gemeinsamkeit der Lerngruppe und Basis für Kontakt und Begegnung der Kinder untereinander thematisiert.
- In mehreren Interviews wird zudem ebenfalls (wie bei S. Keller) deutlich, dass die Gestaltung einer solchen grundlegenden Form einer gemeinsamen Lernsituation eine

große Herausforderung für die beteiligten Lehrkräfte (und Schüler_innen) darstellt (vgl. Kap. 7.2.3).

Das Gelingen solcher Formen der Partnerarbeit, wie S. Keller sie schildert, kann und muss demnach als eine Form des ‚In-Kontakt-Seins' und ‚aufeinander Bezugnehmens' der Kinder anerkannt werden. Einen gemeinsamen Rahmen zu schaffen und gemeinsam zu nutzendes Material zu finden ist zudem eine Aufgabe, die zumindest für einen Teil der Lehrkräfte eine Herausforderung darstellt – schon aus diesem Grund sollte dieser Aspekt nicht vernachlässigt werden, auch wenn mit ihm noch nicht unmittelbar ein (inhaltliches) mit- und voneinander Lernen verknüpft ist.

Unabhängig davon, was S. Keller damit verbindet, bleibt allerdings festzuhalten, dass er, wie die anderen Koop-Lehrkräfte auch, den Anspruch der ‚Partnerarbeit' für die gemeinsamen Unterrichtssituationen mit der Partnerklasse formuliert, während dieser für die Arbeit in der getrennten Klasse nicht relevant zu sein scheint. Für alle Koop-Lehrkräfte gilt: Obwohl die Argumentationen zur Besonderheit und zu besonderen Schwierigkeiten des Faches Mathematik um die Fragen nach inhaltlicher Gemeinsamkeit und ein mit- und voneinander Lernen kreisen, spielen diese Aspekte an kaum einer anderen Stelle eine wesentliche Rolle.

Zusammenfassend zeigen sich also bei den Koop-Lehrkräften zur Bedeutung des mit- und voneinander Lernens und der Vor- resp. Herstellung von Gemeinsamkeit Widersprüchlichkeiten auf zwei Ebenen:

- *Gemeinsame Lernsituationen spielen* ausschließlich im Kontext der Zusammenarbeit mit der Partnerklasse eine Rolle, während der Unterricht in der getrennten Kleingruppe überwiegend in Form von individuellen Lernsituationen organisiert ist.
- *Mit- und voneinander Lernen spielt in den gemeinsamen Lernsituationen kaum eine Rolle*. In den wenigen Beispielen zu gelingenden gemeinsamen Lernsituationen im Lernbereich Mathematik lassen sich kaum die von den Lehrkräften selbst geforderten ‚gemeinsamen Themen' oder Momente der Begegnung der Kinder miteinander entdecken. Dies gilt umgekehrt auch für die positiven Gegenhorizonte, d. h. die angegebenen Beispiele für eine ‚leichtere Gemeinsamkeit' in anderen Fächern.

Abseits der Frage der Qualität des so beschriebenen Unterrichts wird hier deutlich, dass die Frage nach den Möglichkeiten und Grenzen gemeinsamer Lernsituationen mit gemeinsamen Inhalten lediglich auf der argumentativen Ebene relevant zu sein scheint. Für die Entstehung der Position, dass die fehlenden gemeinsamen Themen eine Hürde für gemeinsamen Mathematikunterricht darstellen, spielt hintergründig hingegen ein anderer Aspekt eine entscheidende Rolle, nämlich die Wahrnehmung von

Gemeinsamkeit in Abhängigkeit von der Lerngruppe. Dies wird deshalb abschließend noch einmal genauer diskutiert.

8.1.3 Gemeinsamer oder getrennter Unterricht – eine Frage der Gruppe und nicht der Themen

Die Lehrkräfte haben insgesamt eine ähnliche inhaltliche Einschätzung dazu, was sie auf unterrichtsorganisatorischer Ebene für möglich halten (eine Mischung aus gemeinsamen und individuellen Lernsituationen der Kinder mit und ohne zugewiesenem SPF sowie teilweise auch gruppenbezogene äußere Differenzierungen). Aufgrund verschiedener Gruppenwahrnehmungen bewerten sie diese mögliche Unterrichtsorganisation allerdings sehr unterschiedlich.

Für die I-Lehrkräfte gilt: Auch wenn unterrichtsorganisatorische Differenzierungsmaßnahmen häufig (aber nicht immer) entlang der Differenzlinie von Kindern mit SPF (I-Kinder) bzw. ohne zugewiesenen SPF (Regelkinder) erfolgen, nehmen die Lehrkräfte nicht zwei voneinander getrennte Gruppen wahr, sondern eine gemeinsame Klasse (mit Teilgruppen). Die I-Lehrkräfte haben mit dem Lernbereich Mathematik im inklusiven Unterricht kein Problem, da sie von der Wahrnehmung der Klasse als *eine* Gruppe ausgehen – unabhängig von der Gemeinsamkeit auf Ebene des Lernprozesses oder der Lernsituationen. In dieser Lerngruppe ist ein fließender Übergang zwischen gemeinsamen und individuellen Lernsituationen möglich. Auch die Vorherrschaft individueller Lernsituationen wird aber als unproblematisch für die Gemeinsamkeit des Unterrichts resp. der Gruppe betrachtet. Diese ‚positive Schlussfolgerung' findet sich auch bei denjenigen I-Lehrkräften, die *inhaltliche*, auf den Lernprozess bezogene Gemeinsamkeit als einen zentralen, aber nicht immer umsetzbaren Anspruch an ihren Unterricht stellen. Entscheidend ist, dass die I-Lehrkräfte stets eine gemeinsame Gruppe wahrnehmen, auch wenn sich diese für ‚eine bestimmte Arbeit' in zwei (oder ggf. mehr) Gruppen trennt und auch wenn die Gruppenmitglieder durchaus als I-Kinder und Regel-Kinder betrachtet werden.

Die ‚Denk-Richtung' bei den **Koop-Lehrkräften** ist entgegengesetzt: Hier gibt es mit den zwei Klassen zwei klar voneinander getrennte Gruppen, die für bestimmte Situationen zusammen kommen, um etwas gemeinsam zu machen. Diese Situationen erhalten dadurch einen ‚Sonderstatus', nämlich den Anspruch der gemeinsamen Lernsituationen als Basis für die Gemeinsamkeit der (sich exklusiv für die Koop-Stunden treffenden) Gruppen. Allerdings wird Gemeinsamkeit in der getrennt unterrichteten Kleingruppe jeweils kaum über ‚gemeinsame Themen' oder auch nur gemeinsame Lernsituationen hergestellt. Die Gemeinsamkeit dieser Lerngruppe, der Koop-GE-Klasse bzw. Koop-Regelklasse, steht trotz des für diese Klassen geschilderten weitgehenden ‚nebeneinander Lernens' scheinbar schlicht nicht zur Debatte. Die Sicht der Koop-Lehrkräfte auf ihre jeweilige Klasse deckt sich damit mit den Schilderungen der I-Lehrkräfte für die Gesamtgruppe der I-Klasse: Unabhängig vom Anteil gemeinsamer Lernsituationen handelt es sich um ‚eine Klasse' mit ‚gemeinsamem Unterricht'. Die Koop-Lehrkräfte gehen für die getrennt unterrichteten Klassen also denselben Entscheidungsweg wie die I-Lehrkräfte.

Ausschlaggebend ist also die Sicht auf die (Lern-)Gruppe und die Bewertung dessen, was die Zusammengehörigkeit der jeweiligen Gruppe konstituiert. Aus dieser Bewertung resultieren dann wiederum strukturelle Umsetzungen, von denen zu vermuten ist, dass sie die Wahrnehmung der Grenzen bzw. Möglichkeiten für einen inklusiven Mathematikunterricht verstärken: In den Koop-Klassen finden individuelle Lernsituationen in äußerer Differenzierung der zwei Klassen statt. Ungeplante, punktuelle, ggf. von den Kindern selbst initiierte, Begegnungen sind begrenzt auf solche innerhalb der Koop-GE- bzw. Koop-Regelschulklasse. In den I-Klassen gibt es hingegen aufgrund des Verbleibs in einem Raum eine gewisse ‚Durchlässigkeit' bei individuellen und gemeinsamen Lernsituationen – selbst in der Situation der äußeren Differenzierung nach Teilgruppen. Zugleich werden auch Maßnahmen der äußeren Differenzierung nicht als Auflösung der Gruppe oder des ‚Zusammenseins' empfunden, da „auf emotionaler Ebene klar ist, wir gehören zusammen" (Iser).

Bereits einleitend wurde aus der Pilotstudie die Rückfrage einer Interviewten zur Bedeutung ‚gemeinsamen Lernens' zitiert:

> Da muss ich mal nachfragen, was heißt gemeinschaftlich lernen, also dass sie in ner Gruppe mir zuhören? [...] Oder dass die miteinander lernen? [...] (Pilotinterview 5, Abs. 56, vgl. Kap 1.1)[11]

Diese Irritation zur Deutung von ‚Gemeinsamkeit' erweist sich nun nach Auswertung der Interviews der Haupterhebung nicht vorrangig als ein Problem der Interviewführung, wie zunächst vermutet wurde.[12] Vielmehr deutet sich mit der von der Interviewten eingebrachten Aufforderung zur Differenzierung des Begriffs ‚gemeinsam' (die sie dann mit ihrer zweiten Frage selbst vornimmt) ein zentraler Punkt für die Analyse der Belief-Systeme aller Befragten an. Die Frage, was ‚gemeinsam lernen' für die einzelnen Lehrkräfte in Bezug auf ihre unterschiedlichen Lerngruppen bedeutet, markiert letztlich eine entscheidende Differenzlinie zwischen den I-Lehrkräften und den Koop-Lehrkräften, während die inhaltlichen Aussagen zum mit- und voneinander

[11] Die Befragte reagierte hier auf die Interviewerfrage mit propositionalem Gehalt (vgl. Przyborski 2004, 67) nach den Möglichkeiten gemeinsamen Lernens mit einer Differenzierung des aufgebrachten Themas.

[12] Der Leitfaden für die Haupterhebung wurde daher bezüglich der Fragen nach dem ‚gemeinsamen Lernen' angepasst und zuspitzende Nachfragen sowie Zitate aus der Pilotstudie als Anregung zur Elaboration aufgenommen.

Lernen in Mathematik sich kaum unterscheiden. Ein Faktor gelingenden inklusiven Mathematikunterrichts ist damit die auch bereits im Pilotinterview formulierte flexible ,Vielfältigkeit des Gemeinsamen', was letztlich mit der oben schematisch dargestellten Unterscheidung der unterschiedlichen Ebenen gefasst wurde.

8.2 Mit- und voneinander Mathematik lernen – ,in Geometrie geht das gut'

Wie in Kapitel 7.4. dargestellt, zeigt sich abseits der unterschiedlichen Schlussfolgerungen zur Möglichkeit inklusiven Mathematikunterrichts auf der Ebene von Unterrichtsorganisation und (sozialer) Gemeinsamkeit der Lerngruppe eine große Einigkeit bei den Herausforderungen auf den beiden Ebenen Lernsituationen und Lernprozess (vgl. Abb. 7.1, S. 181). Alle Lehrkräfte geben an, dass die Herstellung gemeinsamer Lernsituationen in einer heterogenen Lerngruppe im Lernbereich Mathematik eine Herausforderung für sie darstellt. Allerdings weisen sie zugleich durchgängig auf mathematische Inhaltsbereiche hin, in denen sie diese Schwierigkeit weniger sehen, nämlich Geometrie, Größen und Sachrechnen.[13]

Damit bleibt ein im Kern fachdidaktisches Phänomen zu klären: die Frage des mit und voneinander Lernens im Mathematikunterricht. Dieses wird aufgrund seiner Konzentration auf einen spezifischen Inhaltsbereich in diesem Kapitel als ,Arithmetikproblem' diskutiert. Dazu wird in Kapitel 8.2.1 eben jene Einschränkung nachvollzogen, die die Lehrkräfte von der vermeintlich besonderen Schwierigkeit der Mathematik insgesamt hin zur speziellen Herausforderung arithmetischer Inhalte vornehmen. Daraufhin erfolgt in Kapitel 8.2.2 eine Präzisierung der zentralen Hürde, die für das Arithmetikproblem ursächlich scheint. Im Kern geht es dabei um eine Problematik von symbol- und arbeitsblattorientierten Zugängen, welche abschließend in ihren lerngruppenbezogenen Verortungen durch die Lehrkräfte diskutiert werden (Kap. 8.2.3).

[13] Es gibt mit S. Inken nur eine Ausnahme. Sie verbleibt nicht nur konsequent bei der Aussage ,Man kann alle Inhalte gemeinsam unterrichten'. Sie liefert auch in ihren (wenigen) Exemplifizierungen für Möglichkeiten des mit- und voneinander Lernens Beispiele arithmetischen Inhalts, die sie selbst auch entsprechend als ,Arbeit mit Zahlen' beschreibt (vgl. I6: 214ff. zum ,1000er Raum' und I6: 236 zur ,Zehnerkette'). Allerdings findet sich selbst bei ihr die Aussage, dass ,offene Aufgaben', die eng mit dem mit-/voneinander Lernen verknüpft sind, vor allem im Bereich ,Größen und Längen' gut möglich seien (vgl. I6: 201ff.).

8.2.1 Kein Mathematik-, sondern ein Arithmetikproblem?

Aus Sicht der befragten Lehrkräfte ergibt sich für die Gestaltung gemeinsamer Lernsituationen eine eindeutige Problemlage: Arithmetische Inhalte bieten nur wenig Möglichkeiten eines ‚handlungs- und materialbezogenen' Zugangs oder einer ‚Anbindung an andere Themen', die als Ausgangspunkt für gemeinsame Lernsituationen dienen können. Zudem sind die Inhalte der Arithmetik ‚zu abstrakt' für einen Teil der Schüler_innen, und der entlang des unterschiedlichen Zahlraums ‚hierarchisch' aufgebaute Stoff erschwert es, dass alle Schüler_innen in ihrer Vielfalt an gemeinsamen arithmetischen Themen mit- und voneinander lernen können. Demgegenüber steht die übereinstimmende Einschätzung über das gelingende mit- und voneinander Lernen unterschiedlicher Lerner_innen zu Inhalten aus dem Bereich Geometrie, Größen sowie dem konkret benannten Thema ‚Uhrzeit' und weiteren Sachrechen-Themen. Diese Inhaltsbereiche sind offenbar nicht zu ‚abstrakt'. Vielmehr scheinen die Lehrkräfte hier handlungs- und materialorientierte Möglichkeiten gefunden zu haben, die eine Teilnahme aller sowie das mit- und voneinander Lernen ermöglichen. Je größer von den Lehrkräften eine (Leistungs-)Heterogenität der Schüler_innen wahrgenommen wird, desto stärker tritt diese Unterscheidung zwischen ‚möglichen und nicht möglichen' Inhaltsbereichen für einen inklusiven Mathematikunterricht hervor. Sie wurde im Interview entsprechend besonders dann präsent, wenn die Lehrkräfte das Einbeziehen der Kinder im FÖS GE (spontan oder durch Nachfrage) thematisieren.

G. Insels Erzählweg von der Proposition „Mathematik ist ein schlechtes Fach für den gemeinsamen Unterricht" zur einschränkenden Konklusion „bei diesen Zahlen und Operationen zumindest" ist geprägt von positiven Gegenbeispielen (vgl. Kasten auf folgender Seite). Diese sind vor allem dem Mathematikunterricht selbst entnommen und führen G. Insel letztlich auch zur Einschränkung der einleitenden Äußerung. Die Gegenbeispiele verweisen dabei auf die zentrale Bedeutung von handelnden und materialorientierten Zugängen im inklusiven Mathematikunterricht („die können mitwiegen, die können sehen, wie alle anderen auch"). Ähnliche Passagen finden sich in den Interviews mit allen Befragten. Neben der großen Übereinstimmung bei allen Lehrkräften zu den Möglichkeiten und Herausforderungen gemeinsamer Lernsituationen im Mathematikunterricht ist ebenso erstaunlich, wie ähnlich sie auch argumentieren: Sie erläutern die ‚besondere Schwierigkeit der Arithmetik überwiegend anhand positiver Gegenbeispiele. Es finden sich hingegen kaum Elaborationen zum Problem der arithmetischen Inhalte selbst – weder argumentativ noch durch Exemplifizierungen. Die Lehrkräfte stellen lediglich fest, dass Arithmetik schwierig ist. Warum, wird jedoch nicht erläutert und die Aussage auch nicht mit Beispielen veranschaulicht. Stattdessen

‚Mathe ist dafür das schlechte Fach'

F: Sie haben ja auch Schüler mit dem Förderschwerpunkt Geistige Entwicklung in der Klasse mit dabei. Hat das noch mal irgendwie eine besondere Bedeutung oder wie ist das so in Mathe?

Ja, Mathe ist dafür das schlechte Fach. Also in Deutsch würd ich sagen und in Sachunterricht, da ist es irgendwie wirklich eine Bereicherung und toll, also die kommen da wirklich erstaunlich supertoll mit und können ihre Beiträge abliefern, verstehen sehr viel. Aber in Mathe ist das einfach schwieriger.

Aber in Mathe ist das einfach schwieriger, einfach weil Mathe Mathe ist. [...].

Ja, wenn es irgendwas nicht Abstraktes ist, sondern so bezogen, wie gesagt, auf Größen. Die können mitwiegen, die können auch sehen, ist es mehr oder weniger, ist es schwerer, ist es leichter, bin ich größer, bin ich kleiner. [...] Das können die. Wunderbar.

Aber sobald es jetzt wirklich so auf diesem Niveau ist, dass es nur noch Zahlen sind und nicht nur 1, 2 sondern 3-stellig oder 4-stellig, dann hört es einfach auf. Und auch diese Operationen, das ist einfach zu abstrakt.

Was wieder gut geht, ist Geometrie, die können sehen, die können fühlen, die können beschreiben ist es rund, ist es eckig, hat es eine Spitze, die können es benennen nachher auch, wie alle anderen. Aber das ist einfach anschaulich und das können sie anfassen und mit hantieren und bei diesen Zahlen, das ist einfach, denke ich, das Niveau, das ist zu abstrakt. Das, das können sie nicht, das ist das blöde bei der Mathematik. Bei diesen Zahlen und Operationen zumindest. (Insel, I4: 94)

verweisen die Befragten auf andere Lernbereiche, wie etwa Geometrie und erläutern für diese Gegenhorizonte gelingende gemeinsame Lernsituationen. Das lässt sich auch bei G. Insel oben nachvollziehen: Sie nennt mehr positive Gegenbeispiele aus der Geometrie und dem Bereich Größen und gibt weniger (Negativ-)Belege zum von ihr als schwierig identifizierten Bereich der Arithmetik. Bei den Lehrkräften wiederum, die sagen, Mathematik sei nicht schwieriger als andere Fächer und würde ‚immer' als gemeinsamer Unterricht gestaltet werden, lässt sich ein nahtloser Übergang ausmachen von der Argumentation mit ‚immer' und ‚alles' zur Beschreibung von ‚(nur) Geometrie, Längen etc.' und ‚einen Teil der Zeit/für einen Teil der Gruppe'. Ein Beispiel für diesen ‚fließenden Übergang' innerhalb einer entsprechenden Elaboration: „[Mathematikunterricht haben wir] eigentlich auch *immer* in der gemischten Gruppe gemacht (..). Ja, wenn es um-, *in der Geometrie haben wir es immer* in der gemischten Gruppe gemacht [...]" (Igel, I1: 172–173, Hervorh, N. K.).

Dieselben Beispiele werden also zum einen angeführt, um in Abgrenzung zu anderen Lernbereichen zu erklären, wie schwierig gemeinsames Lernen im Kernbereich der Arithmetik ist (‚...gut geht es nur in Geometrie'). Zum anderen wird damit belegt, welche Möglichkeiten es in Mathematik gibt (‚es gibt auch Situationen gemeinsamen Lernens, zum Beispiel in Geometrie').[14]

[14] Mit den Worten der Dokumentarischen Methode: Die Beispiele für die gelingenden Situationen fungieren dabei auf der einen Seite als Gegenhorizonte, als positive Gegenbeispiele, zur Erläuterung der Schwierigkeit, gemeinsame Lernsituationen in Mathematik zu ermöglichen. Auf der anderen Seite werden die

Wie sehen aber nun die spezifischen Barrieren für ein mit- und voneinander Lernen im zentralen mathematischen Inhaltsbereich Arithmetik aus? Diese Frage kann nur über die weitere Interpretation der Aussagen der Lehrkräfte erfolgen, da ihre eigenen Begründungen auf Ebene des immanenten Sinngehaltes keine erschöpfende Erklärung darstellen.

8.2.2 Jenseits arithmetischer Inhalte: Ein Problem der symbolischen Ebene

Eng verknüpft mit der soeben dargestellten Gegenüberstellung zwischen Arithmetik und anderen Inhaltsbereichen, ist der von den Lehrkräften aufgemachte Gegensatz Material- und Handlungsorientierung gegenüber abstrakter Mathematik. Mit Ersterem verbinden die Lehrkräfte Geometrie, Sachrechnen u. ä., welches sie zugleich als zentrale Bedingung für differenziertes Lernen im Rahmen gemeinsamer Lernsituationen betrachten. Dies stellen sie in Kontrast zu ‚reinen Zahlen‘ und ‚Rechenverfahren‘, welche sie als (zu) abstrakt kennzeichnen.

Trotzdem fällt auf, dass zugleich ein beträchtlicher Teil der in den Interviews geschilderten (gelungenen) gemeinsamen Lernsituationen auf Inhalte des Arithmetikbereichs bezogen ist. Es gibt sogar etwas mehr Äußerungen zu gemeinsamen Lernsituationen, die arithmetikbezogen sind, als solche in Bezug auf Geometrie, obwohl Letztere argumentativ mehrfach als ‚im Gegensatz zur Arithmetik gut geeignet‘ angeführt wird. Hier besteht also ein Widerspruch: Die Lehrkräfte benennen den arithmetischen Inhaltsbereich explizit als ungeeignet für gemeinsame Lernsituationen. Zugleich geht aus diversen Schilderungen hervor, dass gemeinsame Lernsituationen durchaus arithmetikbezogen sind.

Ein Vergleich der angeführten Beispiele im Rahmen der expliziten Thematisierung des »ungeeigneten Inhaltsbereichs Arithmetik« mit den Schilderungen gemeinsamer Lernsituationen, in denen arithmetische Inhalte (nach Analyse der Forscherin) präsent sind, zeigt, dass bei Ersteren der Fokus auf der symbolischen Ebene und den Rechenverfahren liegt. Damit ist zum einen die Repräsentationsebene der Unterrichtsinhalte (enaktiv, ikonisch, symbolisch) angesprochen und so auch die Darstellungsform, anhand derer diese bearbeitet werden. Zum anderen geht es um die Frage der Inhalte selbst mit einem Fokus auf Rechenfertigkeiten (prozedurales und Faktenwissen) einerseits und einem mathematischen Verständnis (konzeptionelles Wissen zu Mustern, Strukturen (vgl. Kap. 3) andererseits.

Die Unterrichtsschilderungen zu gemeinsamen Lernsituationen sind auch, wenn sie arithmetische Inhalte umfassen, überwiegend materialbasiert. Dies entspricht der

gleichen Beispiele als Exemplifizierungen dafür angeführt, dass es auch in Mathematik Möglichkeiten für gemeinsame Lernsituationen gibt.

Argumentation, dass Handlungs- und Materialorientierung wichtig für gemeinsame Lernsituationen wäre, passt aber nicht zur Feststellung, dass eben dies im Inhaltsbereich Arithmetik nicht möglich sei. Es ist allerdings durchaus denkbar, dass die Lehrkräfte selbst die Zuordnung ihrer Unterrichtsschilderungen zum Inhaltsbereich Arithmetik nicht ohne Weiteres teilen würden, denn aus ihrer Sicht definiert sich dieser Lernbereich offenbar über ‚Rechenverfahren', ‚reine Zahlen' und ‚abstrakte Inhalte'. Der zuvor aufgedeckte Widerspruch ließe sich also damit erklären, dass für die Lehrkräfte in den Unterrichtsschilderungen, die sich auf materialbasierte, gemeinsame Lernsituationen in Arithmetik beziehen, im Kern gar nicht unbedingt das angesprochen ist, was sie mit ‚Arithmetik' verbinden.

Die Schwierigkeiten, die die Lehrkräfte für das mit- und voneinander Lernen unterschiedlicher Lerner_innen in Mathematik sehen, scheinen weniger mit dem benannten Inhaltsbereich Arithmetik selbst zusammenzuhängen. Eher scheint das Problem die Repräsentationsebene zu betreffen, auf der dieser Inhaltsbereich bearbeitet wird. Es geht hier also weniger um die Frage, welcher Inhalt behandelt wird, sondern vielmehr darum, ob (enaktiv) handelnde und materialbezogene Zugänge und/oder (ikonische) Veranschaulichungen und/oder symbolische Darstellungsformen gewählt werden. Dieses nun präziser gefasste ‚Arithmetikproblem' lässt sich anhand von zwei weiteren Textpassagen genauer darstellen.

S. Knopp führt in einer Interviewpassage die halbschriftliche Division an, die hier für das ‚Arithmetikproblem' insgesamt stehen kann. Er elaboriert dies anhand einer Differenzierung, einer „Suchbewegung[] in Richtung einer treffenden Artikulation einer Orientierung" (Przyborski 2004, 70) und erläutert:

> Ich glaube [die Schwierigkeit für einen gemeinsamen MU] liegt oft an den Inhalten [...]. Die Grundschüler machen gerade halbschriftliches Dividieren. Gut, dann würde ich auf dem Teppich sitzen, und mit meinen Aufteilen üben, das ist dann auch dividieren, so, das geht natürlich, *aber was ist dann, wenn wieder Arbeitsruhe angesagt ist? Aufteilen mit Arbeitsruhe ist schwierig.* Also man müsste da dann noch mal aushandeln, wie man es macht, also es ist (Seufzen) (...5) Ja, eben. *Weil diese symbolische Ebene, es ist immer diese doofe symbolische Ebene.* (Knopp, K6: 127, Hervorh. N. K.)

Das Arithmetikproblem wird hier mittels Diskussion potenzieller Lösungsvorschläge genauer bestimmt und letztlich jenseits der benannten ‚Inhalte' als Problem der Arbeit mit Zahlen auf dem Arbeitsblatt in Stillarbeit präzisiert. Diese Differenzierung taucht bei S. Knopp noch an anderen Stellen im Interview auf und findet sich mehr oder weniger explizit auch bei den anderen Interviewpartner_innen.[15]

[15] Die Passagen der weiteren Interviewpartner_innen sind in der Kategorie »Arithmetikproblem« gefasst. Bei S. Knopp gibt es eine weitere Passage, in der er halbschriftliches Addieren im Vergleich zum Inhalt

Ein Beispiel für die (unreflektierte) Gleichsetzung von ‚abstrakten Zahlen‘ und der Bearbeitung von diesbezüglichen Inhalten auf der symbolischen Ebene liefert G. Insel in ihrer Argumentation. Diese erfolgt im Anschluss an die oben bereits zitierte Schlussfolgerung, es handele sich um ein Problem der Zahlen und Operationen:

> Wo sie wieder mit dabei sein können ist jetzt z. B., wenn es wieder anschaulich wird. Also quasi diese unteren Stufen, dieses EIS, enaktiv, ikonisch. Wenn sie z. B. bündeln oder so, oder zählen, das können die ja auch wunderbar. [...] Die können dann auch gucken und immer 10 zusammen und so. Also alles denk ich was praktisch ist, was sie anfassen können. (Insel, I4: 96)

G. Insel füllt die von ihr als ‚untere Stufe‘ gedeutete enaktive Repräsentationsebene mit einem Beispiel, in dem es – bemerkenswerterweise – um arithmetische Inhalte geht. Diese werden allerdings anhand von Materialien veranschaulicht bzw. handelnd mit Material erschlossen, nämlich die 10er Bündelung von Streichhölzern. Abseits einer möglichen kritischen mathematikdidaktischen Analyse ihrer Ausführungen bezüglich der Differenzierung und des Materialeinsatzes soll hier darauf aufmerksam gemacht werden, dass mit dem in ihrem Beispiel angesprochenen Inhalt ‚Stellenwerte‘ im Kern durchaus ein Aspekt der ‚abstrakten Zahlenwelt‘ thematisiert wird. So könnte der hier über die Streichhölzer bearbeitete Stellenwertaspekt ebenso mit Ziffern auf dem Papier behandelt werden – und würde sich dann wiederum nicht für eine gemeinsame Lernsituation eignen. G. Insel selbst grenzt das Problem schließlich in Richtung der Darstellungsformen ein, indem sie Alternativen vorschlägt, mit denen ermöglicht werden könnte, dass auch die bisher in äußerer Differenzierung unterrichteten Schüler_innen einen Zugang zu den Zahlen finden:

> [Wenn es] so abstrakt wirklich nur noch um diese Zahlen geht, die dann da stehen, da wissen die ja gar nix mit anzufangen so richtig. Oder sie brauchen dann einfach, was weiß ich, ganz andere Unterstützung, andere Farben vielleicht für die 10er und die 1er oder was auch immer. (Insel, I4: 98)

Durch Hantieren mit Streichhölzern oder Veranschaulichen durch Farben werden die Inhalte (für G. Insel) weniger ‚abstrakt‘, wobei diese angeführten ‚nicht abstrakten‘ Darstellungsformen grundlegende Aspekte von ‚Zahlen‘ beinhalten bzw. veranschaulichen.

Hier zeigt sich also erneut, dass weniger der Inhaltsbereich Arithmetik selbst, sondern vielmehr der symbolische Zugang hinderlich zu sein scheint, der zudem eng mit

‚Messen und Wiegen‘ zwar als ein Problem der Inhalte thematisiert („Weil das hängt mit den Inhalten zusammen, die gelehrt werden müssen“). Es zeigt sich aber erneut, dass sich die Schwierigkeiten am symbol- und arbeitsblattorientierten Zugang manifestieren. So wäre anzunehmen, dass eine schriftliche Umrechnung von Maßeinheiten auch wenig Anknüpfungspunkte für das gemeinsame Lernen böte, obwohl sie zum Inhaltsbereich ‚Messen‘ gehört.

der (Still-)Arbeit an Arbeitsblättern verknüpft ist. Mathematische Grundideen hingegen, die als Ausgangspunkt für gemeinsame Lernsituationen nutzbar wären, sind den Lehrkräften nur im Kontext von Materialanschauung präsent – und zwar einschließlich arithmetischer Inhalte. Möglich ist, dass die Lehrkräfte die Arbeit mit Zahlen auf der symbolischen Ebene – im Arbeitsheft also – selbst nicht (mehr) mit einem inhaltlichen Sinn verbinden. Es gelingt ihnen scheinbar auf dieser von ihnen als ‚abstrakt' bezeichneten Ebene nicht, einen Bezug zu elementaren Aspekten herzustellen, die als verbindendes Moment für das gemeinsame Lernen von unterschiedlichen Lernenden dienen könnten. Diese Vermutung wird auch durch die Tatsache gestützt, dass die Lehrkräfte die von ihnen selbst benannten materialbezogenen arithmetischen Inhalte eben nicht als solche identifizieren (siehe oben).

Die (leistungs- und lernzugangs-)differenzierte Gestaltung von gemeinsamen Lernsituationen wird also immer dann für die Lehrkräfte zu einer Herausforderung, wenn eine symbolische Bearbeitung arithmetischer Inhalte im Fokus steht, da diese

- nicht auf die grundlegenden, fundamentalen Ideen bezogen wird und damit wenig Orientierungsmöglichkeit an einem gemeinsamen Kern der Sache/einer mathematischen Kernidee auf verschiedenen Niveaus besteht. Zudem wird
- wenig Raum für eine Annäherung an die Inhalte auf verschiedenen Zugangs-/Kommunikationsweisen gelassen.

Die von den Lehrkräften als ‚abstrakte Zahlenmathematik' bezeichneten und aufgrund fehlender Handlungs- und Materialorientierung für gemeinsames Lernen als ungeeignet befundenen arithmetischen Inhalte scheinen von ihnen auch mit einer Konzentration auf den Formalismus- und Schemaaspekt verbunden zu werden. Diese Verknüpfung ist aus fachlicher Sicht ebenso wenig zwingend wie die von Arithmetik und symbolischer Bearbeitung (vgl. Kap. 9.1). Eine weitere (hinderliche) Verknüpfung kommt hinzu und verstärkt die strukturellen Barrieren, nämlich die Verbindung der verschiedenen Zugangsweisen mit den unterschiedlichen Lerngruppen: Für die Regelschüler_innen wird ‚Arbeitsblatt-Arithmetik' als zentral angesehen, während für die Schüler_innen im FöS GE materialbasierte Zugänge (auch zu Arithmetik) als angemessen betrachtet werden.

8.2.3 Verknüpfung des Arithmetikproblems mit der Wahrnehmung der Lerngruppen

Die Differenzierungen der Lehrkräfte zum ‚Arithmetikproblem' ermöglichen also die Präzisierung desselben: Nicht der Inhalt selbst, sondern die Zugangsweise stellt die Herausforderung für gemeinsame Lernsituationen dar. Hieran anknüpfend zeigt sich insbesondere bei den Koop-Lehrkräften eine Erweiterung der Unterscheidung zwischen ‚abstrakt-symbolischer‘ und ‚handlungs-/materialorientierter‘ Mathematik. Diese wird nicht nur mit den Inhalten (Arithmetik vs. Geometrie), sondern auch mit den Schüler_innengruppen verknüpft und verfestigt damit die Wahrnehmung der Notwendigkeit einer Trennung der Gruppen.

Einleitend wird hier erneut auf die Fokussierungsmetapher der oben zitierten Passage von S. Knopp zur ‚doofen symbolischen Ebene‘ rekurriert:

> [D]ann würde ich auf dem Teppich sitzen, und mit meinen Aufteilen üben, das ist dann auch dividieren, so, das geht natürlich, *aber was ist dann, wenn wieder Arbeitsruhe angesagt ist? Aufteilen mit Arbeitsruhe ist schwierig.* Also man müsste da dann noch mal aushandeln, wie man es macht [...].
>
> Du kannst natürlich auch Bonbons *mit allen aufteilen*, und ich glaube, dass ein Gros der Grundschüler auch davon durchaus profitieren würde [...], aber wenn es dann wieder wirklich um dieses Schriftliche geht, und im Heft. Ja, es bleibt leider immer wenig Raum, um etwas gemeinsam zu machen. (K6: 127)

Zunächst wird deutlich, dass er es nicht nur bei ‚seinen‘, den GE-Schüler_innen, für angemessen hält, sich der Division durch materialbasiertes ‚Aufteilen‘ zu nähern. Auch die Grundschüler_innen würden von diesem handlungsorientierten Zugang, den ein gemeinsamer Unterricht mit sich brächte, ‚durchaus profitieren‘. Allerdings schwingt hier auch eine Unsicherheit mit, ob bzw. in welchem Umfang diese Herangehensweise für die Grundschüler angemessen wäre und „was ist, wenn wieder Arbeitsruhe angesagt ist“? Man müsste also erst noch ‚aushandeln‘, wie die von ihm entwickelte Lösung für eine gemeinsame Lernsituation zur Division – der Zugang über Material/Handlung, von dem alle profitieren – mit der sonst üblichen ‚Arbeitsruhe‘ der Grundschulklasse zu verbinden wäre.

Obwohl S. Knopp also durchaus Lösungsansätze für das ‚Arithmetikproblem‘ entwickelt, fällt es ihm schwer sich vorzustellen, wie diese mit der Partnerklasse zusammen umgesetzt werden könnten. Bei S. Keil wird ebenfalls deutlich, dass sie in der Koop-GE-Klasse bei Arithmetik durchaus handelnde Zugänge wählt und diese auch im entsprechenden Inhaltsbereich verortet. Allerdings scheint sie wiederum spezifisch diese Art der Bearbeitung von arithmetischen Inhalten nicht als geeignet anzusehen für die Arbeit mit der Partnerklasse.[16]

[16] Sie schildert sie für die GE-Kleinklasse das gemeinsame Erstellen des Datums sowie das Verteilen von Apfelstückchen im Morgenkreis selbst explizit als handlungsorientierte Umsetzung arithmetischer Inhalte in einer gemeinsamen Lernsituation, verweist aber unmittelbar anschließend darauf, dass im gemeinsamen Unterricht mit der Partnerklasse arithmetische Inhalte lediglich in individuellen Arbeitsphasen bearbeitet werden können.

Am Beispiel des interviewten Koop-Partnerklassen-Teams (G. Kamp und S. Keller) wird anschaulich, wie sich über die Zuordnung bestimmter Zugänge zu den Lerngruppen eine Trennung der Gruppen manifestiert. Darüber hinaus zeigt sich bei ihnen, wie wenig Bedeutung letztlich der Frage nach dem (gemeinsamen oder getrennten) Inhalt zukommt. Beide Lehrkräfte nennen nämlich unabhängig voneinander Uhrzeit und Zeitspannen als Themenbereiche, die für ihre Lerngruppe relevant seien, sich jedoch nicht für die gemeinsame Arbeit mit der Partnerklasse eigneten. S. Keller formuliert seine Sorge wie folgt:

> [Grundschulinhalte sind für meine Schüler_innen nicht wichtig,] es ist wichtiger zu wissen, was es bedeutet, wenn jemand sagt, da kommt ein Bus erst in zwei Stunden. [...] Was die Grundschüler-. Ich glaub wenn ich jetzt runtergehen würde und sagen würde, ‚Was sind 2 Stunden? Was dauert 2 Stunden?‘ oder so. Ich glaub, die könnten mir das auf Anhieb sagen. Schätze ich. (Keller, K5: 136-138)

G. Kamp äußert sich ebenso skeptisch: „Also jetzt speziell, im Moment, ich kann mir das mit den Zeitspannen, mit den Uhrzeiten, ich kann mir nicht vorstellen, was der Kollege, wenn wir jetzt thematisch miteinander arbeiten wollen, in der Zeit macht“ (Kamp, K2: 168).

Beide möchten also mit ‚ihren Schüler_innen‘ das gleiche Thema bearbeiten, können sich aber nicht vorstellen, dass dies als gemeinsame Arbeit mit der Partnerklasse möglich sein kann. In den Interviewpassagen lässt sich wohlgemerkt erkennen, dass es nicht um ein Thema geht, dessen potenzielle gemeinsame Bearbeitung sie bereits besprochen oder ausprobiert und verworfen haben (wie etwa das an anderer Stelle erwähnte Thema Längen). Vielmehr benennen es beide unabhängig voneinander als Beispiel für einen für die Partnerklassenarbeit schwierigen Inhaltsbereich.

Zunächst steht einem gemeinsamen Unterricht also hier die (falsche) Annahme dazu im Wege, was für die Schüler_innen der Partnerklasse relevante Themen sein könnten. Allerdings lässt sich ein tiefer liegendes Problem vermuten, als dass sich die Lehrkräfte einfach bisher nicht über das Thema ausgetauscht haben. Anhand der weiteren Ausführungen wird nämlich deutlich, dass die *Art und Weise*, wie die beiden Lehrkräfte jeweils das Thema behandeln würden, tatsächlich kaum Überschneidungen aufweist: S. Keller würde sich der von ihm aufgeworfenen Frage mit dem Ziel der Orientierung im Alltag und Tagesablauf nähern. G. Kamp wählt in diesem Kontext hingegen einen ganz anderen Zugang, denn sie würde ihre Schüler_innen Zeitspannen berechnen lassen wollen. Somit gäbe es auf der einen Seite eher handelnde und umweltbezogene Herangehensweisen (‚einen Busplan lesen‘, ‚Erfahrungen mit Zeitspannen machen‘) und auf der anderen eher einen symbol- und arbeitsblattorientierten Zugang (an anderer Stelle spricht G. Kamp selbst von ‚sturen Buchaufgaben‘).

Beide Themenzugänge haben natürlich einiges miteinander zu tun und ließen sich – zumindest punktuell – gut aufeinander beziehen. Dies zeigt sich nicht zuletzt auch darin, dass die meisten anderen Befragten Zeit/Uhrzeiten auch explizit als eines der geeigneten Gebiete für gemeinsame Lernsituationen (auch unter Einbezug von Kindern des FöS GE) nennen.

An dem Beispiel der beiden Koop-Kolleg_innen Kamp und Keller wird noch einmal umso deutlicher, wie wenig vermutlich das mathematische Thema an sich problematisch ist. Vielmehr entsteht die Barriere für den gemeinsamen Unterricht mit der Partnerklasse durch die Belief-Systeme der Lehrkräfte zum Lernen und zu den Lerninhalten (der Partnerklasse). G. Kamp und S. Keller scheinen in ihrer jeweiligen ‚Version des Themas‘ gefangen: Sie verweisen daher explizit darauf, das Thema sei (zu ergänzen wäre: in ihrer je spezifischen Bearbeitungsform) für die Partnerklasse uninteressant und schließen damit offenbar die Überlegungen ab. Weder scheinen sie zu planen, dazu miteinander in Dialog zu treten, um ihre Einschätzung zu überprüfen noch thematisieren sie, im Gegensatz bspw. zu S. Knopp, dass es unterschiedliche Bearbeitungsformen geben könnte.

S. Keller fasst die Problematik dahin gehend zusammen, dass ‚reine Zahlen‘ für ‚seine Schüler_innen keine Bedeutung haben‘, während die aus seiner Sicht konkreten Aspekte, also etwa die Bedeutung einer Stunde, für die Grundschüler_innen keine Herausforderung darstellen. Letztlich sind aber eben nicht unterschiedliche Themen das Problem, sondern die fehlende Verbindung der jeweils anderen Zugangsweise mit der eigenen: S. Keller kommt nicht auf die Idee, dass für Grundschüler_innen gerade die Berechnung von Zeitspannen (auch anhand von Busfahrplänen) ein klassisches Thema ist.[17] Und G. Kamp fällt nicht ein, dass Zeitspannen i. S. der Kenntnis von kurzen/langen Zeitabständen und die Orientierung im Tag und auf der Uhr für GE-Schüler_innen ein zentrales Lernziel darstellen.

Zu überwinden wäre also zunächst die Vorstellung davon, bestimmte *Themen/Inhalte* könnten für die Partnerklasse nicht interessant sein. Erst im Anschluss daran wird es möglich, sich bei der Herangehensweise an die als gemeinsam aufgedeckten

[17] Ferner kann darauf hingewiesen werden, dass S. Keller mit der offenen Frage ‚Was sind zwei Stunden?‘ eine Fragestellung formuliert, die sich sehr gut als herausfordernde komplexe (ggf. fächerübergreifende) Aufgabe zur Umwelterschließung (i. S. einer Fermi-Aufgabe) eignen könnte (vgl. zum Potenzial offener, umweltbezogener Aufgaben z. B. Rasch 2010 oder Grassmann 2008 sowie Zimpel 2011 zu Möglichkeiten des voneinander Lernens anhand solcher grundlegenden Fragen gerade in sehr heterogenen Lerngruppen). Aufgrund des weiteren Interviewverlaufs ist allerdings nicht anzunehmen, dass er das Thema mit ‚seinen‘ Schüler_innen in dieser offenen Weise zu bearbeiten plant. Vielmehr lässt sich auf die in Kap. 3.3 kritisierte Orientierung am lebenspraktischen Nutzen schließen.

Themen einander anzunähern. Eine solche Erkenntnis zu potenziellen Überschneidungen wird allerdings schon dadurch erschwert – wenn nicht gar verunmöglicht –, dass die Lehrkräfte von vorneherein das gemeinsame Lernen der Gruppen ausschließen und deshalb in unterschiedlichen Räumen unterrichten.

Insgesamt ist abschließend ein Punkt zu ergänzen, der mit der Trennung zwischen material-/handlungsbezogenen und symbolischen Bearbeitungsweisen verknüpft ist, und zwar die Sorge um die Lernfortschritte der Schüler_innen der jeweils eigenen Lerngruppe. G. Kamp sagt explizit, ‚sture (Buch-)Aufgaben', die sie mit arithmetischen Inhalten verbindet, seien nicht Teil der gemeinsamen Arbeit mit der Partnerklasse, für ihren Unterricht (in der Grundschulklasse) aber durchaus von Bedeutung: „Aber es ist kein schlechtes Modell gewesen, aber irgendwann möchte ich halt auch, dass meine Kinder dann nicht unbedingt wochenlang Mensch-ärgere-dich spielen oder so" (G. Kamp, Abs. 158ff.).[18] Auch bei weiteren Lehrkräften wird der (schulisch verlangte) Lernzuwachs bei den Regelschüler_innen über die – von den Koop-Partnerklassen getrennten – Erklär- und Übungsstunden abgesichert, während das freie, offene, spielerische und materialbasierte Arbeiten dem Einstieg in Themen und (insbesondere der spielerische Aspekt) der Koop-Partnerklasse vorbehalten ist.[19]

Andersherum bemerken die Lehrkräfte der Koop-GE-Klassen, es sei nicht möglich, immer mit der Partnerklasse gemeinsamen Mathematikunterricht zu machen, da ‚ihre Schüler_innen' dort nicht ausreichend Freiraum für handelnde Zugänge hätten, weil dort generell Arbeitsruhe etc. einzuhalten wäre. Zwar unterscheiden die Koop-Lehrkräfte schärfer und abgrenzender zwischen diesen verschiedenen Arbeitsphasen, da sie mit getrenntem bzw. gemeinsamem Unterricht der beiden Lerngruppen parallel gesetzt werden. Doch auch die I-Lehrkräfte vertreten diese Unterscheidung. Sie folgen hier ähnlichen Argumentationen und grenzen die gemeinsamen, handlungsorientierten und insbesondere für die ‚I-Kinder' als wichtig wahrgenommenen Einstiege von den individuellen, arbeitsblattbezogenen Arbeitsphasen mit dem Fokus auf Lernfortschritte (der Regelschüler_innen) ab.[20]

---

[18] G. Kamp schätzt wohlgemerkt Material auch auf einer inhaltlichen Ebene als wichtiges Mittel ihres Mathematikunterrichts. Hier fokussiert sie aber auf Materialeinsatz i. S. der Arbeit mit Arbeitsmitteln zur Entwicklung von Vorstellungsbildern und weniger in Bezug auf ‚Handlungsorientierung als Wert an sich'. Bedeutsam ist für sie in diesem Kontext die Entwicklung einer Vielfalt von Rechenstrategien, die ggf. am Material entwickelt und in der Gruppe diskutiert werden. Diese Art von Materialeinsatz erscheint ihr aber wiederum nicht geeignet für die Zusammenarbeit mit der Partnerklasse.

[19] Vgl. auch Kap. 7.1.4 zu Funktionen von Material- und Handlungsorientierung aus Sicht der Lehrkräfte.

[20] Vgl. hierzu auch das typische Unterrichtsmuster und die (Be)Deutung gemeinsamer Einstiege in Kap. 7.1.2 und Kap. 7.2.3.

Insgesamt wird also nicht nur eine bestimmte Arbeitsweise an einen bestimmten Inhaltsbereich gekoppelt, nämlich symbol- und arbeitsblattorientiertes Arbeiten an die Arithmetik. Mehr noch, es werden die für gemeinsame Lernsituationen als geeignet wahrgenommenen material- und handlungsbasierten Zugänge bezüglich ihrer Bedeutung für inhaltliche Lernfortschritte abgewertet. Deutlich wird am ‚Arithmetikproblem‘ damit insgesamt eine grundlegende fachdidaktische Herausforderung, denn der Einsatz von Materialien hat im fachlichen Verständnis eine grundlegende inhaltliche Funktion im Lernprozess: Materialien und die mit ihnen verbundenen Handlungen sollen das Verständnis mathematischer Strukturen und die Entwicklung von Vorstellungsbildern unterstützen. Diese Funktion steht allerdings nur bei einem kleinen Teil der befragten Lehrkräfte im Fokus ihres Materialeinsatzes. Dies sind im Übrigen auch die Lehrkräfte, die zugleich das Potenzial einer so verstandenen Handlungs- und Materialorientierung für einen inklusiven Unterricht zu nutzen scheinen (vgl. Fallbeispiel G. Köhler in Kap. 7.1.4). Mit dem Ergebnis der Analyse des ‚Arithmetikproblems‘ sind letztlich grundlegende mathematikdidaktische Fragen angesprochen:

> Was ist das *Handlungsorientierte* da dran? Was ist das *Basiswissen*? Was braucht man, *um das zu verstehen*? (Köhler, K1: 198, Hervorh. N. K.)

Der Zwang zur Auseinandersetzung mit diesen Fragen im Zusammenhang mit der inklusiven Beschulung von Kindern, die dem FöS GE zugeordnet werden, kann – wie G. Köhler selbst sagt – positive Auswirkungen auf die Unterrichtsentwicklung haben. Zugleich zeichnen sich hier die zentralen Herausforderungen ab, die die Lehrkräfte an der Umsetzung inklusiven Mathematikunterrichts hindern. Es bleibt damit anzumerken, dass die Schwierigkeit des ‚Arithmetikproblems‘ sich zwar an den Zuschreibungen zu den Lerngruppen und deren Trennung manifestiert. Allerdings ist dies weder spezifisch dem Inhaltsbereich Arithmetik zuzuweisen noch ist es nur im Kontext einer großen Leistungsheterogenität relevant, sondern mit einem zentralen Aspekt guten Mathematikunterrichts für jede_n Lernenden verbunden.

Für Unterrichtsentwicklungsprozesse sind dabei nicht nur die fachdidaktischen Kompetenzen der Lehrkräfte relevant, sondern auch ihre Bereitschaft, sich solchen – noch ungelösten – Fragen im Unterricht zu stellen. Hierzu konnten in der vorliegenden Interviewstudie Hinweise auf Belief-Systeme zum Umgang mit Herausforderungen ermittelt werden, die auf ein Professionsverständnis hindeuten, welches für die Entwicklung inklusiven Unterrichts förderlich sein kann.

8.3 Inklusives Professionsverständnis – ‚Natürlich ist das eine Herausforderung, aber das ist mein Job'

Die Interviewfrage nach gemeinsamem Lernen hat in der Haupterhebung bei zwei der Befragten erneut zu „Schwierigkeiten mit den Fragen" (Inken: I6, 268) geführt. Gerrit Igel und Sonja Inken äußern anders als alle anderen Befragten explizit, es gebe im inklusiven Unterricht auf keiner Ebene (besondere) Schwierigkeiten mit dem Lernbereich Mathematik, auch nicht in Bezug auf das mit- und voneinander Lernen und/oder die Arbeit an gemeinsamen Inhalten. Dies ließ sich nun nicht mit der Differenzierung von Gemeinsamkeit erklären, die in Kapitel 8.1 als zentrales Ergebnis erörtert wurde, sondern die Analysen erbrachten ein weiteres aufschlussreiches Ergebnis hinsichtlich eines für inklusive Unterrichtsentwicklung förderlichen Professionsverständnisses.

Die Aussagen dieser beiden Lehrkräfte haben insofern eine besondere Qualität, da sie explizit keine ‚Besonderheiten' im Fach Mathematik sehen und dies auch ausdrücklich auf das mit- und voneinander Lernen ausweiten. Sie stechen damit auch aus der Gruppe der I-Lehrkräfte hervor, denn ihre Feststellung, es gäbe ‚kein Problem' bzw. ‚keinen Unterschied', lässt sich nicht auf eine unterschiedliche Bewertung gleich benannter Herausforderungen zurückführen (wie es oben mit den unterschiedlichen Entscheidungswegen herausgearbeitet wurde). Vielmehr betonen sie, dass es keinerlei Besonderheiten gibt und betrachten eben insbesondere auch das mit- und voneinander Lernen nicht als Herausforderung. Ungeklärt bleibt hier aber zunächst, ob die beiden Lehrkräfte für Herausforderungen, die die anderen Lehrkräfte benennen, Lösungen gefunden haben oder ob sie diese gar nicht als Probleme wahrnehmen. Möglich wäre auch, dass sie lediglich ihre Schwierigkeiten gegenüber der Interviewerin nicht preisgeben wollten.

Um diese Fragen zu klären, ist es hilfreich, die episodische Verankerung der Aussagen der beiden Lehrkräfte, es gäbe kein Problem, zu untersuchen. Exemplarisch wird die auf S. 218 zitierte Stelle von S. Inken herangezogen und fortführend analysiert. An ihre Feststellung, ‚es gibt kein Problem in Mathe', schließt sich die Frage nach grundsätzlichen, eventuell bereits bewältigten Herausforderungen des inklusiven Unterrichts an. Auch diese wird von S. Inken zunächst verneint. Sie berichtet dann von ihrer ersten Schülerin mit einer komplexen Beeinträchtigung, die sie vor Unsicherheiten stellte, welche aber mithilfe der Physiotherapeutin überwunden werden konnten:

> Ja, als ich das erste schwerst mehrfach behinderte Kind hatte, das war zum Beispiel schwierig. Weil die war so dünn. Dann hab ich versucht, ihr eine Jacke anzuziehen und dann hab ich gedacht: ‚Ich brech ihr einen Arm ab.' Ich musste also lernen, einer Schülerin die Jacke anzuziehen, die nichts dazu beitragen

> kann. Das konnte ich nicht. Aber wir hatten ja eine Physiotherapeutin. Die hat mir das gezeigt. (Lachen) (I6: 244)

Es ist anzunehmen, dass diese Situation ebenso wie die zuvor geschilderte Perlenketten-Episode für S. Inken von besonderer Bedeutung sind. Denn diese werden von ihr im Rahmen des sonst überwiegend argumentativen und beschreibenden Interviews als singuläre Ereignisse berichtet, nähern sich also als zwei der wenigen Stellen im Interview einer Erzählung an. Mindestens in der Situation zum Anziehen war sie mit ihrem bisherigen Können an eine Grenze gestoßen. Zugleich erfolgt diese Schilderung einer – offenbar emotional bedeutsamen – Herausforderung erst auf mehrfache, umformulierte Nachfragen, nachdem die Interviewte ja zuvor einige Male verneint hatte, dass es Besonderheiten oder Herausforderungen gebe resp. gegeben hatte. Dieser scheinbare Widerspruch löst sich auf bei Betrachtung ihrer die Erzählung rahmenden Argumentationen und Bewertungen:

> Wenn ich aber ausgerüstet bin mit meinem bestimmten Rucksack, den ich habe und losmarschiere, werde ich sehen, dass ich in der Praxis immer wieder neue Herausforderungen kriege, weil ich immer wieder neue und spannende und andere Kinder bekomme, wo ich meinen Rahmen verändern muss, damit das Kind einen Platz hat, ja? Und ich glaub, das ist eine Aufgabe, weil zwischendurch gibt es dann immer wieder auch Situationen, was man noch nicht hatte. (Inken, I6: 242, Unterstrichen = laut gesprochen)

Jede Art von Anpassung an oder jede erneute Suche für Schüler_innen gehört für S. Inken zum normalen Professionsverständnis und der damit einhergehende Lerneffekt (für sie als Lehrkraft) wird von ihr positiv gedeutet. So ist auch nachvollziehbar, dass sie die zitierten Situationen, in denen sie an ihre Grenzen geriet, nicht als erste Antworten auf die Frage nach Herausforderungen i. S. v. Schwierigkeiten einbringt. Vielmehr sind es für sie positiv besetzte Episoden und sie vertraut grundsätzlich darauf, dass sich solche Situationen, in denen man noch nicht auf Erfahrungen zurückgreifen kann, (im Idealfall im Team) lösen lassen. An einer späteren Stelle wiederholt sie diese Orientierung, dieses Verständnis von Herausforderung, in Bezug auf die Entwicklung gemeinsamer Lernsituationen von sehr unterschiedlichen Kindern:

> Die Aufgabe ist schon, immer zu gucken, man muss Zeit haben sich auf den Weg mit diesem Kind zu machen, mit allen Kindern, mit allen. [...] Es war manchmal sehr schwierig, weil wenn man dann merkte, das Kind braucht das und das, und wir haben das nicht. [...] Dann muss man improvisieren und verändern, aber es ist eigentlich immer möglich. (Inken, I6: 272–274)

Auf weitere Nachfrage ergänzt sie, bezogen auf den Mathematikunterricht mit dieser Schülerin, dass man im Team (und gemeinsam mit der Schülerin) suchen musste, was für dieses Kind Mathematik sein könnte, da nicht einfach auf fertige Materialien zurückgegriffen werden konnte.

‚Es gibt kein Problem in Mathe'

F: Eine andere Lehrerin hat gesagt, sie findet es in Mathe schwierig, was man überhaupt gemeinsam unterrichten kann, sodass jeder was davon hat.

Was man gemeinsam unterrichten kann?

An Matheinhalten? *F: /Mhm/.*

(..) Alles. Man kann das alles gemeinsam unterrichten.

F: Ist das in Mathe irgendwie anders, schwieriger, leichter ~

~Nein. *F: spannender?*

Nee, ich finde Deutsch auch spannend, aber Mathe find ich auch spannend. Ich denk, mir fallen so Situationen ein: Ein ganz schwerst mehrfach behindertes Kind und wir haben eine Erste. Da hatte ich mal ne Zeit lang so 10 Perlen auf so einem Bändchen. Und ich weiß noch, dass ein Kind sich das gebastelt hat, und kam dann an und sagt: ‚Guck dir mal meine 10er-Kette an!' War total stolz, hat mir dann auch erklärt, warum welche Farben und wie es sich das vorgestellt hat. Und dann ist sie zu dem schwerst mehrfach behinderten Kind hingegangen und hat-, also die konnte ja gar nicht selber was fädeln- hat ihr die Perlen immer so einzeln durch die Finger gegeben und hat gesagt: ‚Jetzt kannse auch die 10. Jetzt hat sie auch die 10'. Das sind so schöne Beispiele dafür. [...] Nein, das gibt kein Problem in Mathe (Lachen). (Inken, I6: 225–236)

An späterer Stelle wurde S. Inken weiter zugespitzt gefragt, inwiefern sie potenziellen Schwierigkeiten bei der Ermöglichung eines verbalen Austausches über mathematische Themen begegnet.[a] Auf diese Nachfrage konkretisiert sie jedoch nicht wie gehofft eine Lösung, sondern reagiert irritiert:

(*lachend) Jetzt hab ich schon bisschen manchmal Schwierigkeiten mit den Fragen*. [...] Ja, gut ok, weil wenn ein Kind nicht sprechend ist, dann kannst du nicht in diese aktive Sprache. Dann musst du gucken, wie man, was es für alternative Kommunikationsformen gibt oder Abbildungen oder so. [...][b] Also es ist kein Problem. /Hmhm/ (verneinend). (Inken, I6: 268–270)

G. Igel nimmt eine ähnliche Position ein und reagiert auf die Fragen nach potenziellen Besonderheiten des Faches Mathematik und den Hinweis auf die Schwierigkeiten anderer Lehrkräfte, in ‚Mathematik gemeinsame Themen zu finden', auch mit großem Unverständnis:

Warum soll es da denn was anderes geben-, ich versteh das überhaupt nicht. Also (..) ich kann das nicht nachvollziehen. [...] Weil, warum soll Mathe anders sein als Deutsch, vom Thema her? Ich versteh es nicht. Ich kann es nicht nachvollziehen. (Igel, I1: 248-249)

Weil das war auch so, dieses, was wir uns am Anfang da gesagt haben ‚Wir machen alles zusammen.' Und dann sagte die eine Kollegin, die dann noch dabei war, sagte sie: ‚Uuh, pff, wir haben bisher nur Kunst und Musik gemacht.' Sag ich: ‚Ja, dann brauchen wir doch keine Integration. Dann brauchen wir doch keine Inklusion. [...] Was soll denn der Blödsinn? [...] Wir wollen doch zusammen arbeiten und nicht nur auf dem Spielplatz zusammen spielen. Wir wollen doch miteinander lernen! Fördern und fordern. So. Punkt.' Wir haben alles zusammen gemacht. (..) Und ich finde, man kann das machen. Man muss nur ein bisschen anders denken. (Igel, I1: 251)

[a] Diese Nachfrage bot sich an, da S. Inken selbst Kommunikation und Verbalisierung als grundsätzlich wichtige Teile des Mathematikunterrichts benannte und deren Umsetzung wiederum von anderen Lehrkräften als eine zentrale Hürde im Zusammenhang damit thematisiert wurde, alle Lernenden einzubeziehen.

[b] Sie berichtet hier von einer Situation, in der zwei Kinder mit der Diagnose Down Syndrom selbstverständlich im Rahmen einer Mathematikkonferenz an einem Austausch über verschiedene Aktivitäten und Lösungen teilnahmen.

Ähnlich wie S. Inken argumentiert auch G. Igel. Er gibt an, dass die Bewältigung neuer Herausforderungen ein normaler und positiv besetzter Teil seines Berufes sei. Er unterstellt zusätzlich, dass Lehrkräfte, die Schwierigkeiten mit einem inklusiven Mathematikunterricht haben, grundsätzlich nicht bereit wären, sich auf neue Aspekte einzustellen:

> Das war natürlich eine Herausforderung. Aber das ist meine Aufgabe, das ist mein Job. [...]
>
> Also die meisten Lehrer sind einfach faul, tschuldigung. Das ist so. Und ‚bloß nix Neues machen! [...] Ich hab mich immer nach rechts gedreht, aber jetzt muss ich mich plötzlich nach links drehen. Das geht ja gar nicht.‘ Und das habe ich nicht. (Igel, I1: 249)

Die so begründete positive Einschätzung der Möglichkeiten eines inklusiven Mathematikunterrichts wird gestützt durch die Einbindung in Teamprozesse und verstärkt durch die Orientierung auf die Selbstständigkeit der Schüler_innen, denen eine entsprechend große Eigenverantwortung – auch für das gemeinsame Lernen – zugesprochen wird. Verbunden mit Letzterem ist die Auffassung der eigenen Rolle als Lernbegleiter_in und weniger als anleitende Person, wie sie bei S. Inken besonders deutlich hervortritt.

Relevant sind die Ergebnisse aber nicht für die beiden Einzelfälle, sondern die sich hier abzeichnenden Orientierungsfiguren erscheinen als grundlegend bedeutsames Professionsverständnis. So konnten nach der Analyse der beiden sich vom dem Sample abhebenden Fälle dann auch ähnliche Perspektiven bei anderen der befragten I-Lehrkräfte herausgearbeitet bzw. ihre Aussagen besser eingeordnet werden. Diverse I-Lehrkräfte führen an, dass Differenzierung im Unterricht normal sei/sein müsse und bei deren Umsetzung verschiedene Dinge ausprobiert und angepasst werden müssten. Zudem seien hierbei auch (zeitweilige) Misserfolge normal. Die entsprechenden Äußerungen erfolgten jeweils in verschiedenen Zusammenhängen, d. h. sie entstammen unterschiedlichen Interviewkontexten und weisen demnach verschiedene inhaltliche Bezüge auf. Trotzdem sind sie als Teil *eines* Belief-Systems zu deuten, das bezogen ist auf das Bild der eigenen Rolle/Aufgabe als Lehrkraft: Herausforderungen, Schwierigkeiten oder neu zu lernende Aspekte werden nicht negiert, aber sie werden auch nicht als belastend oder anders/besonders gedeutet.[21] Inklusiver Mathematikunterricht ist damit zwar herausfordernd, aber letztlich nicht mehr oder weniger, als dies bei anderen Fächern der Fall ist. Denn, wie in anderen Fächern auch, muss man als Lehrkraft in Mathematik nach Lösungen suchen und diese ausprobieren – ohne dass dies als (spezifische oder negativ besetzte) Herausforderung wahrgenommen wird.

[21] Dies kann sich auf den Umgang mit Heterogenität generell, spezifische Bedarfe einzelner Kinder oder die Anforderungen eines bestimmten Lernbereichs beziehen.

Neben S. Inken und G. Igel tritt diese Orientierung bei S. Ingmann besonders deutlich hervor: „Und ich hab auch nicht den Anspruch, dass ich das perfekt mache. Ich möchte gern dazulernen. Und diese Kinder sind für mich die Chance jetzt dazuzulernen" (I5: 213–215). Etwas weniger generalisiert, aber ebenso deutlich findet sich die Orientierung auch bei G. Imhof, G. Illgner, G. Insel, S. Iser und S. Knopp in einigen Aussagen. Sie stellen sehr wohl Herausforderungen für die Gestaltung des Unterrichts in heterogenen Lerngruppen fest, die sie als spezifisch für den Lernbereich Mathematik empfinden. Diese werden von ihnen aber eben nicht als grundsätzliches Hindernis oder etwas Besonderes gedeutet, sondern der Umgang mit solchen Herausforderungen ist Teil des eigenen Professionsverständnisses.

Ausgehend von den Auffälligkeiten in zwei der Interviews ließ sich damit insgesamt ein professionsbezogener Aspekt herausarbeiten, der bedeutsam ist für die positive Einschätzung der Möglichkeiten eines inklusiven Mathematikunterrichts. Somit ergibt sich neben der flexiblen Sichtweise auf individuelle und gemeinsame Lernsituationen (vgl. Kap. 8.1) ein weiterer Grund für die unterschiedlichen Bewertungen der Möglichkeiten und Schwierigkeiten eines inklusiven (Mathematik-)Unterrichts.

Es muss jedoch auch darauf hingewiesen werden, dass sich neben der Übereinstimmung der Belief-Systeme zum Umgang mit Herausforderungen bei der weiteren Untersuchung der Interviews von G. Igel und S. Inken durchaus unterschiedliche Ergebnisse zeigen.[22] Mit dieser Ergänzung ist darauf verwiesen, dass die in diesem Abschnitt erläuterten professionsbezogenen Belief-Systeme ebenso wie das zuvor herausgearbeitete Verständnis der Klasse als Gesamtgruppe noch keine Aussagen zur Qualität des auf dieser Basis gestalteten Unterrichts ermöglichen. Hierfür wäre sowohl anhand der Schilderungen, aber letztlich vor allem in der Praxis nach der mathematikdidaktischen und inklusionspädagogischen Qualität von den ‚flexibel und mit den Kindern' entwickelten und ‚fließend ineinander übergehenden' individuellen und gemeinsamen Unterrichtsituationen zu fragen. In diesem Zusammenhang gewinnt dann die in Kapitel 8.2 diskutierte Frage an Bedeutung, warum von den meisten Lehrkräften *das mit- und voneinander Lernen* in Mathematik als schwieriger umzusetzen wahrgenommen wird, als in anderen Lernbereichen.

[22] Insgesamt lässt sich bei S. Inken, obwohl ihr Interview nur wenige Erzählungen und erzählorientierte Beschreibungen enthält, an diversen Stellen die erfahrungsbasierte Verankerung ihrer Argumentationen in ihrer Praxis belegen. Die fehlenden Exemplifizierungen an anderen Stellen deuten eher auf die professionelle Routine bzw. implizites, nicht verbalisierbares Handlungswissen hin. Bei G. Igel ergibt sich hingegen die Auffälligkeit, dass sein ‚Motto' ‚Mathematik soll nicht so bleischwer sein' sehr wohl mit zahlreichen Erzählungen verankert ist. Seine formulierte Position, ‚Wir haben immer alles gemeinsam gemacht', findet sich aber nicht in vergleichbarer Weise in seinen diversen Unterrichtsschilderungen wieder – was zumindest als Hinweis auf die Gewichtung der beiden Aspekte in seiner Unterrichtspraxis gewertet werden kann und sich auch darin spiegelt, dass in seinen typischen Unterrichtssituationen keine gemeinsamen Lernsituationen präsent sind.

8.4 Resümee: Ergebnisse zur ersten leitenden Forschungsfrage

Innerhalb der Belief-Systeme zum inklusiven Mathematikunterricht und den Schilderungen zum Unterricht in den verschiedenen Lerngruppen gibt es über die Gesamtgruppe der Befragten hinweg Überschneidungen, die in **übereinstimmenden Beschreibungen** deutlich werden. So lässt sich für alle feststellen:

- Die vorherrschende Umsetzung gemeinsamer Lernsituationen ist gekennzeichnet durch einen gemeinsamen Rahmen, (ein) gemeinsames Material und soziale Eingebundenheit – ohne dass hier der inhaltliche Austausch und/oder Lernfortschritt im Zentrum stehen.
- Ein aus Sicht der Lehrkräfte wichtiger Teil des Lernens bzw. Unterrichts findet in individuellen Lernsituationen statt.
- Mit- und voneinander Lernen ist (in Mathematik wie in anderen Lernbereichen) dann möglich, wenn Anschaulichkeit, Handlungs- und Materialorientierung und/oder Umweltbezüge existieren.

Insbesondere der letzte Punkt ist in allen Interviews sehr präsent und wird auf verschiedenste Weisen elaboriert. Bezogen auf das mit- und voneinander Lernen erscheint er damit als die primäre Bedingung für einen gelingenden Umgang mit der Heterogenität der Lerngruppe. Daran anknüpfend wird für den Lernbereich Mathematik übereinstimmend festgestellt:

- Material-, Handlungs- und/oder Umweltorientierung und damit gemeinsame Lernsituationen im Sinne eines mit- und voneinander Lernens sind gut umsetzbar in den Inhaltsbereichen Geometrie und Sachrechnen.
- Arithmetische Inhalte hingegen eignen sich eher für individuelle Lernsituationen, da sie aus Perspektive der Lehrkräfte nicht für handlungs- und materialorientierte Bearbeitungen geeignet sind.

Es zeigte sich in der vertiefenden Analyse, dass das Verständnis bzw. die unterrichtliche Umsetzung von Handlungs- und Materialorientierung die Umsetzung des mit- und voneinander Lernens bestimmt. Dieses wird behindert in symbol- und arbeitsblattorientierten Lernsituationen, die von den Lehrkräften als ‚abstrakt' bezeichnet und von ihnen eng mit den arithmetischen Inhaltsbereichen verknüpft werden.

Trotz dieser Übereinstimmungen konnten hinsichtlich der Frage, ob der Lernbereich Mathematik eine besonders große Herausforderung für einen inklusiven Unterricht darstellt, drei **unterschiedliche Schlussfolgerungen** innerhalb der Belief-Systeme der Lehrkräfte zum inklusiven Mathematikunterricht festgestellt werden:

a) Inklusiver Unterricht lässt sich grundsätzlich nur im Rahmen gemeinsamer Lernsituationen bestreiten. Diese – und mehr noch – ein mit- und voneinander Lernen lassen sich im Lernbereich Mathematik schwieriger herstellen als in anderen Fächern. Deshalb ist inklusiver Mathematikunterricht für die Lehrkräfte eine besondere Herausforderung.
b) Inklusiver Unterricht findet (unabhängig vom Lernbereich/Fach) ‚ganz viel nebeneinander' statt. Die besondere Herausforderung gemeinsamer Lernsituationen in Mathematik (im Vergleich zu anderen Fächern) ist daher für die Möglichkeit/Grenze inklusiven Unterrichts kein relevantes Kriterium. Daher bedeutet inklusiver Mathematikunterricht keine besondere Herausforderung, obwohl gemeinsame Lernsituationen bzw. ein mit- und voneinander Lernen in diesem Lernbereich sehr wohl eine besondere Herausforderung darstellen.
c) Verschiedene zu bewältigende Herausforderungen sind ein selbstverständlicher Teil des Professionsverständnisses und können im Team und mit den Kindern gemeinsam gelöst werden. Inklusiver Mathematikunterricht und auch gemeinsame Lernsituationen bzw. mit- und voneinander Lernen in Mathematik sind demnach keine *besonderen*, sondern selbstverständliche Herausforderungen der Lehrerprofession.

Im Unterschied zu a) spielt in b) und c) die Frage nach den Möglichkeiten und Grenzen des mit- und voneinander Lernens für die Beurteilung des inklusiven Mathematikunterrichts keine Rolle. Die Analyse hat damit deutlich gemacht, dass die Gruppenwahrnehmung der entscheidende Aspekt für die Einschätzungen zu Möglichkeiten und Grenzen eines inklusiven Mathematik*unterrichts* ist. Aus diesem Grund ist es möglich, dass ohne inhaltliche Differenzen zu den Möglichkeiten und Grenzen des mit- und voneinander Lernens die Frage der ‚Gemeinsamkeit' zum Dreh- und Angelpunkt der Argumentationen in Bezug auf Möglichkeiten und Barrieren eines inklusiven Mathematikunterrichts wird.

Während die Belief-Systeme zu Möglichkeiten und Grenzen des *gemeinsamen Unterrichts* um die Fragen kreisen, was die Gemeinsamkeit der Gruppen ausmacht und wie die Lehrkräfte mit damit verbundenen Herausforderungen umgehen, ist in den Belief-Systemen zu Möglichkeiten *des mit- und voneinander Lernens* die Frage der Material-und Handlungsorientierung zentral. Welche Konsequenzen sich hieraus nun für fachdidaktische Entwicklungen und Professionalisierungsprozesse ergeben wird im folgenden Teil C ausgearbeitet. Hierzu werden die hier in Teil B erarbeiteten Ergebnisse und die theoretischen Hintergründe aus Teil A miteinander in Bezug gesetzt.

TEIL C

Neue Perspektiven für Praxis und Forschung

Erkenntnisse und Schlussfolgerungen

Dieses Gemeinsame hat da für mich
nochmal eine ganz andere Ebene.

Imhof, I2

Dieser letzte Teil des Buches wendet sich der Zusammenführung der bisherigen theoretischen wie empirischen Ergebnisse und damit dem zentralen Forschungsinteresse zu: Es soll geklärt werden, welche Schlussfolgerungen sich für die Entwicklung eines inklusiven Mathematikunterrichts aus Professionalisierungsperspektive ableiten lassen.

In Teil A wurde der theoretische Hintergrund für die Entwicklung einer inklusiven Mathematikdidaktik erarbeitet. Mit Teil B folgte die Auswertung der Interviews und es wurden – entsprechend der ersten leitenden Forschungsfrage – die Belief-Systeme der befragten Lehrkräfte zu einem inklusiven Mathematikunterricht dargestellt. Im nun folgenden Teil C werden diese Ergebnisse der Interviews unter professionsbezogener Perspektive eingeordnet.

In Kapitel 9 werden dazu die zentralen Aspekte der Belief-Systeme zum inklusiven Mathematikunterricht aus Teil B aufgegriffen und unter Bezugnahme auf theoretische Konzepte, also unter fachlicher Perspektive, weiter diskutiert. Es wird erörtert, inwiefern sich in den Belief-Systemen von Lehrkräften Barrieren oder Potenziale für die Entwicklung und Durchführung eines inklusiven Mathematikunterrichts zeigen. Zudem wird geklärt in welchem Verhältnis diese zu den vorhandenen (theoretisch konzeptionellen) Desideraten stehen.

Dies ermöglicht schließlich die in Kapitel 10 dargestellten Implikationen für notwendige didaktische Entwicklungen und Professionalisierungsprozesse. Damit wird die zweite leitende Forschungsfrage mit ihren Detailfragen zur Entwicklung eines inklusiven Mathematikunterrichts aus Professionalisierungssicht beantwortet.

Das Buch schließt mit einem Ausblick auf konkrete Schritte, die den Ausgangspunkt der Entwicklung eines guten inklusiven Mathematikunterrichts bilden können (Kap. 11).

9 Perspektiven für die Praxis und theoretische Konzeptionen zusammengedacht: Diskussion der Ergebnisse

Von besonderer Relevanz für die folgende Diskussion der Ergebnisse ist die sowohl in Kapitel 2.5 theoretisch eingeführte als auch zum Teil im Forschungsprozess als strukturierende Kategorien genutzte terminologische Unterscheidung zwischen verschiedenen Formen bzw. Ebenen gemeinsamen Lernens im inklusiven Mathematikunterricht. Diese wird hier – auch zum besseren Verständnis der folgenden Darstellung – noch einmal kurz erläutert (vgl. auch Kap. 7.4; insb. Abb. „Ebenen der Gemeinsamkeit", S. 181).

Gemeinsamkeit der Lerngruppe: Widersprüche und Differenzen (Abb. 8.1)

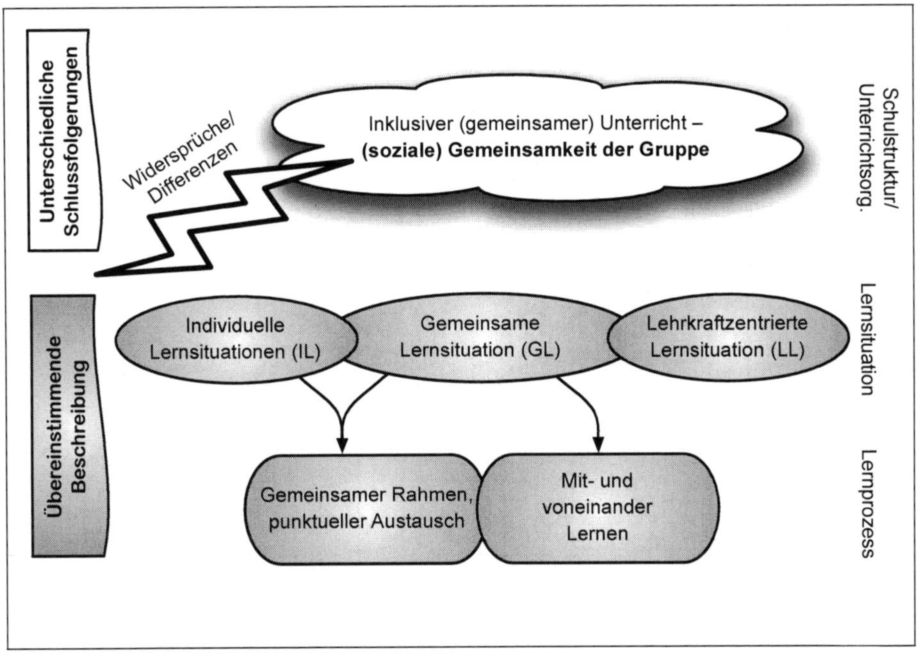

- Mit den zunächst unspezifischen Oberbegriffen des *inklusiven* oder *gemeinsamen Unterrichts* als Bezeichnung für die schulische Organisationsform sowie der *Gemeinsamkeit* oder *sozialen Eingebundenheit* der Lernenden innerhalb der Lerngruppe sind noch keine Aussagen zur konkreten Organisation des Unterrichts oder Formen von ‚Gemeinsamkeit' und ‚Differenzierung' verbunden.
- Bezogen auf den Unterricht wird zwischen *individuellen, lehrkraftzentrierten und gemeinsamen Lernsituationen* unterschieden.[1] In ersteren finden die Lernprozesse der Kinder – zumindest der Intention der Lehrkraft nach – weitgehend unabhängig von anderen Schüler_innen statt. Letztere beziehen sich hingegen auf solche Situationen, in denen ein – von der Lehrkraft für die Lernsituation intendierter – Kontakt der Kinder zueinander besteht. Dieses gemeinsame Lernen im Zuge der gemeinsamen Lernsituationen kann sich wiederum darin unterscheiden, auf welchen Ebenen der Kontakt intendiert ist/angeregt wird. Möglich sind ein gemeinsames Rahmenthema, ähnliche Materialien oder gemeinsam zu bearbeitende Inhalte.
- Mit dem Begriff des *mit- und voneinander Lernens* wird (im Rahmen der gemeinsamen Lernsituationen) schließlich soziales und dialogisches Lernen, i. S. v. inhaltsbezogenen Ko-Konstruktionsprozessen als integralem Bestandteil des Lernprozesses bezeichnet.

Zunächst sei noch einmal darauf hingewiesen, dass die Unterscheidung respektive Trennung zum Zweck der Analyse erfolgte. In der Realität lassen sich die dargestellten Formen gemeinsamen Lernens nie einzeln oder unabhängig voneinander beobachten und betrachten. Zudem ist festzuhalten, dass sich die Intentionen der Lehrkräfte hier nicht immer mit den tatsächlich stattfindenden Situationen decken müssen. Dennoch entscheiden sich entlang dieser Differenzierung nicht nur, wie in Kapitel 2 herausgearbeitet, zentrale Fragen einer inklusiven Didaktik auf konzeptionell-theoretischer Ebene. Die Unterscheidung erwies sich darüber hinaus auch im Forschungsprozess als ein zentrales Moment zur Erklärung der Belief-Systeme der Lehrkräfte.

Entscheidend für die Belief-Systeme zum inklusiven Mathematik*unterricht* ist nach den bisherigen Analysen die Perspektive auf die ‚Gemeinsamkeit' der Lerngruppe sowie daran anknüpfend der grundlegende Umgang mit Herausforderungen im Unterricht. Beides unterscheidet sich zwischen den I-Lehrkräften und den Koop-Lehrkräften (vgl. Kap. 8.1 und Kap. 8.3). Für die Belief-Systeme zu den Möglichkeiten gemeinsamer Lernsituationen und des mit- und voneinander *Lernens* konnte wiederum überein-

[1] Die ebenfalls herausgearbeiteten äußerlich differenzierten Situationen spielen für die folgenden Erläuterungen keine konkrete Rolle mehr bzw. können im Kontext der I-Klassen aus Sicht der Lehrkräfte als eine Form der individuellen Lernsituationen gewertet werden. Der getrennte Unterricht in den Koop-Klassen fällt hingegen bereits auf der vorigen Ebene der Unterrichtsorganisation nicht (mehr) unter ‚gemeinsamen Unterricht/soziale Gemeinsamkeit der Lerngruppe'.

stimmend für alle Befragten die (fachlich/fachdidaktisch) fundierte Handlungs- und Materialorientierung als zentraler Punkt ausgemacht werden (vgl. Kap. 8.2).

Im Zentrum der Diskussion steht – nun mit Bezug auf die entsprechend theoretisch-konzeptionellen Diskurse – auf zwei Ebenen die Frage danach, was ‚Gemeinsamkeit' im inklusiven Mathematikunterricht kennzeichnet:

- Mit- und voneinander Lernen: Welche Funktion erfüllen Handlungs- und Materialorientierung für gemeinsame Lernsituationen und –prozesse im inklusiven Mathematikunterricht? (Kap. 9.1)
- Gemeinsamkeit der Lerngruppe: Was ist die Voraussetzung für die (unterrichtsorganisatorische) Zusammengehörigkeit der Schüler_innen im inklusiven (Mathematik-)Unterricht? (Kap. 9.2.)

Die erzielten empirischen Ergebnisse zu diesen Fragen sollen nun also unter Bezugnahme auf die fachlichen Sichtweisen aus Teil A reflektiert und auf diese Weise professionsbezogene Schlussfolgerungen formuliert werden.

9.1 Inklusive Mathematikdidaktik: Mit- und voneinander Lernen – abstrakt *und* materialbasiert

Die einhellig von den Lehrkräften benannte Schwierigkeit, im Mathematikunterricht gemeinsame Lernsituationen zu ermöglichen, und zugleich der damit verbundene positive (Gegen-)Horizont, dass gemeinsames Lernen über Material- und Handlungsorientierung möglich sei, wurde in Kapitel 8.2 diskutiert. Im Zentrum der Problematik steht die seitens der Lehrkräfte scheinbar unüberwindbare enge Verknüpfung der Arbeit mit ‚Zahlen' in ‚individuellen Lernsituationen' anhand von ‚Arbeitsblattarbeit' mit dem Ziel von ‚Lernfortschritten'. Hierzu im Kontrast steht eine material- und handlungsorientierte Arbeit ohne Zahlen in offeneren und gemeinsamen Lernsituationen mit Zielen abseits des ‚eigentlichen Lernens' (vgl. auch Kap. 7.1.4).

Die deutlich gewordene Bedeutung der Material- und Handlungsorientierung für das gemeinsame Lernen verweist unmittelbar darauf, welche grundlegende Funktion diese im Mathematikunterricht überhaupt hat. Denn weder die Verknüpfung von Arithmetik mit ‚Arbeitsblattarbeit' noch die Reduktion der Arbeit mit Materialien auf ergänzende oder einführende Situationen entsprechen den fachlich-mathematikdidaktischen Zielsetzungen von Handlungs- und Materialorientierung. Vielmehr wird betont: „Mit Arbeitsmitteln und Veranschaulichungen geht die Hoffnung einher, dass sich bei den Kindern das gewünschte Verstehen der mathematischen Idee einstellt" (Krauthausen/Scherer 2007, 245).

Um die hiermit für die Lehrkräfte offenbar verbundene Herausforderung genauer diskutieren zu können, ist es notwendig, einige kurze Erläuterungen **zu abstrakter Mathematik** voranzustellen. Damit kann gezeigt werden, warum diese eben gerade nicht ausschließlich symbol- und arbeitsblattorientiert zu bearbeiten ist. Zu unterscheiden ist zunächst die Abstraktion hin zur symbolischen Ebene, i. S. d. *Formalsprache der Mathematik* und die Abstraktion hin zum inhaltlich Wesentlichen, den *fundamentalen Ideen der Mathematik.* Erstere Abstraktion spiegelt sich im Ziel einer zunehmenden Schematisierung hin zur mathematischen Symbolsprache (vgl. Kap. 3.2.3). Hier geht es um die Übertragung der konkret handelnden Erarbeitung auf eine ikonische Darstellung und den Ausdruck der mathematischen Ideen und Prozesse auf symbolischer Ebene. Die zweite Form der Abstraktion bezieht sich auf die inhaltliche Ebene. In diesem Sinne sind die fundamentalen Ideen der Mathematik höchst abstrakt, müssen aber nicht zwingend symbolisch dargestellt werden. Insbesondere zu ihrer Erarbeitung eignen sich konkrete Handlungen und materialbasierte Veranschaulichungen.

Die ‚abstrakte Sprache' der Mathematik ist zunächst nur eine Notation, eine Ausdrucksform für die ‚abstrakten Muster' der Mathematik, die ebenso auf andere Weise ihren Ausdruck finden (vgl. Devlin 2006, 101). Mit Devlin lässt sich Mathematik (als Wissenschaft der Muster) damit wie folgt fassen: „Mathematik handelt nicht von Zahlen, sondern vom Leben. [...] Von Ideen" (ebd., 100). Er weist weiter darauf hin, dass die Probleme, die viele Menschen mit Mathematik zu haben scheinen, sich zunächst einmal gar nicht auf Mathematik, i. S. ihrer (abstrakten) Inhalte bezieht, sondern auf die Sprache der Mathematik, i. S. ihrer (abstrakten) Symbolform (vgl., ebd., 158). Für Mathematiker_innen sei die Mathematik wie ein Haus, in dem sie sich zurechtfinden, und die Sprache der Mathematik, die Formeln etc. seien so etwas wie ein Bauplan. Die Frage sei an vielen Stellen gar nicht, ob die Menschen sich in dem Haus, also im mathematischen Denken, zurechtfänden oder nicht. Vielmehr stünden sie vor dem Bauplan und könnten dessen Symbole nicht in eine für sie sinnhafte Vorstellung des Hauses ‚übersetzen' (ebd.). „Sie stehen vor einem Wust von Vorschriften, geschrieben in einer Sprache, die für sie keinen Sinn ergibt. Nicht, dass sie die Mathematik nicht verstehen würden, *sie dringen noch nicht einmal zu dieser vor*!" (ebd., Hervorh. im Original).

So ist es durchaus möglich, bei der Bearbeitung mathematischer Inhalte auf symbolisch-abstrakter Ebene die wesentlichen inhaltlich-abstrakten Ideen aus den Augen zu verlieren. In diesem Fall wird dann nicht mehr Mathematik i. S. ihrer fundamentalen Ideen verstanden und umgesetzt, sondern es werden automatisierte, isolierte Verfahren ausgeführt und realisiert.

Devlin beschreibt hingegen, dass sein eigenes mathematisches Denken, wie das vieler Mathematiker, eben gerade nicht in den mathematischen Symbolen verhaftet sei, sondern diese dienen lediglich der (anschließenden) Notation der Gedanken (vgl. ebd., 154). Auch Freudenthal hält fest, dass es neben dem Verständnis der Symbolsprache eben auch andere Wege gibt, sich der Mathematik zu nähern: „Mathematik ist Abstraktion – sagt man. Ja, die Mathematik, die im Buche steht. Aber Mathematiktreiben ist ebenso oft konkretisieren, und Mathematiklernen ist es fast immer“ (Freudenthal 1981, 101).

Entsprechend wird in der Mathematikdidaktik über den Zugang durch Materialien versucht, die grundlegenden Strukturen und Zusammenhänge zu verdeutlichen. Die ‚abstrakte Idee‘, das grundlegende mathematische Konzept, wie z. B. die Bedeutung von Operationen oder bestimmter Zahlzusammenhänge, kann und wird sich vielleicht gerade auf der ‚konkreten‘ Ebene zeigen. Sie wird durch Material- oder Alltagsbezüge veranschaulicht und ist damit auch nur scheinbar konkret. Diese Zusammenhänge lassen sich dann häufig auch auf mathematisch formalisierter Ebene abstrakt ausdrücken – nämlich in Formeln mit Variablen oder der Formulierung allgemeiner Gesetzmäßigkeiten und Beweise.[2]

Deutlich wird an diesem Punkt die bereits in Kapitel 3 thematisierte Bedeutung der Repräsentationsebenen oder -modi. Diese sind als verschiedene Ausdrucksformen, als unterschiedliche „Werkzeuge“ (vgl. Royar 2013), zu verstehen und nicht als gestufte Ablösung der Inhalte/des Verständnisses von einer zur anderen Ebene.

Die Bezüge zu Material und Alltag und die damit verbundenen Potenziale sind sowohl für die mathematische (Denk-)Entwicklung der_des Einzelnen als auch für die Anregung von Kommunikation und Austausch und die Verbindung von Lernenden sehr unterschiedlicher Lernausgangslagen von Bedeutung. Denn im Gegensatz zur *Abstraktion der Symbole*, die einen ‚trennenden Charakter‘ haben können, wenn Kinder nicht über diese Symbolsprache verfügen, können die *abstrakten Ideen* der Mathematik helfen, die Verbindung zwischen „zwei Phänomenen zu erkennen [...], die auf den ersten Blick nichts miteinander zu tun haben“ (Devlin 2006, 97).

Damit ist auf eine quer zur formalen oder inhaltlichen Abstraktion liegende Frage verwiesen, nämlich welche Aspekte der Mathematik fokussiert werden. Mit dem Verständnis des Faches als ‚Wissenschaft der Muster‘ und dem Vorrang von mathema-

[2] Die Bearbeitung unter Nutzung von Rechenplättchen unterstützt nicht nur die (symbolische) Berechnung mit konkreten Zahlen, sie bietet auch einen Zugang über die bzw. zu dem/den Mengenkonzepte(n) hinter dem Vorgang der Addition/Subtraktion sowie zu den grundlegenden Prinzipien des Aufgabenformates. Damit sind Rechenplättchen aber zugleich allgemeingültige Stellvertreter. Entsprechende Aufgabenformulierungen und Anregungen vorausgesetzt, ergeben sich damit interessante Parallelen gerade zwischen der scheinbar ‚einfachsten‘ Lösung mit Rechenplättchen und dem scheinbar ‚abstraktesten‘ Vorgehen, der Anbahnung eines formalen Beweises anhand von Variablen (vgl. Krauthausen 2001; Scherer 1997b). Ein Beispiel findet sich auf dem Titelblatt dieses Buches.

tischen *Zusammenhängen* gegenüber mathematischen *Verfahren* wird im Unterricht der Prozess- und Anwendungsaspekt also das dynamische Bild der Mathematik betont (vgl. Kap. 4). Der Zugang über Material- und Handlungsorientierung erscheint hierfür angemessen, sofern sie eben diese Aspekte, also die Kernideen und Strukturen, repräsentiert, bzw. zu deren Erschließung anregt. Eine prozess- und anwendungsbezogene Herangehensweise wäre – wohlgemerkt für alle mathematischen Inhaltsbereiche – auch auf einer rein symbolischen Ebene möglich. Mit der Betonung der Strukturorientierung im Mathematikunterricht wird eben dieser ‚Sinn hinter den Symbolen' betont: „Indem diese Symbole aber eingeführt und benutzt werden um mathematische Muster zu beschreiben, erhalten sie Bedeutung. Sie sind keine Hieroglyphen mehr, zu deren Entzifferung der Schlüssel fehlt" (Wittmann 2003, 28).

Nach diesen Erläuterungen kann nun der Blick wieder auf die Ergebnisse der Interviews gerichtet werden. Es wäre anzunehmen, eine Stärkung des Prozess- und Anwendungsaspektes könnte auch im Rahmen der symbolischen Bearbeitung dazu führen, dass es den Lehrkräften leichter fiele, Verbindungen zwischen den Lernbedürfnissen der verschiedenen Schüler_innen zu erkennen und somit auch die symbolische mit der materialbezogenen Ebene zu verknüpfen. In der Praxis der befragten Lehrkräfte ist aber gerade dies nicht der Fall. Somit verschärft sich die aufgezeigte Problematik der scheinbar ‚trennenden und abstrakten Zahlenmathematik' durch die Begrenzung auf einen symbolischen Zugang sowie die Verknüpfung dieses Zugangs mit der Konzentration auf den Formalismus- und Schemaaspekt. Sie rücken damit die von ihnen als zentral betrachteten arithmetischen Inhalte – vor allem für die 3. und 4. Klasse – in die Nähe des ‚Abarbeitens' eines ‚klassischen Rechenunterrichts', den sie wohlgemerkt *nicht* durchgängig als Ziel ihres Mathematikunterrichts vertreten.

Insgesamt kann festgehalten werden, dass im Fall der Befragten die dynamischen und statischen Sichtweisen auf Mathematik miteinander verwoben sind, wobei tendenziell ein dynamisches Bild überwiegt. Obwohl also mit der Untersuchung nicht die möglichen Annahmen bestätigt werden konnten, dass ein Teil der Lehrkräfte generell einem statischen Bild von Mathematikunterricht folgt und aus diesem Grund weniger Möglichkeiten für einen inklusiven Mathematikunterricht sieht, spielen diese Aspekte doch eine Rolle. Denn mit Bezug auf diese in der Literatur zu Belief-Systemen vielfach herangezogene Unterscheidung lässt sich die von den Lehrkräften als Problem der gemeinsamen Inhalte und der Abstraktion formulierte Herausforderung für die Entwicklung gemeinsamer Lernsituationen auch wie folgt fassen: Der auf das dynamische Bild bezogene Sinn hinter den symbolischen Ausdrucksweisen könnte ein verbindendes Element zwischen verschiedenen mathematischen Tätigkeiten und Niveaus darstellen. Die mit dem dynamischen Bild verbundenen fundamentalen Ideen, das Wesentliche und das Prozessbezogene des Lerninhaltes, werden aber für die Kinder aus Sicht der Lehrkräfte (und damit eigentlich für die Lehrkräfte selbst?) ausschließlich in der Handlung mit Materialien deutlich. Die Lehrkräfte verorten diesen Zugang wie auch die Prozess- und Anwendungsaspekte der Mathematik und die Möglichkeit des mit- und voneinander Lernens vorrangig im nicht-arithmetischen Inhaltsbereich.

Aus inklusionsdidaktischer Sicht wird damit deutlich, dass ‚gemeinsame Themen' (erneut) nicht das Problem sind, sondern die sehr unterschiedlichen Zugänge zu den Themen.[3] Hier wäre also nach Überschneidungen zu suchen. Dies ist sowohl eine methodische Frage der geeigneten Kommunikationsmittel, Materialien und Darstellungsweisen als auch eine inhaltlich-didaktische Frage nach den Inhalten selbst, also nach dem Kern der Sache (Seitz) bzw. dem gemeinsamen Gegenstand (Feuser).

Schriftliche Additionsverfahren werden beispielsweise von mehreren Lehrkräften als besonders schwierig für gemeinsame Lernsituationen angeführt. Der ‚trennende Charakter der hohen Zahlräume' ist ein weiteres mehrfach genanntes Beispiel. So äußert sich auch G. Illgner:

> Je anspruchsvoller die Gebiete sind, je schwieriger ist es da, auch was Gemeinsames zu finden. Wenn ich mir vorstelle mit diesem Tausender- oder Millionenbuch, da hat ja so ein geistig behindertes Kind auch nicht mehr so den Zugang zu. (I3, 122)

Die mit den schriftlichen Rechenverfahren verbundenen Grundprinzipien, d. h. das-Stellenwertsystem sowie die Grundidee eines Algorithmus, lassen sich aber sehr wohl material- und anschauungsbasiert erarbeiten (zu Ersterem geben die Lehrkräfte auch selbst Beispiele an). Weiter ließe sich fragen, ob einige Kinder tatsächlich zum Inhalt ‚keinen Zugang' haben oder vorrangig die gewählten Materialen, wie beispielsweise ein Tausenderbuch, Barrieren für sie bedeuten. Mit Feuser (1995) formuliert stellt sich die Frage, ob es für einige Kinder ‚keinen Zugang' zum *Inhalt* gibt (vgl. der „Ast" im Baum-Modell von Feuser). Oder fehlt der Lehrkraft die Vorstellung, wie dieser Inhaltsbereich auf einer elementaren Ebene (im Feuser-Modell am Astansatz) zu behandeln wäre, da sie diesen Inhaltsbereich immer nur auf formal-abstrakter Ebene, mit Arbeitsblättern (Feuser-Modell: Astspitze) bearbeiten? Diese Beschränkung ‚behindert' nicht nur den Austausch zwischen unterschiedlichen Lerner_innen. Beim Arbeiten mit einzelnen, symbolisch auf dem Arbeitsblatt isolierten (Rechen-)Aufgaben geht der Kern der Sache ggf. hinter den ‚konkreten Aufgaben', hinter den Ziffern auf dem Aufgabenblatt, verloren und somit – um erneut das Feuser-Modell zu bedienen – die Verbindung zwischen Astansatz und Astspitze. Hierdurch wird aus mathematikdidaktischer Sicht wiederum

[3] Die man mit Bezug auf Klafki allerdings als Verweis auf die unterschiedlichen Bildungsgehalte der Themen für die jeweiligen Kinder deuten könnte.

die Konzentration auf die fundamentalen Ideen der Mathematik vernachlässigt. Diese beziehen sich im Sinne einer inhaltlichen Abstraktion gerade auf den Kern der Sache, der dann wiederum anhand verschiedener formaler Abstraktions-/Repräsentationsebenen (handelnd, ikonisch oder symbolisch) bearbeitet werden kann. Dies entspricht der bei Seitz in Anlehnung an Klafki (und Feuser) ausgeführten inklusionsdidaktischen Idee, dass das ‚Elementare', der Kern der Sache, zugleich grundlegend ist und auf die Komplexität der Sache verweist (vgl. Seitz 2008, 230; 2006b). Sie führt in diesem Zusammenhang aus, ästhetische Zugänge seien nicht mit einfachen Lernweisen gleichzusetzen, sondern vielmehr „menschengegebene Handlungsformen" (2007a, 210 mit Bezug auf Theunissen 1997) darstellen. Diese sind auch bei der Erschließung komplexer Zusammenhänge sinnvoll und hilfreich und werden nicht etwa „zu Gunsten ‚höherer', rein abstrakt zu denkender Ebenen ‚verlassen'" (ebd.). Dieser Grundgedanke einer inklusiven Didaktik ist unmittelbar anschlussfähig an mathematikdidaktische Konzeptionen zur Bedeutung von Handlungs- und Materialorientierung und der Orientierung an den fundamentalen Ideen der Mathematik.

Somit kann in Anlehnung an das Modell inklusiver Didaktik von Seitz Folgendes festgestellt werden: Durch die Hierarchisierung der Zugänge und die Abkopplung der formal-symbolischen von den basal-handlungsorientierten Bearbeitungen wird den Lehrkräften (und durch sie vermittelt vermutlich auch den Kindern untereinander) der Blick verstellt auf die Ähnlichkeiten und Überschneidungen der verschiedenen Kinderperspektiven und auf den in ihnen sichtbar werdenden Kern der Sache.

> ✶ *Es zeigt sich damit im Ergebnis, dass zentrale Inhalte des Mathematikunterrichts durch die Verknüpfung mit einer Symbol- und Arbeitsblattorientierung als ungeeignet für ein mit- und voneinander Lernen betrachtet werden. Zugleich gerät bei dieser Art der Bearbeitung – insbesondere der arithmetischen Inhaltsbereiche – das didaktische Ziel aus dem Blick, eine Einsicht in grundlegende Zusammenhänge der ‚Wissenschaft der Muster' zu ermöglichen.*

Positiv gewendet erscheint eine Material-, Handlungs- und Alltagsorientierung *vom Fach aus* als eine große Chance für inklusiven Mathematikunterricht. Ihre unterrichtspraktische Umsetzung ist zugleich eine zentrale Herausforderung inklusiver (Mathematik-)Didaktik, denn diese Potenziale können nur genutzt werden, wenn der mathematische Sinn und Inhalt im Mittelpunkt der jeweiligen konkreten Aktivitäten steht. Für didaktische Entwicklungen und Professionalisierungsprozesse ist dabei zunächst in den Blick zu nehmen, was – inklusionspädagogisch betrachtet – das Gemeinsame an der gemeinsamen Handlung ist. Ferner ist ein Fokus darauf notwendig, worauf sich – mathematikdidaktisch betrachtet – Handlung und Anschaulichkeit (inhaltlich) beziehen. Das eigentliche Potenzial ergibt sich gerade aus der Verbindung dieser beiden Zugänge.

Auf Professionalisierungsebene ist damit die fachdidaktische Herausforderung zu bearbeiten, auf welche Weise auch in verschiedenen Darstellungsformen die fundamentalen (inhaltlich-abstrakten) Ideen der Mathematik thematisiert werden können. Eng damit verknüpft ist die lernbereichsunabhängige inklusionsdidaktische Frage nach geeigneten Darstellungs- und Kommunikationsformen, die allen Schüler_innen Zugang zu, aber auch Ausdrucksmöglichkeiten für alle Inhalte bieten.

Trotzdem diese Fragen höchst relevant für die Qualität eines inklusiven Mathematikunterrichts sind, entscheidet sich die Gemeinsamkeit der Lerngruppe an einer ganz anderen, viel grundlegenderen Barriere: Der Wahrnehmung von ‚Gruppenzugehörigkeiten'. Hierzu wurden im Rahmen der Untersuchung wiederum fachübergreifende Erkenntnisse gewonnen, die es nun zu erörtern gilt.

9.2 Inklusive Professionalisierung: Gemeinsamkeit – Eine Frage der Gruppe und nicht der Lernsituationen

Die in Kapitel 2 bereits theoretisch diskutierte Frage nach der Bedeutung gemeinsamer Lerninhalte aufgreifend, ist in Anbetracht der empirischen Ergebnisse der vorliegenden Studie zu fragen, ob das gilt, was bereits im Zuge der Kritik an der didaktischen Konzeption Feusers formuliert wurde: Gründet die Skepsis der Koop-Lehrkräfte gegenüber den Möglichkeiten inklusiven Mathematikunterrichts auf dem (nicht einlösbaren) Anspruch, dauerhaft „[...] geplant und zielgerichtet gemeinsame Unterrichtsaktivitäten mit wechselseitigem Nutzen für alle durchzuführen" (Müller 1988, Grundsatz 5)? Und zeigt sich andersherum die inklusive Professionalisierung der I-Lehrkräfte genau darin, sich von diesem Anspruch zu lösen?

Die Untersuchung liefert hierzu ein zwiespältiges Ergebnis. Einerseits spielt das Verhältnis von individuellen und gemeinsamen Lernsituationen bzw. Themen eine zentrale Rolle:

- Die fehlende Möglichkeit, gemeinsame Lernsituationen (mit einem gemeinsamen Lerninhalt) umzusetzen, wird im Koop-Setting als primäres Argument zur Trennung der Gruppen angeführt.
- Individuelle Lernsituationen (als ‚nebeneinander' Lernen mit unterschiedlichen Inhalten) sind im inklusiven Mathematikunterricht der befragten I-Lehrkräfte die vorrangige Organisationsform.

Es ist also anzunehmen, dass der Unterschied zwischen jenen Lehrkräften, die inklusiven Mathematikunterricht für möglich halten (und umsetzen) und denjenigen, die dies nicht tun, durchaus mit der Loslösung bzw. Nicht-Loslösung von „der verkrampften, angstmachenden Fixierung auf den gemeinsamen Gegenstand und den gleichen Raum" (Wocken 1998, 51) in Verbindung steht.

Andererseits sind diese Differenzen zur Bedeutsamkeit, die die Befragten gemeinsamen Lernsituationen zumessen, keineswegs gleichzusetzen mit dem vorhandenen oder nicht vorhandenen Anspruch an einen stets gemeinsamen Inhalt innerhalb solcher gemeinsamen Lernsituationen:

- Der (die Trennung der Lerngruppen begründende) Anspruch, gemeinsame Lernsituationen zu gestalten, hat in seiner Konkretisierung nur geringe Überschneidungspunkte mit dem, was mit Feuser und Seitz in einer inklusiven Didaktik unter einem mit- und voneinander Lernen anhand gemeinsamer Lerninhalte zu verstehen wäre.

- Ein Verständnis gemeinsamen Lernens, das diesen theoretischen Konzeptionen entspricht und sie als wichtige, aber nicht immer einfach umzusetzende Ansprüche an den eigenen Unterricht betrachtet, führt wiederum nicht bei allen Lehrkräften dazu, dass sie die Möglichkeiten inklusiven Mathematikunterrichts in Frage stellen oder die Lerngruppe trennen.

Insgesamt konnte herausgearbeitet werden, dass die unterschiedlichen Auffassungen zur Bedeutung gemeinsamer Lerninhalte keine erkennbare Differenzlinie darstellen zwischen jenen Lehrkräften, die Mathematik für grundsätzlich gut gemeinsam zu unterrichten halten und denjenigen, die eine Trennung der Schüler_innen für notwendig erachten. Dies gilt ebenso wenig für die verschiedenen schulischen Settings. Vielmehr zeigen sich verschiedene Kombinationen. Zusammenfassend ist dies in der unten stehenden Tabelle dargestellt (vgl. für die Zuordnung der Lehrkräfte zu je einer der Positionen Kap. 7.2.3 und Kap. 7.3.2):[4]

Insgesamt betonen zwar – mit einer Ausnahme – alle Lehrkräfte, die den Lernbereich Mathematik im inklusiven Unterricht für schwieriger umsetzbar halten, auch die Bedeutung gemeinsamer Lerninhalte. Allerdings vertreten diejenigen Lehrkräfte, die Mathematik nicht für schwieriger halten, hierzu keine eindeutige, sondern unterschiedliche Positionen:

	Inhalt wichtig für gemeinsame Lernsituationen	Inhalt nicht wichtig für gemeinsame Lernsituationen
inklusiver MU wie andere Fächer	*G. Illgner, S. Inken, G. Köhler*	*G. Igel, G. Imhof, S. Ingmann*
inklusiver MU schwieriger als andere Fächer	*G. Insel, G. Kerner, S. Keller, S. Knopp*	*S. Kurz*
Mathe besonders, aber nicht eindeutig schwieriger	*G. Kamp, S. Keil*	*S. Iser*

Die Untersuchung macht letztlich auch in den vertiefenden qualitativen Analysen deutlich, dass die Einschätzungen zu den Möglichkeiten eines inklusiven Mathematikunterrichts sich nicht entlang der Fragen entscheiden, was die Lehrkräfte unter ‚gemeinsamen Lernsituationen' verstehen und wie sie die Möglichkeiten ihrer Umsetzung einschätzen. Die Frage des Anspruchs *inhaltlich* gemeinsamer Lernsituationen rückt als mögliche

[4] Es geht hier lediglich um eine kurze Rekapitulation der zuvor differenziert dargestellten Perspektiven der Lehrkräfte. Die zentralen Fragen nach der Bedeutung von (inhaltlicher) Gemeinsamkeit und den Möglichkeiten eines inklusiven Mathematikunterrichts werden als tertium comparatione verwendet (vgl. Nohl 2009, 56). Anstelle einer umfassenden Typenbildung werden allerdings die verschiedenen Belief-Systeme vor dem Hintergrund theoretischer Aspekte genauer diskutiert.

Erklärung für die unterschiedlichen Ausrichtungen der Belief-Systeme zu den Möglichkeiten inklusiven Mathematikunterrichts also in den Hintergrund. Wichtig ist vielmehr, für welche *Lerngruppe* die Lehrkräfte welches *Verständnis von Gemeinsamkeit* anlegen und wie sie ggf. mit den damit verbundenen *Herausforderungen* umgehen. Denn in diesen drei Punkten unterscheiden sich die Belief-Systeme der Koop-Lehrkräfte von denen der I-Lehrkräfte deutlich:

In den Schilderungen zu ihren **Lerngruppen** findet sich bei den I-Lehrkräften zwar eine Unterscheidung zwischen ‚I-Kindern' und ‚Regelkindern', aber diese sind Teil *einer* Gesamtgruppe. Sie ‚gehören zusammen' und ‚trennen sich ggf. und flexibel für eine Arbeit'. Außerdem fühlen sich die I-Lehrkräfte nicht nur für eine der Teil-Gruppen spezifisch zuständig. Bei den Koop-Klassen hingegen ist nicht nur die Zuständigkeit der Lehrkräfte für die Kinder an die Unterscheidung von ‚Kindern mit und ohne SPF' gebunden. Stattdessen werden die ‚eigene Klasse' und die ‚Partnerklasse' als zwei getrennte Gruppen begriffen, die sich für bestimmte Stunden *treffen, um etwas gemeinsam zu machen.* Alle Koop-Lehrkräfte trennen auch sprachlich klar zwischen ‚meinen Kindern', ‚den Kindern der Partnerklasse' oder dem ‚gemeinsamen Unterricht mit der Partnerklasse'. Bei den I-Lehrkräften war eine Zuordnung der Interviewpassagen zu den in ihnen angesprochenen Lerngruppen hingegen nicht immer eindeutig.

Bezüglich des Verständnisses von der **Gemeinsamkeit der Lerngruppe** stellen die I-Lehrkräfte insbesondere die flexiblen Übergänge zwischen den unterschiedlichen Formen von individuellen und gemeinsamen Lernsituationen in den Mittelpunkt eines gelingenden inklusiven Mathematikunterrichts. Die Basis bildet die als selbstverständlich betrachtete soziale Gemeinschaft der Klasse, einschließlich der – unterschiedlich deutlich – als Teilgruppe wahrgenommenen I-Kinder. Die Koop-Lehrkräfte legen hingegen anhand ihrer Einschätzung zu den Möglichkeiten gemeinsamer Lernsituationen planerisch fest, welche Stunden des Unterrichts der beiden als zwei getrennte Gruppen begriffenen Klassen gemeinsam oder getrennt stattfindet. Auch im Rahmen des gemeinsamen Unterrichts bereiten die Koop-Lehrkräfte jeweils den Teil des Unterrichts für ‚ihre Klasse' vor und haben folglich kein oder kaum Wissen über die Lernprozesse der Kinder der jeweils anderen Gruppe.

Weiterhin konnte eine bestimmte **Umgangsweise mit Herausforderungen** herausgearbeitet werden, die sich als förderlich für die Gestaltung und vor allem auch Entwicklung eines inklusiven (Mathematik-)Unterrichts zeigt.[5] Es findet sich bei allen befragten Lehrkräften, die in Mathematik keine *besondere* Schwierigkeit für inklusiven Unterricht sehen, eine positive Deutung der Herausforderung, sich immer wieder neu

[5] Auf Basis der Daten kann den Koop-Lehrkräften eine vergleichbare Haltung nicht grundsätzlich abgesprochen werden, sie schildern diese aber nicht im Kontext des gemeinsamen Mathematikunterrichts.

und individuell auf einzelne Schüler_innen, Lerngruppenkonstellationen und Lernbereiche einzustellen. Dies ist eng verbunden mit einer Toleranz gegenüber eigenen ‚Fehlversuchen' und der positiven Erfahrung, sich und seinen Unterricht im Team weiterentwickeln zu können (vgl. Kap. 8.3).

Dienlich wäre in diesem Sinne aus professionsbezogener Perspektive die Reflexion der eigenen Ansprüche und zwar spezifisch im Verhältnis zur Wahrnehmung der Lerngruppen. Denn die Thematisierung der ‚gemeinsamen Inhalte' ist bei den Koop-Lehrkräften vorrangig als argumentatives Mittel relevant, d. h. mit diesem Anspruch wird die Trennung der Gruppen begründet. Für den typischen Unterricht innerhalb der getrennten Gruppen werden gemeinsame Themen bzw. gemeinsame Lernsituationen aber nicht als Anspruch herangezogen. So könnte man hier ein ‚Scheinargument' der Koop-Lehrkräfte vermuten, eine nachträgliche Rechtfertigung für ein Handeln, das letztlich andere Gründe hat. Die diversen längeren Ausführungen der Befragten in Form von erzählorientierten Beschreibungen und die teilweise intensiven Suchbewegungen beim Versuch, das Problem der ‚gemeinsamen Themen in Mathematik' genauer auszudifferenzieren und besser zu greifen, lassen aber vermuten, dass es sich keineswegs um einen (bewusst) vorgeschobenen Grund handelt. Vielmehr scheint es eine echte, im Unterrichtsalltag relevante Herausforderung zu sein.

Die in der Untersuchung aufgezeigten Widersprüchlichkeiten verweisen damit auf Aspekte, von denen die Lehrkräfte „selbst nicht wissen, was sie da eigentlich alles wissen" (Bohnsack et al. 2007b, 11). Dies trifft insbesondere auf das ‚Wissen' darüber zu, wie gemeinsamer Unterricht in einer heterogenen Lerngruppe in Mathematik gelingen kann, auch wenn keine gemeinsamen Themen und Inhalte im Mittelpunkt stehen. Über dieses ‚Wissen' verfügen die Koop-Lehrkräfte nämlich für ihre (getrennten) Lerngruppen, die sie explizit als sehr heterogen beschreiben. Die Koop-Lehrkräfte ‚wissen' also in Bezug auf ihre Kleingruppen, was und wie sich dort Gemeinsamkeit ohne (dauerhafte) gemeinsame Lerninhalte und Lernsituationen konstituiert. Sie übertragen ihr ‚Wissen' aber nicht auf die ‚Zusammenarbeit mit der Partnerklasse'. Dass dieses ‚Wissen' als Ausgangspunkt für Professionalisierungsprozesse für einen Mathematikunterricht in heterogenen Lerngruppen dienen kann, ist anhand der vorliegenden Untersuchung besonders augenfällig, denn das gleiche ‚Wissen' dient den I-Lehrkräften bereits als Basis für ihren gemeinsamen Mathematikunterricht. Die I-Lehrkräfte haben dies also bereits auf die Unterrichtssituation in der gesamten I-Gruppe übertragen, während sich das entsprechende ‚Wissen' bei den Koop-Lehrkräften bisher nur innerhalb der getrennten Lerngruppen zu entfalten scheint. Was bedeutet dies nun aus Professionalisierungsperspektive?

Seitz konstatiert bezüglich der Chancen und Herausforderungen von Professionalisierung und Unterrichtsentwicklung in und durch inklusive Schulsettings, dass „die Komplexität des Wahrnehmungsrahmens von Heterogenität und die Komplexität des didaktischen Denkens und Handelns zusammenwirken“ (2007b, 130). Für die befragten Lehrkräfte kann dies auf der einen Seite bestätigt werden, denn die I-Lehrkräfte haben ihr didaktisches Handeln auf Basis der erweiterten Gruppenwahrnehmung auch auf die Heterogenität der I-Klassen übertragen. Den Koop-Lehrkräften steht hingegen offenbar die getrennte Wahrnehmung der Gruppen im Wege. Die schulstrukturelle Trennung scheint hier Professionalisierungs- und Unterrichtsentwicklungsprozesse zu verhindern, die eine flexiblere Wahrnehmung von Gemeinsamkeit und Verschiedenheit der Lerngruppe ermöglichen. Auf der anderen Seite muss anhand der Ergebnisse konstatiert werden, dass insgesamt kaum unterschiedliche Unterrichtsstrukturen in den verschiedenen Lerngruppen anzunehmen sind. In den I-Klassen wurden somit kaum neue oder andere Formen des (gemeinsamen) Mathematiklernens in einer heterogenen Lerngruppe entwickelt (beispielsweise auch kein anderer Umgang mit Materialien, s. u.).[6] Vielmehr besteht die spezifische Professionalisierung der I-Lehrkräfte zunächst darin, die bewährten Vorgehensweisen auf die I-Klasse als Gesamtgruppe zu übertragen.

Die Unterscheidung, die die Koop-Lehrkräfte treffen, verweist auf die Bedeutung der organisatorisch-strukturellen Ebene eines Klassenverbandes. Von den I-Lehrkräften wird diese als solche nicht benannt, sondern sie deuten sie als ‚emotionale Ebene‘ der Zusammengehörigkeit. Positiv gewendet wurde die Wahrnehmung *eines* Klassenverbandes hiermit als entscheidende Basis für die Ermöglichung einer Balance von gemeinsamen und individuellen Lernsituationen in der sozialen Eingebundenheit herausgearbeitet. Vor deren Hintergrund können wiederum Begegnungen der Kinder auch und gerade dann stattfinden, wenn keine geplanten gemeinsamen Inhalte anliegen. Hingegen sind in den Koop-Klassen schon aufgrund der schulstrukturell festgelegten und nur wenig von den Lehrkräften aufgebrochenen Trennung der Gruppen keine Entscheidungen ‚zwischen Tür und Angel‘ und keine spontanen, von den Kindern initiierten Begegnungen möglich.

Die Ergebnisse zeigen die problematische Auswirkung der Zwei-Gruppen-Theorie aber nicht nur bei den Koop-Lehrkräften. Vielmehr findet sich auch bei den I-Lehrkräften mit einer Ausnahme (S. Inken) durchaus eine Zwei-*Teil*gruppen-Theorie. Diese scheint zwar durch die Zusammengehörigkeit der ‚Organisationseinheit Klasse‘ und damit verbunden die Auflösung der professionsbezogenen Zuständigkeiten in ihrer

---

6 Tatsächlich deckt sich das Ergebnis insgesamt mit der in anderen Untersuchungen festgestellten ‚typischen Unterrichtspraxis‘. Bemerkenswert ist es aber dennoch, wenn man für einen integrativen Unterricht stärker geöffnete und selbstorganisierte Unterrichtsformen oder für eine Koop-GE-Klasse verstärkt handelnde Unterrichtsformen angenommen hätte.

‚trennenden Wirkung' abgeschwächt. Dennoch lässt sich in der bei den I-Lehrkräften weiterhin vorhandenen Teilgruppenwahrnehmung der Grund dafür vermuten, dass sie (mit Ausnahme von S. Inken) bisher nicht wirklich herausgefordert waren, neue Unterrichtsformen zu entwickeln. So fällt auf, dass sie in ihren Beispielen überwiegend auf die Bildungsstandards bezogene Inhalte und Kompetenzen thematisieren. Ihr ‚normaler' Mathematikunterricht scheint die Schüler_innen in den Mittelpunkt zu stellen, die diese Inhalte bearbeiten, bzw. von denen ein Erreichen der entsprechenden Kompetenzen erwartet wird. So klärt sich in einigen Fällen erst auf Nachfrage oder in Verbindung mit anderen Interviewkontexten, dass zwar von ‚allen Kindern' ‚der Gesamtgruppe' gesprochen wird, aber eigentlich nur die Regelschüler_innen der I-Klasse gemeint sind (vgl. Kap. 7.3.1).

Hier spiegelt sich ein Problem, welches bereits im Rahmen der theoretischen Aufarbeitung als Desiderat der konzeptionellen Entwicklungen herausgearbeitet wurde: Mit ‚alle' sind nicht immer wirklich ‚alle' gemeint. Ganz selbstverständlich und unbenannt gelten hingegen für einige Kinder ‚Sonderbedingungen'. Mit Blick auf die Literatur ist hier insbesondere der Aspekt der Lernzieldifferenz angesprochen. Innerhalb der Interviewergebnisse verweist dies auf die *Teil-Gruppen-Wahrnehmung* der I-Lehrkräfte, auch wenn die Unterteilung in ‚Regelschüler_innen' und ‚I-Schüler_innen', zumindest laut I-Lehrkräften selbst, nicht mit einer Ausgrenzung aus der Gruppe bzw. der gemeinsamen Unterrichtsituation verbunden ist. Ähnlich wie die Gruppenzugehörigkeit, kann auch die Flexibilität, die bei den I-Lehrkräften die Schilderungen zu gemeinsamen und individuellen Lernsituationen durchzieht, kritisch als Unklarheit gedeutet werden. Aufgrund einer ‚bedingungslosen' Wahrnehmung der Klasse als eine Gruppe wird nämlich die Tendenz deutlich, sehr vieles als ‚gemeinsamen' in eben dieser Gruppe zu kennzeichnen – und dazu zählen auch Formen der äußeren Differenzierung. Hier könnte durchaus der Frage weiter nachgegangen werden, wie die Schüler_innen der I-Klassen selbst vor diesem Hintergrund Gemeinsamkeit und Differenz in ihrer Gruppe konstruieren.[7]

Zusammenfassend zeigt sich die Relevanz von ‚Gemeinsamkeit' auf zwei Ebenen der Professionalisierung im inklusiven Unterricht, einmal als Achtung der *Vielfalt der Gemeinsamkeit* und einmal als Berücksichtigung des Potenzials *von gemeinsamen Lernprozessen.*

Auf der einen Seite wurde in den Ergebnissen die Bedeutung einer **Vielfalt der Gemeinsamkeit** in der Weise deutlich, wie sie auch in der kritischen Auseinander-

7 In anderen Untersuchungen (Pohl 2013) zeigt sich, dass die räumliche Trennung einiger Schüler_innen als zentraler Aspekt der Konstruktion von Behinderung fungiert. Ob die Aufhebung der Professionszuständigkeiten und der flexible ‚Tür-Angel-Wechsel' zwischen den Räumen, wie sie in den I-Klassen umgesetzt ist, genügt, um diese Gruppenwahrnehmungen bei den Schüler_innen zu vermeiden wäre weiter zu verfolgen.

setzung mit dem Konzept des gemeinsamen Gegenstandes gefordert und in zahlreichen Praxisveröffentlichungen dokumentiert ist (vgl. z. B. Wocken 2011; Demmer-Dieckmann/Struck 2001): Die Anerkennung der Gemeinsamkeit der Lerngruppe unabhängig von der Frage nach gemeinsamen Lerninhalten oder auch nur gemeinsamen Lernsituationen wird bei den I-Lehrkräften zur Basis eines inklusiven Unterrichts, in dessen Rahmen dann sowohl Begegnungen der Schüler_innen möglich werden als auch die Auflösung feststehender Professionsrollen oder -zuständigkeiten. An die Problematik einer Zwei-Gruppen-Theorie anknüpfend wäre die Basis für inklusiven Mathematikunterricht eine Erweiterung des Blickes auf die Vielfalt der Lerngruppe. Denn mit einer „komplexeren Vorstellung von Heterogenität eröffnet sich [...] ein anderer Blick auf die Lerngruppe und zugleich auf die Möglichkeiten der Differenzierung und Öffnung des Unterrichts“ (Seitz 2007b, 131). Die Wahrnehmung von (Teil-)Gruppen innerhalb der Belief-Systeme ist wiederum eng in institutionellen Strukturen verwoben. Diesbezüglich wird die trennende Wirkung des kooperativen Systems in den geführten Interviews deutlich. Denn erst durch die Gruppenwahrnehmung als zwei (getrennte) Klassen wird die Herausforderung, im Mathematikunterricht mit- und voneinander Lernen zu initiieren (außerhalb von Geometrie und Sachrechnen), zu einer Barriere für den gemeinsamen Unterricht insgesamt.

Auf der anderen Seite muss auf die Gefahr einer rein räumlichen oder teilweise gar räumlich getrennten ‚Gemeinsamkeit‘ aufmerksam gemacht werden, bei der die Potenziale **gemeinsamer Lernprozesse** aus dem Blick geraten. Die noch vorhandene Wahrnehmung von ‚Teil-Gruppen‘ in den I-Klassen in Verbindung mit der im Vergleich zu den Koop-Lehrkräften wenig grundlegend anderen Unterrichtsstruktur weist auf diese Problematik hin. In der erläuterten Praxis ist eine Vernachlässigung des mit- und voneinander Lernens zu konstatieren, die bereits als konzeptionelles Desiderat in Kapitel 2 erarbeitet wurde. Innerhalb des inklusionsdidaktischen Diskurses werden gemeinsame Lernphasen zwar durchgängig als relevanter Teil eines inklusiven/integrativen Unterrichts benannt. Die darauf bezogenen Ausführungen beschränken sich jenseits der beiden didaktischen Gesamtkonzeptionen (Feuser, Seitz) aber weitgehend auf organisatorische und/oder punktuelle Kooperationen und lassen inhaltliche ko-konstruktive Prozesse außer Acht. Meier/Heyer (1999) führen als einen Baustein integrativen Unterrichts beispielsweise die „gemeinsame Gestaltung von aspektübergreifenden Vorhaben“ an (232). Sie gehen aber nicht darauf ein, ob bzw. in welcher Weise hier ein inhaltlicher Austausch vorgesehen ist. Konkret benannt werden lediglich Aspekte wie Absprachen zu Arbeitsschritten oder die Darstellung von Ergebnissen (vgl. ebd.).

Aufschlussreich ist in diesem Kontext die Differenzierung einer der befragten I-Lehrkräfte. S. Ingmann präzisiert im Zuge der Gegensatzpaarbildung zu typischen Unterrichtssituationen die Art des Austausches während der Partneraufgaben oder der gegenseitigen Hilfestellung gegenüber den gemeinsamen Einführungs- und Abschlusskreisen: „In der Gruppe [im Abschlusskreis] ist ein Austausch über das, was ich gemacht habe und hier [Hilfestellung oder Partnerarbeit] ist eher so über das mathematische Thema der Austausch" (I5: 116). Vor dem Hintergrund der (mathematikdidaktisch wie inklusionsdidaktisch begründbaren) Zielsetzung, auch den zweitgenannten *inhaltlichen* Austausch zu ermöglichen und für den Lernprozess zu nutzen, wäre mit Blick auf die Ergebnisse somit wiederum Feusers Kritik an einer rein methodisch verstandenen Öffnung und Differenzierung des Unterrichts zuzustimmen.[8] Angesichts der im Rahmen der Studie dokumentierten Dominanz individueller Lernsituationen mit einer Rahmung durch die grundsätzliche soziale Eingebundenheit in die Gruppe, ist der Forderung von Seitz in diesem Kontext Nachdruck zu verleihen: Als Ausgangspunkt von Unterrichtsentwicklungs- und Professionalisierungsprozessen sind die inhaltsbezogenen Auseinandersetzungen in den Blick zu nehmen (vgl. Seitz 2008, 229).

Insgesamt rückt die konsequente Überwindung einer Zwei-Gruppen-Theorie unter Einschluss einer ebenso konsequenten Lernzieldifferenz in den Mittelpunkt von Professionalisierungs- und schulstrukturellen Fragen.

✶ *Eine Reflexion über die Wahrnehmung von Gruppen, Teilgruppen und das Verständnis von Gemeinsamkeit in bzw. zwischen diesen Gruppen ist unabdingbar im Rahmen der Professionsentwicklung zum inklusiven (Mathematik-)Unterricht.*

8 „[An der] Äußeren Differenzierung mit individuellen Curricula [...] ändert auch der glücklicherweise schon recht häufig praktizierte ‚Wochenplanunterricht' erst einmal nichts. Er ist primär ein Instrument der Unterrichtsorganisation, der selbständiges Lernen anstrebt und sich damit auch Differenzierungsfragen stellt, aber kein didaktisches [...]. Es gibt dann einen Einzel- oder Kleingruppenunterricht nur für die Behinderten und das alles noch unter dem Signum der Integration!" (Feuser 1995, 179-180).

10 Inklusiver Mathematikunterricht: Herausforderung UND Chance Zusammenfassung und Implikationen

Die vorliegende Untersuchung, im Rahmen derer Sonder- und Grundschulpädagogiklehrkräfte aus kooperativen und integrativen Schulsettings zu inklusivem Mathematikunterricht befragt wurden, ging zwei aufeinander aufbauenden Fragen nach:

▷ *Welche Belief-Systeme zeigen sich bei den befragten Lehrkräften zu einem inklusiven Mathematikunterricht und seiner (Fach-)Didaktik?*

▷ *Welche Schlussfolgerungen ergeben sich daraus für die Entwicklung eines inklusiven Mathematikunterrichts aus Professionalisierungssicht?*

Mit diesen beiden leitenden Forschungsfragen wurden existierende Desiderate der inklusiven Pädagogik und Didaktik aufgegriffen, nämlich deren lernbereichsspezifische Konkretisierung und die hiermit verbundene Professionalisierung von Lehrkräften. Trotz einer bislang ausgebliebenen Verknüpfung der fachdidaktischen und inklusionspädagogischen Diskurse, ließen sich im theoretischen Teil A zahlreiche konzeptionelle Anschlusspunkte herausarbeiten und somit Ausgangspunkte und Herausforderungen für die Entwicklung einer inklusiven Mathematikdidaktik darstellen. Mit der in Teil B dargestellten empirischen Untersuchung konnte wiederum an umfangreiche Professionalisierungsforschungen zum Lernbereich Mathematik angeknüpft und zugleich in diesem Forschungsfeld ein bisher unbearbeitetes Gebiet grundlegend erschlossen werden, denn bisher wurden Fragen des Umgangs mit Heterogenität in der Forschung nur am Rande berücksichtigt.

Mit Belief-Systemen als Untersuchungsgegenstand wurde eine zentrale Komponente der professionellen Handlungskompetenz in den Blick genommen. Da das Ziel der Untersuchung eine differenzierte Erfassung der Belief-Systeme und ihrer Hintergründe war, wurde eine qualitative Vorgehensweise gewählt. Für die Erhebung bot sich zudem eine erzählgenerierende Methode wie das episodische Interview an, da Belief-Systeme auf Erfahrungen basieren. Im Kontext von Erfahrungen als Teil der Professionsentwicklung sind zugleich routinierte Handlungen sowie Begründungen von Planungs- und Handlungsentscheidungen relevant, sodass mit der gewählten Interviewform eine Verknüpfung von fall- und erfahrungsbezogenen Narrationen und

Argumentationen angestrebt wurde. Im Rahmen der Auswertung erfolgte eine Orientierung an der dokumentarischen Methode, die durch einen an der Inhaltsanalyse angelehnten kategorisierenden Zwischenschritt ergänzt wurde. Auf diese Weise konnte die Auswertung auf unterschiedlichen Ebenen durchgeführt und entsprechend mehrstufige Ergebnisse erzielt werden: Zum einen in Bezug auf das, was die Lehrkräfte inhaltlich tatsächlich äußern, zum anderen in welchen Zusammenhängen diese Aussagen stehen.

Ausgangspunkt dieser Untersuchung war die Annahme, dass der Lernbereich Mathematik in der Praxis eine besondere Herausforderung für einen Unterricht in heterogenen Gruppen darstellt. Dies konnte für die befragten Lehrkräfte bezogen auf die Möglichkeiten eines mit- und voneinander Lernens in diesem Lernbereich grundsätzlich bestätigt werden. Die von den Befragten übereinstimmend geschilderten Schwierigkeiten beziehen sich insbesondere auf den Inhaltsbereich Arithmetik und resultieren in einer Unterrichtsorganisation, die durch individuelle Lernsituationen dominiert wird.[1]

Welche Auswirkungen diese Herausforderung des mit- und voneinander Lernens in Mathematik allerdings auf die wahrgenommenen Möglichkeiten oder Grenzen eines inklusiven Mathematikunterrichts hat, zeigte sich bei den befragten Lehrkräften sehr unterschiedlich. Als Hintergrund für die divergierenden Schlussfolgerungen wurde ein Aspekt herausgearbeitet, der für die Entwicklung inklusiver Pädagogik und Didaktik fachunabhängig grundlegend ist, nämlich die Frage wie sich die ‚Gemeinsamkeit' einer Lerngruppe konstituiert. Erst zu dieser Frage kristallisierte sich die spezifische Sichtweise der Lehrkräfte heraus, die Mathematik für ein Fach halten, das schwieriger gemeinsam zu unterrichten ist als andere: Die Schaffung gemeinsamer Lernsituationen und die Orientierung an gemeinsamen Themen bedeuten für diese Lehrkräfte (bis auf eine Ausnahme sind dies die Koop-Lehrkräfte) einen spezifischen Anspruch an die – besondere – Situation, die eintritt, wenn Regel- und Förderschüler_innen gemeinsam unterrichtet werden. Für den Unterricht in den getrennt unterrichteten Lerngruppen, der auf Basis des Arguments fehlender gemeinsamer Themen und Lernsituationen auf diese Weise stattfindet, schildern diese Lehrkräfte hingegen kaum gemeinsame Lernsituationen oder mit- und voneinander Lernen. Diejenigen Lehrkräfte, die Mathematik nicht für eine besondere Herausforderung in einem inklusiven Unterricht halten, beziehen dies wiederum nicht etwa darauf, dass sie (mehr) Möglichkeiten für ein mit- und voneinander Lernen sehen. Ihre Position begründet sich vielmehr darin, dass dessen Anteil für die Frage nach den Möglichkeiten inklusiven Unterrichts nicht

[1] Zu beachten ist hier erneut: Unter ‚mit- und voneinander Lernen' werden spezifisch auf inhaltlichen Austausch angewiesene Lernprozesse gefasst. Gemeinsamer Unterricht/Gemeinsamkeit der Lerngruppe wird demgegenüber als unspezifischer Oberbegriff für verschiedene Formen der (sozialen) Eingebundenheit der Lernenden genutzt, in denen wiederum unterschiedliche Lernsituationen (individuell, gemeinsam, lehrkraftzentriert) umgesetzt werden können (vgl. Abb. 7.1, Ebenen der Gemeinsamkeit).

relevant ist. Diese Lehrkräfte (es sind bis auf eine Ausnahme die I-Lehrkräfte) setzen die (soziale) Gemeinsamkeit der Lerngruppe unabhängig vom Anteil der gemeinsamen Lernsituationen voraus.

Ausgehend von dieser Widersprüchlichkeit, die im fallübergreifenden themenbezogenen Vergleich in Kap. 7 dokumentiert und deren Hintergründe in der vertieften, komparativen Analyse in Kap. 8 aufgedeckt werden konnten, ließ sich die erste leitende Forschungsfrage nach den Belief-Systemen und den in ihnen relevanten Aspekten beantworten. Damit liefert die Untersuchung zunächst eine grundlegende (inhaltliche) Beschreibung der Belief-Systeme der Lehrkräfte und der in ihnen relevanten Aspekte für einen inklusiven Mathematikunterricht.

Die damit zur ersten leitenden Forschungsfrage gewonnen **zentralen Ergebnisse zu den Belief-Systemen der Lehrkräfte** lassen sich noch einmal pointiert und anhand zweier Zitate aus der Studie zusammenfassen:

1. Für alle befragten Lehrkräfte bedeuten *symbol- und arbeitsblattorientierte Arbeitsphasen*, die von ihnen eng mit der Arithmetik verknüpft werden, eine besondere *Barriere für das mit- und voneinander Lernen in einer heterogenen Lerngruppe*. Die zentrale (fachdidaktische) Herausforderung für den Austausch der Lerner_innen ist damit

   > „[d]iese symbolische Ebene, es ist immer diese doofe symbolische Ebene." (S. Knopp)

2. Im Unterschied zu den Koop-Lehrkräften bedeutet der gemeinsame *Mathematikunterricht für die I-Lehrkräfte* dennoch *keine spezifische Schwierigkeit*. Für sie spielen vor dem Hintergrund der gesetzten sozialen Gemeinsamkeit der Lerngruppe die Herausforderungen des mit- und voneinander Lernens keine Rolle für die Bewertung von Möglichkeiten und Grenzen eines inklusiven Mathematikunterrichts. Vielmehr betonen sie:

   > „Der Witz ist ja, dass der gemeinsame Unterricht ganz viel nebeneinander ist." (S. Iser)

Diese Ergebnisse, die in Kapitel 8 ausführlich erörtert wurden, wurden im vorigen Kapitel 9 in Beziehung gesetzt zu den bestehenden fachlichen Diskursen der Mathematikdidaktik und Inklusiven Pädagogik. Deutlich wurde damit die Bedeutung der fundamentalen Ideen der Mathematik und ihrer Bearbeitung auf verschiedenen Repräsentationsebenen sowie als grundlegende Voraussetzung die Überwindung einer Zwei-Gruppen-Theorie.

Ausgehend von diesen Erkenntnissen kann nun die zweite leitende Forschungsfrage nach den Schlussfolgerungen zur Entwicklung eines inklusiven Mathematikunterrichts aus Professionalisierungsperspektive beantwortet werden. Dies geschieht entlang der in Kapitel 6 aufgestellten Detailfragen zunächst in Bezug auf Bedarfe der (fach-)didaktischen Entwicklungen (Kap. 10.1) und sodann mit Blick auf notwendige Unterstützung für Lehrkräfte in der Umsetzung inklusiven Mathematikunterrichts (Kap. 10.2).

10.1 Desiderate und Potenziale zur Entwicklung einer inklusiven Mathematikdidaktik

Aus der Untersuchung der Belief-Systeme der Lehrkräfte und ihrer Diskussion in Bezug auf die theoretisch-fachlichen Perspektiven lassen sich Schlussfolgerungen zu fachlichen resp. fachdidaktischen Entwicklungen ableiten.[2] Hierfür werden die folgenden, auf *konzeptionelle Bedarfe* bezogenen Detailfragen aus Kapitel 6 beantwortet:

- ▷ Welche von den Lehrkräften thematisierten Aspekte zu einem inklusiven Mathematikunterricht verweisen auf bisher nicht ausreichend gelöste bzw. bearbeitete (fach-)didaktische Fragen?
- ▷ Und welche Aspekte deuten hin auf vorhandene fach- oder inklusionsdidaktische Entwicklungen, die für einen inklusiven Mathematikunterricht hilfreich sein können?
- ▷ Welche von den Lehrkräften entwickelten Strategien zur Umsetzung eines inklusiven Mathematikunterrichts bieten Ausgangspunkte für eine fachdidaktische Weiterentwicklung?

Nützliche Anknüpfungspunkte bieten neben individuellen Arbeitsformen, wie Wochenplan und Karteiarbeit, die von den Lehrkräften bereits umfassend genutzt werden, vor allem geöffnete Aufgaben mit einem Potenzial zur natürlichen Differenzierung sowie eine Material-, Handlungs- und Alltagsorientierung. Beide Punkte, auf die bereits im Rahmen der theoretischen Aufarbeitung der mathematikdidaktischen Literatur in Kap. 3 und Kap. 5 hingewiesen wurde, erwiesen sich also auch in der Praxis der Befragten Lehrkräfte als gewinnbringend für Situationen des gemeinsamen Lernens in einer heterogenen Lerngruppe im Mathematikunterricht. Dabei verweist die als ‚Arithmetikproblem' diskutierte fachdidaktische Herausforderung, aber auch die als ‚Besonderheit' des FöS GE im Mathematikunterricht thematisierten Faktoren der ‚sehr speziellen' Lernzugänge und Inhalte (vgl. Kap 7.3.1), auf zwei Desiderate für die weitere

[2] Die Schlussfolgerungen basieren auf der Gesamtbetrachtung und komparativ-reflektierenden Interpretation der Interviews. Die genannten Bedarfe bzw. Anregungen sind damit nicht konkret für einzelne Interviewpartner_innen entwickelt, sondern ergeben sich als grundlegende Aspekte eben gerade durch die Vergleiche der verschiedenen Konstellationen im kontrastiven Sample.

inklusionsbezogene fachdidaktische Entwicklung: Zum einen fehlt bisher ein *inhaltlicher Einbezug mathematischer Basiskompetenzen* und zum anderen die Entwicklung *methodisch-didaktischer Zugänge* jenseits der Symbol- und Arbeitsblattorientierung.

Auf inhaltlicher Seite gibt es also einen Bedarf, **mathematische Basiskompetenzen und bisherige schulmathematische Inhalte** zusammenzubringen. Die mathematikdidaktische Literatur befasst sich bereits aus Perspektive des vorschulischen Lernens mit dieser Frage. In diesem Kontext wurde die Anschlussfähigkeit an bisher im schulischen Bereich verortete Inhalte herausgearbeitet (vgl. Kap. 3.3). Aus inklusionspädagogischer Perspektive sind jedoch zwei Erweiterungen vorzunehmen:

- Auch Basiskompetenzen abseits der sog. spezifischen Vorläuferfähigkeiten, die sich bereits auf erste Ziffern und Zahlkenntnisse beziehen, sind in die Konzepte einzubeziehen. Es fehlen aber bisher beispielsweise Ausführungen zu den von den Lehrkräften in der Interviewstudie benannten Aspekten der einfachen Seriation und Klassifikation.
- Die verschiedenen Inhalte und Ebenen mathematischen Lernens sind nicht (hierarchisch) am Lebensalter zu orientieren. Vielmehr können die mathematischen Basiskompetenzen für Kinder aller Altersstufen bedeutsam sein.

Methodisch-didaktisch ist es notwendig, die inklusiv-mathematikdidaktische Schnittstelle der ‚natürlichen Differenzierung' weiter auszuarbeiten und dabei insbesondere Material-, Handlungs- und auch Alltagsorientierung in den Blick zu nehmen. Und zwar auf zwei Ebenen:

- Non-verbale und nicht-schriftsprachliche Zugänge und damit verbundene Möglichkeiten des Ausdrucks eigener Denk- und Lösungswege müssen genauer ausgearbeitet werden, damit wirklich alle Schüler_innen an einem Austausch über Mathematik – jenseits bloßer Rechenaufgaben – teilnehmen können.
- Für in höheren Schulklassen angesiedelte mathematische Inhalte, insbesondere im Arithmetikbereich, ist die Nutzung und der Nutzen der entsprechenden Zugänge weiter auszudifferenzieren und die Verbindung zwischen diesen und den symbolischen Bearbeitungen zu fokussieren.

Übergreifend ergibt sich hier die Aufgabe, die verschiedenen Ebenen und Zugangsweisen der Beschäftigung mit dem Inhalt miteinander in Beziehung zu setzen. Daran anknüpfend ist nicht nur das (zeitlich sukzessive) Wiederauftauchen der fundamentalen Ideen (im Sinne eines Spiralprinzips) von Bedeutung, sondern diese wären als ein verbindendes Moment des mathematischen Lernens zwischen Kindern mit sehr unterschiedlichen Lernausgangslagen zu fokussieren.

Die Hervorhebung von materialbasierten, barrierefreien Zugängen und ihrem Potenzial für einen inklusiven Mathematikunterricht bedeutet im Übrigen keinesfalls eine Abwertung oder Tabuisierung von symbolischen Bearbeitungen. Vielmehr wird das Anliegen verfolgt, diese auch mit anderen Aspekten zu verknüpfen und dabei u. a. die fundamentalen Ideen im Auge zu behalten, die auch in symbolischer Form ihren Ausdruck finden können. Die Zielsetzung wäre i. d. S. die Gestaltung herausfordernder Lernsituationen für alle Schüler_innen, deren Inhalte sich auf verschiedenen Repräsentationsebenen (enaktiv, ikonisch, symbolisch) bearbeiten lassen und gerade aus der Verknüpfung dieser Zugänge ihr Potenzial schöpfen. Die erfolgreiche Bewältigung der Herausforderungen, die sich zum Zusammenhang mit dem mit- und voneinander Lernen in einer heterogenen Lerngruppe ergeben, ist damit zugleich Chance für eine mathematikdidaktisch erforderliche Unterrichtsentwicklung. Um die Worte einer der befragten Lehrkräfte, G. Köhler, noch einmal aufzugreifen: Eine heterogene Lerngruppe zwingt die Lehrkraft „genau zu gucken [...]. Was ist das Basiswissen? [...] Was braucht man, um das zu verstehen?“ (K1: 198). Es geht mit dieser Basis gemäß Seitz (2008) und Feuser (1995) und entsprechend auch den fundamentalen Ideen der Mathematikdidaktik (Krauthausen/Scherer 2007, 134f., Wittmann o. J.) also um das ‚Einfache und Komplexe‘ zugleich. Erfolgen Differenzierung und Offenheit vom Fach aus, werden Kommunikation und Austausch, das gemeinsame Nachdenken über die verschiedenen (Lösungs-)Wege und Ergebnisse zum zentralen Bestandteil guten Mathematikunterrichts. Auch die von den befragten Lehrkräften geschilderten Sternstunden zeigen genau das Potenzial solcher Situationen für das gemeinsame Lernen in einer heterogenen Lerngruppe.

Für die Entwicklung eines inklusiven Mathematikunterrichts lässt sich aus den vorangegangen Erörterungen und mit Bezug auf das erste zentrale Ergebnis, die herausgearbeitete Herausforderung des mit- und voneinander Lernens (die ‚doofe symbolische Ebene‘), schlussfolgern:

> ✶ *Eine Konzentration auf das Wesentliche, i. S. der fundamentalen Ideen der Mathematik, kann die Voraussetzung schaffen für ein mit- und voneinander Lernen aller Schüler_innen über diverse individuelle Kompetenzniveaus hinweg. Damit verbunden ist die Verknüpfung der Repräsentationsebenen im Rahmen einer fachlich fundierten Handlungs- und Materialorientierung.*

Die Voraussetzung dafür, dass eine solche Konzentration auf das Wesentliche – auf die ‚Basis‘, die man zum Verständnis braucht – gewinnbringend für das Lernen aller Schüler_innen genutzt werden kann, besteht zum einen in der oben genannten Erweiterung der Inhalte und Zugänge und zum anderen in der fachlichen Rahmung durch eine Lehrkraft. Die Rahmung und Verbindung der verschiedenen Ebenen, auf denen die fundamentalen Ideen bearbeitet werden, ist dabei primär eine fachlich-fachdidaktische Aufgabe, die allerdings zugleich Potenzial für das Lernen in einer heterogenen Lerngruppe bietet.

10.2 Implikationen für Aus- und Fortbildung

Hinsichtlich der für einen inklusiven Mathematikunterricht notwendigen Professionalisierungsprozesse ist neben den genannten fachdidaktischen Entwicklungen auch die Frage nach den konkreten Professionalisierungsbedarfen der Lehrkräfte zu beantworten. Mit Blick auf das Analysematerial sind deshalb an dieser Stelle die nächsten Detailfragen zu diskutieren, die auf *Professionalisierungsbedarfe* abzielen:

- ▷ Welche vorhandenen fach- und/oder inklusionsdidaktischen Entwicklungen berücksichtigen die Lehrkräfte bei ihrer Unterrichtsgestaltung?
- ▷ Welche Entwicklungen berücksichtigen sie nicht und welche (Hinter-)Gründe lassen sich dafür vermuten?

Die untersuchten Belief-Systeme der Lehrkräfte zum *guten* Mathematikunterricht stimmen weitgehend mit dem Bild eines guten Mathematikunterrichts der fachdidaktischen Literatur überein. Den Schilderungen der Lehrkräfte zu *typischen* Situationen ihres Mathematikunterrichts zufolge, haben im alltäglichen Unterricht die von ihnen selbst als Merkmale eines guten Unterrichts benannten Aspekte allerdings nur noch relativ wenig Raum.

Fachdidaktische Entwicklungen sind den Lehrkräften als grundlegende Merkmale guten Mathematikunterrichts also präsent und für sie auch als ‚Sternstunden' ihres Unterrichts bedeutsam und eng mit fallbezogenen und emotional besetzten Schilderungen verknüpft. Bei der Gestaltung des täglichen Unterrichts sind diese Merkmale guten Unterrichts jedoch weniger bedeutsam. Die Diskrepanz zwischen den Belief-Systemen zum (theoretisch) guten Mathematikunterricht und der praktischen Umsetzung im alltäglichen Mathematikunterricht scheint in *Kontextfaktoren* einerseits und im genauen *Verständnis* der benannten Merkmale andererseits begründet zu liegen:

- **Kontextbezogen** lässt sich feststellen, dass sich im ‚Alltagsgeschäft' die Prioritäten verschieben, weil weitere Anforderungen als die eigenen Ansprüche an einen guten Mathematikunterricht hinzukommen. So werden ‚Üben' und ‚Einführen' zu zentralen Unterrichtsmerkmalen, weil die Lehrkräfte damit versuchen, dem (vorgegebenen) Stoffumfang gerecht zu werden. Daran anschließend ergibt sich bei den meisten Lehrkräften ein typisches Unterrichtsmuster aus einer lehrkraftzentrierten Themeneinführung mit anschließender individueller Übungsphase. Diese wird wiederum anhand von Zeit und Menge der zu bearbeitenden Aufgaben differenziert, aber weder mit Lernzieldifferenz noch mit einem Fokus auf die Unterschiede zwischen den individuellen Lernwegen oder dem Austausch über diese verbunden.[3]

- Im fachlich-fachdidaktischen **Verständnis** gibt es auch abseits dieser Beeinflussung durch Kontextfaktoren eine Diskrepanz zwischen der konkreten Ausgestaltung der benannten Merkmale guten Mathematikunterrichts durch die Lehrkräfte und der fachlichen Perspektive auf diese. So werden gemeinsame Lernsituationen zwar wertgeschätzt und in den Unterricht eingebunden. An vielen Stellen scheinen sie aber eher ergänzenden Charakter zum ‚eigentlichen Lernprozess' zu haben oder mehr durch einen gemeinsamen Rahmen geprägt zu sein als durch ko-konstruktives mit- und voneinander Lernen. Eng damit verbunden ist der Einsatz von Materialien mit ebenfalls eher ergänzender und motivierender als tatsächlich inhaltlicher Funktion.

Diese Diskrepanz zwischen gutem und typischem Mathematikunterricht bedeutet nicht nur eine Entfernung von fachdidaktischen Kriterien guten Mathematikunterrichts, sondern auch von dessen Potenzialen für einen inklusiven Unterricht. Die hier geschilderten fachdidaktischen Herausforderungen werden aber erst vor dem Hintergrund weiterer professionsbezogener und inklusionspädagogischer Problematiken zu einer Barrieren für inklusiven Mathematikunterricht. Denn an die übereinstimmend wahrgenommenen Schwierigkeiten, bei manchen mathematischen Inhalten gemeinsame Lernsituationen zu ermöglichen, die mit den genannten fachdidaktischen Herausforderungen zusammenhängen, schließen sich zwei sehr unterschiedliche Schlussfolgerungen zu den grundlegenden Möglichkeiten eines inklusiven Mathematikunterrichts an. Die Gründe hierfür ließen sich wiederum mit den oben bereits dargestellten gruppenbezogenen Perspektiven der Lehrkräfte erklären und hiermit lassen sich schließlich auch Antworten auf die nächsten Detailfragen zur Professionalisierung formulieren:

- ▷ Welche Berufs- und/oder Ausbildungserfahrungen scheinen für die Entwicklung und Gestaltung eines inklusiven Mathematikunterrichts nützlich und welche hinderlich?
- ▷ Welche Auswirkungen hat der jeweilige schulstrukturelle Kontext?

[3] Zu diskutieren wäre in diesem Zusammenhang weiterhin die Problematik des fachfremden Unterrichtens sowie die durch Lehrpläne und Schulbücher beförderte Themenfülle im Detail anstelle einer Orientierung auf die fundamentalen Ideen und ihre exemplarische Bearbeitung.

Es konnten zunächst keine deutlichen professions- oder sonstige ausbildungsbezogenen Faktoren ausgemacht werden, die die Lehrkräfte an der Gestaltung eines inklusiven Mathematikunterrichts konkret hindern bzw. dessen Umsetzung befördern. Die im vorigen Abschnitt dargestellten fachdidaktischen und auf Kontextfaktoren bezogenen Herausforderungen, die von den befragten Lehrkräften durchaus mit unterschiedlichen Schwerpunkten und Strategien sowie auch fachdidaktischen Kompetenzen gelöst werden, sind nämlich *nicht* der Hintergrund für einen nicht gemeinsam durchgeführten Mathematikunterricht.

Eine deutlich ausgemachte Barriere für gemeinsamen Mathematikunterricht stellt hingegen die im Koop-System angelegte strukturelle Trennung in zwei Schulklassen dar, die sich bei den Lehrkräften als ein ‚Zwei-Gruppen-Denken' manifestiert. Sie stellen daher an die ‚besondere Situation' des Zusammenkommens der beiden Klassen einen zu ihrem sonstigen Unterricht veränderten Anspruch, nämlich den, gemeinsame Lernsituationen zu ermöglichen. Dies führt aber gerade nicht zu einem Annehmen dieser Herausforderung der Unterrichtsentwicklung. Stattdessen führt eine ‚Vorab-Beurteilung' von Möglichkeiten des mit- und voneinander Lernens zu einer räumlichen Trennung der Klassen. Dies nimmt den Lehrkräften (und Schüler_innen) auch die Gelegenheit, ihre vorhandenen diesbezüglichen Belief-Systeme anhand von Erfahrungen zu modifizieren. Mögliche Begegnungen zwischen den Schüler_innen im Lernprozess werden verdeckt resp. finden gar nicht erst statt. Es sind keine Entscheidungen zwischen ‚Tür und Angel' möglich, denn die Tür zwischen den Gruppen wird konkret und in übertragener Bedeutung professionsbezogen geschlossen. Zugespitzt kann so auch aus Professionalisierungsperspektive formuliert werden, was u.a. Feuser (1995, 203) bereits in Hinblick auf schulstrukturelle Problematik herausstellt: „Kooperation ist keine Integration [und keine Inklusion, N. K.]! Sie ist die Soll-Bruchstelle [...]; bestenfalls ihre Sackgasse."

Die I-Lehrkräfte nehmen ihre Lerngruppe hingegen – unabhängig von den Anteilen gemeinsamer oder individueller Lernsituationen – als ‚gemeinsam' wahr, was letztlich einen flexible(re)n Übergang zwischen verschiedenen Formen der Gemeinsamkeit ermöglicht. Daher wird die auch von den I-Lehrkräften wahrgenommene (fachdidaktische) Herausforderung, mit- und voneinander *Lernen* in Mathematik zu ermöglichen, im integrativen Setting nicht zu einer Barriere für den gemeinsamen *Unterricht*. Zwar haben auch die befragten I-Lehrkräfte eine ‚Zwei-*Teil*-Gruppen-Auffassung'.[4] Diese ist allerdings – im Vergleich zu den Koop-Lehrkräften – nicht mit dauerhaften gruppenbe-

[4] Nur S. Inken lässt erkennen, dass sie auf die Vielfalt der Lerngruppe eingeht, ohne hierarchische oder kategorienbezogene Bewertungen vorzunehmen und vor diesem Hintergrund keine Unterscheidung zwischen verschiedenen neuen Anforderungen im Berufsalltag vornimmt.

zogenen Trennungen in der Unterrichtsorganisation verbunden. Zudem zeichnet sich bei den I-Lehrkräften insgesamt eine inklusive Professionsauffassung ab. Am deutlichsten drückt sich dies bei S. Inken aus, mit deren Worten dieses Professionsverständnis gut zusammengefasst werden kann: Den eigenen „Rahmen verändern, damit das Kind einen Platz hat", „sich mit dem Kind auf den Weg machen" und „improvisieren" zu müssen, wird nicht als spezifische Schwierigkeit gedeutet, sondern gilt bei ihr als integraler Bestandteil des beruflichen Alltags: „Man muss dann schon suchen. Kannst ja nicht ein Buch aufschlagen und da steht das jetzt alles drin" (S. Inken).

Daran knüpft ein weiterer Aspekt an, der ebenfalls als Potenzial für die Entwicklung einen guten inklusiven Mathematikunterrichts herausgearbeitet werden konnte und im Übrigen auch bereits in der frühen Integrationsforschung konstatiert wurde: Team-Kooperationen wirken unterstützend und stützen die Haltung, sich als ‚lernende Lehrkraft' neuen Aufgaben und Herausforderungen zuzuwenden. Auch ein solches Team-Teaching mit Kompetenztransfer und die Auflösung der Rollen als Sonder- und Regelschulpädagoge scheinen leichter zu fallen, wenn sie schulstrukturelle Entsprechungen haben, wenn also nicht zwei getrennte Klassenleitungen mit Zuständigkeiten für je eine der beiden Koop-Klassen existieren.[5]

Die Suche nach Lösungen für die übereinstimmend genannten Herausforderungen des mit- und voneinander Lernens im Lernbereich Mathematik findet bei den Koop-Lehrkräften aufgrund der (schul-)strukturell hergestellten ‚Zwei-Gruppen-Situation' bereits vorab und planerisch statt. Die I-Lehrkräfte entwickeln diese hingegen eher im Prozess, überwiegend im Team und teilweise explizit mit den Kindern gemeinsam.

Die Expertise der I-Lehrkräfte kann in Bezug auf das Professionsverständnis und die inklusionspädagogisch-didaktischen Grundlagen Hinweise für Voraussetzungen eines gelingenden Mathematikunterrichts in einer heterogenen Lerngruppe liefern. Zugleich muss allerdings festgehalten werden, dass ihre Schilderungen im Vergleich zu den Koop-Lehrkräften kaum auf einen grundsätzlich anderen Umgang mit der Heterogenität der Lerngruppe schließen lassen. Zudem werden teilweise sogar auf Basis der ‚voraussetzungslosen' Wahrnehmung der Klasse auch Formen der äußeren Differenzierung nicht hinterfragt. Hingegen lässt sich zumindest für einen Teil der Koop-Lehrkräfte konstatieren, dass sie aufgrund der ‚Besonderheit der gemeinsamen Lernsituation mit der Partnerklasse' eher um Lösungen und Nutzung des Potenzials des

[5] Die Bedeutung des Teams wurde in dieser Arbeit nicht weiter verfolgt, deckt sich aber mit anderen Untersuchungsergebnissen. Eine gelingende Zusammenarbeit verschiedener Professionen (im Team-Teaching) wurde bereits in der frühen Integrationsforschung als zentral herausgearbeitet (vgl. z. B. Hinz et al. 1998, 58; Feuser/Meyer 1987, 166). Die hinderlichen Auswirkungen der Koop-Strukturen auf diese Prozesse müssen an dieser Stelle als Vermutung stehen bleiben, weil diese Frage weder im Fokus der Sample-Zusammensetzung noch des Interviews stand.

mit- und voneinander Lernens bemüht sind. Somit kann das zweite zentrale Ergebnis, die trennende Auswirkung einer Zwei-Gruppen-Theorie, mit folgender Implikation aufgegriffen werden:

> ✶ *Die Erfahrung der strukturell verankerten Zusammengehörigkeit in einem Klassenverband und die damit verbundene ‚Akzeptanz des Nebeneinanders im gemeinsamen Unterricht' ist eine wichtige Grundlage inklusiver Unterrichtsentwicklung. Allerdings eröffnet dies lediglich einen Möglichkeitsraum und ist somit nur eine notwendige, aber keine hinreichende Bedingung für einen guten inklusiven Mathematikunterricht.*

Für diesen wäre eben relevant, dass neben den von den Befragten weitgehend als unproblematisch geschilderten, in allen Lerngruppen vorherrschenden, individuellen Lernsituationen die Chancen und Entwicklungen gemeinsamer Lernsituationen in den Blick genommen werden. Für die sich abzeichnenden Herausforderungen bei der Unterrichtsentwicklung und Professionalisierung ist zu betonen, dass sie keineswegs nur im *inklusiven* Mathematikunterricht auftreten. Die Notwendigkeit, diese anzugehen, wurde auch ganz unabhängig vom Umgang mit der Heterogenität der Lerngruppe deutlich. Im Zentrum fachdidaktischer Weiterentwicklungen und entsprechender Fort- und Ausbildungsmaßnahmen muss die inhaltliche und methodische Weiterentwicklung der Orientierung an den fundamentalen Ideen der Mathematik stehen. Der Professionalisierungsbedarf kann damit in der fachlich-didaktischen Rahmung der Verbindung von scheinbar ‚einfachen' Materialhandlungen und scheinbar ‚komplexen' abstrakten Ideen der Mathematik lokalisiert werden. Dies ist für die Begleitung individueller Lernprozesse in *jeder* Lerngruppe i. S. des sukzessiven Aufbaus eines mathematischen Verständnisses relevant. Im inklusiven Kontext wird die Verknüpfung der unterschiedlichen Bearbeitungen einer fundamentalen Idee auf den verschiedenen Ebenen zusätzlich bedeutsam für ein mit- und voneinander Lernen. Anhand der vorliegenden empirischen Ergebnisse kann damit in Bezug auf Prozesse der Professionalisierung auf einen ganz grundlegenden Aspekt verwiesen werden, der auch auf theoretisch-didaktischer Ebene bereits formuliert wurde: Es geht letztlich um die Entwicklung eines guten Unterrichts für *alle* Kinder.

Die dargelegten Herausforderungen eines inklusiven Mathematikunterrichts sind zugleich eine Chance für die Professionalisierung von Lehrkräften und die Unterrichtsentwicklung. Diese Chance kann genutzt werden, wenn die mit dieser Untersuchung angelegte Verknüpfung von fachdidaktischem und inklusionspädagogischem Diskurs gelingt: Über die fachdidaktische Konkretisierung wird deutlich, was im Diskurs zur inklusiven Didaktik unter ‚gemeinsamem Lernen' eigentlich zu verstehen ist und welche Ziele damit verbunden werden (können). Durch die Herausforderungen einer inklusiven Lerngruppe wiederum geraten in der fachdidaktischen Diskussion zentrale mathematikdidaktische Fragen, wie die nach der Funktion von Material- und Handlungsorientierung sowie der Rolle der fundamentalen Ideen, genauer in den Fokus. Im Ergebnis zeigt sich das Potenzial der Verbindung von fachdidaktischen und inklusionspädagogischen Entwicklungen nicht nur im Sinne didaktischer Entwicklungen und Professionalisierungsprozesse, sondern auch hinsichtlich einer Schärfung grundlegender Begrifflichkeiten.

11 Und wie kann es nun weitergehen? Ein praxisorientierter Ausblick

Am Anfang dieses Buches stand das Interesse, dem ‚Geheimnis' des inklusiven Mathematikunterrichts auf die Spur zu kommen und Ideen zur Unterstützung von Lehrkräften bei dessen Umsetzung zu entwickeln. Eine Untersuchung wie die vorgestellte kann immer nur einen Ausschnitt beleuchten. Im vorliegenden Fall liegt der Fokus nicht auf der konkreten Unterrichtspraxis. Die Ergebnisse der hier durchgeführten Studie können aber für den Weg zur Entwicklung dieser Praxis Anregungen geben. Dies wird im Folgenden entlang der Fragen versucht, welche Voraussetzungen ein guter inklusiver Mathematikunterricht benötigt, was am Anfang eines solchen stehen kann und auf welche Weise er weiterentwickelt werden könnte.

Das inhaltliche Ziel lautet grundlegend, ganz einfach guten *Mathematikunterricht* für *alle* Schüler_innen zu entwickeln. Dieser erfordert es, in selbstgesteuerten, komplexen, flexiblen und sozialen Situationen individuelle Lernzugänge zu berücksichtigen. Dazu gehören sowohl Überschneidungen als auch Differenzen in den Herangehensweisen der Kinder. Der Austausch über diese ist für das Lernen der_des Einzelnen wiederum besonders gewinnbringend, um sich die Komplexität mathematischer Zusammenhänge zu erschließen. Von zentraler Bedeutung sind eine fachlich fundierte Handlungs- und Materialorientierung und ein Fokus auf die fundamentalen Ideen der Mathematik. Für Lehrkräfte ergibt sich die Anforderung, Verbindungen zwischen verschiedenen Zugängen und Bearbeitungen zu erkennen und als Ausgangspunkte für Lernprozesse zu nutzen. Mit- und voneinander Lernen wird dann von einem inklusionspädagogischen Ideal zu einem fachdidaktischen und lerntheoretischen Qualitätskriterium.

1. Was braucht es für einen inklusiven Mathematikunterricht?

> ✶ *Inklusiver Mathematikunterricht braucht zuallererst wirklich inklusive Schul- und Unterrichtsstrukturen. Die Zugehörigkeit zur Lerngruppe bestimmt sich in diesen nicht durch die Fragen, wer im Unterricht was für seine Lernentwicklung braucht und inwiefern inhaltliche Gemeinsamkeit im Lernprozess möglich ist.*

Lehrkräfte können so Vielfalt und mögliche Gemeinsamkeit differenziert wahrnehmen und wertschätzen, da mit diesen Einschätzungen keine strukturellen Entscheidungen verknüpft sind. Die strukturelle Aufhebung von Lerngruppengrenzen ermöglicht damit die Überwindung eines ‚Zwei-Gruppen-Denkens' und einen flexiblen Wechsel zwischen gemeinsamen und individuellen Lernphasen. Erst in Verbindung mit einer Anregung inhaltlicher Austauschprozesse wird allerdings die Entwicklung eines *guten* inklusiven Mathematikunterrichts möglich.

Hinsichtlich fachdidaktischer Entwicklungen gilt es, eine konsequent zieldifferente ‚vielfältige Gemeinsamkeit' in den Blick zu nehmen, eine Ausdifferenzierung der fundamentalen Ideen für wirklich alle Lernzugänge zu leisten und insbesondere für den Inhaltsbereich Arithmetik Lernumgebungen zu entwickeln, die eine Bearbeitung und einen Austausch über verschiedenste Repräsentationsebenen hinweg ermöglichen.

Es ergeben sich zudem einige weitere grundsätzliche Rahmenbedingungen für guten inklusiven Mathematikunterricht: Eine fundierte fachdidaktische Ausbildung erleichtert die notwendige Öffnung vom Fach aus sowie die Orientierung an den fundamentalen Ideen. Die (strukturelle) Anerkennung von Lernzieldifferenz ermöglicht eine umfassende Anerkennung von Vielfalt in der Auseinandersetzung mit diesen Ideen. Selbstverständlich braucht es auch ausreichende (personelle) Ressourcen, nicht zuletzt, damit das Potenzial echten Team-Teachings ausgeschöpft werden kann.

2. Wie kann inklusiver Mathematikunterricht begonnen werden?

> ✶ *Die Entwicklung von inklusivem Mathematikunterricht fängt mit der Übertragung dessen an, was Lehrkräfte bereits wissen – aus anderen Fächern, aus anderen Lerngruppen und aus ‚Sternstunden' ihres bisherigen Mathematikunterrichts. Im großen Ganzen die Gemeinsamkeit der Klasse sehen und im kleinen, sicheren Terrain mit der inhaltlichen Gemeinsamkeit beginnen – das ist ein Startpunkt.*

Für Aus- und Fortbildung von Lehrkräften gilt letztlich das Gleiche, wie für Lernprozesse bei Kindern: Lehrkräfte brauchen die Möglichkeit, die Dinge selbst zu erarbeiten, auf ihren eigenen Wegen, anknüpfend an ihr bisheriges Wissen und ihre Erfahrungen, um mit der Möglichkeit über den Austausch mit anderen sich die Sache in ihrer Komplexität bewusst machen zu können. Unterstützend wäre ein Austausch zwischen Lehrkräften mit unterschiedlichen Erfahrungshintergründen, besser noch die Gelegenheit zur Hospitation. Dies ermöglicht es, gemeinsame Herausforderungen präziser zu fassen und zugleich alternative (Unterrichts-)Erfahrungen zu machen. Es muss dabei nicht immer die vermeintliche Best Practice (anderer Schulen/Lehrkräfte) im Vordergrund stehen, sondern ganz grundsätzlich bietet die gemeinsame Reflexion der eigenen Praxis einen hervorragenden Ausgangspunkt. Denn es hat sich gezeigt: Lehrkräfte sind sich teilweise des inklusiven Potenzials ihres bisherigen Unterrichts nicht bewusst.

Ein guter Start wäre die Überlegung, was die Gemeinsamkeit in bisher unterrichteten Klassen konstituierte, wie sie in und auch außerhalb des Unterrichts unterstützt wurde und inwiefern sich dies auf die ,inklusive Klasse' übertragen lässt. Wichtig ist allerdings, dass es nicht bei einer ,Gemeinsamkeit im Kopf der Lehrkraft' bleibt, sondern tatsächlich Raum für Begegnungen der Lernenden geschaffen wird. Auch hier hilft der Blick auf die eigene Praxis idealerweise gemeinsam mit Kolleg_innen. Viele Elemente aus anderen Fächern oder ,nicht-inklusiven' Lerngruppen lassen sich auf den inklusiven Mathematikunterricht übertragen. Auch aus dem Mathematikunterricht selbst vorhandenes Wissen lässt sich nutzen: Warum nicht mit einem Beispiel aus der Geometrie beginnen und dieses ausbauen? Wieso nicht die gemeinsame Einführung in ein Thema etwas ausweiten oder die Struktur von Anfangs-/Abschlusskreisen um eine ,Zwischenkonferenz' ergänzen? Finden sich nicht in bisher gelungenen material- und handlungsorientierten Lernsituationen doch auch arithmetische Inhalte, die sich mit einer Bearbeitung auf symbolischer Ebene verbinden lassen?

(Inhaltliche) Gemeinsamkeit im Lernprozess muss nicht gleich vollständig umgesetzt werden oder gelingen. Sie kann in einzelnen ,Sternstunden' oder auch -momenten beginnen. Hierfür bieten sich Themen an, in denen fachliche und didaktische Sicherheit besteht. So fällt der Überblick über die verschiedenen Lernziele und -inhalte und das Erkennen ihrer Verbindungen zueinander leichter und es können flexibel Anregungen gegeben werden. Dies eröffnet Möglichkeitsräume für vielfältige Lernwege, inhaltsbezogene Kommunikation und ,Aha-Momente' der Schüler_innen. Vielleicht lassen sich Erkenntnisse aus diesen ,Sternstunden' später auf andere Inhalte übertragen – zumindest aber werden Strukturen für (inhaltsbezogene) Kooperation und Kommunikation der Schüler_innen untereinander aufgebaut.

3. Wie lässt sich ein inklusiver Mathematikunterricht weiterentwickeln?

> ✶ *Inklusiver Mathematikunterricht entwickelt sich weiter, wenn Lehrkräfte sich – gemeinsam mit Kindern und Kolleg_innen – aktiv auf die Suche nach Anregungen zur Erweiterung des sicheren Terrains begeben und die Sternstunden des mit- und voneinander Lernens ausweiten.*

Schüler_innen finden selbst bereits verschiedenste Begegnungspunkte, die von der Lehrkraft aufgegriffen und ausgebaut werden können. Der Austausch mit Kolleg_innen ermöglicht es, das Wissen anderer zu nutzen, aber auch den eigenen Erfahrungsschatz zu heben. Schon ein gemeinsamer Nachmittag kann helfen zu erkennen ,was schon so alles im Schrank steht' oder ,was mit dem Material, das im Schrank steht, alles noch so gemacht werden kann' – wie es Lehrkräfte im Rahmen einer Fortbildung formulierten. Austausch kann auch für vorhandene Entwicklungsbedarfe sensibilisieren: Bestehen noch Barrieren für das Lernen Einzelner? Welche Formen der Gemeinsamkeit gibt es in der Lerngruppe und welche nicht? Wie ist die Balance zwischen gemeinsamen und individuellen Lernsituationen? Welche Rolle spielt der Austausch miteinander im (inhaltlichen) Lernprozess? Der Fragenkatalog ist hiermit sicherlich nicht erschöpft. Er erweitert sich spätestens im eigenen Reflexionsprozess, im Gespräch mit Kolleg_innen und durch den Einbezug der Kinder. Nach einer kritischen Bestandsaufnahme müssen nicht alle Herausforderungen zugleich gelöst werden – aber sie können Schritt für Schritt angegangen werden. Eine der befragten Lehrkräfte bemerkt dazu treffend:

> Und ich glaube, dass man das gemeinsam besser schafft, also wenn man das sich gemeinsam anguckt. Und auch zu sagen ‚Naja gut, dann läuft eben auch mal was schief, aber macht nichts, morgen ist auch noch ein Tag'. (Inken, I6: 299)

Nicht zuletzt lebt inklusiver Mathematikunterricht von einer fehlerfreundlichen Kultur – für die Schüler_innen wie für die Lehrkräfte, die sich in der Praxis einigen ganz grundsätzlichen Herausforderungen und natürlich immer auch konkreten Bedarfen der jeweiligen Lerngruppe stellen müssen.

Literatur

Ackermann, K.-E. (2003): Unterrichtliche Kooperation – Förderschwerpunkt „geistige Entwicklung“. In: Sonderpädagogik in Berlin (1), S. 43–58.

Aebli, H. (1963): Psychologische Didaktik: Didaktische Auswertung der Psychologie von Jean Piaget. Stuttgart: Klett-Cotta.

Andrews, P./Hatch, G. (2000): A comparison of Hungarian and English teachers' conceptions of mathematics and its teaching. In: Educational Studies in Mathematics (43), S. 31–64.

Applebaum, M./Leikin, R. (2007): Teachers' Conceptions of Mathematical Challenge in School Mathematics. In: Woo, J.-H./Lew, H. C./Park, K S./Seo, D. Y. (Hg.): Proceedings of the 31st Conference of the International Group for the Psychology of Mathematics Education Seoul, Korea, July 8–13, 2007. Seoul: PME (2), S. 9–16.

Arbeitsgruppe Internationale Vergleichsstudie (2007): Vertiefender Vergleich der Schulsysteme ausgewählter PISA-Teilnehmerstaaten. Bildungsforschung Bd. 2. Bonn, Berlin: BMBF.

Ball, D. L./Hill, H. C./Bass, H. (2005): Knowing Mathematics for Teaching. Who Knows Mathematics Well Enough To Teach Third Grade, and How Can We Decide? In: American Educater (Fall), S. 14–22; 43–46.

Bauersfeld, H. (1983): Subjektive Erfahrungsbereiche als Grundlage einer Interaktionstheorie des Mathematiklernens und -lehrens. In: Bauersfeld, H./Bussmann, H./Krummheuer, G./Lorenz, J. H./Voigt, J. (Hg.): Lernen und Lehren von Mathematik. Köln: Aulis-Verl. Deubner, S. 1–56.

Baumert, J./Kunter, M. (2006): Stichwort: Professionelle Kompetenz von Lehrkräften. In: Zeitschrift für Erziehungswissenschaft 9 (4), S. 469–520.

Baumert, J./Kunter, M. (2011): Das mathematikspezifische Wissen von Lehrkräften, kognitive Aktivierung im Unterricht und Lernfortschritte von Schülerinnen und Schülern. In: Kunter, M./Baumert, J./Blum, W./Klusmann, U./Krauss, S./Neubrand, M. (Hg.): Professionelle Kompetenz von Lehrkräften. Ergebnisse des Forschungsprogramms COACTIV. Münster u. a: Waxmann, S. 163–192.

Baroody, A. J. (1987): Children's mathematical thinking. A developmental framework for preschool, primary, and special education teachers. New York: Teachers College Columbia University.

Baroody, A. J./Dowker, A. (Hg.) (2003): The development of arithmetic concepts and skills. Constructing adaptive expertise. Mahwah NJ: Lawrence Erlbaum.

Barzel, B./Holzäpfel, L./Leuders, T./Streit, C. (2011): Mathematik unterrichten: Planen, durchführen, reflektieren. Berlin: Cornelsen Scriptor.

Begemann, E. (Hg.) (2000): Lernen verstehen, Verstehen lernen. Zeitgemäße Einsichten für Lehrer und Eltern. Unter Mitarbeit von Heinrich Bauersfeld. Frankfurt a.M.: Peter Lang.

Benkmann, R. (2001): Sonderpädagogische Professionalität im Wandel unter besonderer Berücksichtigung des Förderschwerpunkts Lernen. In: Zeitschrift für Heilpädagogik 52 (3), S. 90–98.

Blömeke, S./Eichler, D./Müller, C. (2003): Rekonstruktion kognitiver Strukturen von Lehrpersonen als Herausforderung für die empirische Unterrichtsforschung. Theoretische und methodologische Überlegungen zu Chancen und Grenzen von Videostudien. In: Unterrichtswissenschaft 31 (2), S. 103–121.

Blömeke, S. (2007): Qualitativ – quantitativ, induktiv – deduktiv, Prozess – Produkt, national – international. Zur Notwendigkeit multikriterialer und multiperspektivischer Zugänge in der Lehrerbildungsforschung. In: Lüders, M. (Hg.): Forschung zur Lehrerbildung. Kompetenzentwicklung und Programmevaluation. Münster u. a.: Waxmann, S. 13–36.

Blömeke, S./Kaiser, G./Lehmann, R. (Hg.) (2008): Professionelle Kompetenz angehender Lehrerinnen und Lehrer. Wissen, Überzeugungen und Lerngelegenheiten deutscher Mathematikstudierender und -refendare. Erste Ergebnisse zur Wirksamkeit der Lehrerausbildung. Münster u. a.: Waxmann.

Blömeke, S./Felbrich, A./Müller, C. (2008): Theoretischer Rahmen und Untersuchungsdesign. In: Blömeke, S./Kaiser, G./Lehmann, R. (Hg.): Professionelle Kompetenz angehender Lehrerinnen und Lehrer. Wissen, Überzeugungen und Lerngelegenheiten deutscher Mathematikstudierender und -refendare. Erste Ergebnisse zur Wirksamkeit der Lehrerausbildung. Münster u. a.: Waxmann, S. 15–48.

Blömeke, S. (2010): Kompetenzen deutscher Mathematiklehrer im internationalen Vergleich. Zentrale Ergebnisse der internationalen Vergleichsstudie TEDS-M. Online verfügbar unter http://tedsm.hu-berlin.de/publik/Downloads/teds-m-zusammenfassung.pdf, zuletzt aktualisiert am 10.05.2010, zuletzt geprüft am 16.01.2013.

Boban, I./ Hinz, A. (2009): Inklusive Pädagogik zwischen allgemeinpädagogischer Verortung und sonderpädagogischer Vereinnahmung – Anmerkungen zur internationalen und zur deutschen Debatte. In: Börner, S./Glink, A./Jäpelt, B./Sanders, D./Sasse, A. (Hg.): Integration im vierten Jahrzehnt. Bilanz und Perspektiven. Bad Heilbrunn: Klinkhardt, S. 220–228.

Bohnsack, R. (2005): Standards nicht-standardisierter Forschung in den Erziehungs- und Sozialwissenschaften. In: Zeitschrift für Erziehungswissenschaft (Beiheft 4), S. 63–81.

Bohnsack, R. (2009): Gruppendiskussion. In: Flick, U./Kardorff, E. von/Steinke, I. (Hg.): Qualitative Forschung. Ein Handbuch. 7. Aufl. Reinbeck: Rowohlt, S. 369–384.

Bohnsack, R. (2010): Gruppendiskussion und dokumentarische Methode. In: Friebertshäuser, B./Langner, A./Prengel, A. (Hg.): Handbuch qualitative Forschungsmethoden in der Erziehungswissenschaft. 3. vollst. üb. Aufl. Weinheim: Juventa-Verl., S. 205–218.

Bohnsack, R./Nentwig-Gesemann, I./Nohl, A.-M. (Hg.) (2007a): Die dokumentarische Methode und ihre Forschungspraxis. Grundlagen qualitativer Sozialforschung. 2. Aufl. Wiesbaden: VS Verlag für Sozialwissenschaften.

Bohnsack, R./Nentwig-Gesemann, I./Nohl, A.-M. (2007b): Einleitung: Die dokumentarische Methode und ihre Forschungspraxis. In: Bohnsack, R./Nentwig-Gesemann, I./Nohl, A.-M. (Hg.): Die dokumentarische Methode und ihre Forschungspraxis. Grundlagen qualitativer Sozialforschung. 2. Aufl. Wiesbaden: VS Verlag für Sozialwissenschaften, S. 9–27.

Bohnsack, R./Pfaff, N. (2010): Die dokumentarische Methode. Interpretation von Gruppendiskussionen und Interviews. In: Enzyklopädie Erziehungswissenschaft Online.

Bönig, D./Pietsch, A. (2012): Anschlussfähigkeit der mathematikdidaktischen Überzeugungen und Praktiken von ErzieherInnen und GrundschullehrerInnen – Kurzvorstellung eines Verbundprojekts. Erscheint in: Tagungsband zur 46. Jahrestagung der Gesellschaft für Didaktik der Mathematik. Online verfügbar unter http://www.anschluss-m.uni-bremen.de/tl_files/AnschlussMLayout/pdfs/Tagungsbeitrag_120324_db.pdf. , zuletzt geprüft am 25.04.2013.

Booth, T. (2005): Keeping the Future Alive: Putting Inclusive Values into Education and Society? Paper presented at North – South Dialogue Conference, Delhi, March 2005. Online verfügbar unter http://www.eenet.org.uk/resources/docs/future_alive.doc, zuletzt geprüft am 25.04.2013.

Booth, T./Ainscow, M. (2002): Index for inclusion. Developing learning and participation in schools. Reprinted. London: Centre for Studies on Inclusive Education.

Brinkmann, E./Kruse, N./Osburg, C. (Hg.) (2003): Kinder schreiben und lesen. Beobachten – Verstehen – Lehren. Freiburg im Breisgau: Fillibach.

Bromme, R. (1992): Der Lehrer als Experte. Zur Psychologie des professionellen Wissens. Bern: Huber.

Bromme, R./Haag, L. (2008): Forschung zur Lehrerpersönlichkeit. In: Helsper, W./Böhme, J. (Hg.): Handbuch der Schulforschung. 2. Aufl. Wiesbaden: VS Verl. für Sozialwiss., S. 803–819.

Bruder, R./Lengnink, K./Prediger, S. (2003): Ein Instrumentarium zur Erfassung subjektiver Theorien über Mathematikaufgaben. Preprint Nr. 2265 des Fachbereichs Mathematik, TU Darmstadt. Fachbereich Mathematik, TU Darmstadt.
Online verfügbar unter http://www.mathematik.uni-dortmund.de/~prediger/veroeff/03-preprint-repertory.pdf, zuletzt geprüft am 20.03.2013.

Brügelmann, H. (2005): Schule verstehen und gestalten. Perspektiven der Forschung auf Probleme von Erziehung und Unterricht. Lengwil-Oberhofen: Libelle.

Brunner, M./Kunter, M./Krauss, S. (2006): Die professionelle Kompetenz von Mathematiklehrkräften: Konzeptualisierung, Erfassen und Bedeutung für den Unterricht. Eine Zwischenbilanz des COACTIV-Projekts. In: Prenzel, M./Allolio-Näcke, L. (Hg.): Untersuchungen zur Bildungsqualität von Schule. Abschlussbericht des DFG-Schwerpunktprogramms. Münster u. a.: Waxmann, S. 54–82.

Buchholtz, N./Kaiser, G./Blömeke, S. (2013). Die Erhebung mathematikdidaktischen Wissens: Konzeptualisierung einer komplexen Domäne. Journal für Mathematikdidaktik 35, S. 101-128.

Bürli, A./Strasser, U./Stein, A.-D. (Hg.) (2009): Integration und Inklusion aus internationaler Sicht. Bad Heilbrunn: Klinkhardt.

BLK, Bund-Länder-Kommission für Bildungsplanung und Forschungsförderung (Hg.) (1997): Steigerung der Effizienz des mathematisch-naturwissenschaftlichen Unterrichts. Bonn: BLK. Online verfügbar unter http://www.blk-bonn.de/papers/heft60.pdf, zuletzt geprüft: 20.3.2013.

Clausen, M./Reusser, K./Klieme, E. (2003): Unterrichtsqualität auf der Basis hoch-inferenter Unterrichtsbeurteilungen. Ein Vergleich zwischen Deutschland und der deutschsprachigen Schweiz. In: Unterrichtswissenschaft 31 (2), S. 122–141.

Cowan, R. (2003): Does It All Add Up? Changes in Children's Knowledge of Addition Combinations, Strategies, and Principles. In: Baroody, A. J./Dowker, A. (Hg.): The development of arithmetic concepts and skills. Constructing adaptive expertise. Mahwah NJ: Lawrence Erlbaum, S. 35–74.

Deci, E. L./Ryan, R. M. (1993): Die Selbstbestimmungstheorie der Motivation und ihre Bedeutung für die Pädagogik. In: Zeitschrift für Pädagogik 39 (2), S. 223–238.

Demmer-Dieckmann, I./Struck, B. (Hg.) (2001): Gemeinsamkeit und Vielfalt: Pädagogik und Didaktik einer Schule ohne Aussonderung. Weinheim: Juventa-Verlag.

Deppe-Wolfinger, H. (1993): Das Miteinander der Verschiedenen oder: Die Integration behinderter Kinder in die allgemeine Schule. In: Lingelbach, K.-C./Zimmer, H. (Hg.): Jahrbuch für Pädagogik 1993. Öffentliche Pädagogik vor der Jahrhundertwende: Herausforderungen, Widersprüche, Perspektiven. Frankfurt a. M. u. a: Peter Lang, S. 177–188.

Deppe-Wolfinger, H. (2012): 25 Jahre Integrationsforschung. In: Seitz, S./Finnern, N.-K./ Korff, N./Scheidt, K. (Hg.): Inklusiv gleich gerecht? Inklusion und Bildungsgerechtigkeit. Bad Heilbrunn: Klinkhardt, S. 282–288.

Dessemontet, R. S./Benoit, V./Bless, G. (2011): Schulische Integration von Kindern mit einer geistigen Behinderung. Untersuchung der Entwicklung der Schulleistungen und der adaptiven Fähigkeiten, der Wirkung auf die Lernentwicklung der Mitschüler sowie der Lehrereinstellungen zur Integration. In: Empirische Sonderpädagogik (4), S. 291–307.

Devlin, K. (2006): Das Mathe-Gen oder wie sich das mathematische Denken entwickelt + warum Sie Zahlen ruhig vergessen können. 5. Aufl. München: Dt. Taschenbuch-Verlag.

Diedrich, M./Thußbas, C./Klieme, E. (2002): Professionelles Lehrerwissen und selbstberichtete Unterrichtspraxis im Fach Mathematik. In: Prenzel, M./Doll, J. (Hg.): Bildungsqualität von Schule: Schulische und außerschulische Bedingungen mathematischer, naturwissenschaftlicher und überfachlicher Kompetenzen. Weinheim: Beltz , S. 107–123.

DIMDI (Deutschen Institut für Medizinische Dokumentation und Information) (2005): Internationale Klassifikation der Funktionsfähigkeit, Behinderung und Gesundheit, Stand Oktober 2005. WHO.

Doll, J./Prenzel, M. (Hg.) (2004a): Bildungsqualität von Schule. Lehrerprofessionalisierung, Unterrichtsentwicklung und Schülerförderung als Strategien der Qualitätsverbesserung. Münster u. a.: Waxmann.

Doll, J./Prenzel, M. (2004b): Das DFG-Schwerpunktprogramm „Bildungsqualität von Schule (BIQUA) : Schulische und außerschulische Bedingungen mathematischer, naturwissenschaftlicher und überfachlicher Kompetenzen". In: Doll, J./Prenzel, M. (Hg.): Bildungsqualität von Schule. Lehrerprofessionalisierung, Unterrichtsentwicklung und Schülerförderung als Strategien der Qualitätsverbesserung. Münster u. a.: Waxmann, S. 9–23.

Dumke, D./Kellner, M./Kraneburg, M. (1991): Unterrichtsorganisation in Integrationsklassen. In: Dumke, D. (Hg.): Integrativer Unterricht. Gemeinsames Lernen von Behinderten und Nichtbehinderten. Weinheim: Dt. Studien-Verlag, S. 109–160.

Eberwein, H. (1999): Integrationspädagogik als Weiterentwicklung (sonder-)pädagogischen Denkens und Handelns. In: Eberwein, H. (Hg.): Integrationspädagogik. Kinder mit und ohne Behinderung lernen gemeinsam. Ein Handbuch. 5. Aufl. Weinheim u. a.: Beltz, S. 55–68.

Eichler, A. (2007): Individuelle, tatsächliche und realisierte Curricula. Ein ganzheitlicher Blick auf die Schulpraxis. In: Lemmermöhle, D./Rothgangel, M./Bögeholz, S./Hasselhorn, M./ Watermann, R. (Hg.): Professionell lehren erfolgreich lernen. Münster u. a.: Waxmann, S. 211–223.

Eisenhart, M./Borko, H./Underhill, R./Brown, C./Jones, D./Agard, P. (1993): Conceptual Knowledge Falls through the Cracks: Complexities of Learning to Teach Mathematics for Understanding. In: Journal for Research in Mathematics Education 24 (1), S. 8–40.

Erzmann, T. (2003): Konstitutive Elemente einer Allgemeinen (integrativen) Pädagogik und eines veränderten Verständnisses von Behinderung. Eine hermeneutische Arbeit zur Frage eines Paradigmen- oder Perspektivenwechsels durch den gemeinsamen Unterricht von behinderten und nichtbehinderten Kindern und Jugendlichen. Frankfurt a. M. u. a.: Peter Lang.

Ezawa, B. (1996): Zählen und Rechnen bei geistig behinderten Schülern. Pädag. Hochsch, Frankfurt a. M., Ludwigsburg.

Feuser, G. (1989): Allgemeine integrative Pädagogik und entwicklungslogische Didaktik. In: Behindertenpädagogik 28 (1), S. 4–48. Online verfügbar unter http://bidok.uibk.ac.at/library/feuser-didaktik.html, zuletzt geprüft am 25.04.2013.

Feuser, G. (1995): Behinderte Kinder und Jugendliche. Zwischen Integration und Aussonderung. Darmstadt: Wissenschaftliche Buchgesellschaft.

Feuser, G. (1996): „Geistigbehinderte gibt es nicht!" Zum Verhältnis von Menschenbild und Integration. Referat am 11. Östereichischen Symposium für die Integration behinderter Menschen „Es ist normal, verschieden zu sein". Online verfügbar unter http://bidok.uibk.ac.at/library/feuser-geistigbehinderte.html, zuletzt geprüft am 25.04.2013.

Feuser, G. (1999): Integration – eine Frage der Didaktik einer Allgemeinen Pädagogik. In: Behinderte in Familie, Schule und Gesellschaft 22 (1), S. 39–49.

Feyerer, E. (2003): Pädagogik und Didaktik integrativer bzw. inklusiver Bildungsprozesse. Herausforderung an Lehre, Forschung und Bildungsinstitutionen. In: Behinderte in Familie, Schule und Gesellschaft (1), S. 38–52.

Finnern, N./Thim, A. (2013): Zur Konstruktion und Reifizierung von ‚Behinderung' durch Forschung. In: Dorrance, C./Dannenbeck, C. (Hg.): Doing inclusion. Inklusion in einer nicht inklusiven Gesellschaft. Bad Heilbrunn: Klinkhardt, S. 159–167.

Fischler, H. (2001): Verfahren zur Erfassung von Lehrer-Vorstellungen zum Lehren und Lernen in den Naturwissenschaften. In: Zeitschrift für Didaktik der Naturwissenschaften 7, S. 105–120.

Flick, U. (2011): Qualitative Sozialforschung. Eine Einführung. 4 (vollst. überarb. und erw. Neuausg. 2007). Reinbek bei Hamburg: Rowohlt-Taschenbuch-Verl.

Floer, J. (2004): Mathematikunterricht in der Schuleingangsphase. Vielfalt als Chance oder nur neue Probleme? In: Grundschule 36 (3), S. 9–14.

Freudenthal, H. (1974): Die Stufen im Lernprozeß und die heterogene Lerngruppe im Hinblick auf die Middenschool. In: Neue Sammlung. Göttinger Zeitschrift für Erziehung und Gesellschaft, S. 161–174.

Freudenthal, H. (1981): Kinder und Mathematik. In: Grundschule 13 (3), S. 100–102.

Freudenthal, H. (1982): Mathematik – eine Geisteshaltung. In: Grundschule 14 (4), S. 140–142.

Fthenakis, W. E. (2007): Auf den Anfang kommt es an. Perspektiven für eine Neuorientierung frühkindlicher Bildung. Bonn: BMBF.

Furinghetti, F. (1996): A theoretical framework for teachers´ conceptions. In: Pehkonen, E. (Hg.): Current state of research on mathematical beliefs III. Proceedings of the MAVI-3 Workshop, August 23-26, 1996. Helsinki: Department of Teacher Education, University of Helsinki, S. 19–25.

Furinghetti, F. (1998): Around the term `belief`. In: Hannula, M. (Hg.): Current State of Research on Mathematical Beliefs VII. Proceedings of the MAVI-7 Workshop. Oktober 2.-5.1998. Helsinki: Department of Teacher Education, University of Helsinki (Research Report, 198), S. 24–29.

Fussangel, K. (2008): Subjektive Theorien von Lehrkräften zur Kooperation. Eine Analyse der Zusammenarbeit von Lehrerinnen und Lehrern in Lerngemeinschaften. Dissertation Universität Wuppertal. Online verfügbar unter http://elpub.bib.uni-wuppertal.de/edocs/dokumente/fbg/paedagogik/diss2008/fussangel/dg0802.pdf, zuletzt geprüft am 25.04.2013.

Gräve, R. (1996): Struktur und niveauorientierter Mathematikunterricht in der Schule für Geistigbehinderte. In: Baudisch, W./Schmetz, D. (Hg.): Mathematik und Sachunterricht im Primar- und Sekundarbereich. Beispiele sonderpädagogischer Förderung. Frankfurt a. M.: Diesterweg, S. 99–111.

Gerber, A. (2010): Zum Unterrichtsverständnis von Mathematik an Volksschulen. Eine empirische Studie über Lehrer/innen an österreichischen Volksschulen. In: Fridrich, C./Heissenberger, M./Paseka, A. (Hg.): Forschungsperspektiven 2. Wien u. a.: Lit-Verl., S. 13–28.

Graumann, O. (2002): Gemeinsamer Unterricht in heterogenen Gruppen. Von lernbehindert bis hochbegabt. Bad Heilbrunn: Klinkhardt.

Grassmann, M. (2008): Es geht auch ohne… Anregungen zum Einsatz von Fermi-Aufgaben. In: Grundschule 40 (9), S. 34–36.

Grigutsch, S. (1996): Mathematische Weltbilder von Schülern. Struktur, Entwicklung, Einflußfaktoren. Duisburg: Universität Duisburg. (Dissertation Universität Duisburg).

Grigutsch, S./Raatz, U./Törner, G. (1998): Einstellungen gegenüber Mathematik bei Mathematiklehrern. In: Journal für Mathematik-Didaktik 19 (1), S. 3–45.

Groeben, N./Wahl, D./Schlee, J./Scheele, B. (1988): Das Forschungsprogramm Subjektive Theorien. Eine Einführung in die Psychologie des reflexiven Subjekts. Tübingen: Francke.

Grootenboer, P. (2008): Mathematical Belief Change in Prospective Primary Teachers. In: Journal of Mathematics Teacher Education 11 (6), S. 479–497.

Gruber, H./Mandl, H. (1996): Expertise und Erfahrung. In: Gruber, H./Ziegler, A. (Hg.): Expertiseforschung: theoretische und methodische Grundlagen. Theoretische und methodische Grundlagen. Opladen: Westdt. Verlag, S. 18–34.

Grundschulverband (2009): Acht Forderungen zur Bildungsgerechtigkeit. In: Grundschule aktuell (108), Beilage.

Hagstedt, H. (1994): Kann die Mathematik-Didaktik so frei sein wie die Mathematik? In: Die Grundschulzeitschrift 8 (74), S. 7–10.

Hagstedt, H. (1996): Mathematik ist überall. In: Die Grundschulzeitschrift (92), S. 8–13.

Hahn, H. (2010): Didaktische Elemente im jahrgangsgemischten Mathematikunterricht der Schuleingangsphase. In: Hahn, H./Berthold, B. (Hg.): Altersmischung als Lernressource. Impulse aus Fachdidaktik und Grundschulpädagogik. Baltmannsweiler: Schneider Verlag Hohengehren, S. 209–222.

Handal, B./Bobis, J. (2004): Teaching Mathematics Thematically: Teachers' Perspectives. In: Mathematics Education Research Journal 16 (1), S. 3–18.

Hannula, M. (2007): Finnish research on affect in mathematics: Blended theories, mixed methods and some findings. In: The international journal on mathematics education 39 (3), S. 197–203.

Hannula, M./Kaasila, R./Laine, A./Pehkonen, E. (2005): Structure and typical profiles of elementary teacher students´ view of mathematics. In: Chick, H. L./Vincent, J. L. (Hg.): Proceedings of the 29th Conference of the International Group for the Psychology of Mathematics Education. Melbourne, Australia, July 10–15, 2005 ; PME 29. Melbourne: Dep. of Science and Mathematics Education Univ. of Melbourne (3), S. 89–96.

Hardiman, S./Guerin, S./Fitzsimons, E. (2009): A Comparison of the Social Competence of Children with Moderate Intellectual Disability in Inclusive versus Segregated School Settings. In: Research in Developmental Disabilities: A Multidisciplinary Journal 30 (2), S. 397–407.

Hartinger, A./Kleickmann, T./Hawelka, B. (2006): Der Einfluss von Lehrervorstellungen zum Lernen und Lehren auf die Gestaltung des Unterrichts und auf motivationale Schülervariablen. In: Zeitschrift für Erziehungswissenschaft 9 (1), S. 110–126.

Hasemann, K. (2003): Anfangsunterricht Mathematik. Heidelberg: Spektrum.

Heimlich, U. (2003): Integrative Pädagogik. Eine Einführung. Stuttgart: Kohlhammer.

Heimlich, U. (2004): Heilpädagogische Kompetenz – Eine Antwort auf die Entgrenzung der Heilpädagogik. In: Vierteljahresschrift für Heilpädagogik und ihre Nachbargebiete (3), S. 256–259.

Heinzel, F./Prengel, A. (Hg.) (2002): Heterogenität, Integration und Differenzierung in der Primarstufe. Opladen: Leske u. Budrich.

Helmke, A. (2009): Unterrichtsqualität und Lehrerprofessionalität. Diagnose, Evaluation und Verbesserung des Unterrichts. Seelze-Velber: Kallmeyer.

Hengartner, E. (2006): Lernumgebungen für Rechenschwache bis Hochbegabte. Natürliche Differenzierung im Mathematikunterricht. Zug: Klett und Balmer.

Hennies, J. (2012): Hörgeschädigte Schüler/innen in der Inklusion. In: Seitz, S./Finnern, N.-K./Korff, N./Scheidt, K. (Hg.): Inklusiv gleich gerecht? Inklusion und Bildungsgerechtigkeit. Bad Heilbrunn: Klinkhardt, S. 185–191.

Hennies, J./Ritter, M. (2013): Grundfragen einer inklusiven Deutschdidaktik – Ein Problemaufriss. In: Zeitschrift für Inklusion (1). Online verfügbar unter http://www.inklusion-online.net/index.php/inklusion/article/view/203/184, zuletzt geprüft am 25.04.2013.

Heyer, P. (1998): Bausteine einer integrativen Didaktik für die Grundschule. In: Rosenberger, M. (Hg.): Schule ohne Aussonderung. Idee, Konzepte, Zukunftschancen. Pädagogische Förderung behinderter und von Behinderung bedrohter Kinder und Jugendlicher. Neuwied: Luchterhand, S. 89–102.

Heyer, P. (2002): Grundschule – Schule für alle Kinder. Grundsätze zur Entwicklung integrativer Arbeit. In: Eberwein, H./Knauer, S. (Hg.): Integrationspädagogik. Kinder mit und ohne Beeinträchtigung lernen gemeinsam. Ein Handbuch. 6. Aufl. Weinheim u. a.: Beltz, S. 191–200.

Hill, H. C./Schilling, S. G./Ball, D. L. (2004): Developing measures of teachers´ mathematic knowledge for teaching. In: Elementary School Journal (105), S. 11–30.
Hill, H. C./Rowan, B./Ball, D. L. (2005): Effects of teachers´ mathematical knowledge for teaching on student achievement. In: American Educational Research Journal 42, S. 371–406.
Hill, H. C./Ball, D. L./Schilling, S. G. (o. J.): Developing Measures of Teachers` Mathematics Knowledge for Teaching. University of Michigan. Online verfügbar unter http://sii.soe.umich.edu/documents/hill_schill_ball.db.r59E46.pdf, zuletzt geprüft am 25.04.2013.
Hinz, A./Katzenbach, D./Rauer, W./Schuck, K. D./Wocken, H./Wudtke, H. (1998): Die integrative Grundschule im sozialen Brennpunkt. Ergebnisse eines Hamburger Schulversuchs. Hamburg: Hamburger Buchwerkstatt.
Hinz, A. (2002): Von der Integration zur Inklusion – terminologisches Spiel oder konzeptionelle Weiterentwicklung? In: Zeitschrift für Heilpädagogik 53 (9), S. 354–361.
Hinz, A. (2007): Inklusion – Vision und Realität! In: Katzenbach, D. (Hg.): Vielfalt braucht Struktur. Heterogenität als Herausforderung für die Unterrichts- und Schulentwicklung. Frankfurt, a. M.: Johann-Wolfgang-Goethe-Univ., S. 81–98.
Hinz, A. (2008): Gemeinsamer Unterricht. In: Eberwein, H./Mand, J. (Hg.): Integration konkret. Begründung, didaktische Konzepte, inklusive Praxis. Bad Heilbrunn: Klinkhardt, S. 197–211.
Hinz, A. (2013): Inklusion – von der Unkenntnis zur Unkenntlichkeit!? Kritische Anmerkungen zu einem Jahrzehnt Diskurs über schulische Inklusion in Deutschland. In: Zeitschrift für Inklusion (1). Online verfügbar unter http://www.inklusion-online.net/index.php/inklusion/article/view/201/182, zuletzt geprüft 25.04.2013.
Hirt, U./Wälti, B. (2008): Lernumgebungen im Mathematikunterricht. Natürliche Differenzierung für Rechenschwache und Hochbegabte. Seelze: Kallmeyer.
Hof, C. (2000): Subjektive Wissenstheorien als Grundlage des Unterrichtens. Ergebnisse einer Explorationsstudie. In: Zeitschrift für Erziehungswissenschaft 3 (4), S. 595–608.
Hofer, B. /Pintrich, P. (Hg.) (2002): Personal epistemology. The psychology of beliefs about knowledge and knowing. Mahwah, NJ: Erlbaum. Online verfügbar unter http://www.loc.gov/catdir/enhancement s/fy0634/00068182-d.html, zuletzt geprüft am 25.04.2013.
Hoffmann, T./Beckmann, W./Zimpel, A. F. (2003): Lernen am gemeinsamen Gegenstand. In: Bewährtes sichern – Neues wagen – Zukunft gestalten. Beiträge des bildungspolitischen Symposions des Instituts für Behindertenpädagogik 2000. Hamburg: Hamburger Buchwerkstatt, S. 107–137.
Horstkemper, M./Tillmann, K.-J. (2004): Schulformvergleiche und Studien zu Einzelschulen. In: Helsper, W./Böhme, J. (Hg.): Handbuch der Schulforschung. Wiesbaden: VS Verlag für Sozialwissenschaften, S. 287–323.
Jank, W./Meyer, H. (2005): Didaktische Modelle. 7. Aufl. Berlin: Cornelsen Scriptor.
Jantzen, W. (1987): Allgemeine Behindertenpädagogik. Ein Lehrbuch. Weinheim: Beltz.
Jantzen, W. (2005): „Es kommt darauf an, sich zu verändern …". Zur Methodologie und Praxis rehistorisierender Diagnostik und Intervention. Gießen, Lahn: Psychosozial-Verl.
Kalambouka, A./Farrell, P./Dyson, A./Kaplan, I. (2007): The Impact of Placing Pupils with Special Educational Needs in Mainstream Schools on the Achievement of Their Peers. In: Educational Research 49 (4), S. 365–382.
Kaufmann, S. (2006): Umgang mit unvollständigen Aufgaben. Fermi-Aufgaben in der Grundschule. In: Die Grundschulzeitschrift 20 (191), S. 16–20.
Klafki, W. (1997): Die bildungstheoretische Didaktik im Rahmen kritisch-konstruktiver Erziehungswissenschaft. In: Gudjons, H./Winkel, R. (Hg.): Didaktische Theorien. 9. Aufl. Hamburg: Bergmann + Helbig, S. 13–34.
Kleickmann, T./Möller, K. (2005): Zusammenhänge zwischen Lehrervorstellungen zum Lehren und Lernen im naturwissenschaftsbezogenen Sachunterricht und Elementen der Lehrerausbildung. In: Pitton, A. (Hg.): Relevanz fachdidaktischer Forschungsergebnisse für die Lehrerbildung. 31. Jahrestagung der GDCP in Heidelberg 2004. Münster: Lit.-Verl., S. 259–261.
Klein, G./Kreie, G./Kron, M./Reiser, H. (1987): Integrative Prozesse in Kindergartengruppen. Über die. gemeinsame Erziehung von behinderten u. nichtbehinderten Kindern. Weinheim: Juventa Verlag
Klemm, K. (2013): Inklusion in Deutschland – eine Bildungsstatistische Analyse. Bertelsmann Stiftung. Online verfügbar unter http://www.bertelsmann-stiftung.de/cps/rde/xbcr/SID-09262378-6E33034A/b st/xcms_bst_dms_37485_37486_2.pdf, zuletzt geprüft am 25.04.2013.

Klieme, E./Avenarius, H./Blum, W./Döbrich, P./Gruber, H. (2003): Zur Entwicklung nationaler Bildungsstandards. Eine Expertise. Koordination: Deutsches Institut für Internationale Pädagogische Forschung (DIPF). Frankfurt, a. M.: Deutsches Institut für Internationale Pädagogische Forschung. Online verfügbar unter http://www.dipf.de/de/projekte/pdf/zur-entwicklung-nationaler-bildungsstandards, zuletzt geprüft am 25.04.2013.

KMK (2004): Bildungsstandards im Fach Mathematik für den Primarbereich. Beschluss der Kultusministerkonferenz vom 15.10.2004.

Koch-Priewe, B. (2002): Der routinierte Umgang mit Neuem. Wie die Professionalisierung von Junglehrern und Junglehrerinnen gelingen kann. In: Jahrbuch für Lehrerforschung und Bildungsarbeit (3), S. 1–18.

Koch-Priewe, B. (2007): Didaktik. Vermittlungswissenschaft oder (doch) bildungstheoretisches Konzept? In: Pädagogische Rundschau 61 (5), S. 545–558.

Köller, O./Baumert, J./Neubrand, J. (2000): Epistemologische Überzeugungen und Fachverständnis im Mathematik- und Physikunterricht. In: Baumert, J./Bos, W./Lehmann, R. (Hg.): TIMSS/III. Dritte Internationale Mathematik- und Naturwissenschaftsstudie. Mathematische und naturwissenschaftliche Bildung am Ende der Schullaufbahn. Opladen: Leske u. Budrich (TIMSS/III, 2), S. 229–270.

Köpfer, A. (2008): Die entwicklungslogische Didaktik (Feuser) – Entstehung/Modifikationen/ Perspektiven. Schriftliche Hausarbeit im Rahmen der Ersten Staatsprüfung für das Lehramt für Sonderpädagogik. Online verfügbar unter http://www.hf.uni-koeln.de/data/gbd/File/inkoetext/EntwicklungslogischeDidaktik_ExamensarbeitKoepfer.pdf, zuletzt aktualisiert am 21.11.2010, zuletzt geprüft am 17.02.2013.

Kopp, B. (2009): Inklusive Überzeugung und Selbstwirksamkeit im Umgang mit Heterogenität – Wie denken Studierende des Lehramts für Grundschulen? In: Empirische Sonderpädagogik 1 (1), S. 5–25.

Korff, N. (2011a): ‚In allen anderen Fächern ist das einfach einfacher.' Belief-Systeme von Primarstufenlehrer/innen zu einem inklusiven Mathematikunterricht. In: Lütje-Klose, B./Langer, M.-T./Serke, B./Urban, M. (Hg.): Inklusion in Bildungsinstitutionen. Eine Herausforderung an die Heil- und Sonderpädagogik. Bad Heilbrunn: Klinkhardt, S. 150–156.

Korff, N. (2011b): Das Ganze gemeinsam entdecken: Chance und Herausforderung für einen inklusiven Mathematikunterricht. In: Mittendrin e. V. (Hg.): Eine Schule für Alle. Vielfalt leben! ; Materialien zum Kongress vom 12. –14. März 2010 in Köln. Norderstedt: Books on Demand, S. 231–242.

Korff, N. (2012): Inklusiver Unterricht – Didaktische Modelle und Forschung. In: Benkmann, R./Chilla, S./Stapf, E. (Hg.): Inklusive Schule. Einblicke und Ausblicke. Immenhausen bei Kassel: Prolog-Verl., S. 138–157.

Korff, N. (2013): Lehrer/-innenbeliefs zum gemeinsamen Lernen im inklusiven Mathematikunterricht. In: Dorrance, C./Dannenbeck, C. (Hg.): Doing inclusion. Inklusion in einer nicht inklusiven Gesellschaft. Bad Heilbrunn: Klinkhardt, S. 208–216.

Korff, N. (in Vorb., erscheint 2015): ‚In Orientierung an…' Reflexionen zur Kombination und Modifikation zweier Auswertungsmethoden. In: Dunker, N./Finnern, N.-K./Koppel, I. (Hg.): Wege durch den Forschungsdschungel – Ausgewählte Fallbeispiele aus der Forschungspraxis. Springer.

Korff, N./Scheidt, K. (2011): Inklusive (Fach)Didaktik und LehrerInnenexpertise: Ergebnisse zweier Pilotstudien. In: Flieger, P./Schönwiese, V. (Hg.): Menschenrechte – Integration – Inklusion. Aktuelle Perspektiven aus der Forschung. Bad Heilbrunn: Klinkhardt, S. 91–97.

Kottmann, B. (2007): Die Feststellung von sonderpädagogischem Förderbedarf: Benachteiligung der Benachteiligten. In: Demmer-Dieckmann, I./Textor, A. (Hg.): Integrationsforschung und Bildungspolitik im Dialog. Bad Heilbrunn: Klinkhardt, S. 99.

Krajewski, K. (2003): Vorhersage von Rechenschwäche in der Grundschule. Hamburg: Kovac.

Krajewski, K./Schneider, W. (2006): Mathematische Vorläuferfertigkeiten im Vorschulalter und ihre Vorhersagekraft für die Mathematikleistungen bis zum Ende der Grundschulzeit. In: Psychologie in Erziehung und Unterricht 53 (4), S. 246–262.

Krapp, A./Weidenmann, B. (Hg.) (2006): Pädagogische Psychologie. Ein Lehrbuch. 5. Aufl. Weinheim: Beltz.

Krauss, S./Baumert, J./Blum, W. (2008): Secondary mathematics teachers' pedagogical content knowledge and content knowledge: validation of the COACTIV constructs. In: ZDM Mathematics Education 40 (5), S. 873–892.

Krauthausen, G. (1998): Allgemeine Lernziele im Mathematikunterricht der Grundschule. In: Die Grundschulzeitschrift 12 (119), S. 54–61.

Krauthausen, G. (2001): Wann fängt das Beweisen an? Jedenfalls, ehe es einen Namen hat. Zum Image einer fundamentalen Tätigkeit. In: Weiser, W./Wollring, B. (Hg.): Beiträge zur Didaktik der Mathematik für die Primärstufe, S. 99–113.

Krauthausen, G./Scherer, P. (2006): Was macht ein Übungsbeispiel produktiv? In: Praxis Grundschule 29 (1), S. 4–5.

Krauthausen, G./Scherer, P. (2007): Einführung in die Mathematikdidaktik. 3. Aufl. München: Elsevier Spektrum Akadem. Verlag.

Krauthausen, G./Scherer, P. (2010): Umgang mit Heterogenität. Natürliche Differenzierung im Mathematikunterricht in der Grundschule. Kiel: IPN Leibniz-Inst. für die Pädagogik der Naturwissenschaften an der Univ. Kiel. Online verfügbar unter http://www.sinus-an-grundschulen.de/fileadmin/uploads/Material_aus_SGS/Handreichung_Krauthausen-Scherer.pdf, zuletzt geprüft am 17.02.2013.

Krauthausen, G./Scherer, P. (2014): Natürliche Differenzierung im Mathematikunterricht – Konzepte und Praxisbeispiele aus der Grundschule. Seelze: Kallmeyer.

Krawitz, R./Theis-Scholz, M. (1999): Gemeinsamer Unterricht von Kindern mit und ohne Beeinträchtigung. Bericht der wissenschaftlichen Begleitung zum Abschluss des Schulversuchs. Koblenz. Online verfügbar unter www.krawitz.de/BerichtGU.pdf, zuletzt geprüft am 29.07.2011.

Kroesbergen, E. H./Luit, J. E. H. van (2005): Constructivist Mathematics Education for Students with Mild Mental Retardation. Short Report. In: European Journal of Special Needs Education 20 (1), S. 107–116.

Kucharz, D./Baireuther, P. (2010): Didaktische Perspektiven für einen jahrgangsgemischten Mathematikunterricht. In: Hahn, H./Berthold, B. (Hg.): Altersmischung als Lernressource. Impulse aus Fachdidaktik und Grundschulpädagogik. Baltmannsweiler: Schneider Verlag Hohengehren, S. 194–208.

Kucharz, D./Wagener, M. (2007): Jahrgangsübergreifendes Lernen. Eine empirische Studie zu Lernen, Leistung und Interaktion von Kindern in der Schuleingangsphase. Baltmannsweiler: Schneider Verl. Hohengehren (Schul- und Unterrichtsforschung, 4).

Kuckartz, U./Dresing, T./Rädiker, S./Stefer, C. (2008): Qualitative Evaluation. Der Einstieg in die Praxis. 2. Aufl. Wiesbaden: VS Verlag für Sozialwissenschaften.

Kunter, M./Baumert, J./Blum, W./Klusmann, U./Krauss, S./Neubrand, M. (Hg.) (2011): Professionelle Kompetenz von Lehrkräften. Ergebnisse des Forschungsprogramms COACTIV. Münster u. a.: Waxmann.

Leuders, T./Holzäpfel, L. (2011): Kognitive Aktivierung im Mathematikunterricht. In: Unterrichtswissenschaft 39 (3), S. 213–230.

Linsner, M. (2009): Prototypische Routinen von Lehrkräften im Umgang mit Unterrichtseinstiegen, Experimenten und Schülervorstellungen im Biologieunterricht. Dissertation Universität Duisburg-Essen. Online verfügbar unter http://duepublico.uni-duisburg-essen.de/servlets/DerivateServlet/Derivate-29376/diss_MLinsner.pdf, zuletzt geprüft am 17.01.2013.

Lorenz, J. H. (2004): Differenzieren im mathematischen Anfangsunterricht. Wie kann man mit Entwicklungsunterschieden umgehen? In: Grundschule 36 (3), S. 25–28.

Lorenz, J. H. (2007): Anschauungsmittel als Kommunikationsmittel. In: Die Grundschulzeitschrift 21 (201), S. 14–16.

Lorenz, J. H. (2009): Zur Relevanz des Repräsentationswechsels für das Zahlenverständnis und erfolgreiche Rechenleistungen. In: Fritz, A./Ricken, G./Schmidt, S. (Hg.): Handbuch Rechenschwäche. Lernwege, Schwierigkeiten und Hilfen bei Dyskalkulie. 2. erw. und aktualisiert. Weinheim: Beltz , S. 230–347.

Lorenz, J. H. (2012): Kinder begreifen Mathematik. Frühe mathematische Bildung und Förderung. Stuttgart: Kohlhammer.

Maikowski, R./Podlesch, W. (2002): Kinder und Jugendliche mit geistiger Behinderung in Grundschulen und in der Sekundarstufe. In: Eberwein, H./Knauer, S. (Hg.): Integrationspädagogik. Kinder mit und ohne Beeinträchtigung lernen gemeinsam. Ein Handbuch. 6. Aufl. Weinheim u. a.: Beltz, S. 349–357.

Marsal, E. (2010): Subjektive Theorien: Ein empirisch-konstruktivistisches Paradigma mit Dialog-Konsens-Methodik. In: Friebertshäuser, B./Langner, A./Prengel, A. (Hg.): Handbuch qualitative Forschungsmethoden in der Erziehungswissenschaft. Unter Mitarbeit von Heike Boller und Sophia Richter. 3. vollst. üb. Aufl. Weinheim: Juventa Verlag, S. 563–574.

Mayer, R. E. (2005): Conceptual Understanding versus Computational Skill: How cognitive science helps resolve the great debate of mathematics education. In: Royer, J. M. (Hg.): The cognitive revolution in educational psychology. Greenwich, Conn: Information Age Pub, S. 105–118.

Mayring, P. (2007): Qualitative Inhaltsanalyse. Grundlagen und Techniken. 9. Aufl. Weinheim: Beltz.

Mayring, P. (2009): Qualitative Inhaltsanalyse. In: Flick, U./Kardorff, E. von/Steinke, I. (Hg.): Qualitative Forschung. Ein Handbuch. 7. Aufl. Reinbeck: Rowohlt, S. 468–474.

McGhie-Richmond, D./Underwood, K./Jordan, A. (2007): Developing Effective Instructional Strategies for Teaching in Inclusive Classrooms. In: Exceptionality Education Canada 17 (1), S. 27–52.

McLeod, D./McLeod, S. (2003): Synthesis – Beliefs and Mathematics Education: Implications for Learning, Teaching and Research. In: Leder, G. C./Pehkonen, E./Törner, G. (Hg.): Beliefs. A hidden variable in mathematics education? Dordrecht: Kluwer Academic Publishers (Mathematics education library, Vol. 31), S. 115–123.

Meier, R./Heyer, P. (1999): Grundschule – Schule für alle Kinder. Voraussetzungen und Prozesse zur Entwicklung integrativer Arbeit. In: Eberwein, H. (Hg.): Integrationspädagogik. Kinder mit und ohne Behinderung lernen gemeinsam. Ein Handbuch. 5. Aufl. Weinheim u. a.: Beltz, S. 227–236.

Meijer, C. (Hg.) (2001): Inclusive Education and Effective Classroom Practices. European Agency for Development in Special Needs Education. Online verfügbar unter http://www.european-agency.org/publications/ereports/inclusive-education-and-effective-classroom-practice/IECP-Literature-Review.pdf, zuletzt geprüft am 25.04.2013.

Meijer, C. (Hg.) (2003): Integrative Schulbildung und Unterrichtspraxis. Europäische Agentur für Entwicklungen in der sonderpädagogischen Förderung. Online verfügbar unter http://www.european-agency.org/publications/ereports/inclusive-education-and-classroom-practices/iecp-de.pdf, zuletzt geprüft am 25.04.2013.

Meinefeld, W. (2009): Hypothesen und Vorwissen in der qualitativen Sozialforschung. In: Flick, U./Kardorff, E. von/ Steinke, I. (Hg.): Qualitative Forschung. Ein Handbuch. 7. Aufl. Reinbeck: Rowohlt, S. 265–275.

Merz-Atalik, K. (2001): Interkulturelle Pädagogik in Integrationsklassen. Subjektive Theorien von Lehrern im gemeinsamen Unterricht von Kindern mit und ohne Behinderungen. Opladen: Leske u. Budrich.

Meyer, M./Prediger, S. (Hg.) (2012): Ausgesprochen Mathe. Sprachen fördern. *Praxis der Mathematik in der Schule* (46). Köln: Aulis-Verl.

Montada, L. (2002): Die geistige Entwicklung aus der Sicht Jean Piagets. In: Oerter, R./Montada, L. (Hg.): Entwicklungspsychologie. 5. Aufl. Weinheim: Beltz, S. 418–442.

Moser, V./Sasse, A. (2008): Theorien der Behindertenpädagogik. München: Reinhardt.

Moser, V. (2009): Sonderpädagogische Professionalität. [Beschreibung eines aktuellen Forschungsprojekts]. In: Vierteljahresschrift für Heilpädagogik und ihre Nachbargebiete (2), S. 158–160.

Moser, V./Schäfer, L./Redlich, H. (2011): Kompetenzen und Beliefs von Förderschullehrkräften in inklusiven Settings. In: Lütje-Klose, B./Langer, M.-T./Serke, B./Urban, M. (Hg.): Inklusion in Bildungsinstitutionen. Eine Herausforderung an die Heil- und Sonderpädagogik. Bad Heilbrunn: Klinkhardt, S. 143–149.

Moser, V./Kuhl, J./Schäfer, L./Redlich, H. (2012): Lehrer/innenbeliefs im Kontext sonder-/inklusionspädagogischer Förderung – Vorläufige Ergebnisse einer empirischen Studie. In: Seitz, S./Finnern, N.-K./Korff, N./Scheidt, K. (Hg.): Inklusiv gleich gerecht? Inklusion und Bildungsgerechtigkeit. Bad Heilbrunn: Klinkhardt, S. 228–235.

Moser Opitz, E. (2002): Zählen, Zahlbegriff, Rechnen. Theoretische Grundlagen und eine empirische Untersuchung zum mathematischen Erstunterricht in Sonderklassen. 2. Aufl. Bern: Haupt (Beiträge zur Heil- und Sonderpädagogik, 27).

Moser Opitz, E. (2009): Integrativer Unterricht. Überlegungen zum Mathematiklernen. In: Grundschule (3), S. 12–15.

Moser Opitz, E./Schmassmann, M. (2002): Heilpädagogischer Kommentar zum Zahlenbuch 1. Hinweise zur Arbeit mit Kindern mit mathematischen Lernschwierigkeiten. Zug: Klett und Balmer AG.

Müller, H. (1988): Integration aus Sicht der Schulbehörde. In: Wocken, H./Antor, G./ Hinz, A. (Hg.): Integrationsklassen in Hamburger Grundschulen. Bilanz eines Modellversuchs. Hamburg: Curio, S. 25–48.

Müller, C./Felbrich, A./Blömeke, S. (2008): Überzeugungen zum Lehren und Lernen von Mathematik. In: Blömeke, S./Kaiser, G./Lehmann, R. (Hg.): Professionelle Kompetenz angehender Lehrerinnen und Lehrer. Wissen, Überzeugungen und Lerngelegenheiten deutscher Mathematikstudierender und -refendare. Erste Ergebnisse zur Wirksamkeit der Lehrerausbildung. Münster u. a.: Waxmann, S. 247–276.

Müller, G. N./Wittmann, E. Ch. (1998): Der Mathematikunterricht in der Primarstufe : Ziele, Inhalte, Prinzipien, Beispiele. Braunschweig: Vieweg.

Müller, G. N./Wittmann, E. Ch. (2009): Das Zahlenbuch. Handbuch zum Frühförderprogramm. Stuttgart: Klett (mathe 2000).

Muth, J. (1991): Zehn Thesen zur Integration von behinderten Kindern. In: Vierteljahresschrift für Heilpädagogik und ihre Nachbargebiete 60 (1), S. 1–5.

National Council of Teachers of Mathematics (Hg.) (1992): Handbook of research on mathematics teaching and learning. New York: Macmillan.

National Council of Teachers of Mathematics (2000): Principles and standards for school mathematics. Reston, VA: National Council of Teachers of Mathematics.

Nohl, A.-M. (2009): Interview und dokumentarische Methode. Anleitungen für die Forschungspraxis. 3. Aufl. Wiesbaden: VS Verlag für Sozialwissenschaften.

Nohl, A.-M./Radvan, H. (2010): Experteninterviews in dokumentarischer Interpretation. Zur Evaluation impliziter Wissens- und Handlungsstrukturen in der außerschulischen Jugendpädagogik. In: Bohnsack, R./Nentwig-Gesemann, I. (Hg.): Dokumentarische Evaluationsforschung. Theoretische Grundlagen und Beispiele aus der Praxis. Opladen: Leske u. Budrich.

Nührenbörger, M. (2002): Denk- und Lernwege von Kindern beim Messen von Längen. Theoretische Grundlegung und Fallstudien kindlicher Längenkonzepte im Laufe des 2. Schuljahres. Hildesheim: Franzbecker. (zugl. Dissertation Universität Münster 2002)

Nührenbörger, M./Pust, S. (2006): Mit Unterschieden rechnen. Lernumgebungen und Materialien für einen differenzierten Anfangsunterricht Mathematik. Seelze-Velber: Kallmeyer.

Oerter, R. (2002): Kultur, Ökologie und Entwicklung. In: Oerter, R./Montada, L. (Hg.): Entwicklungspsychologie. 5. Aufl. Weinheim: Beltz, S. 72–86.

Omonsky, C./Seidel, B. (2005): Lernpalette Mathematik. Horneburg: Persen.

Pajares, F. M. (1992): Teachers' beliefs and educational research: Cleaning up a messy construct. In: Review of educational research 62 (3), S. 307–332.

Paseka, A. (2010): Stichwort – Interviews ‚qualitativ' auswerten. ein Beispiel aus der Forschungspraxis. In: Fridrich, C./Heissenberger, M./Paseka, A. (Hg.): Forschungsperspektiven 2. Wien u. a.: Lit-Verl., S. 141–161.

Paseka, A. (2013): Selbstthematisierungen von Lehrerinnen und Lehrern – zwischen Überhöhung, Normalitätsansprüchen und Verachtung. In: Zeitschrift für Pädagogik (1), S. 131–150.

Pehkonen, E./Törner, G. (1996): Mathematical beliefs and different aspects of their meaning. In: Zentralblatt für Didaktik der Mathematik 28 (4), S. 101–108.

Perry, B./Docket, S. (2002): Young Children´s Access to Powerful Mathematical Ideas. In: English, L. D. (Hg.): Handbook of international research in mathematics education. Mahwah NJ: LEA Lawrence Erlbaum Associates, S. 81–111.

Peschel, F. (2003): Behindert durch Unterricht – Nichtbehindert durch Nichtunterricht. In: Brinkmann, E./Kruse, N./Osburg, C. (Hg.): Kinder schreiben und lesen. Beobachten – Verstehen – Lehren. Freiburg im Breisgau: Fillibach, S. 63–78.

Peschel, F. (2006a): Offener Unterricht. Idee, Realität, Perspektive und ein praxiserprobtes Konzept in der Evaluation. Baltmannsweiler: Schneider Verlag Hohengehren.

Peschel, F. (2006b): Offener Unterricht. Idee, Realität, Perspektive und ein praxiserprobtes Konzept zur Diskussion. Teil I: Allgemeindidaktische Überlegungen. Baltmannsweiler: Schneider-Verlag Hohengehren.

Peschel, F. (2006c): Offener Unterricht; Idee, Realität, Perspektive und ein praxiserprobtes Konzept zur Diskussion. Teil II: Fachdidaktische Überlegungen.: Baltmannsweiler: Schneider Verlag Hohengehren.

Peschel, F. (2008): Ich lerne, was ich will! – Wenn Schüler maßgeblichen Anteil an ihren Lernkulturen haben. In: Rihm, T. (Hg.): Teilhaben an Schule. Zu den Chancen wirksamer Einflussnahme auf Schulentwicklung. Wiesbaden: VS Verlag für Sozialwissenschaften, S. 53–63.

PIK AS (2009): Üben und entdecken. In: PIK AS. Kooperationsprojekt zur Weiterentwicklung des Mathematikunterrichts an Grundschulen. Online verfügbar unter http://www.pikas.tu-dortmund.de/upload/Material/Haus_1_-_Entdecken_Beschreiben_Begruenden/IM/Information stexte/Ueben_und_Entdecken.pdf, zuletzt geprüft am 25.04.2013.

PISA Konsertium (o. J.): Internationales und nationales Rahmenkonzept für die Erfassung von mathematischer Grundbildung in PISA. OECD, Max-Planck-Institut für Bildungsforschung. Online verfügbar unter http://www.mpib-berlin.mpg.de/Pisa/KurzFrameworkMaths.pdf, zuletzt geprüft am 15.02.2013.

Platte, A. (2007): ‚Alle Kinder lernen lesen...?!‘ Inklusive Didaktik und Schriftspracherwerb. In: Zeitschrift für Inklusion (1). Online verfügbar unter: http://www.inklusion-online.net/index.php?menuid=30&reporeid=33, zuletzt geprüft am 25.04.2013.
Platte, A. (2008): Inklusive Bildungsprozesse. Teilhaben am Lernen und Lehren in einer Schule für alle. In: Rihm, T. (Hg.): Teilhaben an Schule. Zu den Chancen wirksamer Einflussnahme auf Schulentwicklung. Wiesbaden: VS Verlag für Sozialwissenschaften, S. 39–52.
Pohl, S.(2013): Wie Schüler/-innen ‚Behinderung‘ sehen – Ergebnisse einer Studie in Bremer Koop-Klassen. In: Dorrance, C./Dannenbeck, C. (Hg.): Doing inclusion. Inklusion in einer nicht inklusiven Gesellschaft. Bad Heilbrunn: Klinkhardt, S. 199–207.
Potari, D./Georgiadou-Kabouridis, B. (2009): A Primary Teacher's Mathematics Teaching: The Development of Beliefs and Practice in Different 'Supportive' Contexts. In: Journal of Mathematics Teacher Education 12 (1), S. 7–25.
Prengel, A. (1995): Pädagogik der Vielfalt. Verschiedenheit und Gleichberechtigung in Interkultureller, Feministischer und Integrativer Pädagogik. 2. Aufl. Opladen: Leske u. Budrich.
Prengel, A. (1999): Vielfalt durch gute Ordnung im Anfangsunterricht. Opladen: Leske u. Budrich
Prengel, A. (2001): Egalitäre Differenz in der Bildung. In: Lutz, H./Wenning, N. (Hg.): Unterschiedlich verschieden. Differenz in der Erziehungswissenschaft. Opladen: Leske u. Budrich, S. 93–107.
Prengel, A. (2003): Kinder akzeptieren, diagnostizieren, etikettieren? Kulturen- und Leistungsvielfalt im Bildungswesen. In: Warzecha, B. (Hg.): Heterogenität macht Schule. Beiträge aus sonderpädagogischer und interkultureller Perspektive. Münster u. a.: Waxmann, S. 27–40.
Prengel, A. (2007): Diversity Education – Grundlagen und Probleme der Pädagogik der Vielfalt. In: Krell, G./Riedmüller, B./Sieben, B./Vinz, D. (Hg.): Diversity studies. Grundlagen und disziplinäre Ansätze. Frankfurt, a. M.: Campus Verl., S. 49–67.
Preuss-Lausitz, U. (1993): Die Kinder des Jahrhunderts. Zur Pädagogik der Vielfalt im Jahr 2000. Weinheim: Beltz.
Preuss-Lausitz, U. (2000): Sonderpädagogik der Zukunft? Vom Ghetto zur sozialen Kohäsion. In: Albrecht, F. (Hg.): Perspektiven der Sonderpädagogik. Disziplin- und professionsbezogene Standortbestimmungen. Neuwied u. a.: Luchterhand, S. 84–94.
Preuss-Lausitz, U. (2002): Integrationsforschung. Ansätze, Ergebnisse und Perspektiven. In: Eberwein, H./Knauer, S. (Hg.): Integrationspädagogik. Kinder mit und ohne Beeinträchtigung lernen gemeinsam. Ein Handbuch. 6. Aufl. Weinheim u. a.: Beltz, S. 458–470.
Preuss-Lausitz, U. (2006): Inklusion, Integration und Qualität. Neue Etiketten für die alte Frage nach umfassender Bildung für alle? In: Vierteljahresschrift für Heilpädagogik und ihre Nachbargebiete (2), S. 94–98.
Prosetzky, I. (2009): Isolation und Partizipation. In: Dederich, M./Jantzen, W. (Hg.): Behinderung und Anerkennung. Stuttgart: Kohlhammer, S. 88–95.
Przyborski, A. (2004): Gesprächsanalyse und dokumentarische Methode. Qualitative Auswertung von Gesprächen, Gruppendiskussionen und anderen Diskursen. Wiesbaden: VS Verlag für Sozialwissenschaften.
Przyborski, A./Wohlrab-Sahr, M. (2009): Qualitative Sozialforschung. Ein Arbeitsbuch. 2. Aufl. München: Oldenbourg.
Radatz, H./Schipper, W./Dröge, R./Ebeing A. (1996): Handbuch für den Mathematikunterricht. 1. Schuljahr. Anregungen zur Unterrichtspraxis. Hannover: Schroedel.
Rank, A. (2008): Subjektive Theorien von Erzieherinnen zu vorschulischem Lernen und Schriftspracherwerb. Berlin: wvb, Wiss. Verlag.
Rasch, R. (2010): Offene Aufgaben für individuelles Lernen im Mathematikunterricht der Grundschule. Aufgabenbeispiele und Schülerbearbeitungen. Stuttgart: Klett.
Ratz, C. (2009): Aktiv-entdeckendes Lernen im Mathematikunterricht bei Schülern mit geistiger Behinderung. Eine qualitative Studie am Beispiel von mathematischen Denkspielen. Oberhausen: Athena-Verlag, (zugl. Diss. Univ. Würzburg 2008).
Ratz, C./Stumpf, E. (2009): Leistungsentwicklung und soziales Selbstkonzept von Kindern mit und ohne sonderpädagogischem Förderbedarf in bayerischen Kooperationsklassen. Eine Langzeitstudie. In: Böttcher, W./Dicke, J. N./Ziegler, H. (Hg.): Evidenzbasierte Bildung. Wirkungsevaluation in Bildungspolitik und pädagogischer Praxis. Münster u. a.: Waxmann, S. 139–152.
Ratz, C. (Hg.) (2011): Unterricht im Förderschwerpunkt geistige Entwicklung. Fachorientierung und Inklusion als didaktische Herausforderungen. Oberhausen: Athena-Verlag.

Ratz, C./Wittmann, E. Ch. (2011): Mathematisches Lernen im Förderschwerpunkt geistige Entwicklung. In: Ratz, C. (Hg.): Unterricht im Förderschwerpunkt geistige Entwicklung. Fachorientierung und Inklusion als didaktische Herausfordungen. Oberhausen: Athena-Verlag, S. 129–153.

Raymond, A. M. (1997): Inconsistency between a Beginning Elementary School Teacher's Mathematics Beliefs and Teaching Practice. In: Journal for Research in Mathematics Education 28 (5), S. 550–576.

Reich, F. (1997): Anbahnung des Zahlbegriffs bei Geistigbehinderten: Theoretische Einführung. Dortmund: Verlag Modernes Lernen (Übungsreihen für Geistigbehinderte. Lehrgang A: Umgang mit Mengen, Zahlen und Größen).

Reusser, K./Pauli, C./Elmer, A. (2011): Berufsbezogene Überzeugungen von Lehrerinnen und Lehrern. In: Terhart, E./Bennewitz, H./Rothland, M. (Hg.): Handbuch der Forschung zum Lehrerberuf. Münster u. a.: Waxmann, S. 478–495.

Royar, T. (2013): Handlung, Vorstellung, Formalisierung. Entwicklung und Evaluation einer Aufgabenreihe zur Überprüfung des Operationsverständnisses für Regel- und Förderklassen. Hamburg: Kovac.

Sander, A. (2002): Behinderungsbegriffe und ihre Integrationsrelevanz. In: Eberwein, H./Knauer, S. (Hg.): Integrationspädagogik. Kinder mit und ohne Beeinträchtigung lernen gemeinsam. Ein Handbuch. 6. Aufl. Weinheim u. a.: Beltz, S. 99–108.

Sander, A. (2004): Konzepte einer inklusiven Pädagogik. In: Zeitschrift für Heilpädagogik (5), S. 240–244.

Schäfers, M. (2002): Produktives Üben im Mathematikunterricht der Schule für geistig Behinderte – Bedeutung und unterrichtspraktische Erprobung. In: Zeitschrift für Heilpädagogik 53 (8), S. 322–328.

Scheele, B./Groeben, N. (1988): Dialog-Konsens-Methoden zur Rekonstruktion Subjektiver Theorien. Die Heidelberger Struktur-Lege-Technik (SLT), konsensuale Ziel-Mittel-Argumentation und kommunikative Flußdiagramm-Beschreibung von Handlungen. Tübingen: Francke.

Scherer, P. (1995): Entdeckendes Lernen im Mathematikunterricht der Schule für Lernbehinderte. Theoretische Grundlegung und evaluierte unterrichtspraktische Erprobung. Heidelberg: Universitätsverlag Winter.

Scherer, P. (1997): Schülerorientierung UND Fachorientierung – notwendig und möglich! Mathematische Unterrichtspraxis, Heft 1, S. 37-48.

Scherer, P. (1997a): Substantielle Aufgabenformate – jahrgangsübergreifende Beispiele für den Mathematikunterricht. In: Grundschulunterricht 44 (1), S. 34–38.

Scherer, P. (1997b): Substantielle Aufgabenformate – jahrgangsübergreifende Beispiele für den Mathematikunterricht, Teil 3. In: Grundschulunterricht 44 (6), S. 54–56.

Scherer, P. (2001): Aktivitäten mit Ziffernkarten. Beziehungsreiches Lernen für alle Schülerinnen und Schüler. In: Mathematik lehren (105), S. 12–15.

Scherer, P. (2005): Zwanzigerraum. Produktives Lernen für Kinder mit Lernschwächen: Fördern durch Fordern, 1. Horneburg: Persen.

Scherer, P. (2009): Produktives Mathematiklernen – auch in der Förderschule?! In: Fritz, A./Ricken, G./ Schmidt, S. (Hg.): Handbuch Rechenschwäche. Lernwege, Schwierigkeiten und Hilfen bei Dyskalkulie. 2. erw. und aktualisierte Aufl. Weinheim: Beltz, S. 434–447.

Scherer, P./Moser Opitz, E. (2010): Fördern im Mathematikunterricht der Primarstufe. Heidelberg: Spektrum Akad. Verlag.

Schipper, W. (1996): Kompetenz und Heterogenität im arithmetischen Anfangsunterricht. In: Die Grundschulzeitschrift 10 (96), S. 11–15.

Schipper, W. (2003): Lernen mit Material im arithmetischen Anfangsunterricht. In: Baum, M./ Wielpütz, H. (Hg.): Mathematik in der Grundschule. Ein Arbeitsbuch. Seelze: Kallmeyer, S. 221–239.

Schipper, W. (2009): Handbuch für den Mathematikunterricht an Grundschulen. Braunschweig: Schroedel.

Schmidt, W. H./Bloemeke, S./Tatto, M. T. (2007): The Preparation Gap: Teacher Education for Middle School Mathematics in six countries (MT21 Report). Online verfügbar unter http://usteds.msu.edu/M T21Report.pdf,zuletztaktualisiertam19.11.2007, zuletzt geprüft am 25.04.2013.

Schneider, W./Waldschmidt, A. (2012). Disability Studies. (Nicht-)Behinderung anders denken. In: Moebius, Stephan (Hg.). Kultur. Von den Cultural Studies bis zu den Visual Studies. Eine Einführung. Bielefeld: Transcript, S. 128-150.

Schnell, I. (2003): Geschichte schulischer Integration. Gemeinsames Lernen von SchülerInnen mit und ohne Behinderung in der BRD seit 1970. Weinheim: Juventa Verlag.

Schönfeld, A. H. (1998): Toward a Theory of Teaching-in-Context. In: Issues in Education (1), S. 1–94.

Schuler, S. (2013): Mathematische Bildung im Kindergarten in formal offenen Situationen. Eine Untersuchung am Beispiel von Spielen zum Erwerb des Zahlbegriffs. Münster u. a.: Waxmann.

Schumann, M. (2006): Ein wissenschaftliches Netzwerk wird 20 – Zur Geschichte und Gegenwart der Integrationsforschung. In: Zeitschrift für Inklusion (1). Online verfügbar unter www.inklusion-online.net/index.php/inklusion/article/viewArticle/13/13, zuletzt geprüft am 25.04.2013.

Seitz, S. (2004): Forschungslücke inklusive Fachdidaktik – ein Problemaufriss. In: Sander, A./Schnell, I. (Hg.): Inklusive Pädagogik. Bad Heilbrunn: Klinkhardt, S. 215–231.

Seitz, S. (2005): Zeit für inklusiven Sachunterricht. Baltmannsweiler: Schneider Verlag Hohengehren.

Seitz, S. (2006a): Inklusive Didaktik nach PISA. In: Vierteljahresschrift für Heilpädagogik und ihre Nachbargebiete (3), S. 192–199.

Seitz, S. (2006b): Inklusive Didaktik: Die Frage nach dem 'Kern der Sache'. In: Zeitschrift für Inklusion 1 (1). Online verfügbar unter: http://www.inklusion-online.net/index.php?menuid=3&reporeid=16, zuletzt geprüft am 25.04.2013.

Seitz, S. (2006c): Zur Bedeutung von Bildungsstandards für die inklusive Grundschule. In: Stechow, E. von/Hofmann, C. (Hg.): Sonderpädagogik und Pisa. Kritisch-konstruktive Beiträge. Bad Heilbrunn: Klinkhardt, S. 113–120.

Seitz, S. (2007a): Kinder mit 'schweren Behinderungen' in der Grundschule. In: Hinz, A. (Hg.): Schwere Mehrfachbehinderung und Integration. Herausforderungen, Erfahrungen, Perspektiven. Marburg: Lebenshilfe-Verl., S. 206–212.

Seitz, S. (2007b): Warum Unterrichtsentwicklung und Lehrer/innenprofessionalisierung zusammengehören. In: Demmer-Dieckmann, I./Textor, A. (Hg.): Integrationsforschung und Bildungspolitik im Dialog. Bad Heilbrunn: Klinkhardt, S. 127–136.

Seitz, S. (2008): Leitlinien didaktischen Handelns. In: Zeitschrift für Heilpädagogik (6), S. 226–233.

Seitz, S. (2009): Zur Innovationskraft inklusiver Pädagogik und Didaktik. In: Jerg, J./Merz-Atalik, K./ Thümmler, R./Tiemann, H. (Hg.): Perspektiven auf Entgrenzung. Erfahrungen und Entwicklungsprozesse im Kontext von Inklusion und Integration. Bad Heilbrunn: Klinkhardt, S. 67–79.

Seitz, S./Platte, A. (2006): Unterricht zwischen Standardisierung und Vielfalt. In: Platte, A./Seitz, S./Terfloth, K. (Hg.): Inklusive Bildungsprozesse. Bad Heilbrunn: Klinkhardt, S. 122–131.

Seitz, S./Korff, N. (2008): Förderung von Kindern mit Behinderung unter drei Jahren in Kindertageseinrichtungen. Abschlussbericht zur wissenschaftlichen Begleitung.Münster: LWL.

Seitz, S./Finnern, N.-K./Korff, N./Scheidt, K. (2012): Inklusiv gleich gerecht? Zur Einführung in den Band. In: Seitz, S./Finnern, N.-K./Korff, N./Scheidt, K. (Hg.): Inklusiv gleich gerecht? Inklusion und Bildungsgerechtigkeit. Bad Heilbrunn: Klinkhardt, S. 9–15.

Seitz, S./Finnern, N.-K./Korff, N./Thim, A. (2012): Kinder mit besonderen Bedürfnissen – Tagesbetreuung in den ersten drei Lebensjahren. Eine Expertise der Weiterbildungsinitiative Frühpädagogische Fachkräfte (WiFF). Frankfurt a.M.: Deutsches Jugendinstitut e. V. (DJI).

Selter, C. (1995): Zur Fiktivität der ‚Stunde Null' im arithmetischen Anfangsunterricht. In: Mathematische Unterrichtspraxis 16 (2), S. 11–19.

Selter, C. (1997): Genetischer Mathematikunterricht: Offenheit mit Konzept. In: Mathematik lehren (83), S. 4–8.

Selter, C. (2006): Adressaten- und Berufsbezug in der Lehrerbildung. Konzeptionelles und Beispiele aus der Mathematik. In: Journal für LehrerInnenausbildung (2), S. 57–64.

Selter, C./Götze, D. (2010): KIRA – Kinder rechnen anders. Ein Projekt zur Weiterentwicklung der Grundschullehrerausbildung. Abschlussbericht. TU Dortmund. Online verfügbar unter http://www.kira.tu-dortmund.de/upload/media2/downloads/KIRA_%20Abschlussbericht_Website_250111.pdf, zuletzt geprüft am 21.04.2013.

Selter, C./Sundermann, B. (2001): Vielfalt und Gemeinsamkeit – zur sozialen Dimension von Eigenproduktionen. In: Hengartner, E. (Hg.): Mit Kindern lernen. Standorte und Denkwege im Mathematikunterricht. Zug: Klett und Balmer, S. 60–65.

Shulman, L. (1986): Those Who Understand: Knowledge Growth in Teaching. In: Educational Researcher 15 (2), S. 4–14. Online verfügbar unter http://www.fisica.uniud.it/URDF/masterDidSciUD/materiali/pdf/Shulman_1986.pdf, zuletzt geprüft am 25.04.2013.

Skott, J. (2009): Contextualizing the Notion of "Belief Enactment". In: Journal of Mathematics Teacher Education 12 (1), S. 27–46.

Sodian, B. (2002): Entwicklung begrifflichen Wissens. In: Oerter, R./Montada, L. (Hg.): Entwicklungspsychologie. 5. Aufl. Weinheim: Beltz, S. 443–468.

Spiess, W./Werner, B. (2001): Mathematikförderung mittels konstruktivistisch lösungs- und entwicklungsorientierter Gespräche: Modellbeschreibung und Explorationsstudie. In: Zeitschrift für Heilpädagogik 52 (1), S. 4–12.

Stanat, P./Pant, H. A./Böhme, K./Richter, D. (Hg.) (2012): Kompetenzen von Schülerinnen und Schülern am Ende der vierten Jahrgangsstufe in den Fächern Deutsch und Mathematik. Ergebnisse des IQB-Ländervergleichs 2011. Münster u. a.: Waxmann.

Staub, F. C./Stern, E. (2002): The nature of teachers' pedagogical content beliefs matters for students' achievement gains: Quasi-experimental evidence from elementary mathematics. In: The Journal of educational psychology 94 (2), S. 344–355.

Stechow, E. von/Hofmann, C. (Hg.) (2006): Sonderpädagogik und Pisa. Kritisch-konstruktive Beiträge. Bad Heilbrunn: Klinkhardt.

Steenpass, A./Tholen, W. (2011): ‚Eigentlich passen mehrere…'. Anschauungsmittel deuten lernen. In: Die Grundschulzeitschrift (248-249), S. 48–51.

Stein, A.-D. (2009): Integration wirklich für alle? Anspruch und Wirklichkeit in ausgewählten Ländern. In: Bürli, A./Strasser, U./Stein, A.-D. (Hg.): Integration und Inklusion aus internationaler Sicht. Bad Heilbrunn: Klinkhardt, S. 196–207.

Steinke, I. (2009): Gütekriterien qualitativer Forschung. In: Flick, U./Kardorff, E. von/ Steinke, I. (Hg.): Qualitative Forschung. Ein Handbuch. 7. Aufl. Reinbeck: Rowohlt, S. 319–331.

Stipek, D. J./Givvin, K. B./Salmon, J. M./MacGyvers, V. L. (2001): Teachers beliefs and practices related to mathematics instructions. In: Teaching and Teacher Education (17), S. 213–226.

Sturm, T. (2013a): FiSch – Forschung inklusive Schule: theoretische und methodologische Grundlagen eines videobasierten Unterrichtsforschungsprojektes. In: Dorrance, C./Dannenbeck, C. (Hg.): Doing inclusion. Inklusion in einer nicht inklusiven Gesellschaft. Bad Heilbrunn: Klinkhardt, S. 153–158.

Sturm, T. (2013b): Orientierungsrahmen unterrichtlicher Praktiken: lerntheoretische Vorstellungen und schulischer Kontext. In: Budde J. (Hg.): Unscharfe Einsätze: (Re-) Produktion von Heterogenität im schulischen Feld, S. 275–294.

Sundermann, B./Selter, C. (2006): Beurteilen und Fördern im Mathematikunterricht. Gute Aufgaben, differenzierte Arbeiten, ermutigende Rückmeldungen. Berlin: Cornelsen Scriptor.

Swars, S. L./Smith, S. Z./Smith, M. E./Hart, L. C. (2008): A Longitudinal Study of Effects of a Developmental Teacher Preparation Program on Elementary Prospective Teachers' Mathematics Beliefs. In: Journal of Mathematics Teacher Education 12 (1), S. 47–66.

Tatto, M. T./Schwille, J./Senk, S./Ingvarson, L./Rowley, G./Peck, R. (2012): Policy, practice, and readiness to teach primary and secondary mathematics in 17 countries. Findings from the IEA teacher education and development study in mathematics (TEDS-M). Amsterdam: International Association for the Evaluation of Educational Achievement (IEA).

Terhart, E. (1999): Konstruktivismus und Unterricht. Gibt es einen neuen Ansatz in der Allgemeinen Didaktik? In: Zeitschrift für Pädagogik 45 (5), S. 629–647.

Terhart, E. (2001): Lehrerberuf und Lehrerbildung. Forschungsbefunde, Problemanalysen, Reformkonzepte. Weinheim u. a.: Beltz.

Terhart, E. (2005): Über Traditionen und Innovationen oder: Wie geht es weiter mit der Allgemeinen Didaktik? In: Zeitschrift für Pädagogik 51 (1), S. 1–13.

Thompson, F. I. (2001): Teaching and learning early number. Unter Mitarbeit von Frederick Ian Thompson. Buckingham: Open Univ. Press.

Törner, G. (1996): Mathematische Weltbilder von Lehrern. In: Müller, K. P. (Hg.): Beiträge zum Mathematikunterricht. Vorträge auf der 30. Bundestagung für Didaktik vom 4. bis 8. März 1996 in Regensburg. Hildesheim: Fransbecker, S. 433–436.

Törner, G./Pehkonen, E. (1996): On the structure of mathematical belief systems. In: Zentralblatt für Didaktik der Mathematik 28 (4), S. 109–112.

Törner, G. (2002): Epistemologische Grundüberzeugungen - verborgene Variablen beim Lehren und Lernen von Mathematik. In: Der Mathematikunterricht 48 (4-5), S. 103–128.

TU Dresden, Zentrum für Lehrerbildung (2012): Reform der Lehrerbildung an der TU Dresden. Perspektiven für eine bedarfsgerechte Schulart und Fächerwahl im Lehramtsstudium. Online verfügbar unter http://tu-dresden.de/die_tu_dresden/zentrale_einrichtungen/zlsb/publikationen, zuletzt geprüft am 06.12.2012.

United Nations (2006): Convention on the Rights of Persons with Disabilities. Online verfügbar unter http://www.un.org/disabilities/default.asp?id=150, zuletzt geprüft am 19.02.2013.

Vries, C. de (2006): Mathematik an der Schule für Geistigbehinderte. Grundlagen und Übungsvorschläge für Diagnostik und Förderung. Dortmund: Verlag Modernes Lernen (Übungsreihen für Geistigbehinderte. Lehrgang A: Umgang mit Mengen, Zahlen und Größen, Grundlagen).

Wagner-Willi, M./Widmer-Wolf, P. (2011): Förderarrangements in der neuen Schuleingangsstufe im Kontext differenter Bildungskulturen. In: Lütje-Klose, B./Langer, M.-T./Serke, B./Urban, M. (Hg.): Inklusion in Bildungsinstitutionen. Eine Herausforderung an die Heil- und Sonderpädagogik. Bad Heilbrunn: Klinkhardt, S. 198–211.

Wahl, D. (2002): Mit Training vom trägen Wissen zum kompetenten Handeln? In: Zeitschrift für Pädagogik 48 (2), S. 227–241.

Walshaw, M. (2004): Becoming Knowledgeable in Practice: The Constitution of Secondary Teaching Identity. In Putt, I./Faragher, R./McLean, M. (Hg.), Mathematics education for the third millennium: Towards 2010 (Proceedings of the 27th annual conference of the Mathematics Education Research Group of Australasia Incorporated (MERGA)). Massey University. Online verfügbar unter http://www.merga.net.au/documents/RP672004.pdf, zuletzt geprüft am 16.01.2013.

Walter, J./Suhr, K./Werner, B. (2001): Experimentell beobachtete Effekte zweier Formen von Mathematikunterricht in der Förderschule. In: Zeitschrift für Heilpädagogik 52 (4), S. 143–151.

Weinert, F. E. (2001): Vergleichende Leistungsmessung in Schulen – eine umstrittene Selbstverständlichkeit. In: Weinert, F. E. (Hg.): Leistungsmessungen in Schulen. Weinheim: Beltz, S. 17–31.

Weiser, W./Wollring, B. (Hg.) (2001): Beiträge zur Didaktik der Mathematik für die Primärstufe. Hamburg: Kovac.

Werner, B. (2009): Dyskalkulie – Rechenschwierigkeiten. Diagnose und Förderung rechenschwacher Kinder an Grund- und Sonderschulen. Stuttgart: Kohlhammer.

Werning, R. (2010): Inklusion zwischen Innovation und Überforderung. In: Zeitschrift für Heilpädagogik (8), S. 284–291.

White, A. L./Perry, B./Way, J./Southwell, B. (2006): Mathematical Attitudes, Beliefs and Achievement in Primary Pre-Service Mathematics Teacher Education. In: Mathematics Teacher Education and Development 7, S. 33–52.

WHO (World Health Organisation) (2001): ICF. International Classification of Functioning, Disability and Health. Geneva: World Health Organization.

Wieser, D. (2008): Literaturunterricht aus Sicht von Deutschreferendaren. Eine qualitative Interviewstudie. Wiesbaden: Deutscher Universitäts-Verlag.

Wilhelm, M./Bintinger, G./Eichelberger, H. (2002): Eine Schule für dich und mich! Inklusiven Unterricht, Inklusive Schule gestalten. Ein Handbuch zur integrativen LehrerInnenaus- und -weiterbildung. Innsbruck: Studien-Verlag.

Wilkins, J. L. M. (2008): The Relationship among Elementary Teachers' Content Knowledge, Attitudes, Beliefs, and Practices. In: Journal of Mathematics Teacher Education 11 (2), S. 139–164.

Winter, H. (1989): Entdeckendes Lernen im Mathematikunterricht. Einblicke in die Ideengeschichte und ihre Bedeutung für die Pädagogik. Braunschweig u. a.: Vieweg.

Winter, H. (1994): Sachrechnen in der Grundschule. Frankfurt a.M.: Cornelsen Scriptor.

Winter, H. (1996): Mathematik entdecken: Neue Ansätze für den Unterricht in der Grundschule; Reformen und Gegenreformen; Entdeckendes Lernen; Kreatives Üben. 4. Aufl. Berlin: Cornelsen Scriptor.

Winter, H. (2000): Sachrechnen in der Grundschule. 5. Aufl. Berlin: Cornelsen Scriptor.

Wittmann, E. Ch. (o. J.): Ein alternativer Ansatz zur Förderung „rechenschwacher" Kinder. Online verfügbar unter http://www.mathematik.uni-dortmund.de/didaktik/mathe2000/pdf/foerderansatz.pdf, zuletzt geprüft am 21.02.2013.

Wittmann, E. Ch. (o. J.): Die Grundkonzeption von „Mathe 2000" für den Mathematikunterricht der Grundschule. Online verfügbar unter http://www.mathematik.uni-dortmund.de/ieem/mathe2000/pdf/Grundkonzeption%20mathe%202000.pdf, zuletzt geprüft am 21.02.2013.

Wittmann, E. Ch. (1996): Offener Mathematikunterricht in der Grundschule – vom Fach aus. In: Grundschulunterricht 43 (6), S. 3–7.

Wittmann, E. Ch./Müller, G. N. (1990): Handbuch produktiver Rechenübungen. Bd. 1. Vom Einspluseins zum Einmaleins. Stuttgart: Klett.

Wittmann, E. Ch./ Müller, G. N. (1992): Handbuch produktiver Rechenübungen. Bd. 2: Vom halbschriftlichen zum schriftlichen Rechnen. Stuttgart: Klett.

Wittmann, E. Ch. (2003): Was ist Mathematik und welche pädagogische Bedeutung hat das wohlverstandene Fach auf für den Mathematikunterricht in der Grundschule. In: Baum, M./Wielpütz, H. (Hg.): Mathematik in der Grundschule. Ein Arbeitsbuch. Seelze: Kallmeyer , S. 18–46.

Wocken, H. (1998): Gemeinsame Lernsituationen. Eine Skizze zur Theorie des gemeinsamen Unterrichts. In: Hildeschmidt, A./Schnell, I. (Hg.): Integrationspädagogik. Auf dem Weg zu einer Schule für alle. Weinheim: Juventa Verlag, S. 37–52.

Wocken, H. (2011): Das Haus der inklusiven Schule. Baustellen – Baupläne – Bausteine. Hamburg: Feldhaus.

Wolpert, G. (2001): Successful Daily Practices of Inclusion Teachers of Children with Down Syndrome.

Wollring, B. (2008): Kennzeichnung von Lernumgebungen für den Mathematikunterricht in der Grundschule. In: Kasseler Forschergruppe (Hg.): Lernumgebungen auf dem Prüfstand Zwischenergebnisse aus den Forschungsprojekten. Kassel: Kassel Univ. Press, S. 9-26.

Abbildungsverzeichnis

Anhang A: Aufbau des Interviewleitfadens[1]

Einführend zu den Rahmenbedingungen

„Können Sie mir ein wenig über sich erzählen, in welchem Kontext Sie zurzeit Mathe unterrichten?“

1. Guter Mathematikunterricht

- Erzählanlass: *„Schildern Sie mir bitte eine Sternstunde Ihres Mathematikunterrichts.“*
- Argumentationen: „Was war gerade an dieser Stunde so bedeutsam für Sie?“
- Erweiterungen: *a)* „Was macht guten, gelungenen Mathematikunterricht Ihrer Meinung nach aus?“ *b)* „An welcher Wirkung würden Sie einen gelungenen Mathematikunterricht ausmachen?“ (Jeweils: „Können Sie mir ein Beispiel nennen?“)

2. Typischer Mathematikunterricht

- Erzählanlass/unterrichtsnaher Einstieg: *„Wenn ich zwei Wochen in Ihrem Unterricht hospitieren würde, welche Situationen würde ich auf jeden Fall sehen?“*
- Argumentationen: „Wenn ich diese beiden Situationen miteinander vergleiche – was unterscheidet sie voneinander?“ (Bilden von ‚Gegensatzpaaren‘[2])
- Erweiterungen: „Was sind Herausforderungen? Welche Fortbildungen würden Sie sich wünschen?“

3. Umgang mit Heterogenität im Mathematikunterricht
Immanent, d. h. auf die aktuelle Lerngruppe und den eigenen Relevanzrahmen abzielend

- Erzählanlass/unterrichtsnaher Einstieg: *„In Ihrer Klasse sind ja ganz unterschiedliche Schüler_innen. Was bedeutet das für Ihren Mathematikunterricht?“*
- Erweiterung/Nachfrage: „Wie ist es mit gemeinsamem Lernen?“
- Argumentationen: *„Gibt es da Unterschiede zu anderen Fächern (Ihrem zweiten studierten Fach)?“*

4. Inklusiver Mathematikunterricht
Exmanent, d. h. spezifisch mit Nachfrage zum Einbezug aller Kinder, auch FöS GE

- Unterrichtsnaher Einstieg
  - Integrationslehrkräfte: „Sie machen das jetzt seit 20 Jahren/langer Zeit und *haben auch schon immer Schüler_innen dabei, die dem Förderschwerpunkt Geistige Entwicklung zugeordnet werden. Was bedeutet das für Ihren Unterricht?*/Wie machen Sie das?“
  - Kooperationslehrkräfte: „Stellen Sie sich vor, die Kooperationsklassen würden im nächsten Jahr komplett aufgelöst und Sie würden dann inklusiv arbeiten und *alle Fächer gemeinsam mit der Partnerklasse unterrichten. Was würde das für Sie – für das Fach Mathe – bedeuten?*“
- Argumentationen: „Bedeutet das (und wenn ja, welche) Veränderungen, bzw. hat es in der Vergangenheit Veränderungen bedeutet?“
- Erweiterung: „Andere Lehrkräfte haben im Interview Folgendes gesagt (unten stehendes Zitat wurde vorgelegt). Was meinen Sie dazu?“
  - Integrationslehrkräfte erhielten folgendes Zitat: „In jedem anderen Fach ist das gemeinsame Unterrichten einfach einfacher. In anderen Fächern gibt es einen Inhalt und daraus kannst du alles machen. In Mathe ist das nicht so einfach.“

---

[1] Dargestellt ist nicht der vollständige Leitfaden, sondern die Leitfragen, zu denen jeweils (optionale) Nachfragen erfolgten. Kursiv hervorgehoben ist jeweils die *Eröffnungsfrage* des thematischen Blocks. Die Zwischenüberschriften usw. wurden im Interview nicht verwendet, sie dienen nur zur Orientierung für die Forscherin. Die Formulierungen der Fragen dienten als Leitlinien und wurden nicht immer im Wortlaut übernommen. Die Reihenfolge der Fragenkomplexe wurde überwiegend eingehalten, Variationen und Auslassungen aufgrund des Gesprächsverlaufs waren aber möglich.

[2] Es wurden zufällig zwei Paare aus den vier Situationen gebildet und die Befragten gebeten ‚Gegensatzpaare‘ zu bilden. Als Beispiel wurde benannt: „Wenn eine Erzieherin ‚Freispiel‘ und ‚Morgenkreis‘ genannt hätte, könnte ein Gegensatzpaar sein: ‚von mir initiiert‘ – ‚von den Kindern initiiert‘ oder ‚alle‘ – ‚ein Teil der Gruppe‘.“

- Kooperationslehrkräfte erhielten folgendes Zitat: „Ideen für gemeinsame Themen, die kommen einfach bei anderen Fächern sofort. In Mathe ist das nicht so einfach. Aber vielleicht liegt das auch nur daran, dass die anderen Fächer dauernd schon gemeinsam unterrichtet werden.“ [3]

Abschluss

„Welche Hilfsmittel verwenden Sie zum Rechnen am Schulanfang? Und warum?“
„Möchten Sie noch etwas ergänzen, das Ihnen wichtig ist und das ich vielleicht nicht gefragt habe.“

[3] Es wurden leicht unterschiedliche Zitate ausgewählt. Hintergrund war, dass bei den Koop-Lehrkräften vorab eine Zustimmung zur Position, dass Mathematik ‚nicht so einfach‘ gemeinsam zu unterrichten sei, angenommen wurde. Neben der Zustimmung sollte zudem eine Erörterung dazu provoziert werden, woran dies liegen könnte und ob es sich um ein fachspezifisches Problem oder fehlende Erfahrungswerte handelt.

Anhang B: Übersicht Befragte[1]

Tabelle B.1: Befragte Integrationslehrkräfte

Name, Kürzel Steckbrief auf Seite…	*Klasse, Personal, FöS in I-Klasse*	*Fächer, Fachrichtungen, Berufsjahre*	*Koop-/Integrations-Organisation*
Gerrit Igel, I1 S. 141	a) JüL 1–3, b) k. A. zu SuS (I: L, ES), c) 14h Sonderpäd. als zweite Lehrkraft, durchgängig Heilerz.-Pfleger,	d) Ma, SU, f) 20 Jahre	Aktuell: alles im Klassenverband, z. T. jahrgangsbezogene Gruppen Zuvor Koop-Klasse: Alles gemeinsam „Wenn wir das zusammen machen, dann machen wir alles zusammen."
Gesa Imhof, I2 S. 158	a) JüL 1–3 b) 25 SuS (I: L., ES, Spr) c) 4h zweite Lehrerin, 4h Erzieherin	d) Deu, Ku, Montessori-Ausbildung, f) 10 Jahre	Teilweise jahrgangsbezogene Gruppen (‚klassengebundene Kreise'), sonst als Wochenplan-arbeit im jahrgangsgemischten Klassenverband; Ma insbesondere orientiert am Einstern-Lehrwerk
Gudrun Illgner, I3 S. 171	a) 2. Klasse b) 21 SuS (I: Spr, L, GE) c) langjähriges Klassenleitungsteam mit Sonderpäd., Zivi	d) Deu, seit Berufsbeginn verantwortlich für Mathematik-unterricht im Team, f) 27 Jahre	Deu/Ma überwiegend gruppen-bezogen getrennt, anderes Lehrwerk für I-Kinder in Ma „Es gibt mal Themen, da geht es. Das machen wir schon so, dass das auch zusammen gemacht wird dann. Aber ich glaub, das ist eben dann auch begrenzt."
Gerlinde Insel, I4 S. 141	a) 3. Klasse b) k. A zu SuS (I: L, ES, GE) c) Klassenleitungsteam mit Sonderpäd.	d) Ku, Deu, Ma als Zusatzfach im Referendariat, f) 20 Jahre	Ma/Deu für I- Kinder im Gruppen-raum mit anderem/eigenem Lehrwerk „Wenn Mathe ist, ist Mathe für alle. Und meistens ist dann [parallel] im Gruppenraum, Mathe auf dem anderen Niveau [für die I-Kinder]."

Fortsetzung auf der nächsten Seite

[1] Angegeben werden bei jeweils a) Klassenstufe, ggf. Jahrgangsmischung (JüL), b) Anzahl der Schüler_innen (SuS), ggf. die SPFe der Integrationsschüler_innen (I-Kinder) oder die Anzahl der Schüler_innen in der Partnerklasse (+ Koop), c) Angaben zu weiteren Pädagog_innen in der Klasse, d) studierte Schulfächer: Ma (Mathematik), Deu (Deutsch), SU (Sachunterricht), Spo (Sport), Rel (Religion), Ku (Kunst), e) studierte FöS: GE (geistige Entwicklung), L (Lernen), ES (emotional-soziale Entwicklung), Spr (Sprache), H (Hören), KM (Körperliche und motorische Entwicklung), f) Berufserfahrung in Jahren.

Tabelle B.1: Befragte Integrationslehrkräfte (Fortsetzung)

Name, Kürzel Steckbrief auf Seite...	*Klasse, Personal, FöS in I-Klasse*	*Fächer, Fachrichtungen, Berufsjahre*	*Koop-/Integrations-Organisation*
Svenja Ingmann, I5 S. 171	a) JüL 1–3 b) 21 SuS (I: L, GE, Spr) c) wenige Std. mit weiterer Sonderpäd, sonst Erzieherin	d) Deu, e) H, L f) 6 Jahre	Durchgängig in einem Raum, I-Erzieherin und Doppelbesetzung unterstützt GE-Kind, ggf. mit eigenen Aufgaben, die in das Karteisystem der Klasse einsortiert werden. „wir gucken dann schon, wie bereiten wir bestimmte Dinge auf, dass er die auch mitmacht."
Sonja Inken, I6 S. 131	a) 3. Klasse b) 20 SuS (I: Spr, KM, GE) c) k. A.	d) Ma, Deu e) Spr, L f) 27 Jahre	Durchgängig in einem Raum mit offenen Lernformen (Lernbüros), Anpassung für Schüler_innen im Prozess
Sabine Iser, I7 S. 138	a) 4. Klasse b) 25 SuS (I: KM, L; GE) c) Klassenleitung im langjährigen Team	d) Deu, Rel e) H, L f) 14 Jahre	Ma/Deu im Gruppenraum für I-Kinder mit fließenden Übergängen „Also, ich mach klassischen Matheunterricht, während die Förderkinder [mit Kollegin im Nebenraum arbeiten], aber das sind halt so Übergänge..."

Tabelle B.2: Befragte Kooperationslehrkräfte

Name, Kürzel, Steckbrief auf Seite...	*Klasse, Personal, FöS in I-Klasse*	*Fächer, Fachrichtungen, Berufsjahre*	*Koop-/Integrations-Organisation*
Gabriele Köhler, K1 S. 132	a) 2. Klasse b) k. A. c) k. A	d) Ma, Ku, Spo f) 22 Jahre, erst I-Schule, dann Koop, aktuell keine Koop-Klasse	Vorige Koop-Klassen: alles in einem Raum, ggf. mit getrennten Aufgaben „Also in einem Raum durchgängig. [Es kam dann auch vor,] dass ich mit meiner Koop- Kollegin spreche und sage: Du, machst du schon in der Zeit was anderes? [...] aber wir sind in einem Raum."
Gisela Kamp, K2 S. 132	a) 2. Klasse, b) 24 SuS (+ Koop 5 SuS) c) k. A	d) Ma, Rel f) 20 Jahre , 5 Jahre Koop	Phasen-/Projektweise Ma oder andere Fächer als Koop-Stunden, aktuell aber keine gemeinsamen Stunden in Ma mehr. Deu regelmäßig zusammen. „Das haben wir nie, dass die einfach dazukommen, wenn wir arbeiten.[...] Aber wir haben ja ganz oft miteinander. [...] wir hatten eine ganze Mathephase."

Fortsetzung auf der nächsten Seite

Tabelle B.2: Befragte Kooperationslehrkräfte (Fortsetzung)

Name, Kürzel, Steckbrief auf Seite…	*Klasse, Personal, FöS in I-Klasse*	*Fächer, Fachrichtungen, Berufsjahre*	*Koop-/Integrations-Organisation*
Gesine Kerner, K3 S. 146	a) 2. Klasse b) 27 SuS (+ Koop 5 SuS) c) k. A.	d) Deu, SU f) 5 Jahre, seit 2 Jahren Koop, davor JüL	Eine gemeinsame Mathematik-Stunde mit Partnerklasse pro Woche (‚Methodenstunde'), hin und wieder im Wochenplan Ma, zunehmend weniger. „Klasse eins wars noch super, bis jetzt gings auch noch, aber Klasse zwei zieht jetzt einfach an."
Sven Keller, K5 S. 146	a) 2. Klasse b) 5 SuS (+Koop 24 SuS) c) k. A.	d) Rel, Ku, Ma als Nebenfach e) GE, Sp, Zusatzfach KM f) 11 Jahre	vgl. G. Kamp „Wir haben gleich mit Mathe angefangen und mit Deutsch, schrägerweise." „Aber den Soma-Würfel wollten wir weiter mit messen und jetzt haben wir es beendet."
Stefan Knopp, K6 S. 131	a) 3. Klasse b) 3 SuS (+ Koop 22 SuS) c) k. A.	d) SU, Bio, 1 Jahr Zusatzausb. in Ma e) GE, KM f) 6 Jahre	Generell alles gemeinsam, offene Türen & Glasfront zwischen den Räumen, spricht von ‚integrativem Modell'. „So viel wie möglich gemeinsam, so wenig wie nötig getrennt, und Mathe ist halt so ein problematisches Ding."
Sandra Keil, K7 S. 158	a) 2. Klasse b) 5 SuS (+Koop-Klasse k. A.) c) k. A.	d) Ma e) GE, Spr, f) 24 Jahre, lange in Koop-Klassen	Regelmäßig Mathe-Projekt und Wochenplan gemeinsam, aber auch fest getrennten Mathematikunterricht, vor allem für Arithmetik „Wir verstehen uns im Grunde als eine Klasse, die aber aus zwei Lerngruppen besteht."
Sabrina Kurz, K8 S. 138	a) 3./4. Klasse JüL b) 7 SuS (+ Koop, SuS k. A.) c) k. A	d) SU, Spo e) GE, L f) 6 Jahre	Bis vor Kurzem eine Wochenplanstunde Ma gemeinsam, aktuell getrennt wg. kollegialer Probleme

Anhang C: Guter Mathematikunterricht, seine Wirkung und Herausforderungen

Individuelle Schwerpunktsetzungen innerhalb eines gemeinsamen Grundverständnisses – exemplarische komparative Analyse zu G. Kamp, S. Inken, G. Imhof

In den Äußerungen zur Unterrichtsgestaltung lassen sich verschiedene Betonungen dazu finden, was guten Mathematikunterricht im Kern ausmacht, ohne dass damit grundlegend unterschiedliche Ausrichtungen/Orientierungen verbunden wären. Entsprechend sind die damit verbundenen grundlegenden Ziele und Indizien für einen guten Mathematikunterricht sehr ähnlich: Hier geht es einhellig um Freude, Interesse und die Entwicklung eines mathematischen Verständnisses – wiederum mit unterschiedlich starker Betonung der jeweiligen Aspekte.

Wie sich solche unterschiedlichen persönlichen Schwerpunkte bei einer ähnlichen grundsätzlichen mathematikdidaktischen Orientierung darstellen können, soll an einem kontrastiven Beispiel dargestellt werden. An diesem wird auch deutlich werden, inwiefern diese Schwerpunkte, die sich nicht mit einer einfachen Zuordnung zum sog. dynamischen oder statischen Bild von Mathematik fassen lassen, einen Einfluss auf die Belief-Systeme zum inklusiven Mathematikunterricht zu haben scheinen. Die komparative Analyse bezieht sich zunächst auf S. Inken und G. Kamp, die sich bei einer sehr ähnlichen mathematikdidaktischen Konzeption sehr unterschiedlich zur Frage der Öffnung des Unterrichts und der Rolle der Lehrkraft positionieren. Im Anschluss wird G. Imhof in den Vergleich einbezogen, deren Position hinsichtlich der Öffnung des Unterrichts mit S. Inkens kompatibel scheint, auf der mathematikdidaktischen Ebene aber zu S. Inken und G. Kamp differiert.

G. Kamp folgt klar der Konzeption eines guten Mathematikunterrichts, wie sie im theoretischen Teil des Buches dargelegt wurde, und füllt diese – soweit anhand des Interviews zu beurteilen – mit einer guten fachdidaktischen Kompetenz aus.[1] Zugleich favorisiert sie auf allgemeinpädagogischer Ebene sehr eindeutig eine auf die Lehrkraft fokussierte bzw. durch die Lehrkraft kontrollierte Lernsituation. Damit verbunden ist für sie auch die Überzeugung, dass sich Schüler_innen Mathematik nicht anhand eines auf Selbstlernen ausgelegten Lehrwerkes (konkret: Lehrwerk Einstern) aneignen können, denn

[1] Es sind keine umfassenden bzw. abschließenden Aussagen zur fachdidaktischen Kompetenz der Lehrkräfte zu treffen, u. a. da hierfür – entgegen der Praxis einiger quantitativer Untersuchungen – aus Sicht der Autorin in jedem Fall Unterrichtsbeobachtungen notwendig wären. Tendenzen lassen sich aber sehr wohl festhalten. Als Basis dient die aus diesem Grund aufgenommene Frage nach den verwendeten Arbeitsmitteln, aber auch weitere spontane Äußerungen insbesondere zum Material- und Veranschaulichungseinsatz. Relevant sind dabei vor allem die häufig in einem kurzen Nebensatz eingebrachten Begründungen und weniger die Frage, welches Material letztlich ausgewählt wurde. Zentrales Kriterium für die Einschätzung war dabei, inwieweit die mathematischen Strukturen, die mit den Materialien veranschaulicht werden sollen, in den Äußerungen eine Rolle spielen. Beispielsweise begründet G. Kamp ihre Ablehnung der Cuisinärstäbe damit, dass man sich bei diesen die Zahlen anhand der Farben merken müsse. Sie verwendet stattdessen Stäbe bzw. Platten für 10er, 100er usw., bei denen die Zahlen durch Kerben zu erschließen sind (vermutlich Dienes Blöcke). Bei einer selbst hergestellten ‚Maus' mit einer 10er Perlenkette als ‚Schwanz' ist es für sie selbstverständlich, dass für jeweils fünf Perlen eine andere Farbe gewählt wird.

> je selbstständiger die Kinder arbeiten können mit Material, desto weniger kann das Material das mathematisch Logische fördern. (Kamp, K2: .84)

Entsprechend dieser Auslegung auch der eigenen Rolle als Lehrkraft betont G. Kamp, dass es ihr wichtig ist, den Schüler_innen insbesondere Rechenvorteile erklären zu können und auch in Inhalte und Strategien einzuführen:

> Ich gehör halt zu diesen altmodischen Menschen, die eine Einführung wollen. Aus Überzeugung. Nicht weil sie es nicht anders könnten, sondern weil ich das ganz arg wichtig find. [Besonders] in Mathe. (Kamp, K2: 218)

Im Kontrast dazu vertritt S. Inken mit ähnlichen fachdidaktischen Vorstellungen und zu vermutenden Kompetenzen klar das Ziel eines möglichst geöffneten Unterrichts mit möglichst wenigen Zentrierungen der Kommunikation auf die Lehrkraft. Damit verbunden ist für S. Inken der Idealfall ihres Unterrichts, wenn die Schüler_innen sich selbst – im Austausch mit anderen Kindern – etwas beigebracht haben. Sie legt entsprechend großen Wert auf die Lern- und Unterstützungsprozesse zwischen den Kindern und sieht sich als Lehrkraft in der Rolle, diese Prozesse zu begleiten und zu initiieren.

> Und das ist ganz effektiv, also ganz wichtig, dass die Kinder miteinander sprechen, und ich glaube, der Kontakt mit mir ist wichtig auf so einer ganz anderen Ebene, nämlich „Du hilfst mir und begleitest mich bei meinem Lernen". [...] Wenn jemand zu mir kommt, und was wissen will, dass ich sage: „Geh mal dahin. Der kann's dir erklären. Ich weiß, dass der es weiß". Also sie untereinander in Kontakt bringen. (Inken, I6: 68)

Es ist also anzunehmen, dass sich die Unterrichtsorganisation von G. Kamp und S. Inken deutlich unterscheidet. Dies wird auch in ihren typischen Situationen deutlich: G. Kamp nennt hier zuerst „Frontalunterricht", während bei S. Inken keine der genannten Situationen als ‚lehrkraftzentrierte Lernsituation' einzuordnen war. Neben diesen klaren Differenzen gibt es aber auch Überschneidungen in der Unterrichtsorganisation der beiden Lehrkräfte: So finden sich auf der einen Seite bei G. Kamp – die nicht nur im Kontrast zu S. Inken, sondern auch innerhalb der Gesamtgruppe am klarsten die Position eines lehrkraftzentrierten Unterrichts vertritt – Ausführungen zur Bedeutung des Austausches über unterschiedliche Lösungswege und der eigenständigen Erarbeitung mathematischer Strukturen (vgl. z. B. ihre ‚Sternstunde', I6: 34). Auf der anderen Seite gibt es bei S. Inken – die nicht nur im Vergleich zu G. Kamp, sondern auch zu allen anderen Lehrkräften am stärksten geöffnete und selbst gesteuerte Lernformen der Kinder in den Mittelpunkt rückt – Ausführungen zur Bedeutung von Übungen (Bergsteigerpass) und dem Abarbeiten/Ausrechnen.

Trotz der grundlegend unterschiedlichen Positionierung zur Öffnung des Unterrichts unterliegt der Unterricht ähnlichen mathematikdidaktischen Orientierungen bezüglich der Zielsetzungen (Interesse, Freude, grundlegendes Verständnis, aber auch Fertigkeiten) wie auch bezüglich der Merkmale der hierfür als geeignet angesehenen Lernprozesse (verschiedene Lösungswege, Austausch darüber, vom Handeln und Veranschaulichungen ausgehen). Beide Lehrkräfte ließen sich damit im Kern mathematikdidaktisch einer prozess- und anwendungsorientierten Konzeption zuordnen. Bei beiden spielen aber auch Aspekte des Formalismus- und Schemaaspektes eine Rolle.

Diese Überschneidung kann auch an den Antworten von S. Inken und G. Kamp auf die Frage nach der gewünschten Wirkung ihres Mathematikunterrichts verdeutlicht werden. So sind ihre Antworten relativ ähnlich – und befinden sich mit ihrer Position, dass ein grundlegendes Verständnis ebenso wie (geübte) Fertigkeiten zum mathematischen Lernzuwachs gehören, dicht an den Konzeptionen der Mathematikdidaktik:

> G. Kamp: „Zum einen natürlich ein gewisses mathematisches Verständnis, also für diese logischen Zusammenhänge. Dass es auch nicht immer nur den einen Weg gibt, also das Verständnis dafür, dass man verschiedene Wege zum gleichen Ziel gehen kann. Dass auch Arbeit zur Mathematik gehört. D. h. einfach manche Dinge muss ich üben, 1x1, wenn ich das richtig gut beherrschen möchte, muss ich auch als ganz toller Mathematiker trotzdem üben." (K2: 68)

> S. Inken: „Sich für Mathematik zu interessieren. Das is-. Und natürlich bestimmte Fähigkeiten und Fertigkeiten entwickeln. Das ist ja irgendwie in der Grundschule klar. Aber auch offen zu werden für mathematische Inhalte." (I6: 146)

Zur Umsetzung dieser Zielsetzung gibt es dann aber die bereits beschriebene deutliche Differenz der beiden Lehrkräfte. Bei S. Inken schließt sich auf die Frage, wie man das gewünschte Ziel unterstützen könne, eine Ausführung an, die auf den Kern ihrer unterrichtlichen Umsetzung verweist:

> [...] Das miteinander Lernen und den, den *Respekt davor zu haben, dass die Kinder sich das so toll beibringen*. Das sind, glaub ich, die Hauptmeiler, Hauptpfeiler. *Loslassen können und trotzdem einen Überblick haben.* (I6: 148, Hervorh. NK)

G. Kamp antwortet hingegen auf die – im Interviewverlauf während der vorangehenden Erläuterungen zum guten Unterricht gestellte – Frage danach, wie die gewünschte Wirkung des ,Findens verschiedener Lösungswege' unterstützt werden kann:

> Also im Prinzip das Mathebuch hilft, weil es verschiedene Lösungswege *anbietet*, d. h. sie haben schon mal verschiedene Muster gehabt. Also die wurden schon eingeführt. [...] Und deswegen [damit die Schüler_innen verschiedene Lösungswege entwickeln] *muss man es halt immer wieder aufgreifen und erklären lassen*, dass einfach denen klar ist, dass ich jetzt nicht eine Seite hier so runterrechnen, sondern dass ich überlegen muss, wie kann ich am besten rechnen. (K2: 44-46, Hervorh. NK)

Und an späterer Stelle (in Abgrenzung/Kritik zum ,Selbstlernheft Einstern') formuliert sie zum gleichen Kontext:

> Ich möcht' auch mal einen Rechenvorteil erklären, besprechen können. Argumentativ mir sagen lassen, warum ist das so. (Kamp, K2: 190)

G. Kamp möchte also eine „Einführung" und den Aspekt der diversen Lösungswege, wie er auch im Mathematikbuch „angeboten" wird, „immer wieder aufgreifen" und „sich [von den Kindern] erklären lassen", damit diese sich das entsprechende Vorgehen „merken", damit sie sich „überlegen wie kann ich am besten rechnen" und nicht die Seite „runterrechnen". Wohlgemerkt bezieht sich das „erklären" der Lehrkraft im obigen Zitat (K2: 44–46) nicht auf das Erklären des Lösungsweges an sich, sondern darauf „immer wieder auf[zu]greifen und [zu] erklären", dass die Schüler_innen eigene Rechenwege entwickeln sollen.

In ähnlicher Weise dient die von G. Kamp als grundlegend wichtig angeführte „Einführung" (K2: 218) dazu, die Grundlagen zu schaffen, damit sich die Schüler_innen (anhand ihrer eigenen Wege) mathematische Zusammenhänge erschließen. Die „Besprechung" (K2: 190) dient dazu, die Zusammenhänge verbalisieren und vertiefen zu können. Das fachdidaktische Anliegen, mathematische Zusammenhänge und Diversität der Lösungswege in den Mittelpunkt zu stellen, ist hier eng vernetzt mit der (allgemeinpädagogischen) Grundhaltung, dass es wichtig sei, dass die Lehrkraft etwas „einführt" sowie „erklärt" und mit den Schüler_innen bespricht.

Die gleiche mathematikdidaktische Zielsetzung der Entwicklung verschiedener Lösungswege und des Austausches darüber ist bei S. Inken mit der Grundhaltung verbunden, dass die Schüler_innen möglichst offen und eigenständig arbeiten sollen. Entsprechend spielt sie als Lehrkraft in den betreffenden Situationen mehr eine rahmende, begleitende Rolle. Sie leitet die Situationen nicht (an), sondern „bringt die Kinder in Kontakt miteinander". Diese „bringen sich dann [sowohl selbst als auch gegenseitig] etwas bei". Diese bei G. Kamp und S. Inken dokumentierte sehr unterschiedliche Umsetzung derselben mathematikdidaktischen Ziele verweist darauf, dass der Fokus auf einen prozess- und anwendungsbezogenen Mathematikunterricht nicht zwingend mit geöffneten, auf Selbsttätigkeit der Schüler_innen abzielenden, Unterrichtsformen verbunden sein muss.

Fachliche Offenheit steht also nicht unbedingt im Widerspruch zu lehrkraftzentrierten, geschlossenen Unterrichtsformen. Dies zeigt sich nicht nur bei G. Kamp, sondern wurde auch in Kapitel 4 bereits anhand der Literatur herausgearbeitet.[2] Andersherum zeigt ein Vergleich von S. Inken und G. Imhof, dass die ihnen gemeinsame Orientierung an geöffneten Unterrichtsformen, die sich unter anderem darin ausdrückt, dass beide in den typischen Situationen sich explizit von ‚Frontalsituationen' abgrenzen, nicht unbedingt mit der mathematikdidaktisch favorisierten fachlichen Offenheit einhergeht. Im Kontext der als zentrales Indiz für guten Mathematikunterricht benannten «Schüler_innenerkenntnis» äußern sie:

> „Ach-so-meinst-du-das", das ist dann auch immer ganz schön. (Imhof, I2: 52)

> Na, ich find es toll, wenn dann jemand kommt und sagt: „Ich kann das jetzt mit der Uhr." Is doch super. Hat er sich ja beigebracht. (Inken, I6: 132)

In beiden Aussagen wird – wie bei diversen anderen Befragten auch (vgl. Kap. 8) – benannt, dass Unterricht gelungen sei, wenn die Schüler_innen zeigen, dass sie etwas verstanden haben. Aber es wird auch deutlich, inwiefern sich, trotz einer auf den ersten Blick vergleichbaren Unterrichtsorganisation, die zugrunde liegenden Unterrichtskonzepte unterscheiden: Bei G. Imhof geht es um den Moment, in dem die Schüler_innen begriffen haben, was sie ihnen erklärt hat/vermitteln wollte. Bei S. Inken ist es hingegen der Moment, wenn es den Schüler_innen (innerhalb der geöffneten Strukturen) gelungen ist, sich selbst etwas zu vermitteln. Entsprechend verhält es sich im Vergleich dieser beiden Lehrkräfte zur «Form» ihres Unterrichts. Beide machen mehrere Aussagen dazu, dass «Handeln, aktiv, erleben, selbst tätig» ein wichtiges Element guten Mathematikunterrichts sei. Bei S. Inken finden sich im Kontrast zu G. Imhof aber noch Aussagen, die sich der Kategorie «offen, flexibel, Eigenständigkeit» zuordnen lassen.

S. Inken formuliert, woran sie ihren guten Mathematikunterricht festmacht:

> Ich finde das schön, wenn sie dann irgendwann sagen: „Ach, so funktioniert das". Und fassen die Gewichte an und kriegen das raus. Es ist natürlich aber auch total schön, wenn sie dann sagen: „Jetzt probieren wir mal aus, [...]", und selber so experimentieren und eigene Fragestellungen entwickeln. Das finde ich auch schön. (Inken, I6: 136)

S. Inken führt hier zwei Aspekte an, die bei den meisten Lehrkräften eine zentrale Rolle spielen: Den «Schüler_innenerfolg» (‚Ach, so funktioniert das.') und die Handlungs- und Materialorientierung, die zu diesem Lernerfolg füh-

[2] Bei den übrigen Lehrkräften ist eine Zuordnung zu diesen Varianten in abgeschwächter Form ebenfalls möglich. In den gebildeten Codes und Kategorien drückt sich die fachliche Öffnung vor allem in der Unterscheidung zwischen ‹offene Aufgaben, Denkspielraum› und ‹Handlungsspielraum› in der Kategorie «offen, flexibel eigenständig» aus sowie zwischen den Codes ‹be-greifen durch Material(-Handlung)› und ‹mit allen Sinnen, hantieren, Bewegung› im Kontrast zu ‹entdeckendes Lernen, ausprobieren, Lösungsvielfalt› in der Kategorie «Handeln, aktiv, erleben, selbst tätig». Noch deutlicher ist der Kontrast zu den Aussagen zu ‹Arbeitsmittel-Vorstellungsbilder-Abstraktion›.

ren (‚fassen die Gewichte an und kriegen das raus.‘). Daran anschließend kommt sie aber auf einen weiteren Aspekt zu sprechen, nämlich das offene Experimentieren (‚experimentieren und eigene Fragestellungen‘). Dieser Aspekt der eigenen Entwicklung von Lösungen findet sich bei G. Imhof nicht, die ihren geöffneten Unterricht rund um das – von G. Kamp kritisierte – Einsternheft organisiert, obwohl auch sie auf die Bedeutung von Handlungs- und Materialorientierung verweist. Weitergehend zeigt ein Blick auf ihren Umgang mit den Materialien, dass sie bei deren Einsatz scheinbar nicht vorrangig auf die Strukturen fokussiert.[3]

Fachlich-fachdidaktische Offenheit und ein prozess- und anwendungsorientierter Zugang zur Mathematik sind also nicht mit (allgemeinpädagogischer) Öffnung des Unterrichts gleichzusetzen. Sie sind aber zugleich auf der Ebene des ‚Gesamtbildes‘ des Unterrichts, das sich durch eine kategoriale Zuordnung abbilden lässt, kaum voneinander zu trennen. Um Auskunft darüber zu erhalten, ob die Lehrkräfte stärker auf der einen oder anderen Ebene eine Öffnung anstreben, bedarf es der genaueren qualitativen Analyse der Aussagen sowie der Deutung der damit verbundenen Schwerpunktsetzungen.

Zum Verhältnis dieser Aspekte hinsichtlich der Frage des Umgangs mit Heterogenität lässt sich zusammenfassen: G. Imhof fokussiert in ihrem Unterricht im Rahmen von (allgemeinpädagogischen) geöffneten und individualisierten Unterrichtsformen fachlich eher auf den Schema- und Formalismusaspekt, obwohl ihr Unterricht durch die individualisierte Form und die Orientierung an Material-/Handlungsbezügen insgesamt auch prozess- und anwendungsbezogen erscheint. Vor dem Hintergrund der Individualisierung findet G. Imhof es zugleich unproblematisch, einen gemeinsamen Unterricht auch für eine sehr heterogene Lerngruppe zu gestalten – allerdings spielen Austausch und Ko-Konstruktion in diesem nur eine geringe Rolle.

G. Kamp hingegen vertritt eine fachliche Öffnung in einer lehrkraftzentrierten Form. Dieser (allgemeinpädagogische) Zuschnitt auf eine leitende Lehrkraft und die damit auch verbundene Ablehnung einer materialbasierten Differenzierung und Individualisierung wie sie das Einsternheft bietet, ist wiederum hinderlich für einen inklusiven Unterricht – zumindest solange nicht eine sehr umfangreiche Personaldecke zur Umsetzung (in lehrkraftgeleiteter Kleingruppenarbeit) vorhanden ist. G. Kamp bindet aber aus mathematikdidaktischen Erwägungen die inklusionspädagogisch bedeutsamen Aspekte Austausch, Kommunikation und durchaus auch eigene Lernwege stärker in ihren Unterricht ein, als dies bei G. Imhof der Fall ist.

S. Inken schließlich scheint das mathematikdidaktische Anliegen der fachlichen Öffnung mit dem inklusionspädagogisch geeigneten Ansatz von Differenzierung und Individualisierung sowie eine an beide Aspekte anschließende Fokussierung auf ein miteinander Lernen in geöffneten Unterrichtssituationen zu verbinden.

[3] Auch dies wird wieder im Vergleich mit anderen Interviewten deutlich. So unterscheiden sich G. Kamp und G. Imhof auch in ihrer Kompetenz, Strukturen von Material zu nutzen. G. Kamp äußert (in Abgrenzung des Rechenrahmens zur Nutzung von Plättchen): „Wenn ich mal 23 plus 5 legen muss – ich find, der Aufwand und der Ertrag stimmt für mich nicht. Während da [am Rechenrahmen] kann ich 10, 20 [schieben], da gehts einfach flotter“ (K2: 54). G. Imhof dagegen verweist darauf, dass sie den Rechenrahmen nicht eingeführt hat, denn „das ist auch so ein Material, wo ich selber immer mit diesem Hin und Her und so [unsicher bin]“ (I2: 50). Dazu passend ist festzustellen, dass sie im Zuge der Demonstration ihres Lieblingsmaterials trotz möglicher Strukturen im Material die Plättchen einzeln abzählt.

Anhang D: Typischer Mathematikunterricht und Umgang mit Heterogenität

Typische Situationen nach Befragten[1] *und entwickelte Codes zur Beschreibung des typischen Unterrichts sowie Zuordnung zu Kategorien zur Unterscheidung gemeinsamer, individueller und lehrkraftzentrierter Lernsituationen*

Tabelle D.1: Typische Situationen nach Befragten und entwickelte Codes – Teil 1

Code	*individuelle Arbeit am Platz*	*Gesamtgruppe – Einführung, Erarbeitung*	*Wochenplan, Kartei, Stationen mit Anteil Partner/-Gruppen*	*Eins-Eins-Begleitung, Förderung*	*Übung in Gesamtgruppe*
Kategorie[2]	*»IL«*	*»LL«*	*»GL eher punktuell«*	*»IL«*	*»LL«*
Anzahl Situationen (Befragte)	13 Situationen (10 Befragte)	7	6	6 (5)	5
I1	Arbeitsphase, vertiefende Übung mit möglichst selbstständig zu bearbeitendem Material			Einzelbetreuung	
I2	Arbeit im Heft und Wochenplan fächerübergreifend			Einzelförderung mit Material & Kontrolle mit dem Kind	
I3	Individuelle Aufgabenlösung mit Rechenjogging, Bruno Rechenbär o. ä				Mündliche Rechenübung gemeinsam (in der Klasse) zu einer Aufgabe
I4	„ab da lass ich sie dann quasi laufen ...“	„Meistens führen wir zusammen was ein ...“			
I5	differenziert arbeiten	arbeiten in der Gesamtgruppe	ADF		

Fortsetzung auf der nächsten Seite

[1] Die Benennungen der Situationen entsprechen dem von den Lehrkräften im Interview notierten Stichwort.

Tabelle D.1: Typische Situationen nach Befragten und entwickelte Codes – Teil 1 (Fortsetzung)

Code	*individuelle Arbeit am Platz*	*Gesamtgruppe – Einführung, Erarbeitung*	*Wochenplan, Kartei, Stationen mit Anteil Partner/-Gruppen*	*Eins-Eins-Begleitung, Förderung*	*Übung in Gesamtgruppe*
I6			Lernbüro	„im Kontakt mit mir"	
I7	Sitzen am Platz und Rechnen & PC üben	Sitzkreis vor der Tafel	Wochenplan, Erfahrungen machen		Blitzrechnen
K1		Themeneinführung im Kreis			Training
K2	Liste mit Aufgaben an der Tafel	Frontalunterricht			
K3	Übung am Platz	Erklärstunden	Wochenplan		
K5		Eingangsspiel			Abzählverse
K6			SuS, die sich selbst organisieren (entsprechend ihrer Fähigkeiten)	Neue Inhalte eins-zu-eins einführen (müssen)	Zahlzerlegung am konkreten bildlichen Material (Blitzblick)
K7	Arbeitsblätter		Mathestudio		Datum Eierkartons
K8	Flursituation & Abwechslung aus handlungsorientiertem Lernen u. Lernen am AB & individuell üben			individuell üben	

Erläuterung: Die ursprüngliche Tabelle wurde für das Buchformat vertikal geteilt. Tabelle D.1 bildet die ersten fünf Codes ab; Tabelle D.2 entsprechend die verbleibenden sechs Codes.

[2] Die Situationen wurden nach der induktiven Codierung in einem zweiten Schritt nach Individuellen Lernsituationen (IL), Lehrkraftzentrierten Lernsituationen (LL) und Gemeinsamen Lernsituationen (GL) mit intensiverem bzw. eher punktuellem Austausch kategorisiert. Hierfür wurden die gesamten Beschreibungen der Situationen einschließlich der Gegensatzpaarbildung herangezogen, sodass auch eine differenzierte Zuordnung zwischen den beiden Varianten der gemeinsamen Lernsituationen möglich war (vgl. Kap. 7.2.2).

Tabelle D.2: Typische Situationen nach Befragten und entwickelte Codes – Teil 2

Code	*Helfer, gegenseitiges Erklären*	*individuelle Arbeit – Kartei, Wochenplan etc.*	*Mathekonferenzen*	*angeleitete Partner-/ Gruppenarbeit; Dialoge der Kinder*	*Kleingruppe-Einführung, Vertief. u. Stand erfahren*	*Zusatzaufgaben (häufig in Partnerarbeit)*
Kategorie	*»GL eher punktuell«*	»IL«	*»GL mit intensiverem Austausch«*	*»GL mit intensiverem Austausch«*	*»LL«*	*»GL eher punktuell«*
Anzahl Sit (Befragte)	5	5 (4)	5 (4)	4	4 (3)	2 (2)
I1					in KG etwas einführen/-vertiefen & mir etwas erklären lassen	
I2				angeleitete Partnerarbeit	klassengebundene Kreise	
I3			Gruppen oder Partnerarbeit an einer Aufgabenstellung			
I4	Helfer		Probe, Begründung, Überschlag, Gesetz & Kinder lösen Problem und stellen es der Klasse vor	Partnerarbeit		
I5					Kreis, spezielle Angebote	
I6	Kinder bringen anderen etwas bei (im Rahmen des Lernbüros)	Arbeitsplanarbeit	Konferenzen	miteinander sprechen (Kinder untereinander)		

Fortsetzung auf der nächsten Seite

Tabelle D.2: Typische Situationen nach Befragten und entwickelte Codes – Teil 2 (Fortsetzung)

Code	*Helfer, gegenseitiges Erklären*	*individuelle Arbeit – Kartei, Wochenplan etc.*	*Mathekonferenzen*	*angeleitete Partner-/ Gruppenarbeit; Dialoge der Kinder*	*Kleingruppe-Einführung, Vertief. u. Stand erfahren*	*Zusatzaufgaben (häufig in Partnerarbeit)*
I7	müssen sich gegenseitig helfen					
K1		Arbeitsplan	Material (Steine, Tapetenrolle, 100er Tafel)[3]			
K2	gegenseitig helfen, Austausch					Kinder sind verteilt, einzelne Kinder im Nebenraum (meist in Partnerarbeit)
K3				Gruppen- oder Stationenarbeit		
K5		Zahlen & Schwungübungen				
K6				SuS, die gemeinsam/-zusammen arbeiten		freie Mathematikarbeitszeit (wenn mit Pflichtaufgaben fertig)
K7		Wochenpläne				
K8	sich gegenseitig helfen					

Erläuterung: Die ursprüngliche Tabelle wurde für das Buchformat vertikal geteilt. Tabelle D.1 bildet die ersten fünf Codes ab; Tabelle D.2 entsprechend die verbleibenden sechs Codes.

[3] Zur Interpretation/Zuordnung dieser nicht ganz eindeutigen Situation wurden weitere Stellen des Interviews herangezogen, aus denen sich ergibt, dass der Materialeinsatz im Rahmen von Gruppen oder angeleiteten Partnerarbeiten auf die Erarbeitung bzw. den Austausch über Lösungswege abzielt.